陳立新

梁啓超とジャーナリズム

芙蓉書房出版

日本亡命のジャーナリスト梁啓超を発掘
――序文に代えて――

東京経済大学名誉教授　田村　紀雄

本書は、明治期、清朝の改革を唱えて国を追われて、日本に一四年間にわたり亡命、日本の知識人の支援をえて独自のジャーナリズム活動を実現した梁啓超の活動、思想、精神を明らかにしたものである。著者の陳立新が、東京経済大学に提出した博士請求論文である。本書の出現で、従来の中国におけるジャーナリズム研究に新しい光が照射されることになった。陳立新は、上海出身の留学生で、上海で音楽教師をしていたが、一念発起、日本に留学、大学院では修士・博士両課程をわたしの研究指導のもとに過ごし、博士号取得後、祖国に帰り、上海の大学で教壇に立っている。

陳立新がテーマとしている「梁啓超」（一八七三～一九二九）は、広東省新会県の生まれ、清朝末から中華民国の時代に活躍、多くの新聞、雑誌、出版物にかかわったジャーナリストであったが、思想家、政治家、社会運動家という側面ももっている。青年時から社会改革の運動に傾斜、上海で『時務報』を発行するなど、その生涯を通じて言論をもって理想の実現に邁進した。のち康有為とともに「変法自強運動」を提唱した。これは、李鴻章ら保守派に対抗して中国は根本的に国家の制度を変革すべきだという改革の運動であった。梁は、その内容として憲法制定・国会開設、新聞発行などの言論の自由、科挙制度改革、学校開設などの教育改革、辮髪・纏足廃止などの生活改革と広範な民主的改革をもとめるものであった。

梁啓超は、多様な顔、多面的な活動、多彩な著述活動と、中国の「近代化」のなかで示した内容は広く深い。なかでも日本との関係である。戊戌の政変とよばれる、西太后らのクーデターで、梁は日本に亡命、以降一四年にわたり、日本を拠点に『清議報』『新民叢報』などを発行し、「新民説」という思想の鼓舞、清国の改革を提唱しつづけた。清朝には改革しなければ、人々の苦悩を解決できない問題が山積していた。

ジャーナリズム活動のために主宰者として係わったメディアは、十数種になるが、もっとも影響力のあったのは日本で発行続けた『新民叢報』だと、陳立新はみている。非常に興味ふかいのは、梁のジャーナリズム活動と日本の環境である。明治期の日本の言論・表現の自由の権利は今日に比し、著しく制限されたものであったが、当時の清国の状況とくらべものにならない自由はあった。日本の国家権力は、日本国民の言論にたいしては厳しい抑圧をしていたが、外国人の外国語による言論活動には寛容であった。これは、いつの時代、どこの国でも同様である。自国の政権を直接批判するのでなければ痛くも痒くもないからだ。

外国から亡命、移住、移民してきた市民・留学生がホスト社会で新聞を発行するのは、特別の専制社会を除いては普通である。法的に規制がなくても黙認されている。それが、在住外国人のあいだの生活上情報交換のための情報紙であることも、母国の政治権力を批判する言論紙であることもある。明治期の日本で、外国人の新聞として英語圏のコミュニテイのための貿易新聞など情報紙の存在は知られているが、孫文の『民報』や梁啓超らの新聞・雑誌は清国の現状を批判し、改革や革命を呼びかける言論紙であった。

日本政府は、梁啓超の日本亡命に積極的にかかわったこともあり、その言論を容認していた。陳立新が詳しく発掘した歴史的事実のように、日本政府は軍艦を天津沖に派遣して梁啓超を脱出させたのであった。

また、梁啓超の清国体制批判は、日本の利益に不都合はなかった。加えて、重要なことは、日本で当時発行されていた松本君平の著書『新聞学』から新聞経営の理論やノウハウを学んで留学生等に愛読された『新民叢報』を成功させたということを陳立新は指摘している。陳はこの博士論文の下地というべき、現在の来日中国人留学生にひろく読まれている留学生むけの新聞を研究して修士論文として提出した。

現在、日本で発行されている中国大陸系の新聞は、日本語、中国語の留学生向け新聞や来日華人むけのメディアが数十社におよぶ。なかには、中国政府の対日政策の一環をになうかたちで、本国政府から物心双方の支援やコントロールをうけていると思われるものもある。ことさら反北京的な言論はなく、むしろ日本政府にたいして批判的だが、日本で日本政府の規制があったということは知らない。現在の日本は他の国に比較して民主主義的な権利としては高く整備されているからである。

他のアジア系の新聞のなかには、自国の政権に批判的または反政府的な言論もあるが、これは自国ではかなわぬ言論の自由を日本で満喫しているのである。そればかりか、おおくの在日本の外国語新聞は日本で、先端的な新聞編集、経営、技術、マーケテイングや広告、流通の理論や技術を身につけることに成功していることになる。その経験もやがて祖国に帰国したおり、おおいに役立つはずである。留学、亡命、移住でしか得られない学習のひとつだ。明治期にも同様の環境があった。

明治期日本での梁啓超の活動もまさにこのモデルである。かれの最大の目的は、在日清国人留学生はじめ、同国人を国の改革へむけて啓蒙することであった。この啓蒙というコミュニケーションの方法として、政治小説というジャンルが有益なことを、当時の日本の啓蒙的知識人から学んだ。中国語で発表された小説「新中国未来記」は重要な作品である。

梁啓超は、中国語で自国民に語りかけただけでなく、日本のたくさんの政治家、知識人、ジャーナリストと交際を深めた。大隈重信、犬養毅、陸実、志賀重昂、西周らが何らかのかたちで接触、支援、交渉をもっている。とくに、日本人の中国研究者とは関係がふかい。梁は隣家に住んでいた志賀との筆談の事実が残されているように、盛んに日本の知識人と意見を交換したようである。

日本は隣国の清国・中国の動向に敏感であったし、日本の知識人たちは、孫文、康有為、梁啓超はじめ、日本にやってきたかの国の知識人に積極的に対応した。日本人の多くが文化的にも中国への深い尊敬があったから、これは天平時代以来の日本の伝統であった。日本の知識人は梁啓超、孫文、のちには周樹人兄弟、秋瑾その他有名無名の中国人に敬意と礼をもって接してきている。

梁が中華民国の成立をまって、日本での活動を終えて帰国したあとも、日本人との関係は絶えなかった。帰国後は司法総長など閣僚級の要職にも一時就くが、政局の変化もさることながら、どうも政治家には不向きなようで、やがて天津のイタリア租界を拠点に、再び文筆活動にはいる。イタリア租界の庇護をうけたのは、軍閥等の襲撃から身を守るためであったが、その隣りは日本租界であり精神的な拠りどころでもあったかもしれない。梁啓趙は中国の革命をめざした孫文や毛沢東のように自ら武器を手にして戦うことがなかったからである。生涯の最後は、その信念にしたがい筆硯を手に、武器を手にすることなく、終えた。

ここで、飲氷室というなにやら徳富蘇峰の民友社にも似せた出版社を設立、これまた蘇峰の日本国民史や啓蒙的叢書をも彷彿させる知識万般の書物を発行する。ふたりの間にはジャーナリスト、啓蒙思想家、社会改革や民主的活動の提唱者としての共通点が多い。ただキリスト教や西欧文明に傾いている徳富蘇峰と違い、梁啓超は中国五千年の文化や歴史をつよく意識した文筆活動であった。

梁啓超の思想は、孫文（三民主義）と毛沢東（人民民主主義）とのあいだの位置に歴史的にも政治的にもあると思われる。それだからこそ、新中国が成立して毛沢東によって政権が成立したとき、毛沢東は孫文の正統な承継者を強調し続けてきた。梁啓超を意図的に軽んじてきたとさえ感じる。その思惑に都合のよいことには、梁は、毛沢東が長い解放戦争を戦い抜いた当の相手、日本に十四年間も滞在したことである。周恩来のように解放戦争中、ともに戦うことはなかった。もっとも、梁は日中の全面戦争が本格的に始まる前に世を去っていた。

中国の開放改革政策以降の文化・学問の変化が、梁啓超に光を与えることになり、二〇〇三年、かれの生誕一三〇年を機に、天津・南開大学で国際会議が開催された。中国、日本、アジア諸国、欧米から数百人の研究者が参加、陳立新は多分唯一の大学院生の招待講演者として出席した。田村も参加したが、陳立新の自説は、少数意見であったが満場の注目となった。中国の改革開放政策が、梁啓超を顕彰することを可能にし、かつまた陳立新のような独自の見解の発表を可能にしたと思う。

陳立新は、梁啓超というひとりの「ジャーナリスト」の生涯・活動に焦点をあてつつ、日中関係の長い歴史のなかで、清朝末期から、中華民国の誕生、その間の、日清戦争、大戦や日本の山東半島、東北部への浸透、都市の租界、五四運動などの重要な事態もふくめた壮大な近現代史を構築している。その研究の枠組みと手法で注目したいのは、文献の広範かつ徹底した渉猟だ。陳立新の優れた語学力により中国語、日本語、英語の文献・資料を徹底的に読み直したことだ。これは、梁啓超の先駆的研究者であるJ・R・レベンソンにも出来なかった研究の枠組みだ。加えて、日本でも日本外交文書、各種新聞等の第一次資料をとことん掘り下げた。

このような研究の枠組みや方法があったからこそ、陳立新の異端ともとれる研究業績に現代中国の体制側の研究者も反論をあえて加えることができなかったのである。

また、陳立新の分析装置も独特であった。たしかにジャーナリストやジャーナリズムの研究であるため先端的な社会学やコミュニケーション理論の援用は不可欠であった。だが同時に陳立新は、われわれにない中国の伝統的な思想である荘子の「玄学」、その他の歴史的な百家の影響をうけている。

梁啓超の晩年の発行元兼書院「飲氷室」が、荘子の「朝受命而夕飲氷」からとった命名であり、陳立新が梁を研究しているうちにその感化をうけたとも感じられる。老荘の学問である「玄学」は形而上的で、陳立新が本書で展開した独特の陽明学や儒学への傾斜は正直われわれの及ばない思考である。それだけに、本書を足がかりに陳立新が日中にまたがる学問、思想、社会観の研究の発展に寄与されることを期待したいと願っている。

また陳立新は、かれが研究に打ち込んだ梁啓超同様に書斎だけの学者でなく、社会改革にも労を惜しまない。現在、上海の地元の区政府の議員として社会に貢献している。それも中国の政権政党ではなく知識人を結集した少数の政治結社である致公会のメンバーとしてである。中国の新しい息吹きを感じられないでもない。

梁啓超とジャーナリズム●目次

第三部　ジャーナリズム活動の終焉に向かって　225

凡例

一、本論では敬称を省略する。
二、梁啓超を「梁」と略して称する場合が多い。
三、年月の記録に関して、基本的に漢数字で太陽暦を用いる。旧暦と併用する場合は（ ）で囲む
四、本論では、『梁啓超年譜長編』（丁文江、趙豊田編、上海人民出版社、一九八三年八月）、『梁任公先生年譜長編初稿』（丁文江撰、世界書局〔台北〕、一九八八年第三版）、『梁啓超年譜長編』（丁文江・趙豊田編、島田虔次編訳、岩波書店、二〇〇四年一月〜一一月、全五巻）という同一母体に属する三つのタイプの年譜から関連資料を引用している。

緒論

ジャーナリズム(1)活動は梁啓超の生涯において一側面に過ぎないが、彼の波乱万丈の人生から一刻も離れることはない。それを貫いて発散したエネルギーは、中国近代社会に甚大な影響を及ぼしたのであろう。梁のジャーナリズム活動を抜きにして彼の生涯を語ることは、恰も筋を抜かれた龍であるように、面目躍如たるものをすべて失ってしまう。

梁は一九一二年一〇月に亡命生活を終えて帰国し、北京で開かれた「報界歓迎会」（記者会見）に於いて「鄙人對於言論界之過去與將來」と題した演説を行なった。「鄙人二十年来、固以報館爲生涯。且自今以往、尤願終身不離報館之生涯也」、「鄙人此次歸來、仍思重理舊業。人情於其所習熟之職業、固有所不能舍耶。若夫立言之宗旨、則仍在濬牖民智、薫陶民德、發揚民力。務使養成共和法治国民之資格。此則十八年來之初志、且將終身以之者也。」(2)と述懐していた。

梁啓超のジャーナリズム活動は一八九五年八月に『中外紀聞』の編集に携わったのを最初に、ヨーロッパから帰国した一九二〇年に『改造』誌を主宰するまで、前後のジャーナリズム活動はおよそ二七年に達するものである。編集した新聞あるいは雑誌が一〇種類以上ある(3)。「蓋洞知各國民智之開、皆由報館。故於維新之始、首注意於是也。」(4)

①『中外紀聞』、最初『万国公報』と名付ける。一八九五年八月一七日に創刊。45期以降、『中外紀聞』に改名する。この誌は二日刊。出版地点：北京孫公園。半年後停刊。基金は袁世凱など千元余りの寄付金。

②『時務報』、一八九六年八月九日に創刊。出版地点：上海。一八九八年八月八日に第69(号)期を出して停刊。

③『清議報』、一八九八年一二月二三日に創刊。旬刊の雑誌。出版地点：日本横浜。一九〇一年一二月二一日、火災で停刊。前後三年、100期を出している。

④『新民叢報』、一九〇二年二月八日創刊。半月刊。出版地点：日本横浜。一九〇七年一一月二〇日に停刊。前後五年九ヶ月、96期を出している。

⑤『新小説』、一九〇二年一一月一四日に創刊。『新民叢報』と同時発行。月刊。出版地点：日本横浜。本誌は小説が政治宣伝の役割を果たすべきであると主張する。梁啓超の小説理論に関する名作「論小説与群治之関係」は、創刊号に掲載する。これは中国において初めての重要な小説理論の著述である。翌年上海に移り、広智書局によって発行する(5)。一九〇六年一月に停刊、全部で24号を出している。

⑥『政論』、一九〇七年一〇月七日東京で創刊、月刊誌。本誌は一九〇七年一〇月一七日に日本東京で成立した「政聞社」の機関誌である。編集は主に蒋智由に任せる。一九〇八年二月第2期以降、上海に遷移して発行する。八月に当局に閉鎖される。『政論』は第7期を出して停刊。

⑦『国風報』、一九一〇年二月二〇日に上海で創刊する。旬刊。一九一一年七月一六日まで、計52号。本誌は『新民叢報』が廃刊した以来、君主立憲派の最も主要な輿論機関である。

⑧『庸言』、一九一二年一二月一日に天津の日本租界旭街17号で創刊する。半月刊、旧暦毎月の一日、十六日に発行する。創刊号の冒頭に掲載する梁啓超の『庸言』発刊詞には、「庸」とは、三つの意味を持っている。一つは、「常」である。つまり奇異なことをなしにすることである。二つは、「恒」である。即ち方針を持続して変わらないことである。三つは、「用」である。適応のことである。一九一四年一月以降は黄遠庸（遠生）が主宰する。月刊に変更。一九一四年六月五日に第2巻の第6号を出して停刊。全部で30期を出している。

⑨『大中華』雑誌、一九一五年一月二〇日に上海で創刊する。中華書局によって発行する。月刊。一九一五年八月二〇日に本誌の第1巻第8期に梁啓超の名文「異哉所謂国体問題者」が発表され、袁世凱の帝政陰謀を摘発する。一九一六年一二月に第2巻第12期で停刊。

⑩『解放与改造』、一九一九年九月北京で創刊。半月刊で、「研究系」の政論刊行物である。張東蓀、兪頌華が編集長を担当する。一九二〇年三月、梁啓超は欧州歴遊を終え、この雑誌を改組する。一九二〇年九月一五日の第3巻第1期より『改造』に改名。一九二二年六月に第4巻第10期を発行して停刊。

中国近代ジャーナリズム史には、必ず梁啓超の日本亡命時期におけるジャーナリズム活動を取り入れている。皮肉なことに、彼のジャーナリズム活動の二大拠点である上海と横浜は、いずれも清王朝の統治力の及ばないところ（租界或いは居留地）である。これはまさに清王朝の崩壊に結びつく象徴的な前兆のひとつであろう。

一九八〇年代以降、梁啓超研究が著しく躍進している。革命史観至上の毛沢東時代には、梁啓超を肯定的に評価することはあり得なかった。その評価問題に関する研究の変遷もまた、大陸側の歴史の一側面として反映されている。一方、海外においては、独自の展開もあれば、大陸側と呼応する傾向も見られる（本論補遺1）。その現象は従来の大陸の学界に一つセンセーションを巻き起こしている。我々は、これまでの非常識が常識になっていることについて、違和感を禁じえない。

いまなぜ梁啓超なのか？

当世の中国人学者は、この百年以来ユートピア式の大同世界の理想的な追求に伴い、実質的には政権の奪還を究極の目標とした民族主義運動の歴史に対して、切っても切れず整理してもなお乱れているコンプレックスを持っている。目下の梁啓超研究ブームは、まさにこのようなコンプレックス騒動が原因となっている。その背景にはいくつかの理由が挙げられる。

第一は、百年前に梁の直面した社会問題が依然として今の中国の学界を困惑させているということである。中国は社会革命を推進しはじめてから百年も経った今、まだ変わらないところで足踏みをしているようで、国家が富み民力が強くなる目標までまだ遥か遠い。「過渡時代」(6)の特徴は根本的に変えていない。梁は新旧交替段階での過渡期における知識人の代表として、彼の希求した理想的な近代化プロセスが、すでに未来の方向性を探求する重要な思想資源になっている。

第二は、経済のグローバリゼーションの衝撃を受けて、情報の一体化も余儀なく要求されている情勢に戸惑う学術界は、どうしても積極的な応対を作り出さなければならないということである。大陸の学界はすでにいわゆる「左」の影響を漸次に粛清して「革命歴史観（階級闘争決定論）」(7)の影から脱し、全方位かつ多元的価値観に向け、盛んに議論してひとつの風潮となりつつある。

第三は、新中国が誕生して以来、大陸史学界において、梁の歴史上の重大な影響についてほとんど見落とされ、そのイメージもねじ曲げられたということである。歴史教科書には梁について「戊戌変法」と「護国戦争」の歴史事件に軽く触れているだけである。中国近代史を議論する場合、あるいは近代中日関係史を論及する場合、梁は避けて通れない歴史人物である。彼自身「梁啓超に言及しない中国近代史は書き直さなければならない」と自負している。

第四は、梁の伝奇的な色彩を帯びた悲劇の運命および勢いのすさまじい生涯は、大変人格的な魅力があるということである。彼の星の環はすでに無意識的に現代知識人の参照になったのである。中国の知識人は梁の残した文化遺産を受け継ぐことによって、〈修身、斉家、治国、平天下（身を修め、家庭を整え、国を治め、天下を平定する）〉といった「士大夫精神」を取り戻すことができるのである。

第五は、中国の運命は不幸にも梁の予測が的中することになるということである。梁は、過渡時代には配分より生産のほうを第一義にすべきだと主張し、社会主義はまだ時代に適合しないものであると警告する(9)。それは彼の政治思想として先見の明があった格好な証とも言えよう。また彼の学術領域における功績は、今なおばゆいばかりだ。梁の「不中不西、即中即西」の学術思想は中華民族の精神を立て直すために道を切り開いたのである(10)。彼の四大作『清代学術概論』、『中国歴史研究法』、『先秦政治思想史』、『中国近三百年学術史』は早くに日本語版にされ、中国歴史研究において不動の地位を確立されている。

第六は、梁はまた国際的影響力が広範で、特に東アジアにおいてそれが顕著であるということである。「梁啓超を伝達者とする思想や理論は、雑誌や著作を通して中国のみならず朝鮮、台湾、ヴェトナムにまで及んでいたのである。このように、梁啓超は東学を学ぶことによって中国の新学を開拓し、日本を結節環とする東アジア世界における思想連鎖のディストリビューターとしての機能を果たしていった。(11)」日本亡命の時期に、旅澳訪米、「新大陸游記」を著した。民間代表としてパリ講和会議に参与する時、欧州大戦が終わった後の悲惨な光景を目撃して、「欧游心影録」を著す。晩年に入って、文化事業に力を尽くす。梁は「講学社」（一九二〇年）の発起人の一人である。彼は北京大学学長蔡元培と連携して、デューイ（**John Dewey** 一八五九～一九五二、アメリカ哲学者）、ラッセル（**Bertrand Russell** 一八七二～一九七〇、イギリス論理学者、哲学者、社会評論家。一九五〇年度ノーベル文学賞受賞）、ドリーシュ（**Hans Driesch** 一八六七～一九四一、ドイツ動物学者、哲学者）などの西洋学界の著名人とインドの詩人タゴール（**Rabindranath Tagore** 一八六一～一九四一、一九一三年度ノーベル文学賞受賞）を中国に招いた(12)。これは国内外の文化交流史上の佳話となっている。

J・レベンソンの見落とし

梁啓超研究の基礎を定めたのがほかならぬ米国のハーバード大学漢学者レベンソン（Joseph R. Levenson 一九二〇～一九六九）である。彼は『梁啓超と中国近代思想』（*LIANG CHI-CHAO AND THE MIND OF MODERN CHINA*）中に味わい深い総括がある。「第一段階では、彼は中国の歴史に西洋の価値観をこっそり持ち込もうとした。第二段階では、彼は〈西洋〉と〈中国〉という用語が比較できる意義のあるものとは認めなかった。忠実は文化でなく民族に帰す。そのほか、彼が描いた文化変革の結果としては、〈西洋〉と〈中国〉との間ではなく、〈新〉と〈旧〉との間にある。梁はまた、西洋の国々は〈西洋化〉というよりもむしろ〈現代化〉に向かっているというのが適切だろうし、中国も同様に現代化を実現できると共に負債の幽霊から脱却できると認識している。第三段階では、彼は意味のある抽象的概念としての〈西洋〉および〈中国〉を再提出し、「物質」と「精神」との二分法の中でそれらを整えた(13)。」文化主義から国家主義に移行する梁啓超の思想変化の主要な原因について、レベンソンは「歴史」と「価値」をキーワードにして、次のように述べる。「他の国家の価値を把握するため、理性において本国の文化の伝統に疎遠になったが、歴史の制約を受けるため、感情においてやはり本国の伝統と繋がっている(14)。」

私は、実際に梁の思想指針が終始西洋価値観（国家主義）と中国伝統の歴史観（文化主義）との間でたえず揺れ動いていると思う。レベンソンの観点からまた次のように推定することができる。つまり、梁はむしろ理性において西洋文化と親しくして、感情において西洋文明を拒絶するのである。このように演繹するのは、梁啓超の人物のイメージとぴったり合うからである。梁の「科学万能論」に対する批判は、感情において西洋文明を拒絶するあらわれであることに対し、梁の協和医院が起こした医療事故についての態度は、理性において西洋文化と親しくする傾向がある(15)。西洋人は描写に優れていて、レベンソンは更に歴史学者の目で忠実に描写するのである。彼の文化系統に属しない精確な史料に基づいて史実を論述し、一人の外国人学者として、敬服に値するのである。しかし、鋭い分析の中では些細な文化中心主義の手がかりを現している。これは多かれ少なかれ歴史環境の制約によって、主流イデオロギーに迎合しなければならなかったからかもしれない。たとえば西洋科学に対する態度について、レベンソンは極度に胡適（一八九一～一九六二）をほめたたえるが、梁啓超を比較的見くびる。というのは、レベンソンは梁の持論を「科学が偶像として崇拝され、科学が人類の全ての需要だと思われる時、それは人々を幸福への道に連れていくものではなく、誤りの道に置いただけだ」(16)という風に分析し、梁の科学万能論に対する批判に懸念を表明しているからである。しかし、当時梁啓超らが理解している「科学」の概念と西洋人の理解しているものとはかなりずれが生じていたとは思う。実際に、現代「科学」の概念は当時と比べれば確かに変化があった。その守備範囲としての外延が自然科学から社会科学、人文科学まで拡大しており、宗教、哲学、芸術を凌ぐ存在となった。したがって、西洋のものと東洋のものという分別は難しくなっているのではないか。それ故に、梁に対して胡適の反論に肩を持つレベンソンの分析は必ずしも適当であるとは思わないからである。

それ以外に、レベンソンが見落とした重要な部分があると思う。レベンソンは梁に影響を与えた日本の学術思潮あるいは梁が日本の思想界に影響を及ぼしたことについてほとんど言及していない。また、日本滞在中、彼の「受け皿」としての輿論環境や人間関係などと関連した事実の究明にも怠っている。

第一に、実は亡命する時、梁の周囲に一群の漢学家、ジャーナリスト、言論家が居られた。人に熟知されている福沢諭吉と徳富蘇峰の以外に、交遊記録が残る陸羯南と内藤湖南、そして桂湖村、天野為之など大隈重信の周囲に何人かの学者が彼に対する影響はとても直接であった。当然このような影響は康有為、厳復、譚嗣同及び彼の対立派の孫文、章炳麟を上回ることはない。留意すべきことは、明治日本の外交政策「支那保全」「日英同盟」に対して、非主流の言論家たとえば内村鑑三（一八六一〜一九三〇、思想家、非戦論者）、北一輝（一八八三〜一九三七、思想家、ファシスト）などの論調が梁啓超の観点と驚くほど一致していることである(17)。それは偶然の一致ではないと思われる。何らか内在的繋がりがあるかもしれない。この点において、梁は一方的に影響を受けるだけではなく、周囲の刺激を受け、逆に日本人に影響を与える仲介役を演ずる場合もありうる。

『清議報』は早くも第三冊（一八九九年一月一二日、旧暦一八九八年一二月一日に発行）の「東報訳編」に当時の『外交時報』（有賀長雄が主筆）からの訳文「保全支那論」(18)を掲載する。主な観点としては、自主保全は不可能だから論外である。考えられるのは「同盟担保策」と「聯合担保策」であるが、やはり聯合策が上策であろうというものである。いずれにしても、保全といいながら、分割の方策を如何に公平に講ずる内容であった。梁は、『清議報』第九冊に「論保全中国非頼皇上不可」（署名哀時客、一八九九年三月二二日、旧暦二月一一日）という「尊皇論」を発表するが、そのような抱負が非現実的なものであることが徐々に分かってきた。梁は、のちに「瓜分危言」（署名哀時客、一八九九年五月〜八月、『清議報』第15、16、17、23冊）、「論中国人種之将来」（署名梁啓超、一八九九年六月二八日、『清議報』19冊）、「論支那独立之実力与日本東方政策」（署名任公、一八九九年九月五日、『清議報』26冊）、「自由書：保全支那」（署名任公、『清議報』33冊、一八九九年一二月二三日）、「論民族競争之大勢」（署名中国之新民、『新民叢報』2〜5号、一九〇二年二月〜四月）という一連の文を通して、中国を分割する野心を持っている西洋列強に対して警告する。「欧米人・日本人は盛んに保全支那を口にするが、私は平生この言葉を喜ばしく思わない。支那は他人の保全の下にあれば必ず保全することはできなくなる。支那は自らの保全が可能である。だから他人の保全の下におくべきではない。(支那の)保全を唱える人々は自由を侵す人々であり、保全を望む人々は自由を放棄した人々である(19)。」

第二に、梁の思想や政治主張の変化は経済事情(金銭問題)に絡んでいることは、これまでの研究において無視されていたと思われる。周知のように、康有為と梁啓超の亡命期の生計は、最初の何ヶ月間は、日本政府の外交機密費でまかなっていた。しかし、その後の長い間、やはり海外に住む華僑からの寄付金や出資などを資本金にして、日本、北米、オーストラリア、香港、澳門、上海の租界などに依拠して出版、新聞社、不動産といった実業を起こして生計を立てたのである。

彼らは「保皇会」の名義にして、株の方式で資金を集める。これによって、上海バンド租界にある「広智書局」と「新民叢報社」を経営したのである。梁啓超が原稿の提供を以って「技術株」として、三分の一を所有している。梁は一九〇二年から一九〇三年にかけて、「新民叢報社」(『新民叢報』の年間購読料は五銀円、最高発行部数一万四〇〇〇部。一方『清議報』の年間購読料は四銀円、購読者数約四〇〇〇)から一万銀円の配当金をもらったのである。当時の一銀元の購買力が今の約一万円に相当する。今風に言えば、梁はおよそ一億円の年収をもらっていたわけだ。経済の独立によって、梁はようやく過去のしがらみから脱出できた。一八九九年末、梁は康有為の命令でハワイに行く。集めた資金(三〇万金の中二〇万がシンガポール在住のある華僑による寄付、ハワイで梁が募金した額は八、九万程度)が康有為に握られて送金が遅れたあげく、梁と唐才常らが計画した「自立軍」蜂起失敗の原因のひとつにもなったという(20)。梁はその後、康有為とますます対立するようになってしまい、憤慨して「中国積弱溯源論」(21)を著す。「保教非所以尊孔論」(22)という一文は康有為との政見上の決裂を宣言したものである。「吾愛孔子、吾尤愛真理；吾愛先輩、吾尤愛国家；吾愛故人、吾尤愛自由。」(23)と梁は恩師のことよりも真理の追求を最優先する。けれども、師弟関係は依然として維持している。康有為は暗殺の危険に晒されたため、インドに避難していた。そのとき、梁はすぐさま一八〇〇銀円を康有為に送金した。

一九〇三年の訪米後、梁は言論における一大転換を行なった。「破壊主義」及び「革命排満主義」をきっぱり放棄したのだ。勿論見聞を広めたのも一つの要素だが、この十ヶ月間訪米のもうひとつの収穫は、梁の力によって「保皇会」の会員数が一気に増えたおかげで、寄付金を大量に集めた(24)。梁はその後、言論上の束縛がなく、もっと自由に発言できるようになった。その理由に関しては、やはり経済上の独立がかなり力になったと考えられる。一九〇六年春、康有為はメキシコを訪問し、華僑による寄付金を利用して、電車が経由する予定地を購入した。そのうち、地価暴騰で一〇万メキシコドルの利潤を上げたという。ちょうどその時、逆に梁のほうが経営不振に陥り、康有為に援助を求めた。康は直ちに五〇〇〇銀円を梁に送金した(25)。この年、予備立憲は触れ込み通り、清政府が各国の憲政を考察するために五大臣を海外に派遣する。随員としての熊希齢が載澤と徐世昌の命令で、年初の頃ひそかに東京に赴き、楊度に代筆してもらおうとする。楊は三つの報告の中、ひとつを梁啓超に協力してもらうという形で約束した。梁は一週間で書き上げ、銀一〇〇〇両を獲得する。年末に、熊希齢が再度来日し、楊、梁と憲政会を結党しようとするが、統治権を執ろうという康有為の指示で、梁は楊度が会長の座を奪うことに対して、強い不満を表明して離脱する。

第三に、一九〇一年末に起きた『清議報』新聞社の火災原因については、最近になって、新しい発見がある。「孫文放火説」(26)が浮上している。同社は、一八九九年秋にも一度火災で全焼したことがある。その原因については、やはり西太后が『清議報』の名指しの攻撃に激怒したということで、劉学洵に一〇万金を与え、康有為と梁啓超を逮捕する命令を下した。結局、劉は刺殺に失敗して、暴徒を雇って放火したという。なお、一九〇七年五月に同時に起きた『新民叢報』の上海支社と『時報』社の火災の原因については、更に究明する必要がある。

第四に、『新民叢報』と『民報』との論戦について、梁は敗北に終わるというのが定説になっているが、実際のところ、そうでもない。かつて『民報』前身の『二十世紀之支那』を創刊した中間派の宋教仁は、彼の『宋漁父日記』の中でそれについての事実関係が明らかになっている(27)。一九〇六年春、梁は康有為に保皇会を国民憲政会に改名することを建言した後まもなく、熊希齢の依頼で『考察各国憲政報告』を代筆して起草する。八月二八日、清政府の御前会議で事実上梁の起草したものを可決する。翌年旧暦正月（一九〇七年二月一三日）、保皇会が正式に国民憲政会に改名する。一〇月七日予定した政聞社の機関誌月刊『政論』（東京で創刊、第3号より、翌年四月一〇日に上海に移転）を発行する。十日後の一七日に政聞社が東京錦輝館で正式に成立大会を開く。『新民叢報』は一一月二〇日に第96号を出して停刊になる。つまり、『新民叢報』の停刊は、『民報』との論戦で敗北に直結するものでなく、前後の流れから梁の政治主張の転向が主な原因であることをうかがわせるものである。

第五に、日本滞在中、生活基盤に死活問題にかかわる華僑の演じた役も非常に大事なことであると思う。また、康・梁師弟の活動に対して、日本政府は終始関心を持っており、秘密警察の監視による詳細な記録が残っている(28)。事実究明には非常に役に立つだろう。

梁は思想家なのか？

この問題について、学界では非常に混乱している。多くの学者が梁は思想家であると認めている。しかし、李澤厚は「梁が歴史上の地位においては思想方面にある。また、思想方面の地位おいては宣伝方面にある。つまり、康有為と違って、あまりに独創性がないわけだ。したがって、彼は思想家ではなく、宣伝家にすぎない」(29)と立論している。『時務報』時期に、梁氏の政論は既に一時的風靡になり、変法運動において重要な宣伝的役割を果たした。しかし、梁氏が更に有名になり、中国の知識人に更に影響力を与えた理由として、やはり戊戌政変の後から一九〇三年にかけて日本において『清議報』と『新民叢報』を発行することよって、ブルジョアの社会、政治、文化、道徳、思想を鼓吹する一連の文章を発表することである。」(30)と二〇年前の観点を再強調する。李氏はさらに、梁啓超の中国近代史における役割と地位について、一八九八年から一九〇三年にかけて、この五年間の宣伝活動に基づいて判定すべきであると強く主張する。

私は李澤厚の観点に同意するが、梁啓超は思想家ではない理由の重要なポイントとして、基本的に彼の思想には独立した系統がないと考える(31)。彼は多種多様な学説(32)に包囲されて、苦悩する思索者であり、最後に〈愛国主義精神分裂症〉(33)に苦しめられる。彼は祖国の老衰現象に対して、いくつか「処方箋」を出している。時には強壮剤を投薬したり、時には下剤を与えたりする。有名な「少年中国説」(34)は非常に陽気であるに対して、「新民説」(35)は醜い国民を熾烈に批判するもので、陰気なのだ。後の「開明専制論」(36)は保守的で、調和主義に戻る。そして、彼の国家主義の理論は「排満」を究極の目的とする漢民族主義を抑制しようとした。しかし、出した。彼のこのような学説は一時期西洋文明の「洪水」に流され、死に瀕している上流知識人階層を救い最後に彼はこの局面を挽回することができなかった。梁は版図意識及び植民意識を隠し切れないのだ。つまり、梁の帝国意識が濃厚である。とはいえ、梁の制度、文化方面においての啓蒙運動は中国の近代化にかなり影響を及ぼしたという見解が通説となっている。彼の西洋文化の鼓吹と中国伝統文化の整理がすでに中国文化史の一部分になった(37)。思想家の意義は思想自身にあることではなく、歴史の過程に対する影響にある。梁の思想は歴史の影響について深遠だった。それ故、私は、思想家の冠は彼にとってさほど意義のあるものとは思わない。

いかなるものでも発展がひとたびその制約の要素を失った時、実はすでに罪深い深淵に向かっている。梁啓超は西洋の民主共和の〈矛〉と伝統の儒家礼儀道徳の〈盾〉を同時に包み隠さず打ち明けるのだ(38)。矛も必要とするが盾は更に必要だ。梁啓超の晩年に文化事業に力を尽くす重要な原因は、彼が性急にすでにあの西洋の〈矛〉につぶされた〈盾〉を修繕できることを望んで、生存能力を高めたいのである。洋務運動はただ自分で固有の矛の洋式装飾に過ぎない。日本はみごとに「脱亜入欧」に成功し、彼の中国先生に向かって「和魂洋才」という本当の矛を挙げ始める。日清戦争は最も致命的な一撃だ。戊戌変法は伝統勢力に依拠した一回限りの徹底的でない修繕だった。義和団の失敗と日露戦争後科挙の廃止は自殺行為に等しい、伝統勢力の最後の防御線がとうとう崩壊した。結局、「矛」も挙げられなく、「盾」も根本に突撃されて抵抗能力に備えなく、そのまま手をこまねいて殺戮を待つことだけなのだ。つまり、制約と反制約を同時に備えておかなければ、「亡国亡種」を免れることはできないということになる。ここで私が強調したいのは、梁は道家の陰陽五行説を排斥しながら、結局は赤ん坊を浴槽の水と一緒に捨てることができなかったということである。彼が陰陽五行説を排斥する主な理由として、中国の西洋文明の受容を邪魔している元凶たるものは、ほかならぬ「陰陽五行説」だ断言したのである。しかし、彼自身さえ「迷信の説」を断然拒絶することに失敗したと思われる。彼が無意識に吐露しているように、「自我矛盾」が自然に現れてくるのだ。

梁の心中では、中国全体の社会はまるで一人の泳ぐことのできない「金槌」のようだ。必死に救命ブイ〈伝統〉を抱いて西洋の海洋文明と組み打ちするが、もちろん勝算がない。西洋の海洋文明と対等にふるまう唯一の可能性は、やはりできるだけ早く救命ブイを放棄することだ。しかし、まだ水泳術のない「金槌」はすぐに溺死する恐れがあるから、救命ブイをすぐに放棄してしまうことはありえない。レベンソンは非常に鋭くこの点を洞察した。彼は梁が終始「伝統は廃止されるべきであるが、伝統を廃止することができない」、「過去を放棄していくことは困難であるだけではなく、その上災難でもある」(39)といった矛盾した心理状態にあることを指摘する。

むすび

梁の思惟様式は、跳躍したり、発散したりしていると同時に、多層多元的な特徴が顕れている。彼の真実な内心世界を捉えるためには、このような思惟様式に従って彼の真意を推察しなければならない。また、彼の〈流質多変〉の気質になる外在的制約の要素に注意しなければならない。更に彼と敵対している者との摩擦の中に彼の影を捕らえることも必要だろう。というのは、人物間の衝突による影響は最も直接的であるからだ。

譚嗣同、唐才常、宋教仁と湯化龍、この四人の死が梁の生涯において重大な意味を賦与している。歴史的な事件はもちろん人に決定的な影響を及ぼすので、本論はあえて梁をめぐる人物関係を着眼する。同時に、梁のジャーナリズム活動に関わる史実関係を究明する上で、主人公の思想変化の流れを捉えたい。

梁啓超はずっと各勢力の丸め込みの対象であった。しかし、最終的にはいずれ自ら脱退するというのがほかの人物にはない行動であり、梁の性格そのものの象徴的な表れでもある。後ろにはずっと恩師たる康有為のカリスマのような存在があり、なかなか康氏の金縛りの法から脱がれず苦悩する一方である。『時務報』時期に洋務派の張之洞からの勧誘、日本亡命初期に革命排満派の孫文からの勧誘、民国初期に袁世凱からの勧誘、亡命先の日本からの勧誘ということもあった。

これまでの梁啓超研究の手薄な部分はやはり日本亡命の十四年間である。日本亡命を境にして、彼の思想は相当の変化が見られる。「この変化が日本の学界によってもたらされたことは疑いない(40)。」それゆえ、本稿では、梁啓超の対日観の変化が近代日中交渉史に重大の影響を及ぼすことに着眼して論述していく。特に出来事の前後関連の究明(41)に力を注ぎ、これをひとつの研究方法として、徹底的に貫いてやっていくべきだと痛感する。

私は、修士論文に関連する在日華人メディア歴史の整理にあたって、梁啓超という人物に関心を持ち始めた。ことに彼の在日亡命期におけるジャーナリズム活動が中国新聞史に必ず紙幅を費やして取り上げられている。一次世界大戦後、既にポスト・モダニズム的な理念を掲げた梁啓超に対する研究は、今後益々その注目度が高まる。まして、日本は現実的意味での東アジア共同体を構想していることが、いかに歴史的なギャップを超越して、真の政治対話を求めているはずである。ともあれ、梁に対する研究はまさにそのために用意されているものではないかと思われる。

現在、梁啓超研究は既に国際的規模で拡大している。これまでの研究方法としては主に史論の方法で、彼の政治思想、哲学思想、文学思想、新聞思想、経済思想、史学思想、教育思想、科学思想など各側面について論じられてきた。

本稿は優れた先行研究の成果を吸収し、梁の生涯に伴うジャーナリズム活動の流れを追って、原資料（外交公文書、書簡、新聞、日記など）に基づき、その精神面における経緯を克明に考察していきたい。いわば、梁啓超研究における方法論の方法論という試みである。これまでの梁啓超のジャーナリズムに関する研究がやや単線的であったことに対し、本稿は立体的に描く所存である。

また、研究の目的として、「西学東漸」と「東学西漸」という文明融合は鴉片戦争以降に顕著に現れ、そこに著名人のパーソナル・ジャーナリズム(42)活動がさらにそれを加速させる。梁啓超のジャーナリズムは一体どのような歴史的作用を果たしたのかという議題設定に基づき、彼の執筆活動の軌跡を通してそれを考察したい。同時に、梁啓超のジャーナリズム精神(43)が現代に波及している効果を解明したい。

註

(1) 田村紀雄によれば、メディアが活字媒体であった大正時代以前は、新聞・雑誌とジャーナリズム、新聞・雑誌記者とジャーナリストは、ほとんど同義であった。さらに初期には新聞と雑誌は未分化で、「定期的に有料で発行・頒布される活字媒体によって、報道され、議論され、批評されるといった情報・ニュース活動をジャーナリズムと呼んだ」のである。（田村紀雄・林利隆・大井眞二編『現代ジャーナリズムを学ぶ人のために』世界思想社、二〇〇四年五月、三頁参照）。本稿におけるジャーナリズムの概念はこれを適用する。

(2) 梁啓超「鄙人對於言論界之過去與將來」『飲氷室合集』北京中華書局、一九八九年三月（上海中華書局、一九三六年初版のリプリント版）文集之二十九、二、四頁。『庸言』第1号（一九一二年一二月一日発行）甲建言三講演欄に初掲載。

(3) 劉家林編著『中国新聞通史』（上冊）武漢大学出版社、一九九五年一二月、一四九～一五一頁。

(4) 梁啓超「戊戌政變記」前掲書『飲氷室合集』専集之一、三五頁。

(5) 樽本照雄によれば、『新小説』は創刊から終刊まで一貫して横浜で印刷され、中国に運ばれた」という。『新小説』の発行年月と印刷地2」『大阪経大論集』（第53巻第2号、二〇〇二年七月）参照。厳密に言えば、印刷地は横浜であったが、発行所は広智書局であろう。

(6) 梁啓超は『清議報』の第83冊（一九〇一年）の本館論説欄に「過渡時代論」を発表する。彼は「時代特徴を停頓と過渡に分けられる。過渡時代においては発生力の現象が顕著に現れる。欧州各国はこの二百年以来、皆過渡時代にあるが、今は停頓時代に入る。それに対して中国は数千年以来、ずっと停頓時代にあったが、今は過渡時代にある」と論述する。

(7) 李澤厚が渡米した後、劉再復との「対話録」において宣言した「革命歴史観に別れを告げろ」というのが代表的な論調である。「和平進化、復興中華—談『要改良不要革命』（上）」（『中國時報週刊』一九九二年五月三日～九日）及び『告別革命』（李澤厚・劉再復、香港天地図書有限公司、一九九五年）参照。また、何新の「農民蜂起は中国歴史の進化に決定的動力ではない」との一文も「階級闘争決定論」を厳しく批判する。これについては、『論中国歴史与国民意識』（何新著、時事出版社、二〇〇二年九月）参照。日本の中国学研究の大家溝口雄三は中国の洋務派再評価との現象について、このような反論をした。「忌憚なくいえば、かつて革命からふり返られたそれがそうであったように、現代の要請、現代の政治課題のために、必要な部分だけが切りとられ、あるいは拡大され、現代のために再編させられた。いわば「革命」が「現代化」に裏返されただけの、もう一つの歪められた近代である」（溝口雄三『方法としての中国』東京大学出版会、一九八九年六月、二〇二頁）ほかに、佐藤慎一は「中国共産党の勝利に貢献したとみなされる思想や運動が肯定的に評価され、逆に中国共産党の路線に対立したとみなされる思想や運動は否定的に評価されて、思想の歴史に整理が加えられた。このようにして描かれる「近代中国」の思想史は、毛沢東思想の勝利をゴールとする、ひどく単線的な革命思想史になりがちであった」と指摘する（佐藤慎一編『近代中国の思索者たち』大修館書店、一九九八年一二月、四頁）。

（8）「梁啓超の亡命期はまさに日本の帝国主義の過渡期であり、その後の日中関係を考察するうえで重要な期間である。近代化された日本の実情が中国人にどのように捉えられたのか、梁啓超というひとりのジャーナリストを通じて考察することは、日中関係の一端を認識するうえで重要なことである。」三浦滋子「梁啓超の対日認識―日本亡命から日露戦争まで」『史論』（東京女子大学学会史学研究室）五一、一九九八年、四三～四四頁。

（9）梁啓超「歴史上中華国民事業之成敗及今後革進之機運」『飲氷室合集（1-12）』梁啓超著、林志鈞編、北京中華書局、一九八九年、上海中華書局一九三六年版影印版、文集之三十六、三一頁。

（10）蒋広学『梁啓超和中国古代学術的終結』江蘇教育出版社（南京）、一九九八年、第三章参照。また、実藤恵秀は、梁の文化的影響力は孫文の上に出るとも、これより下るものではない。「中学為体西学為用」は、いつのまにか「不中不西即中即西」に置き換えられていたのである。厳復の西洋思想書翻訳、林紓の西洋文学翻訳は、この線に沿うものと見るべきである、と評価している（実藤恵秀編『近代支那思想』光風館、一九四二年六月、一六九頁参照）。

（11）山室信一『思想課題としてのアジア』岩波書店、二〇〇一年一二月、四三一頁。

（12）デューイは一九一九年四月～一九二一年七月、中国に滞在。ラッセルは一九二〇年一〇月～一九二一年七月、中国に滞在。ドリーシュは一九二二年一〇月～一九二三年六月、中国訪問。タゴールは一九二四年四月一二日～五月三〇日、前後五〇日中国訪問。

（13）Levenson. Joseph R., *Liang Ch'i-ch'ao and the mind of modern China*(Berkeley Calif.: Univ. of California Pr., 1959), pp. 3-4.

（14）Levenson. op.cit. pp. 1, 146, 198 参照。

（15）実際、梁は協和医院に通っても病状がまったく改善しなかった。梁の血尿は友人の勧めで漢方薬を服用して止めたのだが、協和医院の診断では彼の腎臓に瘤があるという。梁はそれを信じて手術を受けた。結局、医療事故が起きた。一九二六年三月、梁は北京協和医院に入院し、右腎が摘出されたが、病因が確定できず、後になって医療ミスを犯したことがわかった。病原のある左腎を右腎と間違って採ったという。術後、依然として病状の変化が見られず、病原が歯に移ったと言われ、歯を計七本抜かれたという。残念ながら、まだ治らない。その後、いきなり飲食に問題があるといわれ、何日間断食を行なっていたが、それでも治らない。最後に、医者はこの病気はたいしたものではないという。梁は確かにこの手術を施さなくてもいいといいながら、ひとつの医療ミスで西洋医学の科学性を全面に否定してはならないと新聞に西洋医術を擁護する声明を出したのである。詳細は夏暁虹編『追憶梁啓超』中国広播電視出版社（北京）、一九九七年、三六五～三六九頁参照。

(16) Levenson. op.cit. pp. 200.

(17) 梁の論調は内村鑑三、北一輝の観点に非常に見分けることができないものである。明治三五年二月、内村は『万朝報』紙上に三回にわたって、「日英同盟に関する所感」を発表した。「国人が挙て悦ぶ時に余れ惟り憂ふるのは何やら奇を好むやうに見えたが、然し悦ぶべかざるに悦ぶのは国に対して誠実を欠く事であると思ふから……」という言葉で書き出されている。それは日英同盟に対する内村の態度を、最も明瞭に、またその信条を表明したものであったといってよい（野村浩一『近代日本の中国認識』研文出版、一九八一年四月、一六頁）。一方、北一輝は大隈の「日英同盟」と「支那保全論」の結合という方策によって裏打ちされていた「東西文明融合論」の路線に対して、先ず真向から対立する。すなわち、彼は、日英同盟と支那保全論が到底両立し得ないものであるという認識から、問題を出発させるのである。「不肖は支那保全主義と日英同盟とが絶対的に両立する能はざることを信ずるものなり」（同上、三三頁。）

(18) 一八九八年（明治三十一年）一二月に発行した東亜同文会機関紙『東亜時論』第二号にも掲載された。

(19) 梁啓超前掲書、飲氷室専集之二、四〇頁。原文は『清議報』第33冊の「飲氷室自由書」コラムに発表され、一九〇二年二月一二日に日英同盟が結ばれた後に発表した「英日同盟論」（『新民叢報』第2号「国聞短評」コラム）にも引用される。

(20)『梁啓超年譜長編』丁文江、趙豊田編、上海人民出版社、一九八三年八月、二四六～二四七頁参照。訳文＝三浦滋子、前掲五〇頁参照。

(21)『清議報』の77～84冊まで連載。

(22) 梁啓超『新民叢報』第2号（一九〇二年二月二三日に発行）に掲載。主な観点は、孔子の儒教を否定することではなく、あくまでも「保教」を否定する。「保国」、「保種」、「保教」との三者に対して、我々にできることはまず「保国」だ。教は人力で確保できるものではない。そして、「保教」の説は「国民の思想を束縛する弊害がある」と主張する。

(23) 梁啓超前掲書、飲氷室文集之九、第五九頁。

(24)『梁啓超年譜長編』二二四～二二五頁。百万単位を募金できると予測したが、梁の康有為宛の長い手紙には、長期間の募金活動に疲れている梁の姿が浮かべる。梁の公金を着服したとの噂が流れているなか、梁は懸命に康有為に自分が潔白であると弁明する。どの程度募金できたのか、或いは梁はどの程度横領したのかは、まだ疑問が残っている。

(25) 陳明遠「康有為的経済生活」『縦横』二〇〇二年第6期。また、『梁啓超年譜長編』三六一頁に康有為が何擎一宛の手紙にも関連した内容がある。

(26) 一九〇一年に楢原陳政が伊藤博文宛に「梁啓超が楢原に孫文は既に清政府に買収され、彼が放火したのだと告げた」といった内容の手紙が東京の塙書房に所蔵している『伊藤博文関係文書』の中で発見された。石雲艶「梁啓超流亡日本時期的辦報活動及其新聞思想」（二〇〇三年一〇月に中国天津で開催された『梁啓超与中国近代社会文化国際研討会』の発表により）。

(27)『梁啓超年譜長編』三六三～三六四頁参照。

(28) アジア歴史資料センターの所蔵資料は既にネット上で漸次に公開している。また、外務省外交史料館に収蔵している現物文書も公開している。

(29) 李澤厚『中国近代思想史論』人民出版社、一九七九年七月、四二三頁参照。

(30) 同上。

(31) 梁啓超の「吾今後所以報國者」（『大中華』創刊号）において、自ら自分の欠点を認めた。「吾問學譾薄、不能發爲有統系的理想、爲國民學術闢一蹊徑。」と政治活動に終止符を打った後に、学術で報国の志を立てたのである。

(32) **康有為**［こうゆうい］（一八五八～一九二七）中国の学者・政治家。梁は康有為の弟子であり、康の大同思想や三世説にかなり影響を受けている。**譚嗣同**［たんしどう］（一八六五～一八九八）清末の思想家・政治家。梁は「仁学」を『清議報』第2～5、7、9、10、12、14、44～46冊に連載。**吉田松陰**［よしだ-しょういん］（一八三〇～一八五九）幕末の尊王論者・思想家。康有為の影響下で、「万木草堂」時期に既に維新志士の事跡に感動したという。日本亡命後の梁はさらに吉田松陰に尊敬の意を払い、日本名を「吉田晋」にした。**西郷隆盛**［さいごう-たかもり］（一八二七～一八七七）明治維新の三傑の一人。梁の「自由書」や「新民説」の中によく西郷隆盛のことに言及する。**中村正直**［なかむら - まさなお］（一八三二～一八九一）幕末・明治の洋学者・教育家。著名な漢学者。梁は『清議報』第28、29冊の「飲氷室自由書」欄に「自助論」、「自助論序」などにおいて『西国立志編』（スマイルス原著、中村正直訳）の「総論」及び第一、四、五、八、九、十一編の「序」をタイトル付けで紹介。**福沢諭吉**［ふくざわ-ゆきち］（一八三四～一九〇一）思想家。梁は『清議報』第38冊の東洋学説欄に福沢諭吉の「男女交際論」を掲載。**中江兆民**［なかえ-ちょうみん］（一八四七～一九〇一）思想家。梁は東洋のルソーとも言われる中江兆民の民権説に強く感銘を受ける。また、梁のカント学説に対する解釈は中江兆民訳の『理学沿革史』（フイエー著、一八八六年・明治一九年に出版）に参考したという。詳細は黄克武「梁啓超与康徳」中央研究院近代史研究所集刊第30期（民国八七年一二月）。**加藤弘之**［かとう-ひろゆき］（一八三六～一九一六）国法学者。『清議報』第52冊に署名日本加藤弘之の「十九世紀思想變遷論」を掲載する。梁の「加藤博士天則百話」が『新民叢報』第二一号（一九〇二年一一月三〇日に発行）に掲載。のち『自由書』に収録。飲氷室専集之二、九一～九八頁。**陸羯南**［くが-かつなん］（一八五七～一九〇七）国士・新聞記者。梁啓超とは交遊記録の詩作に何回も触れるほど親しい友人関係である。

また、梁の「自由書」にも陸羯南の事に言及する。梁は陸羯南の国粋主義に影響を受けている。アリストテレス[Aristotles]（前三八四～前三二二）古代希臘の哲学者。梁は「亜里士多徳之政治学説」（署名中国之新民）を『新民叢報』の第20・21号に掲載。モンテスキュー〔Charles de Secondat Montesquieu〕（一六八九～一七五五）フランスの政治思想家。梁の「法理学大家孟徳斯鳩之学説」が『新民叢報』第4・5号に掲載。ルソー〔Jean-Jacques Rousseau〕（一七一二～一七七八）フランス啓蒙期の思想家・小説家。梁の「盧梭学案」が『清議報』第98・99・100冊に掲載。また、「民約論鉅子盧梭の学説」を『新民叢報』第11・12号に掲載。カント〔Immanuel Kant〕（一七二四～一八〇四）ドイツの哲学者；ドイツ観念論の祖。梁は「近世第一大哲康徳之学説」（署名中国之新民）を『新民叢報』の第25・26・28・46・47・48号に掲載。しかし、梁のカントの学説に対する理解が表層にとどまり、時には仏教の唯識宗の教義と比較して付会する。ベンサム[Jeremy Bentham]（一七四八～一八三二）イギリスの法学者・思想家。梁の「楽利主義泰斗邊沁之学説」が『新民叢報』第15・16号に掲載。ダーウィン[Charles Robert Darwin]（一八〇九～一八八二）イギリスの博物学者。梁の「天演学初祖達爾文之学説及其略伝」が『新民叢報』第3号に掲載。ホッブス〔Thomas Hobbes〕（一五八八～一六七九）英国の政治哲学者。梁は一九〇一年に「霍布士学案」を著す。『清議報』第96・97冊に掲載。スピノザ〔Baruch de Spinoza〕（一六三二～一六七七）オランダのユダヤ系哲学者。梁は「斯片挪沙学案」を『清議報』第97冊に掲載。ベーコン〔Francis Bacon〕（一五六一～一六二六）イギリスの哲学者・政治家。梁の「近世文明初祖二大家学説・上篇倍根実験派之学説」が『新民叢報』第1号に掲載。デカルト〔Rene Descartes〕（一五九六～一六五〇）フランスの哲学者・数学者・自然学者。梁の「近世文明初祖二大家学説・下篇笛卡児懐疑派之学説」が『新民叢報』第2号に掲載。ブルンチュリー〔Johann Caspar Bluntschli〕（一八〇八～一八八一）ドイツの政治学者。梁はブルンチュリの『国家論』（徳国伯倫知理著）を『清議報』第11・15～19、23、25～31冊に連載。また、「政治学大家伯倫知理之学説」を『新民叢報』第32、38・39号に掲載。キッド〔Benjamin Kidd〕（一八五八～一九一六）イギリスの社会哲学者。梁は「進化論革命者頡徳之学説」（署名中国之新民）を『新民叢報』の第18号に掲載。スペンサー〔Herbert Spencer〕（一八二〇～一九〇三）英国の哲学者・社会学者。梁は「国家思想変遷異同論」（『清議報』第94・95冊）、「論学術之勢力左右世界」・「中国之旧史学」（『新民叢報』第1号）、「干渉與放任」（『新民叢報』第17号「飲氷室自由書」）、「記斯賓塞論日本憲法語」（『新民叢報』第42・43号「飲氷室自由書」）、「論私徳」（『新民叢報』第38・39～41・46～48号）等の文章にしばしば「斯賓塞」の理論を引用する。

(**33**) Levenson. op.cit. pp. 136. "Patriotic Schizophrenia"一節参照。

(**34**) 一九〇〇年二月一〇日、『清議報』第35冊に掲載。

(**35**) 一九〇二年二月八日、『新民叢報』第1号より約四年間にわたって連載、第二十節「論民気」が最後で、一九〇六年一月六日の第72号に掲載。

(**36**) 一九〇六年一月二五日～三月二五5日、『新民叢報』第73～75、77号に掲載。

（37）Levenson. op.cit. pp. 50.
（38）『民報』は『新民叢報』との論戦の中で、梁の観点を「矛」と「盾」に分別して駁す。詳細は署名民意の論客「告非難民生主義者（駁新民叢報第十四号社会主義論）」（『民報』第拾弐号、四七～一五四頁）参照。
（39）Levenson. op.cit. pp. 197.
（40）市古宙三『近代中国の社会と政治』（増補版）東京大学出版会、一九七七年三月、二六一頁。
（41）湯志鈞は「時間の概念が最も重要だ」と強調する。『梁啓超与中国近代社会文化国際研討会』（二〇〇三年一〇月、中国天津に開催）基調講演」。
（42）春原昭彦著『日本新聞通史』現代ジャーナリズム出版会、一九六九年一二月。春原氏は明治二〇年から二九年までの時期を「パーソナル・ジャーナリズム」の時代と呼んでいる。陸羯南の『日本』、徳富蘇峰の『国民新聞』、黒岩涙香の『萬朝報』、島田三郎の『毎日新聞』、秋山定輔の『二六新聞』などはいずれも名士の「個人の思想や個性を強烈に反映した新聞として新聞史上に名を残している」（六四頁参照）。梁啓超を語る場合、その特徴から考えれば、「パーソナル・ジャーナリズム」に当てはまる。また、「梁啓超是個人報業（Personal Journalism）時代的一個代表人物」（徐佳士、一九六八）。頼光臨著『梁啓超與近代報業』台湾商務印書館、民国五七年三月。「徐佳士教授序」参照。
（43）花田達郎氏によれば、ジャーナリズムとは同時代のアクチュアルな出来事についての言論、表現、批評、報道などの活動であると定義した上で、「社会的な意識形態のひとつであり、ひとつの意識活動にほかならない」と付け加える。その延長に、「ジャーナリズムというものもひとつのイデオロギー形態であるということが導かれる」（花田達郎「第一章　ジャーナリズムと情報化の日本的関係模様」、柴山哲也編著『日本のジャーナリズムとは何か―情報化革命下で漂流する第四権力』ミネルヴァ書房、二〇〇四年三月、九、一一頁）と指摘されるとおり、その意識活動の底流には、必ず精神の働き（インフォメーションをインテリジェンスにするエネルギー）という抽象的かつ総合的なものが存在する。したがって、ジャーナリズム精神はその意識活動の根幹であると筆者は認識している。

第一部　梁啓超の初期ジャーナリズム活動

第一章　日清戦争までの清朝帝国の新聞事業概観

中華帝国の威容が十九世紀半ばよりついに西洋文明及び西洋植民主義の侵食によって崩される。それ以来の百年余りの長い間、中華民族は二千年以来未曽有な屈辱、焦燥、苦痛を味わわざるを得なかった。舶来品、鴉片、『聖書』、教会学校、近代新聞に伴う自由主義、民族主義、社会主義の疾風が中華大地を席巻し、その疾風に先立って、外国人宣教師(1)の姿があり、言葉の壁を乗り越え、出版や新聞発行などの宣教活動が順次に現れる。既に印度を懐中にした英帝国は更に豊饒の中華大地を狙う。

もちろん、十七世紀末までの中国では、かつて西洋宣教師の活動があった。欧州の学者は、宣教師たちの儒教中国の風俗習慣、行政制度、歴史、哲学、美術工芸品など多方面にわたった調査報告を基にして、いくつかの中国風聞録を著わし、中国を安全社会の模範例と考えた。「中国の理想は、かつては西洋の人本主義、自由主義、民主主義の育成を助長した」とさえ言われた。一七二三年、雍正帝がキリスト教の布教を禁止したため、カトリック宣教師は帰国を余儀なくされた(2)。

中英鴉片戦争後、布教禁止の解除(3)によって、大勢の外国宣教師が中国に入り込んだ。中には政治使命を負うものも少なくない。彼らは人目を避けるために、宗教という衣をまとって、政治的陰謀活動をおこなう。彼らの活動方式も多種多様である。布教活動以外に、病院や学校を開設したり、新聞出版業の方式でプロパガンダを行なったりして、中国人の思想を支配する。一八六〇年に、外国の教会あるいは宣教師個人の名義で創刊した中国語新聞紙は、既に三二種類に達し、一八九〇年には、七六種類に達する(4)。十九世紀四〇年代から九〇年代にかけて、外国人による中国語或いは外国語の新聞紙は一七〇種余りに達し、当時の中国全国の新聞発行数の95%を占めている(5)。

天下の偉業が一歩を踏み出せばすぐに成功することはない。必ず漸次に発達してから円満の域に入り込むというのが普通だろう。とはいえ、「其發達之遅緩而無力、獨未有如中国之報館者。中國邸報、視萬國報紙皆爲先輩、姑置勿論。即自通商以後、西國之報章形式、始入中国。於是、香港有循環日報、上海有申報、於今殆三十餘年矣」(6)

本章では、鴉片戦争以降近代中国新聞の出現の歴史的背景を述べると共に、その流れから中国近代二大ジャーナリストたる王韜と梁啓超との因果関係を解明する。この二人が活躍した地点としての香港と上海はいずれも貿易で栄えた商業都市であり、中国近代新聞の発生と発展に深く関わった二大拠点でもある。上海はこの二人共通の接点でもあった。列強の治外法権の庇護下にこの二人はジャーナリズム活動をし続けてきた。王韜を取り上げる理由は、新聞発行を通しての西洋思想に対する理解、伝播及び新聞経営理念について梁とは違ったパターンが容易に捉えるからだ。梁啓超のジャーナリズム活動の出発点を理解するために、王韜は避けて通れない人物である。いわんや、王が香港で発行した『循環日報』は日本の上層階級に強い関心を持たせたこともあり、康梁の維新派にも高く評価されたからである。

第一節　近代中国語新聞の濫觴

一七九五年に成立したロンドン伝道協会（London Missionary Society）は、ようやく最も伝教困難な中国に宣教師を派遣することにした。ロバート・モリソン（Robert Morrison 一七八二〜一八三四）は、はじめからペナンに直行したのではなく、一度アメリカに渡り、一八〇七年五月一二日にアメリカ政府の援助を受けて、アメリカの鴉片密輸出貨物船に乗って、九月四日に澳門に到着する(7)。モリソンは来朝した最初の基督教新教(Protestant Church)宣教師である(8)。清王朝が外国人宣教活動を厳しく取り締りを強化する環境の中で、モリソンはしばらくの間に澳門で『聖書』の翻訳、『華英辞典』(東インド会社の援助を受け、一八二二年に完成する)の編纂に携わる。その間、印刷関係の仕事にかかわり、何人かの中国人「刻字工」と親交になった。その中には蔡氏三兄弟と梁発などがいる。ある日、官庁に注意された刻字工たちは、大きな災いが身にふりかかることを恐れて、自ら印刷工場を焼き払い、大きな損害を受けるという。一八一三年、ロンドン宣教協会はモリソンを協力するために、ウィリアム・ミルン(William Milne 一七八五〜一八二二)を派遣する。七月四日に、ウィリアム夫婦が澳門に上陸する。翌年、モリソンは中国人刻字工蔡高を初の教徒にし、ミルンと一緒にマラッカに派遣する。印刷所、英華書院(Anglo-Chinese College、一八一九年一一月一〇日に開校)を設立し、中国人たちに英語を教える(9)。

方言が多く、また外国人を敵視する中国で、口頭で宣教することはきわめて困難である。しかし、文字が統一されているから、書面での伝道が可能である。一八一五年八月五日に、近代初の中国語新聞『察世俗毎月統記傳』(月刊、Chinese Monthly Magazine、編集長ミルン)がマラッカで誕生する。聖書の紹介、儒学に付会した倫理道徳の説教、天文学の知識などが主な内容であって、その性格はやはりキリスト教義を宣伝する出版物である。その編集部にミルンからキリスト教の洗礼を受けた梁発がいる。梁発は中国近代初の新聞人でありながら、後に初の中国人キリスト教牧師になることが興味深い。

一八一九年に、ミルンは第五巻が、これまでの内容に時事問題に対して殆ど触れていなかった欠陥を指摘し、第六巻より『全地各国紀略』欄を増設する。欧州、アジア、アメリカ、アフリカなどの国々の概況を紹介し、フランス革命に対する論評、中英の鴉片貿易問題などに触れるようになったのである。現代新聞に近い方向性を持つことは画期的な出来事であるといえよう。紙幅から見れば、その大半がキリスト教義を宣伝するものであり、宗教的色彩が依然として濃厚である。しかしながら、近代における初の中国語新聞記事がこの宗教新聞に現れたことが注目に値する(10)。ミルンはメディアを一方的伝道の手段として利用しただけではなく、読者の反応をも非常に重要視していた(11)。『察世俗毎月統記傳』は七年間の年月を経て、一八二一年にミルンが結核にかかり、やむなく停刊に追い込まれる。

それ以降、次のような雑誌型新聞が発行された。『特選撮要』(Monthly Magazine、一八二三〜一八二六、ジヤカルタ旧称 Batavia)、『天下新聞』(Universal Gazette、一八二八〜一八二九、マラッカ)、『東西洋考毎月統記傳』(Eastern and Western Ocean's Monthly Investigation、一八三三〜一八三五、一八三七〜一八三八、広州のちにシンガポール)、『遐迩貫珍』(The Chinese Serial、一八五三〜一八五六、香港の最初の中国語月刊誌)、『中外新報』(Chinese and Foreign Gazette、一八五四〜一八六〇、寧波)、『六合叢談』(Shanghai Serial、一八五七〜一八五八、上海の最初の中国語月刊誌、のちに日本に移転)、『中外雑誌』(Shanghai Miscellany、一八六二〜一八六八、上海)、『教会新聞』(三百零一号より『萬國公報』に改名、Chinese Globe Magazine、一八六八〜一九〇四、上海)、『中西聞見録』(一八七六年より『格致彙編』Chinese Scientific Magazine、一八七二〜一八九〇、北京のちに上海)、『小孩月報』(Child's Paper、一八七五〜一九一六、上海、最初の画報)、これらはいずれも外国人が経営し、その多くはキリスト教伝道用の雑誌型新聞である。英字新聞を発行したのはほとんど外国商人たちであって、中国語新聞を発行したその多くはやはり外国宣教師である(12)。

『東西洋考毎月統記傳』は一八三三年八月一日に広州で創刊され、発行部数が一時一〇〇〇冊に上る。中国国内で創刊された中国語月刊誌はこれが最初であった。編集長ギュツラフ(Kari Friedrich August Gutzlaff(13)、一八〇三〜一八五一、ドイツ人宣教師)がモリソン、ミルンに次ぐ中国語新聞発行において最も影響のある人物である(14)。この月刊誌の宗旨は、中国人に彼等の工芸、科学、道義を認識させ、中国人の傲慢と排外的観念を排除するためである。雑誌のデザインを中国の風土に合わせ、言葉もなるべく通俗化する。内容は従来の宗教、道徳、科学という順序の三大柱より、科学を優先して西洋科学技術の発達と優越を誇示する。その逆に、中国の文化意識の野蛮性及び立ち遅れを引き立てる。ギュツラフはまた、「新聞紙略論」(一八三四年一月号)を発表し、中国人に向けて、「西洋における新聞の始まり、歩みおよび新聞に関する自由、法律と制度を簡略に紹介している」、「中国語刊行物による西洋の新聞事情の紹介はこれが最初であった」(15)。いずれにしても、編集業務において、かなり近代新聞の基本的特徴を有している(16)。これは中国近代新聞史において、意味深い出来事であろう。

鴉片戦争以降、香港と上海が中国における新聞出版の二大基地となる。

第二節　中国語近代新聞の二大拠点

香港―近代中国語新聞の開祖王韜と『循環日報』

中国語日報が最初に現れたのは雑誌型新聞より半世紀遅れている。これは、一八五八年一一月一五日に伍廷芳(17)の提案によって、香港の『孖剌報』(The Daily Press、一八四五年二月二〇日に創刊、発行人Murrow)の中国語晩報『香港中外新報』(最初の中国語鉛版印刷)を増設したものをいう(18)。中国人の意向に沿って発行された最初の中国語新聞は一八七二年四月に創刊した『香港華字日報』(『徳臣報』The China Mail の中国語版、編集長陳藹廷)である。「つまり、同紙は外国人が出資し中国人が主宰する最初の中国語新聞と言ってもよいだろう」(19)。だが、上記のものはいずれも外国人の資本で運営され、植民地新聞の性格が一向に変わらない。中国人の資本で中国人が経営する新聞の中で、影響力が最大でその代表格であったのは、『循環日報』であった(20)。

『循環日報』は、「中国資本と中国人による経営」を標榜して、一八七四年二月四日に香港で創刊された。編集長の王韜(一八二八・一一・一〇〜一八九七・五・二四、字紫詮)は蘇州甫里(現在の江蘇呉県)出身で、一八歳の時に「秀才」に合格したが、一八四六年、父親と一緒に南京に赴き、「省試」に臨み、競争が激しく落第し、官途の道が閉ざされる。一八四七年、彼の父親が上海で塾を開いた。官吏になる道が閉ざされた王韜は、翌年初春に上海にいる父親を見舞いに行き、ロンドン伝道教会イギリス宣教師メドハースト(Dr Walter Henrny Medhurst、一七九六〜一八五七、中国名：麦都思)と付き合う機会に恵まれる。一八四九年の夏、二二歳のとき父親が病死する。その秋に、一家の生計を立てるために、メドハーストの招聘に応じて「墨海書館」に勤め、中国語編集に携わる傍ら、西洋学の天文、地理、歴算、製図などを学び、「西来絶学当今稀」(21)（西洋から流れ込んできた学問は今日において得難く高価なものであろう）と嘆き、「道自西来証大同」(22)（宇宙の法則は西洋から入り込んで大同の理想を証明できる）と信じ始める。その間、『六合叢談』の編集に参与する。五〇年代前半、王には二人の非常に親密関係を持っている同僚がいた。一人は、数学の天才といわれる李善蘭（一八一〇～一八八二）であって、もう一人はかつて神童とも言われたキリスト教を猛烈に批判する作家の蒋敦復（一八〇八～一八六七）である。五〇年代後半に、著名な改革者である龔自珍（一七九二～一八四一）の息子龔橙（一八一七～?、かつて一八六〇年に英国遠征軍に道案内しただけでなく、英国人に北京の円明園を焼き払うことも暗示した風変わりな狂人だといわれる）との交遊があった(23)。のちに、王韜は、西洋文明に対して、盲目的に崇拝するではなく、特に急進的な自由主義に対して常に警戒心を持つようになった。来るべき強盛の時期に座して待つわけにはいかない。中国が西洋の挑戦に抵抗できる唯一の方法としては、西洋が挑戦に来たものより優れたある種の強盛の術を採るべきである。それゆえ、西洋文明を倣う理由はそこにある。仮に西洋の勢力がまだ中国に入ってこなかった場合、西洋の術を倣うことはまったく無益であり、その上極端に有害である。西洋列国と交渉し難い原因について、まずは軍事力が及ばないこと。次に内乱があるからである。西洋の勢力が中国に浸透できたことは、中国の国力が衰弱状態にあるからである。王韜は、西洋文明と中華文明との衝突による道徳混乱の雰囲気の中で、非常に複雑な心情で、この十三年間上海で過ごした。

一八六二年は王韜の運命の分かれ目であった。彼は二月三日付の太平天国蘇福省の長官劉肇鈞宛てに「上海を攻撃しないで、先に清朝を倒して天下をとるべき」旨の書簡（署名「黄畹」、字「蘭卿」）を送った(24)。この書簡は、清朝政府軍が上海郊外の戦役で敗退した太平軍から押収した文書の中で発見されたものであった。清朝政府はこれを罪状にして王韜を指名手配する。王韜はしばらく英国上海領事館に避難した。一〇月四日に上海から英国郵船に便乗し、一週間後香港に到着した。王はこれより二二年間の長い亡命生活を送り始め、一八八四年までずっと香港に居住していたわけである。

英華書院の院長レッグ（James Legge、一八一四〜一八九七、英国漢学家、中国名：理雅各）はそのとき『中国経典』（The Chinese' Classics 中国の古典『四書』『五経』の英語版）の翻訳に携わる。その第一、二巻は既に香港で出版している。王韜は上海を離れる前、既にレッグの助手として中国の経典を翻訳する仕事が手配された。一八六七年、レッグは健康上の理由でスコットランドに帰郷したため、翻訳は突然中断される。レッグは落ち着いてから間もなく王韜に招待状を送った。年末に王は渡欧の旅に出る。フランスを経由して、一八七〇年三月まで丸二年間、王韜はずっと英国で翻訳の仕事をこなしながら、遊学して見聞を広め、オックスフォード大学の講壇に立つ初の中国人学者となる。また、一時的暦学に没頭し、驚異的な業績をあげたという。彼は母体文化のしがらみから脱却しつつ、異文化に対する吸収力に優れていた。そして彼はキリスト教文化との親和力の発揚によって、更に自分の才能を伸ばしていく。

一八七三年、王韜は香港の墨海書局を二〇年も管理した黄勝との共同出資で、その書局の印刷設備と活字を購入し、「中華印務総局」を設立した。王は後に彼の名著『普法（仏）戦記』(25)をこの設備で印刷する。王は黄勝と伍廷芳の援助によって、翌年の二月にようやく『循環日報』を創刊することにした。この日報は、最新の相場と船便広告をフロントページにし、購読料が毎年五香港ドルあるいは毎月〇・五香港ドル、一時夕刊を試みたが、朝刊に戻した。

他の営利的新聞とは違って、王韜はしばしば社説を掲載する。政治領域において、輿論の機能を政界中枢の官吏に認識してもらいたいと同時に、中国は欧州で英字紙を発行すべきだと主張する。というのは、いざという時に大衆の輿論を動員して、西側の政府に圧力をかけるためだ。『循環日報』の購読者は「南洋（東南アジア諸島の総称）」に限らず、国内の官吏もその新聞を愛読している(26)。

「循環」とは、革命は敗北したものの、この新聞を以って革命の種を伝播すれば、絶え間なく循環させることができるだろうという意味である(27)。これは戈氏の革命至上主義に付会したものに過ぎない。実際に、王韜は『易経』の「天道循環論」を借用している。つまり、如何なる事物はすべて繁盛より衰弱へ、また必ず衰弱から繁盛への天道（宇宙の法則）に従うという中国古代の素朴な弁証法を理論武装して、新聞発行の「循環論」哲学に充当させている(28)。「王韜は優れた漢文素養に相当な開拓意識の持ち主であり、中国人新聞記者の父とも言えるだろう」(29)。「特に『循環日報』が十九世紀年代の政論新聞紙に与えた影響は計り知れないものがある。」(30)

一八七九年四月七日、王韜は日本の名士たち(31)の招きで、英国郵船に乗って香港を離れ、上海に向かった。五月二日に長崎に上陸し、神戸を経由して、一五日に横浜に到着する。一八日に、寺田士弧（かつて香港で知り合った）が王韜を出迎え、東京へ案内する。六月一日付の読売新聞は「支那にて有名なる循環日報の記者王紫詮先生は此度日本へ来遊されたところ報知社へ招待して寓居と與へいろいろの書籍と著述されるといふ」というふうに報道した。八月二九日長崎から上海へ帰国するまで、一二五日間の日本滞在。その滞在中の日記『扶桑游記』(32)が翌年東京の『報知新聞』社で出版される。翌年二月に日本の興亜会が誕生し、王韜も会員となる。しかし、彼は日本の琉球処理に対して、「興亜の第一義は中日相和に如しくはなく、中日相和の第一義は琉球の故土を還すことである」(33)と「興亜会」を厳しく指弾する。

一八八四年に、李鴻章の黙許を得て、上海に移住する。病死するまでの一三年間、格致書院、弢園書店を開設し、『申報』、『萬國公報』に寄稿する(34)。

上海—商業紙の政論傾向と教会新聞『萬國公報』の維新啓蒙

上海は一八四三年開港以来、貿易の急増につれて、外国商業銀行が相次ぎ上海で開設した。一八五〇年代に入ってからは、お茶やシルクの輸出額が広州に取って代わって、ほぼ全国の総額を独占する。この勢いで商業新聞の誕生に必要な環境が出来上がった。ロンドン伝道教会の「墨海書館」（The London Missionary Press、ロンドン伝道協会の出版印刷機構、一八四四年上海で設立）は上海近代における中国ジャーナリストの揺籃の地である。

上海でのジャーナリズムに参与した第一人者たる王韜（前述）も一八四九年にこの書館に加盟した(35)。

週刊『北華捷報』(North China(36) Herald、一八五〇年八月三日に創刊、主宰 Henry Shearman）は上海最初の近代新聞である。創刊後の三年目、太平天国が成立し、南京を都とする。また、上海市内に「小刀会」の蜂起があったため、上海は世界に注目されるニュース・ソースになったのである(37)。六年後に日刊『Daily Shipping News』（二年後『Daily Shipping and Commercial News』に改名）を増設し、一八六四年七月一日に独立した日報に拡充した。外字新聞を牛耳る『字林西報』(North China Daily News、一九五一年三月三一日に廃刊となり、前後一〇一年間、中国における一番長い歴史を有する外字紙）がついに生まれる。この日刊紙は純粋なイギリス新聞であり、工部局の機関紙として鎮座する。その立論は常に中国人の意志に反するものだが、外事に関心を持つ者はよくこの新聞を読んでいる(38)。一八七一年四月一八日に上海海底ケーブルが正式に開通する。翌年、ロイター電報有限公司（Reuter's Telegram Co. Ltd）が上海で極東支社（Henry W. Collins 主宰）を設立した後、『字林西報』がロイターからの電波受信の特権を獲得する。そのため、『字林西報』は新聞報道において非常に優れた情報源を独占している状態がずっと続いていた。報道の幅が広く、内容も詳細である(39)。また、常に中国の政治、経済、文化、社会などに関する豊富な材料を掲載する。それゆえ、李鴻章を含めた中国の官吏らも彼らの報道と言論の動向に十分注意を払い、それに参考して相応する対策を制定する(40)。一八九四年頃、上海で発行している外事新聞が三〇種類に及ぶ。その競争が激しく、合併や廃刊などを経て、ようやく『字林西報』、『華洋通聞』、『文匯報』という三つの勢力が並び立つ局面を迎える。

上海で最初に出現した中国語新聞は商業紙の『上海新報』（一八六一年一一月に創刊、伍徳 Wood、林楽知などが編集、中国で初の両面印刷新聞）である。編集に携わるメンバーの中に、あの有名な宣教師フライヤー(41)も入っている。最初は週刊だった。翌年の五月より週三回刊に変える。『申報』の発行によって、一八七二年七月に日刊にしたが、この年最後の日にやむなく停刊を宣告する。

一八七二年四月三〇日に、『申報』は英国商人アニスト・メジャー(Ernest Major) と友人の C˙Woodward˙W˙B˙

Pryer、John Machillopなどに、一人当たり銀四〇〇両を共同出資して創刊された。『上海新報』と違って、主筆及び経営業務の担当が全員中国人に任せる。日清戦争まで、蒋芷湘、何桂笙、銭昕伯、黄協塤などが主筆を歴任する。趙逸如、席裕祺が代理を担任する。ほかのスタッフもほとんどが中国人である。この新聞は営利を目的とする。発行部数を増やすために、読者のニーズに応えるという認識を強く受け止める。まず、言論に対して重視することである。第二に、新聞報道を生かすこと。社会ニュースに注意を払い、生き生きと描写する。第三に、文芸作品の掲載に注意を払い、文芸は新聞の必備のコラムとして活用する。このようにして、『申報』はニュース、言論、文芸、広告の四つの要素を備えた近代新聞のモデルとして完成したのである。そのほか、ニュースの質に対しても厳しく追求する。一八七四年に、日本の台湾出兵に対して、『申報』はすぐ戦地に記者を派遣し、中国新聞史上初の戦地報道をおこなったのである(42)。そして、競争相手も視野に入れ、ほぼ『上海新報』の四分の一の販売価格までに値下げして、相手を敗退させる。同社はまた、燧昌火柴廠や江蘇薬水廠を設け、下層市民向けの『民報』を発行し、申昌書局を開設するなど、多角経営も試みる。一八八四年五月八日に中国初の時事画報『点石斎画報』(The Illustrated Lithographer旬刊、画家呉友如が編集長、一八九六年末第四七三期を出して停刊)を創刊する。それも見事に成功したという。一八八九年、メジャーは『申報』社をメジャー兄弟有限公司(Major Bros. Ltd.)に改組し、理事会を設立する。兄弟二人が元金二〇〇〇株(約銀一〇万両)を回収して、イギリスに帰郷する。

中国新聞事業の発展の歴史において、『上海新報』はただ舶来品の新聞紙を中国語化しただけであり、『申報』の発行がまさしく現地化した成功例といえよう(43)。

一八六八年九月五日に、上海で『中国教会新報』(The News of Churches or The Church News)が発行される。この新聞は林楽知(Young John Allen、一八三六〜一九〇七、アメリカ宣教師)が主宰する。初期はやはり伝道事業のために、輿論作りをして道を開く。翌年からは、更にキリスト教義を以って儒家経典と対照する。中国の『礼記』を用いてキリスト教の戒律と一つ一つ対照しながら、両者の間は「相通有り、相反なし」、「東西同源」だと証明する(44)。しかし、三年目の一八七〇年より、同紙は中国の時勢に関わり、編集の方針を変える。第二〇二期から、「政事、教事、中外、雑事、格致」などの五項目を設ける。林は一八六八年五月に『上海新報』の主筆を兼任したが、一八七一年二月に、『上海新報』のほうをやめて『教会新報』に専念する。一八七四年九月五日付の三〇一期より、宗教新聞の軌道から離脱して、『萬國公報 WAN KWOK KUNG PAO』(The Globe Magazine and A Review of the Times、週刊)に改名する(45)。宗教から離れたといえども、彼らは西洋の学術と西洋の技術に関する知識を通して、「洋務運動」の発展に関与することを企て、中国を半ば植民地の附属国へ導くためである。それこそ『萬國公報』の方針である(46)。しかし、一八七五年(光緒元年)に林楽知が『萬國公報』に「中西関係略論」を発表し、西洋人が中国に来る目的は、通商と伝教だけであり、別に領土的野心など持っていないと弁解して、古いきまりを墨守する中国知識人を非難する。それを抜本的に変えるためには、まず教育制度及び官吏登用試験制度を変えるべきだと主張する。そして、漸進的な改革を推進する(47)。これは後ほどの維新派の主張とはかなり一致している。一八八三年七月二八日に「中西大書院」(東呉大学の前身)の開設を計画するため、七五〇期を発行して停刊する。六年後の一八八九年二月に、月刊誌の『萬國公報』が復刊する。このときは広学会(The Christian Literature Society for China、これまでは同文書会 The Society for the Diffusion of Christian and General Knowledge Among the Chinese)によって引き継がれる。林楽知は続けて主筆を担任する。しかし、これは彼の個人の刊行物ではなくなり、英文名を『A Review Times』に変身する。この月刊誌は後に中国の思想界において重大な影響を及ぼす(48)。

一八九二年夏、林楽知はアメリカに帰国する。『萬國公報』はついに李提摩太(Timothy Richard、一八四五〜一九一九、イギリス宣教師)に任せる。一八九四年、蔡爾康(かつて広学会の主宰李提摩太のために『泰西新史攬要』を翻訳した)が沈毓桂に代わって主筆を担当する。

蔡氏が就任して半年後、朝鮮の全土にわたって農民の反政府暴動が燃え広がった。蔡氏は『朝鮮紀乱』、『乱朝紀』などを撰述する。清国の対日戦争が敗北したあと、林楽知は「以寛恕釋仇怨説」を鼓吹する。これに対して、蔡氏は清国政府の立場で「新語」を発表して論評する。北京で発生した「公車上書」及び強学運動の時、『萬國公報』も呼応して維新派の綱領を転載する。そして、日清戦争のニュース報道を題材にした『中東戦紀本末』(八巻)を出版するなど、高い名声を博している(49)。

この新聞は一八六八年から一九〇七年まで途中一度休刊を除いて、三三年間にわたって発行し続けてきたわけである。これは十九世紀において外国宣教師が中国で発行した中国語新聞の中で一番長い歴史を持つということになる。一八七九年(明治一二年)に、日本の内閣が上海の『申報』と『萬國公報』を購求することもあって、内外から注目される(50)。その発行部数の推移の記録から、伸び率が一番高かったのが、一八九七年から一八九八年にかけた時期で、八倍に近い。維新運動と深く関わったことは、このようなうなぎのぼりの発行部数の推移から明瞭に捉える。その次は、やはり日清戦争時期で、伸び率が四倍である(表1)。戦況を報道する清国の各新聞雑誌や外字新聞はみな口を揃えて「日本敗退、清国勝利」とし、日本排斥の筆を振るい、「獨り美華書院(米国教會)より發刊する萬國公報は記事正確詳審にして日清戦争に關する事件の如き戰爭及び勝敗等の事に至り最も精確なる報道と爲し」(51)『萬國公報』の漸進的な主張は維新派に大きな影響を与える。康有為によれば、彼が二六歳の時、「購『萬國公報』、大攻西書」とある。彼の多くの上奏も『萬國公報』から影響を受けた。光緒皇帝に提出した『公車上書』には、李提摩太の「富国の法、養民の法、教民の法」などを取り込んだという(52)。一八九六年に出版した梁啓超の『西学書目表』には『萬國公報』に発表されている李提摩太の「新政策」、艾約瑟の「富国養民」などを取り入れている(53)。一八九八年二月に、大同訳書局が出版した『皇朝経世文新編』の二〇巻五八〇篇文章の中、三七篇が『萬國公報』に発表した李提摩太や林楽知などのものからの転載であるという(54)。

表1『萬國公報』の発行部数の推移表

年　代	1876	1889	1896	1897	1898	1902	1903
発行部数	1,800	1,000	4,000	5,000	38,400	48,492	54,396

出自：方漢奇「新聞史料：“廣學會与萬國公報”」『新聞業務』(月刊)新華通信社、1957年第9期、62頁。

むすび

中国語近代新聞の発生とその流れをみると、清国新聞事業という言葉が適切ではないかもしれない。というのは、その新聞の発行は政府の予算に取り組んだものでもなく、ほとんどが自主的に宗教の宣伝活動或いは商業拡大のための一手段として運営されている。朝廷の手によって発行しているものは『京報』(55)のみである。「だが、邸報時代を含む千二百年の歴史を誇るこの京報も、競争紙がなかったせいか、一世紀そこその歴史しかないヨーロッパ諸国の官報に比べると著しく見劣りがした」(56)。香港では、一八四三年に新聞の法律を公布したが、清朝が支配している地域では、自主的な新聞経営は許されるものではない。上海のような商業都市では、列強が彼らの利権を主張するとともに、新聞を経営して、情報の流通をもコントロールしようとする。したがって、植民地の香港及び上海の租界における中国人の新聞経営は、国からの奨励もなく非常に受動的にいわゆる「列強の利権漁り場」でやっているものであるといわざるを得ない。新聞は貿易の拡大の産物であるというのが清朝末期の実情である。

一八七二年から一八七三年にかけて、中国語新聞が続々と日刊紙に衣替えした。梁啓超はちょうど中国近代新聞成長期のスタート時点に生まれる。上海はその後梁啓超が大活躍した舞台となる。いうまでもなく、当時の上海の自由度から見れば、中国全土において、新聞の発行に恵まれた環境が既に提供されている。その歴史を振り返れば、王韜のジャーナリズム活動の軌跡が梁啓超にとって前車の轍或いは踏み台の存在のように思われる。同じく清王朝に追放され、西洋文明を自分の目で確かめ、新聞を剣にして旧勢力と戦い、啓蒙活動を持続してきた。梁啓超の『時務報』に発表した名文「変法通議」および『新民叢報』に連載した「開明専制論」は、王韜の『循環日報』に発表した「変法」、「変法自強」論および『紀英国政治』に提言した「君主立憲制」論との繋がりは一目瞭然で、同じ流れを汲んでいる。人類は汽車を得た時点から飛行機を擁するまでの時間はそれほど長くなかったが、汽車を得るためには何千年の歳月を費やした。王韜の世代は、この世代を限って中国近代史において汽車のない時代から汽車の時代への巨大な躍進を経験したのである(57)。そういう意味で、飛行機は汽車より優れているけれども、変化の容量から言えば、相対的に汽車のほうが大きいだろう。したがって、近代改良主義の創立者であり、近代中国ジャーナリズムの開拓者でもある王韜が、梁啓超より遥かにその文化的累積の容量が大きいと思われる。王韜の時代には決して梁のような人物が現れてこないではないか。

しかし、この二人の新聞経営の理念に関して、相異があるというよりもむしろまったく逆なパターンではなかろうかと思われる。「商工業の発展に伴って成長したブルジョアの私生活圏（親密圏）において、私人たちのカフェやサロンにおける文学批評などを通じて形成された討論の圏が、やがて政治的な機能を担っていくというハーバーマスの図式（文芸的公共圏から政治的公共圏へ）に対し、梁啓超のそれはむしろ逆の方向にある」(58)。つまり、梁啓超の場合は、政治的動員から出発して文学的啓蒙へと進むジャーナリズム・パターンである。それと照らし合わせてみれば、王韜のほうは西洋の宣教師たちとの私的付き合いから始まり、その生活圏が徐々に広まるにつれて、見聞による知的レベルがアップし、出版及び新聞発行の事業を通して、民衆に政論が伝わり、名声を獲得する。このようにして達成できたパーソナル・ジャーナリズムの波がようやく上層に押し寄せる。その上で政界中枢の官吏に建言をし、一文人としての政治抱負を実現するパターンである。まさに、ハーバーマスの描かれた図式ではないか。

日清戦争前後の教会新聞の言論は、維新派に与えた影響は否定できない。『萬國公報』の紙上において、清国は日本を模範にして倣うべきだという論調を唱える林楽知や李提摩太が、最も早い時期に維新派に西洋化の誘導を与えたのである。

註

（1）顧長声『傳教士与近代中国』上海人民出版社、一九八一年四月、一〇八頁。「十九世紀末、中国で布教活動をしているカトリック系の宣教師は約八〇〇人、教徒は一八六〇年の四〇万から七〇万に膨らむ」。また、『中華印刷通史』（台北、一九九八年）第一二章第一節によれば、一八六八～一九一八年までの五〇年間、米国からの中国に派遣した宣教師の数が二五〇〇人に達する。

(2)小糸忠吾『ニュースの源流――中国の新聞千二百年』教育社、一九八五年一〇月、五四～五六頁。
(3)一八五八年六月に英仏米露との間に結ばれた『天津条約』に布教を許容する「寛容条款」が強要される。
(4)馬光仁『上海新聞史(一八五〇～一九四九)』上海復旦大学出版社、一九九六年一一月、九六頁。「一八九〇年五月に範約翰が上海に『中文報刊年表』を発表する。かなり全面的に『京報』を含めた一八一五年以来の新聞紙合計七六種類(教会紙四〇種)を記録した。」
(5)張樹棟、龐多益、鄭如斯『中華印刷通史』(印刷傳播興才文教基金會、一九九八年、台北)第一三章の第四節「西側の宣教師による中国で設立した印刷機構」参照)
(6)梁啓超「論説―本館一百冊祝辭並論報館之責任及本館經歴」『清議報』壹百冊。四頁。
(7)方漢奇主編『中国新聞事業通史(第1巻)』中国人民大学出版社、一九九二年九月、二四七頁。
(8)戈公振著『中国報学史』(挿図整理本)上海古籍出版社、二〇〇三年八月、七四頁。
(9)戈公振前掲書、七五頁。
(10)卓南生『中国近代新聞成立史　一八一五―一八七四』ペリカン社、四七頁。「その記事は、その年の十一月十六日(旧暦)の夜は、もし天気がよければ、マラッカの人びとは月食と月の復元の現象を見ることが出来るというものである。」
(11)卓南生前掲書、四七頁。ミルンは『釋疑篇』を設けて、読者の質問とその答えを載せる。
(12)方漢奇前掲書、二九三頁。
(13)方漢奇前掲書、二六二頁。戈公振の『中国報学史』にはCharles Gutzlaffと記述する。
(14)張育仁著『自由的歴険―中国自由主義新聞思想史』雲南人民出版社、二〇〇二年一一月、四六頁。
(15)卓南生前掲書、七五頁。
(16)方漢奇前掲書、二六八頁。
(17)伍廷芳(一八四二～一九二二)広東新会人、字文爵、号秩庸。一八四二年シンガポールに生まれる。一八四五年に帰国する。一三歳香港聖保羅書院に入学、一八六一年同校卒業、香港高等審判庁通訳に就任する。のちに『香港中外新報』の編集に参与。一八七四年英国に留学する。一八八一年香港審判官になり、立法局議員に兼任する。一八八二年李鴻章の幕僚になる。一八九六年駐米、スペイン、ペルー公使に就任する。一九〇二年帰国、清朝政府法律修訂大臣、商務大臣、外務部右侍郎、刑部右侍郎等歴任。一九〇七年以降駐外公使に復任する。辛亥革命後、南京臨時政府司法総長に就任、一九一六年段政府外交総長に、翌年五月に臨時総理、九月に広州護法軍政府外交部長に、一九一八年五月に軍政府総裁に、一九二〇年冬に軍政府外交部長兼財政部長など歴任する。孫文が桂林へ北伐を指揮する時期に代行総統に、一九二二年に広東省長を兼任する。同年六月広州で死去。

(18) しかし、卓南生によれば、『香港船頭貨價紙』は『香港中外新報』の前身であり、『孖剌報』(The Daily Press) の中国語版で、一八五七年一一月三日に創刊され、毎週火木土曜に発行され、商船の出入港期、商品価格、広告など商業情報を主内容とする、中国ではじめて一枚両面印刷の新聞形式で発行された中国語新聞である」。前掲書、一四一頁。

(19) 卓南生前掲書、二二七頁。

(20) 卓南生前掲書、二三〇頁。また、方漢奇前掲書、四七〇頁に合わせて参照。創刊最も早い『昭文新報』(一八七三年八月、艾小梅主宰、創刊地は漢口) は売れ行きが悪く、まもなく停刊を迎えたため影響は小さかった。容閎 (一八二八～一九一二) が上海で創刊した『匯報』(一八七四年) は、初期にイギリス人ケリーを総主筆に迎えたが、よく政治に言及し株主たちの忌諱にふれたので名義が変更され『彙報』と名を改め、ケリーによって経営が引き継がれた。しかし、張育仁によれば、一八七三年四月に上海で創刊した『西国近事彙編』(官庁内部発行) が一番早い。前掲書六一頁。

(21) 王韜「送麦西士回国」『蘅華館詩録』巻二。

(22) 王韜前掲書「贈李壬叔即送其之関門」前掲書巻三。

(23) 柯文 (Paul. A. Cohen) 著、雷頤・羅検秋訳『在伝統与現代性之間—王韜与晩清改革』(英文名 Between Tradition and Modernity: Wang T'ao and Reform in Late Ch'ing China) 江蘇人民出版社、一九九四年二月、二二頁。

(24) 王開璽「関於王韜上書太平天国之我見」『近代史研究』(3) 一九八八年五月、二七〇～二七九頁。

(25) 日本の名士に愛読され、陸軍省が一八七八年にこの本を出版して、一八八七年に再版する。

(26)「これは香港人羅香林が収蔵している王韜の丁日昌宛の書簡からもうかがわせる。洋務派の著名人として、江蘇巡撫、福建船政大臣を歴任した丁日昌が自ら清政府が指名手配中の王韜に送金して、香港で発行されている『循環日報』を購読することは、この新聞の影響力の大きさを示唆している。」忻平、華東師範大学学報 (哲学社会科学版) 一九八七年第6期、六四頁。

(27) 戈公振前掲書、一五一頁。革命の失敗とは、この新聞が創刊する一〇年前にすでに滅んだ太平天国 (一八五一～一八六四年) のことである。しかし、卓南生によれば、それはたかが戈公振の憶測である。その事実として、王韜は香港へ逃亡してからは常に自己弁護し、太平軍とは無関係だと表明したのである。卓氏はさらに、『循環日報』は革命の種をばらまき循環し続けたという言い方は成り立たないとも述べている。前掲書二五一頁。

(28) 王韜の新聞論及び『循環日報』の言論姿勢については、卓南生氏の優れた研究成果がある。前掲書二三七～二五七頁。
(29) Lin Yutang（林語堂）*A History of the Press and Public Opinion in China* (The University of Chicago Press Chicago/Illinois. Printed in China by Kelly and Walsh, Limited, Shanghai, 1936), pp. 79.
(30) 卓南生前掲書、二五七頁。
(31) 栗本鋤雲（一八二二～一八九七）、佐田白茅（一八三二～一九〇七）、重野安繹（一八二七～一九一〇）、岡千仞（一八三二～一九一三）、中村敬宇（一八三二～一八九一）等。
(32) 中村正直序、岡千仞跋。報知社支店、明治十三年九月初版、栗本鋤雲訓点出版。当時の名士録とも言われる。
(33) 王韜「論中日当釈嫌」『循環日報』一八八〇年五月十四日。狭間直樹「初期アジア主義についての考察（4）」『東亜』二〇〇一年一一月、所引より。
(34) 張志春編著『王韜年譜』河北教育出版社、一九九四年一一月、一二八～一三四頁参照。
(35) 馬光仁前掲書、三三頁。
(36) なぜ上海を"North China"と呼ぶのか。イギリスは鴉片戦争の勝利で清朝から五つの通商港口（広州、アモイ、福州、寧波、上海）を獲得した。上海が中英間に結ばれた「南京条約」の範囲で一番北のほうであるから、香港が"South China"であれば、上海はもちろん"North China"と呼ぶべきであろう。
(37) 馬光仁前掲書、一六頁。
(38) 戈公振前掲書、一〇一頁。
(39) 戈公振はこの新聞に載せた上海開港以降の状況が我国の歴史学者にとって参考に値するものだという。前掲書一〇一頁。
(40) 方漢奇前掲書、三二一頁。
(41) **John Fryer** 一八三九～一九二八、中国名：傅蘭雅。一八七六年二月一七日に『格致彙編』を創刊する。他の宣教師と違って、彼は清国政府に招聘されたのである。
(42) 方漢奇前掲書、三二六頁。
(43) 馬光仁前掲書、六二頁。中国新聞史上『申報』は最も早く言論フォーラム、文芸欄を設け、新聞販売代理店を設立する。また、初のストリンガーの起用、従軍記者の派遣、テレタイプの使用、現地報道の掲載、号外の発行などを行なった。中国近代史において最も研究の価値のある新聞であるといわれている。
(44) 馬光仁前掲書、四四頁。

(45) 馬光仁前掲書、四五頁。
(46) 方漢奇前掲書、三四〇頁。
(47) 王樹槐『外人與戊戌變法』上海書店出版社、一九九八年八月、一一〜二四頁参照。
(48) 馬光仁前掲書、四七頁。
(49) 馬光仁前掲書、一六五頁。
(50) 国立公文書館『太政類典・第三編・明治十一年〜明治十二年・第一巻・制度・詔勅』「日付明治一二年七月二日「上海申報万国公報両新聞紙官用ノ為メ購求ス　外務省へ照会　書記官　上海申報　万国公報　右新聞紙官用ノ為メ購求致度候条発兌ノ時々一部ツツ逓送可到旨上海領事館へ電信ヲ以テ御申遣シ有之度右電信料並新聞紙代其外ノ儀ハ御申越次第償却可到候此段及御照会候也　十二年七月二日」
(51) 一八九四年九月三日付『読売新聞』朝刊二面。
(52) 房徳隣「『万国公報』与戊戌変法」『北京師範大学学報』一九八六年第6期、四〇〜四一頁。
(53) 方漢奇前掲書、三五三頁。
(54) 馬光仁前掲書、一六六頁。
(55) 明朝末期より発行、一九一六年に廃刊。前後四〇〇年余りにわたる。十九世紀になってから、夕刊、朝刊の二本だてとなる。
(56) 小糸忠吾前掲書、五七頁。
(57) 柯文（**Paul. A. Cohen**）前掲書、八頁。
(58) 村井寛志「両大戦間期の中国におけるメディア論のポリティクス―公共圏概念をめぐる両義性を手がかりに―」『思想』（岩波書店）二〇〇四年第一号（九五七号）。

第二章　維新派政論紙発行の契機

朝鮮東学党の乱が起爆剤となった一八九四年の日清戦争は、清国の完敗に終わる。翌年四月一七日に、大日本帝国全権弁理大臣内閣総理大臣伊藤博文と大清帝国欽差頭等全権大臣李鴻章は下関にて講和条約の調印を行なった。圧勝した日本は、朝鮮と清国との従来関係の断絶を確認するとともに、台湾・遼東半島の領有、膨大な賠償金を獲得、不平等条約を締結、揚子江の航行権、資本輸出の自由などの諸特権を清国に提供させた。その条約の第四条に、「清国ハ軍費賠償金トシテ庫平銀二億両ヲ日本国ニ支払フベキコトヲ約ス。……」(1)とある。下関条約が調印された六日後、遼東半島の割譲を露独仏の三ヶ国によって干渉され、「嘗胆臥薪」の明治日本が更に清国に遼東半島の帰還による「酬報費」庫平銀三千萬両を支払わせる。戦前既に財政が悪化していた清朝政府はやむなく帝国主義の列強に借金する(2)。列強はこの大借款を契機に、清朝の関税、鉄道、鉱山などにおける利権を剥奪し、更に租界を要求する。中国は分割の危機に陥る。一方、清朝政府は国債を発行して、強制的に地方に割り当てる(3)。地方財政の悪化がさらに社会を動乱に突入させ、庶民が無残な生活を強いられる。このような連鎖反応で、日本との交戦や国家体制の変革を要求する維新運動が勃発し、反旗を揚げる革命運動の波も高まり、内乱が清朝政府の基盤を揺るがす(4)。梁啓超は「戊戌政変紀」に「喚起吾国四千年之大夢、実自甲午戰敗割台灣償二百兆以後始也」(わが国が四千余年の深き夢から呼び覚ましたのは、実に甲午敗戦で台湾が割譲され、二百兆賠償金を支払った後のことである）と嘆く。

梁啓超は清朝の同治十二年癸酉正月二六日（一八七三年二月二三日）に広東新会県寿寧郷潮居都茶坑村嘉亨里（現在の江門市新会区会城鎮茶坑村）で生まれる。先祖は明朝の天啓（一六二一～一六二七）からこの地に定住し、梁啓超が数えて一五代目にあたる。茶坑村は青胆洋の海の出口に位置する小さい島にある。先祖より代々自給自足の農業生活を送っている。祖父梁延後が村初の秀才になってからは、やっと約二〇畝の土地を持つようになる。三人の息子がそれを分けて受け継ぐ。梁啓超の父親梁蓮澗が六、七畝の地産で生活を営み、村の中では人並の生活水準で、所謂「半耕半読」の農村知識人である(5)。彼の父親が「郷紳」になったのは梁が出世した後の話である。したがって、梁の一族は決して裕福な暮らしをしていないとはいえ、地元の有力者であることは違いないだろう。

梁は字卓如、又字任甫、号任公、飲氷室主人、筆名は飲氷、哀時客、中国少年、中国之新民など四〇余りある。幼少より、祖父に四書五経を教わる。八歳から作文を習い、九歳の時、千言を綴られる。一七歳、省試八位で「挙人」となる。一八歳、上京して会試に臨み、落第して南下する。途中上海を経由し、『瀛環志略』と江南製造局の訳書多数を渉猟する。初めてこの世界には五大洲各国があると知る。この年、広州に帰り、陳千秋の紹介で康有為の門下に入り、旧学と別れる決意をする。翌年、康有為は広州長興里に私塾の「萬木草堂」を設ける。梁啓超はそこで毎日康有為の講義を受け、まるで「獅子の吼を聞き、冷水が背中に澆がれる」如き、一生の学問の基礎がその年に築かれる。一八九五年五月、梁は康有為に追随して敗戦の時局に憤慨した各省の一三〇〇人の「挙人」と聯合して「変法」を上奏する。所謂「公車上書」、これが変法維新運動の発端となる。梁は「中国における群衆的政治運動は、実にここから始まったわけである」と述べる。

本章では、最初の維新派政治団体としての「強学会」の成立及びその言論機関としての『中外紀聞』、上海『強学報』と『時務報』の発行経緯を通して、頑固派と開明派との隙間に生息する維新派の活躍は中国近代史において真新しい一ページを開いたことを解明する。梁啓超の名声は『時務報』の発行と共に確立された。また、その時期に発行された日系中国語紙と維新派の関わりに注目し、康梁の日本亡命は偶然のものではなく、必然性があると議論を加える。

第一節　強学会とその機関紙の発行

一八九五年八月一七日（光緒廿一年六月廿七日）、康有為などによる『萬國公報』が創刊される。「強學會」の機関誌として南海会館（北京宣武門外米市胡同）を本拠地にする。二日刊、木版彫印、毎月一五号を出している。毎号九、一〇頁で、四五〇〇字程度の内容である。号順はあるが、出版年月の記入はなし、形は《京報》と似ている。康有為は『自編年譜』に「以士大夫不通外國政事風俗、而京師無人敢創報以開知識。變法本源、非自京師始、非自王公大臣始不可、乃与送『京報』人商、毎日刊出千份於朝士大夫、紙墨銀二両、自捐此款。」という風に述べている。一ヵ月後、発行部数は三〇〇〇部に伸びる(6)。康有為は上海広学会が発行している『萬國公報』（月刊）に見習って、内容の多くはそのまま書き写したものであり、誌名も転用され、まるで復刻版である(7)。北京の『萬國公報』は四五号を出している。隔日出版で、前後して約三ヶ月にわたる。康有為の門下生梁啓超、麦孟華が主宰する。経費は主に徐勤と陳熾からの寄付金によるものである。『京報』に委託して折り込みの形で無料配布している。停刊の原因は、新聞を発行して二ヶ月、輿論は徐々に形成されつつあり、同志を合流させて団体作りの段階に入ろうとしたからである。次に、広学会の李提摩太による干渉があり、同じ『萬國公報』の誌名を使用することは、視聴混合が免れないとする李提摩太からの同意が得られなかったためである。

一八九五年八月二三日（七月三日）、「帝党」（光緒皇帝の側近党閥）文廷式（進士、翰林院侍讀学士）の召集により、強学会が正式に成立した。孫家鼐（進士、内閣学士、工部侍郎、江西学政）が名誉会長として就任する。会員は沈曾植（進士、刑部郎中）、袁世凱（浙江温處道）、陳熾（挙人、戸部郎中）、英国公使（Nicholas R.O'conor）、米国公使（Charles Denby）、李提摩太（Timothy Richard、宣教師、「広学会」主宰）等四十三人に数えられる(8)。

康有為（進士、工部主事、発起人）、梁啓超（挙人、書紀員）はその会の主要な人物である。強学会は三日に一回集会し、毎回演説や討論を行なう。特に三人の外国人宣教師が活発な意見交換に傾倒する。表むきでは、中国が自ら強くなる学問を研究する有志たちの交流だといいながら、実際には既に政党の初期段階に入ったとも言うべきである。「彼時同人固不知各國有所謂政黨、但知欲改良國政、不可無此種團體耳。而最初著手之事業、則欲辦圖書館與報館」(9)。つまり、「強學會」を組織する狙いは政党の成立であった。

「強學會」は、同時に李提摩太の「広学会」と連携して、ひとつの有力団体となった(10)。梁啓超は会の書紀員を担当しながら、李提摩太の秘書（一八九五年一〇月～一八九六年二月）として勤めた。維新派はこのようにして政治舞台に登場した。

一八九五年一一月中旬、北京の「強學局」が開局する(11)。その政治団体の機関誌として、一二月一六日（光緒廿一年十一月初一）に『萬國公報』が『中外紀聞』（隔日版、木活字印刷）に生まれ変わる。主宰者は梁啓超と汪大燮（このとき、麦孟華は康有為の指示で上海に赴き、学会のために書籍を購入する）である。汪は後の『時務報』の主宰汪康年の従兄弟である(12)。『中外紀聞』は毎号一〇頁程度の分量で、出版年月を明記しているが、号順なし。出版局は「宣武門外後孫公園」にある強学会の強学書局で編集部とともに設けられる(13)。日に三千部を発送していたという。イギリス、アメリカの公使は洋書と器具の援助を申し出た。総督劉坤一、張之洞、王文韶、袁世凱はそれぞれ五千円を寄附し、提督宋慶、総統聶士成も数千円を寄附した(14)。この新聞は、『萬國公報』よりかなりレベルをアップした。その理由は次のとおり。第一に、機関誌の性格を持つようになった。第二に、記事のない『萬國公報』と比べ、『中外紀聞』は論説、記事、翻訳転載などを設け、内容的により充実となった。第三に、『萬國公報』の彫刻版印刷ではなく、木活字印刷を採用した。第四に、『萬國公報』の創刊費用はほぼ康有為個人のポケットマネーで支えたが、『中外紀聞』は陳熾、袁世凱、劉坤一、王文韶、張之洞等の京師強学会の会員の寄付金を利用して経費に充当した(15)。

『中外紀聞』の社説として、「中西紀年比較表」と「論墾荒廣種屯田為農務之本」との二文以外に、康有為の「開会主義書」即ち「京師強學會序」がある。これは維新派の政治宣言に当たるものである(16)。「俄北瞰、美西睒、法南瞵、日東眈、処四強隣之中而為中国、岌岌哉」と時局を看破する。政党機関誌の性格が一層鮮明になった。梁の編集才能の頭角が徐々に現れ、黄遵憲に認められた。のちに『時務報』の主筆と選ばれる。梁は『中外紀聞』に毎日一篇数百字の短文を発表していた。「其言膚淺無用、由今思之、只有汗顔」、「鄙人服器書籍皆没収、流浪於蕭寺中者数月。益感慨時局、自審舍言論以外、末由致力、辦報之心益切」(17)と述懐する。梁啓超のジャーナリズム活動はここから始まったわけである(18)。

しかし、強学会の成立と『中外紀聞』の出版は、抵抗勢力の頑固派に「西洋学の書籍ばかりを販売する」、「植党営私」、「将開処士横議之風」などの罪名で弾劾され、強学会がついに一八九六年一月二〇日に閉鎖された。『中外紀聞』も停刊に追い込まれ、附属の強学書局も「官書局」と改名された。

抵抗勢力の反対を予感した康有為は、一八九五年一〇月一七日に北京を離れ南下した。彼は、南京での張之洞に対する遊説を成功に収めた後、武昌で活動している汪康年を招き、上海で「強學會」を開く準備を整えた。張はまた特別支出金千五百両を出して、学会運営の経費に充てる(19)。

上海の『強學報』第一号はついに一八九六年一月一二日（孔子卒後二千三百七十三年、光緒廿一年十一月二十八日）に「跑馬場（競馬場）西首（西端）王家沙第一號」で発行される。康有為は弟子の徐勤、何樹齢に編集の任務を与え、五日に一回で発行する。

その冒頭に光緒皇帝の各直省督撫将軍に宛てた「廷寄」（機密詔書）を掲載する。それに、上奏文を付け加え、「中国自強」は孔子の教えである「易経の変通」の法則に遵守しなければならないと連名で呼びかける(20)。

その次の「開設報館議」は「新報（新聞）」の役割について、「古者採詩以観民風、誦詩而知国政。専立太師之官以主其事。蓋詩者即今之新報。……太師派人採詩如今之探事人也……宣上徳而通下情……今外国自明末開設報館、自本国人民風俗、外国軍政国事及天文地理之新義、軍械輪船之新様、一日新出、人人皆得知之」と述べている。次に、外国の新聞発行の規模を列挙するなど、国の強弱と新聞の発達との因果関係を指摘する。内容の体例としては、「一紀論自奏摺、二紀京師掌故時事、三紀直省民隠吏政水旱盗賊、四考地理邊務、五譯外國報叙外國政事地理風俗、六附論説其餘商賈瑣事」との六項目を列挙している点が注目される。この六項目に分けた意図とは、「廣人材」、「保疆土」、「助變法」、「増学問」、「除舞弊」、「達民隠」という六つのメリットが達成できるからである。その文章の構成から見れば、鄭觀應（一八四二〜一九二二）『盛世危言』（一八九四年出版、五巻本）の「日報」一文とは非常に似ている(21)。

「孔子紀年説」は実に康有為「托古改制」学説の具現の一つであろう。「天地は生命の本源、祖宗は類族の本源、師は治国の本源」と述べ、この三つの本源に、「凡是数者皆待師之大義而後成、故師為大」と先師が最も重要であろうと主張する。師に当たる人物といえば、ほかならぬ孔子である。孔子の卒去を境に、真っ二つ違う世界に分けられると確認した。孔子は生前秦国の土に足を踏み込まなかったのに、周秦本紀に孔子の卒去を記録している。老子の伝記にも孔子卒去後百二十九年と記している。それは司馬遷が勝手に孔子卒去を書き込んだわけではない。「蓋先師相傳大義以孔子耳、世世範囲天下也」やはり孔子の教えは既に先師の大義として自然の形で歴史の脈筋に位置づけたのである。これを理由にして、中国新聞史上初めて孔子紀年を使用することになる。それを契機に、維新派の機関誌は必ず孔子紀年を使用する癖がついたのだ。これはまた、一貫して他の勢力との攻防戦を繰り広げるボーダーラインでもある。

康有為はまた「上海強學會後序」に、易経の「自強不息」を述べた後、強くなるには、力の強さと智恵の強さを求めるべきではないかと主張する。アメリカでは学会が非常に繁盛である。立国して百年、その著書はギリシア、ローマの三千年のものより多い。軍隊はわずか二万人規模であるが、万国の侮りを受けないのは何故か。此れは智恵の強さにほかない。人間と動物の区別は、社会の秩序を作り共生することにある。我が中国は欧州より大きく、民衆の数も数倍にあるのに、何故日本に蚕食されるのか。それは民心が散らばって群れになってないからだ。それに、愚痴で学問を軽視することであるからだ。自分を守るためには、まず社会の共生を学ぶべきだ。百人程度の学会だけでは、天下の逸材を収まらない。上海は南北のターミナルであるし、豊かな人材が集まっている。我々は孔子の教えを護り、人種を守り、同心同徳でやっていこうではないか。異教に落ちぶれないためには、孔子の教えは我々の神明であろう(22)、というふうに述べている。

一八九六年一月二五日、即ち京師の強学会が弾劾されてから五日後、張之洞が慌てて上海強学会を解散した。翌日『申報』が南京から受けた電報を下にして『強學報』停刊の知らせを公布した。所謂「上海強學報事件」であった。問題となったのは、上記の「廷寄」と「孔子紀年」である。康有為が融通の利く湖廣総督の支持を得たが(「上海強学会序」に署名張之洞、実は康有為が起草したという)、両江総督劉坤一に無断で上海(劉の勢力範囲)を拠点として『強學報』を発行したのは誤算であった。康有為は、北京、上海、広州に三つの拠点強学会を設け、南北呼応によって次第に全国に広がるという計算であったが、逆に抵抗勢力の南北呼応の結末になってしまったのだ。上海『強學報』は前後わずか一四日間で第三号を出して若芽のうちに摘み取られた(23)。

光緒廿一年に康有為が創刊した『萬國公報』、『中外紀聞』と上海『強学報』所謂「乙未三報」は、中国新聞史上において政治家の新聞社経営の発端と示されている。政論紙の先駆である。また、新聞経営を結党の準備の手段として運用されることは史上初である(24)。

第二節　『時務報』の成功

一八九五年末、汪康年(一八六〇〜一九一一、字は穰卿、浙江錢塘の人、光緒進士。張之洞の幕僚、両湖書院史学斎分教)が張之洞の上海における代理人となり、上海『強学報』の破局を片付ける。その帳簿及び残りの資財を接収する。翌年三月十一日(一八九六年四月二三日)の『申報』と『新聞報』両紙に「強学報収支明細書」(25)を掲載する。

汪は多方面の意見を求め、その残金を利用して新聞を経営することにした。しかし、経費問題に悩まされ、株方式で資金を集めようとしたが、結局のところ、やはり黄遵憲(一八四八〜一九〇五、字公度)から支持を得て、黄に千元の寄付金を出資してもらった(26)。汪は梁啓超に主筆依頼の書簡を出し、本格的に新聞作りを動かした。「兄在滬能創報甚善、此吾兄數年之志、而中國一綫之路、特天之所廢、恐未必能有成也。若能成之、弟當惟命所遵」(27)と梁の最初の返事であった。やや消極的だが、謙虚に受け止めた。

なぜ、汪は梁啓超を招いたのか。それについて、以下の理由が挙げられる(28)。第一に、汪と梁は本来親しい間柄である。この二人の出会いは、一八九二年の京師での「会試」(29)から始まるだろう。梁は落第したが、汪は合格した。一八九四年梁は再度入京、汪は殿試に及第し、梁と密接に往来する(30)。第二に、北京強学会が官書局に改造された後、梁が排除されて、失業中だったからである。「事變太亟、而我輩所欲爲之事、無一能就、動念灰心、如何如何」(31)。第三に、梁は康有為の行動パターンとは違い、康のやり方に対して納得しないものがある。

梁啓超は一八九六年四月下旬ではなく、七月中旬に上海に到着し(32)、汪と黄と一緒に新聞経営の準備作業に投入する。「丙申七月、『時務報』出版、報館在英租界石路、任兄（梁啓超）住宅在跑馬庁泥城橋西新民路梅福里、馬相伯先生与其弟眉叔先生同居、住宅在新馬路口、相隔甚近……」(33)。

意見の食い違いは三つあった。日報か旬刊か、政論紙か「訳報」か、孔子紀年を採用するかどうか。汪は王韜の『循環日報』と長短を争おうとした考えを示したが(34)、多数決で旬刊にした。汪はまた訳報に興味を示したが、梁は政論紙にしたいと主張する。最後に折衷策で論説に配慮した「訳報」性格を持つ『時務報』の形に決めたわけである。しかし、梁は康有為の意思を尊重して、孔子紀年を使おうと主張したが、黄遵憲に反対されて、実行できなかったのである。

『強学報』が停刊になって七ヶ月後、中国人による史上初の雑誌『時務報』(The Chinese Progress) は一八九六年八月九日（光緒廿二年七月初一）に誕生する。汪康年が「総理」（責任者）に、梁啓超は主筆となる。上海のイギリス租界四馬路石路に社屋を設置する。旬刊、毎号三二ページ、約三万字の紙幅。石版刷りの冊子様式の雑誌型で、定価一角五分、年間購読料四元五角、一括払いの場合四元である。毎号巻頭に約三、四千字程度の政論があり、その続きは「恭録諭旨」、「奏折録要」、「京外近事」、「域外報訳」などの欄を設ける。その「域外報訳」

は第二号より「西文報訳」、「東文報訳」、「法文報訳」などに分ける。新聞の最後に外国学会の規程或いは最新の訳書情報などを掲載する(35)。七ヶ月前の『強学報』とは違う様相を呈している(36)。

一、『強学報』は上海強学会の機関紙であるが、『時務報』はそのような背景がないわけであり、有志のグループによる会報である。

二、『強学報』は学会作りのために運営されている。同時に、張之洞のような要人にバックアップしてもらっている。経費が充実である。張園に近い王家沙地区にある立派な洋風別荘に新聞社を設け、豪華なレセプションを催すなどに比べれば、『時務報』はイギリス租界の石路南懐仁里にある小さな簡素な「石庫門」部屋を編集本部に設ける。梁の「創辦時務報原委記」(37)に「六月酷暑、洋燭皆変流質」と苦労した様子であった。また、『強学報』の「竹紙鉛字印刷」と比べ、『時務報』のほうが廉価な「連史紙石印」で印刷されている。

三、『強学報』は結党を目的とする新聞であることに対して、『時務報』は最初から新聞として成功させたい意欲を十二分に発揮した結果である。そこが本質的な違いである。

四、社会的影響において、両紙の間には格段の相違がある。『強学報』が引き起こした社会的影響は、その文章よりも、むしろ「停刊事件」のほうが大きかったといえよう。『時務報』の場合は、完全に内容そのものが大きな震源地となる。それは新聞として大成功を成し遂げたといえる。

『時務報』が人気を博した大きな理由は、やはり梁啓超の政論がかなりパワーになったことである。梁は五年後の『清議報』百冊祝辞に「甲午挫後、時務報起。一時風靡海内、数月之間、銷行至萬餘分、爲中國有報以来所未有。挙国趣之、如飲狂泉。」という風に回想する。「自有『時務報』、而『申』(申報)、『滬』(字林滬報)、『新』(新聞報)等報均廃紙矣!」と当時の輿論では騒然とする。

その創刊号に、梁の文才が脚光を浴びる。

「論報館有益於國事」一文においては、中国はこの数十年ずっと外侮を受けてきた。その原因として、「上下不通、内外不通」にある。それを克服するためには、塞がりを除去して通達を求めるほかない。所謂「去塞求通」

である。当然、その手段は多々あるが、新聞社の設立が最も有用であろう。というのは、新聞が一国にとって、人間の耳目、口舌と同様な機能を持っているからである。中国は古くから官報があり、「三代盛強、罔不由此」。しかし、今日になって、西洋の新聞は非常に発達しており、伝達の速さに驚くべき、「朝登一紙、夕布万邦」。「國家之保護報館、如鳥鬻子；士民之嗜閲報章、如蟻附羶。閲報愈多者、其人愈智；報館愈多者、其國愈強。曰：惟通之故。」と新聞の機能の大きさを強調した。また、梁は理想的なジャーナリズムを次のように描いた。「其益于國事如此、故・才抱徳之士、有昨為主筆而今作執政者、亦有朝罷樞府而夕進報館者、其主張國是、毎与政府通聲气」(38)。

しかし、なぜ英国、ドイツ、日本では、新聞に関する「譏謗之律、懲罰之條」を規定するのか。要は、記録が現実を背いた場合、民情を傷つけたり、軍事情報を誤報したりして社会の大混乱を招くからだ、と新聞の弊害の面も指摘する。それゆえ、西洋新聞の長所を活かして、そのディメリットを避けるべきだ。「准此行之、待以歳月、風气漸開、百廢漸擧、國体漸立、人才漸出、十年以后、而報館之規模、亦可漸備矣。」

次の「変法通議」という政論が梁啓超の生涯に響きわたる重要な文献であろう。それによって、『時務報』の梁文が一挙に世論の焦点となる。「吾今爲一言以蔽之曰、變法之本在育人才、人才之興在開學校、學校之立、在變科擧、而一切要其大成、在變官制。」(39)と力説している。

「變法通議」は「自序」(創刊号)から次のような連載を行なった。「論不變法之害」(第二冊)、「論變法不知本源之害」(第三冊)、「論學校一・總論」(第五、六冊)、「論學校二・科擧」(第七、八冊)、「論學校三・學會」(第十冊)、「論學校四・師範學校」(第十五冊)、「論學校五・幼學」(第十六、十七、十八、十九冊)、「論學校六・女學」(第二十三、二十五冊)、「論學校七・譯書」(第二十七、二十九、三十三冊)、「學校餘論」(第三十六冊)、「論變法不知本源之害餘論」(第三十九冊)、「論商務」(第四十三冊)などからみれば、梁の変法論において「学校教育」が最も重要な地位を占めていることがわかる。

「今之同文館、廣方言館、水師學堂、武備學堂、自強學堂、實學館之類、其不能得異才何也？言藝之事多、言

表２『時務報』の「訳報」欄が依拠した外字新聞一覧表

英文報	倫敦東方報、日本西字捷報、倫敦俄們報、上海字林西報、美国新民報、美国格致報、太晤士報、英国公論報、擠節報、考察各国股実報、英国温故報、日本西字日日報、横浜西字日日報、上海西字林日報、地熱農務報、倫敦中国報、朝鮮西字月報、倫敦記事報、倫敦報、横浜日日西報、富国報、高麗西字月報、京津西報、天津北京報、北京天津報、英国萃報、北中国毎日報、日本毎日報、香港毎日報、香港商務報、香港報、中国郵報、中国日本報、神戸報、華盛頓新報、北中国文匯報、美国国報、高麗月報、東亜四季報
日文報	日報新報、東京日日新報、大阪朝日報、国民報、国民新報、時事報、時事新報、東京日字報、東京日日報、経済雑誌、東京経済誌、日本新聞、国民友誌、東邦学会録、大日本雑誌、太陽雑誌、月刊日本雑誌、国家学会録、東華雑誌、日本報地球雑誌、国民雑誌、中央新報、国家学会誌、横浜日日報、世界報、反省報、世界雑誌、読売新聞、東京経済雑誌
法文報	巴黎日報、中法新匯報、巴黎各国交渉報、安南海防捷報、法国本郷報、法国時報、飛茄羅報、交渉記事報、法小日報
俄文報	俄国東方報、俄字報、俄新聞報、恰克図報、俄星期報、東方報、海参威報、海参威七日報

注：そのほか、壹拉度報、奄巴施鴉報、阿濮格報など三種は未確認。
出自：宋素紅「『時務報』的訳報工作初探」『新聞与傳播研究』（Journalism & Communication、季刊）中国社会科学院新聞与傳播研究所・寧波日報　第八巻第2期、2001年4月、80〜81頁。

政與教之事少。其所謂藝者、又不過語言文字之淺、兵學之末。不務其大、不揣其本、即盡其道、所成已無幾矣」(40)と学問を「藝」、「政」、「教」に分けて、現存する教育システムの欠陥を鋭く批判した。その原因として、梁は三つほど挙げる。「一曰科擧之制不改、就學乏才也；二曰師範學堂不立、教習非人也、三曰専門之業不分、致精無自也。」(41)と洋務派の教育論の盲点を指摘した。

時務報の人事に関しては、経理の汪康年と総撰述の梁啓超を除いて、麦孟華（孺博）、徐勤（君勉）、歐榘甲（雲樵）が撰述を分担し、章炳麟（太炎）も一度編輯に携わる。外字紙の翻訳担当は、英文の張坤徳(42)（少堂）、李維格（一琴）、曾廣銓（敬貽）；仏文の郭家驥（秋坪）、潘彦（士裘）；露文の劉崇恵（荔生）、李家鏊（蘭舟）；日本文の古城貞吉(43)（坦堂）。ほかに、若き王国維（静安）も書記官に勤めた。錚々たるメンバーであった。

たとえ「訳報」欄の内容でも、一般の新聞のように猟奇性に留まらなく各国の対中政事に集中している。例えば、「論東方時勢」、「論日本国勢」、「論太平洋大勢」、「論美国商務」と「美国領事論中国厘金弊病」、「上海商務情形論」、「中国火車」、「挟制中国修理北河論」などが挙げられる。翻訳は最初に英文だけだったが、そのあと徐々に仏、日、露、西などの出版物まで拡大する（表2参照。日文報として掲載の紙名は『時務報』による）。

『時務報』の文芸欄には、イギリス柯南道爾の『滑震筆記』（即『福爾摩斯探索』）と長編伝記『華盛頓傳』が連載されている。『滑震筆記』は科学的ロジック推理によってストーリが展開される西側の文学作品であるので、中国の読者にとって、これまで読んだことのない啓蒙的なものであろう。

また、『時務報』は期日どおりに出版することができた。これは黄遵憲の集金能力のおかげである。黄は自ら千元を寄付するほか、販売ルートの委託や人事問題まで面倒を見ている。「吾輩辦此事、当作衆人之事、不可作為一人之事、乃易有成。故又所謂集款、不作為股份、不作為墊款、務期此事之成功而已」、「此報主義在集資作公款、閲報風行以後、或不慮交絀。然惜費以期持久、亦名言也。」と汪は黄のことを大いに尊敬している。汪は、コストを最大限に削減して、スタッフ全員が低賃金でまかなって自分の給料を二十元にした。汪はまた、新聞発行の全国的ネットワークを構築するために、いろいろと工夫して地方政府の公的資金で新聞を購読するよう働きかける(44)。これは史上初の新聞の公費購読の記録である。『時務報』は次第にそのネットワークの盟主となる。

表３『時務報』の代理販売

地区	代理店数	代理販売部数
京師	10	34,186
直隷	6	38,619
山東	4	5,469
山西	1	20,040
河南	2	14,050
陝西	2	2,793
甘肅	1	3,330
四川	10	28,625
湖北	8	51,521
湖南	4	48,690
江西	2	22,168
安徽	9	25,628
江蘇	25	54,558
浙江	19	29,285
福建	4	11,124
廣東	10	38,854
廣西	2	2,220
雲南	1	2,650
貴州	3	10,385
澳門	1	1,131
香港	3	8,129
上海	11	549,255

注：第三十九冊、第五十九冊に公布した1896年度及び1897年度の各代理店の販売部数より作成

『時務報』は創刊当時の発行部数が四〇〇〇部しかなかった。半年後には七〇〇〇部に増加した。一年後には一気に一万二〇〇〇部に達した。最盛期には一万七〇〇〇部の記録に上り詰めたという。しかも、古い号を買い求めるものも殺到している。『時務報』はそのニーズに応えられず、一八九七年九月にこれまで出版してきた三十号を縮刷して、その合本(45)を再発行することにした。これまた史上初の新聞縮刷版の合本である。代理発行所も第三冊の二五箇所から第十四冊の五〇箇所まで増え、さらに第三十六冊の六五箇所から第五十一冊の七九箇所に上った。購読者は国内に限らず、澳門、香港、海防、新嘉坡、大阪、神戸などに広がった。

『時務報』の内紛

『時務報』は一八九六年八月九日(光緒廿二年七月初一)に創刊し、一八九八年八月八日に第六九冊を出版して『昌言報』に改名するまで、ちょうど丸二年になる。その歴史は三つの時期に分けられる。

蜜月期:創刊時~一八九七年二月

衝突期:一八九七年三月~一八九八年一月(汪康年は一八九八年一月に日本視察)

排除期:一八九八年二月~一八九八年八月(康有為の門下生を一切排除する)

その分かれ目となったのは、次のような矛盾があったからである。

一、理事会の設立について汪康年と黄遵憲との意見紛糾。

二、新聞経営の方針について汪と張之洞との間の不和。汪は張の牽制から脱却しようとして、新聞の自主的経営を狙う。

三、康有為の学説に対して汪と梁啓超との間に生じた意見の食い違い。

いずれにしても、汪は中心人物である。

汪、黄、梁三人は最初の頃非常に親密で、仕事を円滑に運んでいたわけだが、梁が康有為の指示により、孔子紀年を使うことを提言したところ、汪と黄に反対された。これが最初の裂け目であった。しかし、梁は融通の利く人であって、康有為の説にそれほど執着していない。彼の最初の名文「変法通義」の前半は、康有為の学説にあまり触れていない。梁は最初に「保教」を「保国・保種」と並んで論じたが、黄遵憲と厳復の「教不可保」の忠告を受けて、態度がやや変わり始める。

『時務報』が第四冊を出したところ、北京から人員移動の指令が届いた。汪が慌てて上京したため、重要なことである理事会の設立が延期になった。この事がのちに黄、梁と汪との間に起きた内紛の伏線になってしまう(46)。『時務報』の創業期において、汪の負担が非常に大きかった。黄は現役の役人なので、自由な行動が許されない。

梁は「變法通義」を発表した後、一躍政論スターになったため、各勢力に丸め込まれる対象となった。当時の駐米大臣伍廷芳が梁を二等参事官として招聘しようとし、彼に銀千両を送ってきた。また、湖北の張之洞はさらに「千二百金」で梁を「両湖時務院長」として招聘する。ほかに、梁の帰省中、澳門の友人たちがかれに『広時務報』の主筆を兼任してもらいたいという。梁本人は、黄遵憲が駐英独大使になるかもしれないと聞き、黄の随員になろうという意欲を表明するなどから、黄と梁にとって、新聞経営が自分の追求する唯一の事業ではないことがわかる。しかし、汪にとっては、新聞経営が自分の唯一の事業としてやるつもりであり、当然焦っていた。自ら期日どおりに合わせて、政論を書きながら、あちこち主筆に相応しい人材を物色し始める。やっとのことで、章炳麟（太炎）を招いてきた。梁もやや仕事を煩雑に感じて、麦孟華を推薦して、かれに仕事を手伝ってもらう。一八九七年二月になって、『時務報』社では、多士済々、事業が隆盛期に迎える。

しかし、知らないうちに、次から次へと騒ぎが起きる。

問題の手紙

一八九六年一〇月下旬より、梁啓超は四〇日間の休暇をもらい、広東に帰省する。そのとき康有為の弟である康広仁が澳門で維新派の南方機関紙を商議している。梁もそれに応じて協力する(47)。一一月二五日（旧暦一〇月二一日）付の汪康年に宛てる手紙に、『廣時務報』の発行の準備がすべて整えたと梁は報告する。

「帰省して以来、毎日人事に悩ませております。いつも文章を書いて上海に原稿を送ろうと思っているが、まったくその暇がございません。昨日十一期兄貴の労作二篇(48)を拝見いたしまして、大変喜ばしく思わず合掌しました。阿弥陀仏が曰く、偏勞偏勞矣！既に二十四日に龍門から汽船で上海へ戻ることを決めました。この頃、澳門に来て数日暇を盗んでおります。澳門での新聞創刊準備が既に整いました。株を一万元集めました。しかし、株主は必ず僕を主筆にすることを願っています。僕は上海に帰ってから常に寄稿するからと言い逃れたが、株主たちはわざわざ僕を澳門に呼んできたことはそのためだと言い伏せています。彼らはみな『時務報』の依存を以って自立しようと考えているようです。今のところ『廣時務報』と名付けました。その中に二つの意味を持っています。一つは、広める意味です。もう一つは、いわゆる広東の『時務報』です。その広く推し進める方法としては、いくつか考えております。第一に、『格致彙編』を受け継ぐ形で自然科学関係の書籍を多く翻訳すること。第二に、北京や各省の近事を多く掲載し、『時務報』で言えない事を言うこと。第三に、列国の歳出入や政策要旨などを訳して新聞の後の附録とし、その書式は『時務報』に依ること。さあ広東省各地へ配布するものは、五日に一冊十五頁を、それ以外の各省に配布するものは、二冊を合本して発行したいです。詔書や政府の通告など各条を除き、このような格式の構想としてよさそうに思いますが、兄貴はどう思われますか。株主につきましては、みなポルトガルの世襲爵位を有する貴族や澳門の議員です。彼らはみな数十万巨富を擁している。（中には曹という名前の伯爵と何という名前の子爵が居ます。二人ともポルトガル国籍を持っている華人です。）このことは、僕は全力を以って成功させたいです。彼らに僕の事柄を処理する実力を知ってもらいたいです。当然、将来にも何らかの形で利用できることが多いと思うからです。新聞の発売につきましては、『時務報』に代理販売をしていただくことにしましょう。三千部を売っていただければ維持できると思いますので、この調子でいけると思いますか。ここでは、衣食住において、すべて上海よりずっと経済的です。翻訳に携わる人間も自ら忠勤を尽くしてくれるから、安い賃金で雇われますし、主筆もまた高い報酬を払わずに済むわけで、本当にやりやすいです。新聞社は大井頭第四号ビルに設け、その広さは鴛湖金公館に匹敵します。なのに、その賃貸は僅か十五元で、たいへん羨んで仕方ありません。最近新聞の発行が日増しに盛んになり、我らの事業は決して孤立することはなく、大体満足できると思います。ところで、広東の総督は「洋務」の二文字に対して極度に憎悪しているそうです。広東では順調に進まないでしょうね。上海の『日報』の話は最近どうでしょう。話し合いが決まっていますか。すごく気にしているところです。お願いしたいことが二つございます。

一、別発洋行(49)に行って外字新聞の目録リストを一枚取って、中国語に訳していただきたいです（訳は妙趣を講ずるもの）。僕は間もなく上海に戻るので、即送ってください。ただし重複を免れるため、『時務報』社が既に購入したものに別の標識を加えてください。また、以前かつて鳳夔九（ほうきく）或いは馬眉叔にお願いして、購入すべきものに丸印をつけて、中国語に訳していただきたいです。鳳夔九から聞いた話ですが（これは馬の話か鳳の話かが忘れました）、英国にある新聞社がずっと『泰晤士（タイムズ）』(The Times)と対立している。その新聞はタイムズに劣らずよく売れているそうです。その新聞の名前を調べてほしいです。出来れば別発洋行に依頼して一部を購読したいです。そのほか、英国、米国の『商務報』、『農務報』、『礦務報』、『格致報』、『算学報』、露語の『新荷樗霞報』（この新聞はひたすら英国を罵倒する）などを調べていただきたいです。上記の各種新聞が別発洋行にあるかどうかをすぐ教えてください。

一、『時務報』が使っている紙を調べてください。上海では一〇〇枚でいくらですか。澳門では、紙の値段が高くて質が悪いため、上海から購入しようと考えています。『萬國公報』が使っている紙の値段もついでに調べてもらいたいです。

一、返信の宛先は、澳門大井頭第四号『廣時務報』康幼博にしておけば結構です。

謹んで御機嫌ようを申し上げます。雲台兄、仲策弟にもよろしく。

啓超　頓首。十月廿一日、澳門より」(50)

と得意満面さが言動に溢れ出る。

『時務報』第十五冊（一八九六年一二月二五日発行）の「報末」に梁の起草した「廣時務報公啓」(51)が掲載さ

れた。しかし、澳門で創刊したこの新聞は、結局『知新報』と名づけた。その原因は上記の手紙に傍線を引いたところが問題になったであろう。創刊にかかわった呉樵（その時武昌に居た）は汪にあてた書簡の中で、『廣時務報』辦法極好、與『太晤士』相反也、能言時務報所不能言也。惟有一層極不妥、斷不宜與時務報相連。惟其能言『時務報』所不能言……將來澳報必有大振腦筋之語。我堂堂大國於澳門只可瞠目而視、然時務必任其咎矣！……函請康先生更報名、別出公啓爲妥。」(52)と油断もすきもない。

それについての梁の反省は日本亡命以降になる。一九〇〇年三月二八日ハワイ発の汪康年に宛てた書簡に、良友としての汪のアドバイスが記述されている。

「所示「做事不可太高興（何をやってても有頂天になってはいけない）」一語、誠中弟之病根、當日三復之。」(53)

一八九七年三月下旬、『時務報』社には、康有為の門下生が梁啓超、梁啓雄、韓曇首、麦孟華と龍澤厚との五人になる。入社したばかりの龍澤厚は、梁啓超が出国のために招聘されたのである。黄遵憲は、梁が広東から戻ってきたとき、すでに駐英独大使になる夢が消えた。黄は、かなり落ち込んでいるうちに、汪に頼んだ理事会がまだできてないことを知って、いきなり龍澤厚を総理に、汪を排除する手紙を出して爆発した。それは梁にとっても意外だった。汪はやはり康の門下生が黄と秘密に結託して経営権を奪う陰謀であると疑い、梁を強く責めた。梁は再三再四自分が潔白だと汪に理解を求める。

半月後、康の門下生が章炳麟を殴打しようとする事件がおきる。章炳麟は梁啓超とずっと友好関係を維持している。かれは汪の兄弟とは浙江省同郷人であり、入社して以来いつも江浙出身の学者と交遊している。康の門下生グループは、普段あまり理論上で追及しないが、往々にして勢力を笠にきて、章炳麟を苛める。ついこのような不測事態が発生して、ばらばらになってしまったわけである。

梁も『時務報』社から手を引こうとして、康の門下生の主宰する「大同譯書局」の設立に携わる。その内紛はまた『時務報』紙面にも表れる。一八九七年六月二〇日の第三〇冊より、「兩粵廣仁善堂聖學會緣起（附章程）」（第三十冊）、「廣仁善堂聖學會章程」（第三十一冊）、「聖學會序」（第三十一冊）、「聖学会後序」（第三十二冊）

との四回シリーズで孔子を聖人とする「孔教」の発足を呼びかける。「聖学会後序」(第三十二、三十三冊、署名「西林岑雲階大理春煊、桂林廣仁善堂来稿」)を掲載してまもなく、岑春煊の実弟が『申報』に告白を発表して、これらの文章は康有為のものだと摘発した。このことは汪にとって、タブーである。また、梁もこれまでと違って、文章にしばしば康有為の言葉を引用するようになった。その対立がますます深まっていく一方である。この年の九月に、黄遵憲が湖南に転職することで、上海を経由する。『時務報』の理事会がまだできてないことを気付き、汪と大もめになる。ようやく、社外の理事何人かを任命して、形だけの理事会を発足させたのである。

梁の「變法通議」は第四十三冊(一八九七年一〇月二六日)に「論商務」を発表して途絶えた。そのとき、梁は湖南に赴任する直前であった。四十三冊に自分の論文が勝手に改正されて、幾多の不満があった。「徐君勉が麦孟華の撰述役に取って代わることは、本当に広告を出して声明すべきだ。四十二冊にはすでに忘れてしまったので、事務室にひとつメモを残した。しかし、四十三冊にもまだ告白が載せなかったのは、ちょっと君勉にたいへん失礼なことだ」(54)と総経理の汪に苦情を訴えた。

一八九七年一一月中旬に、梁は湖南時務学堂に総教習として招聘され、英文翻訳の李維格とともに長沙に到着した。この年の冬、梁は譚嗣同、熊秉三、唐才常らと交際し始めた。運命の出会いであった(55)。『時務報』社には、梁が湖南に赴任した後、麦孟華が辞職して帰省し、徐勤に主筆を依頼したが、徐は直接に『時務報』社に赴任できず、大同訳書局の責任者康廣仁に原稿を集めてもらうことにした。徐も間もなく横浜の大同学校の校長に任命され、日本に赴くために、『時務報』政論の執筆は欧榘甲に任せた。

このようにして、康有為の地盤が次第に拡大しつつあるが、汪にとっては非常に迷惑のことであった。その時、汪康年の従兄弟汪大鈞が海外から帰国し、新たに招聘した英文翻訳の曽廣銓(曾国藩の孫)と三人で、一二月一六日に『時務日報』の創刊計画の告白を出した。両派は、合作の形がまったく崩れて、同床異夢に走り始めた。汪はのちほど曽廣銓と一緒に日本に渡って新聞事情を考察する(56)。

梁は汪の日報計画に対して、「鄙意『日報』切切不可沿『時務』之名、徒牽大局、合之両傷、極無謂也。」(57)と不満を表す。かれはその前に「報館如此支絀、殊為可慮、聞兄又辦『日報』、深恐益不支也。」、「『国聞報』好極。雖別出、亦必不能赶上也。」(58)と忠告した。しかし、汪は帳簿を別にして、独走した。一八九八年五月五日(光緒廿四年三月十五日)に、『時務日報』が創刊する。三ヵ月後、『時務報』が官報(59)に改定したため、一八九八年八月一六日(七月初二)に『中外日報』に変身し、一九一一年まで発行し続ける。

汪と康有為の門下生らとの決裂となったきっかけは、「大同譯書局」の告白事件であったといわれるが、汪の立場から考えれば、仕方のない選択であろう(60)。一八九七年一〇月ごろ、康有為一派は自前の出版社「大同訳書局」を設けようとした。梁はそのために、『時務報』に「大同譯書局叙例」を発表して、着々と準備を整えた。康有為の実弟である康廣仁が「大同訳書局」の責任者を兼任して、出版の予告(61)を『時務報』の第四十八冊前後(一二月中旬)に出そうと思ったが、汪はなかなか応じてくれなかった。康廣仁は仕方なく、湖南にいる梁啓超に嘆願した。梁は問責の手紙(62)を出したが、『時務報』はすでに四〇日間の年末休刊に入った。それがようやく翌年汪が帰国してから出した第五十一冊(一八九八年二月一一日)に「報末」ではなく折り込み広告で出してくれたのである(63)。しかも、『孔子改制考』の書名を「上古茫昧無稽考」、「周主諸子並起創教考」、「諸子創教改制考」等二一個小テーマの「結集」に変え、「孔子改制考」もその小テーマの一つとなり、目立たなくなった(64)。結局、康廣仁は『時務報』に原稿を提供しなくなり、『時務報』社の康有為の門下生はいったん姿が消えた。一八九八年三月三日(二月十一日)、上海で療病中の梁はついに汪康年に辞表を提出した(65)。

『時務報』の官報改定事件

康有為が『時務報』を上海に布陣した理由は、やはり上海を勢力拡大の中心地として考えたのである。『時務報』の追い風に乗った「大同譯書局」の設立も上海における地盤固めの一環である。北には、天津の『国聞報』(一八九七年一〇月二六日に創刊)があり、内地には湖南の時務学堂があり、南には、澳門の『知新報』(一八九七年二月二二日)がある。南北呼応の局面がついに完成した。同時に横浜にも大同学校との一つ拠点を作り、内外呼応も視野に入れたのである。しかし、康有為の策略が早くも汪康年らに読み取られた。時に内紛によって『時務報』が有形無実となり、その経営権をめぐって、争いが表面化された。

康有為は一八九八年七月一七日に『時務報』を「官報」に改定しようと上奏した。十日後の二六日に光緒帝が詔勅を発して、官報改定を正式に批准した。しかし、上奏の途中、内容の一部が孫家鼐に改竄された。結局、梁啓超ではなく康有為本人が直接上海に行って改定の処理を監督しなければならなくなった。これは康有為にとって、手前勝手な計算が台無しになってしまったのである。康有為が北京から離れることは、かれの全局をコントロールする座から降ろされるに等しい。

一方、汪が康有為の改定する挙動を事前に察知して、張之洞に『時務報』を『時務雑誌』に改名するのを上奏してもらうようにしたが、張は「上諭」（一八九八年七月二六日）にある「據實昌言」(66)に因んで『時務報』を『昌言報』に改名するよう指示した。汪は『時務報』社の表札から雑誌の表紙まで、「時務」二文字をすべて「昌言」に衣替えし、『昌言報』が一八九八年八月一七日に発刊する運びとなった。まさに知力の戦いなのだ。泡を食った康有為は、江西布政翁曾桂と両江總督劉坤一に打電し、汪康年に対して『時務報』経営権の交付と『昌言報』の発禁処分を命ずる。張之洞が直ちに孫家鼐に、『時務報』は汪康年が募金して創刊したのであり、公金を受け取ってないことは周知の通り、康有為が「官報」を作ることに対し、汪は個人で「商報」を作っただけで、それぞれ名目が違い、なぜ「抗旨（皇帝の命令に逆らう）」と言われるのか、康有為の『昌言報』の発行禁止令に服従するのは無理がある、と汪を庇った。孫は「公能主持公道、極钦佩」と返電した。

汪は一八九八年八月一一日『国聞報』に「上海時務昌言報告白」(67)を掲載した。『時務報』は彼が創刊したのだと強調したが、黄遵憲は一週間後の『国聞報』に「上海時務報館告白」(68)を発表して、『時務報』は自分を含めて、呉徳潚、鄒凌瀚、汪康年、梁啓超ら五人で創ったと主張した。梁啓超も汪の告白に対して「創辦時務報原委記」(69)を発表して反論した。当然、汪康年は黙ってはいない。『申報』（一八九八年八月二九日）に「創辦時務報原委記書後」を発表して弁明した。前述のように、梁啓超が果たしていつ上海に到着したのかが、とても重要である。汪の要請に対して、梁は口で応じたが、行動が鈍かった。それは彼の、湖南に行くのか、上海に行くのか、との判断が康有為の配置次第であったからだ。

その一ヶ月後に政変が起こり、梁は国事犯となった。『時務報』は一八九八年八月八日に停刊となる。前後二年間、合せて六九期が刊行されている。

梁の言論の影響力は『時務報』の発行部数とともに上昇することは、張之洞の慷慨支援と張の幕僚汪康年の要領を得た新聞経営との関連は否定できない。中国近代において初の旬刊として発行した『時務報』は一時的風靡したとは言うものの、日本に亡命してから三年後、「作者當時承乏斯役、雖然今日檢閲其舊論、輒欲作嘔；覆勘其體例、未嘗不汗流浹背也。夫以作者今日之學識思想經歷、其固陋淺薄、不足以當東西通人之一指趾、甚明也。則數年前之庸濫愚謬、更何待論。而舉國士夫、乃嘖嘖然目之曰、此新説也、此名著也。嗚呼、傷哉！吾中國人之文明程度何低下之至於此極也。」(70)として、梁は『時務報』に発した言論は非常に浅薄なものだと認めざるを得なかったのである。

『時務報』の内紛について、史家の湯志鈞の意見は、単に汪と梁との個人的な争いでなく、また単純な権利の争いでもなく、張之洞を代表とする洋務派とブルジョア改良派との間に起きた政治的格闘であって、結果として、改良派のほうが敗北に終わったのであると力説している(71)。しかし、崔志海は、汪が名実ともに『時務報』の総理であり、思想上においては維新派に属する。その理由として、汪は一九〇〇年において康梁が発動した自立軍の勤皇事件に参与し(72)、『中外日報』においても時弊を糺す論陣を張ったと挙げている。汪、梁の争いは、維新派内部において地域及び学術上の権力闘争である。それぞれに欠点があり、門戸を張りすぎる。いわば、党派集団の利益を全般の維新事業より優先にしたことであろう(73)、と反論している。陳長年も汪が個人関係においては張之洞と親密であるが、思想においては維新派に属する。その理由として、『時務報』及び『昌言報』の彼の「開議院、伸民權」の主張は洋務派の人間では口に出さないものであるからだ(74)。上述の意見はそれぞれ一理があるが、問題は、それぞれに洋務派の概念の規定が無いため、意見の食い違いが生じたのである。洋務派は日清戦争後、その性格が保守から改良へ曖昧なままに変えていく。中に、張之洞、劉坤一などの主戦派もいる。それが維新派との共通する面であり、『時務報』まさにそれに基づいた合作の産物である。ただし、それぞれ背後に依存する勢力が違うことによって、洋務派はついに動揺して頑固派と最終的に妥協したのである。一方、維新派は終始一貫として、その性格は変わることなく、頑固派に抗争したが、西太后のクーデターによって終息させられた。

第三節　日系中国語紙の発行と維新派

日系中国語紙の本格的大陸進出は日清戦争以降になる。一八九四年一月に日本の上海「東本願寺別院」の住持佐野則悟が日本人による初の中国語新聞『佛門日報』を発行する(75)。かつて日清修好条約（一八七一年七月二九日）が調印される四ヶ月前、ある策士が日本のあるべき対外策を述べた意見書を提出している。「上略」の十項目の中に、中核の内容としての布教の必要性を訴えているものが半分以上を占めている(76)。日本も西洋諸国に摸倣して、日本仏教をもって、その布教権を中国側に求めてきた。それがかなり長期間にわたって紛糾となった。その背景としては、「日本側には仏教布教をもって、中国人に対する精神的協力活動として以外に、日本の国権発揚の一手段と考えるような気分が存在し、（中略）さらに布教組織にも、中国人にとっては反民族・反国家的分子とも考えられるような人達に対して活動の便宜を与えているという点のあったこと、しかも中国はすでに欧米諸国のキリスト教にからんで幾多のにがい経験を味わっていたこともあり、それらのことから中国人社会は日本仏教の布教に不信とともに脅威すらも感じていたことを考えざるを得ない」(77)。結局のところ、日本仏教の布教活動が精力的に取り組まなかったのである。中国に進出した日本人経営誌の中で、宗教性格を持つ新聞は稀なことであった。ほとんどが商業活動に関わるものである。

『佛門日報』が出現するまで、いくつかの日本語新聞が既に発行されている。一番早かったのが、一八八二年七月（明治一五年）に創刊した上海商同会の『上海商業雑報』（上海英租界三井物産会社内発行、季刊、三号より月刊、主幹岡正康・江南哲夫、翌年一〇月発行の一一号で廃刊）である(78)。次に一八九〇年六月五日に松野平三郎がイギリス租界の修文書館で創刊した『上海新報』（週刊、編集長実相寺真彦、五二期を出して、翌年五月二九日に停刊）は三井物産上海支店からも支持を得ているという(79)。二年後に、上海日本青年会が『上海時報』（雑誌、月刊のち月二回刊）を創刊する。さらに、一九〇四年一月に『上海週報』を創刊するなど、いずれも近代都市の上海で発行しているものであるが、その影響力は微々たるものではないかと思われる。

日清戦争以降、日露両国の中国における利権争いが表面化する一方で、新聞による輿論のコントロールの争奪戦も着々と展開される。その典型的な例として、一八九七年一〇月二六日に天津で創刊した『国聞報』(80)が挙げられる。

創刊当時、読売新聞はそのいきさつを次のように報道する。「清国直隷總督王文韶の顧問たり又股肱たる水師学堂総辨候補道台厳復氏は同志と謀り漢字日刊新聞『國聞報』と發行せん計畫にて曩きに活字印刷器械と天津居留日本商人の手と経て東京築地活版所へ注文する處あり數日前漸く着津し職工等一切の準備既に整頓したると以て不日發行せらるべし社名は國聞報舘と稱し別に毎月三回の雑誌と發刊する由主筆は厳氏なりと」(81)。日本側が最初からこの新聞に関与しようという傾向を現している。漢字圏に属する日本は露国よりずっと関わりやすい文化体質を持っているからだ。それは露国にとって、とうてい及ばないものである。「漢字紙を有することは、(1)清国有志に日本的思想を注入し、(2)日本の利益を図り、(3)日本の権力の範囲を拡大し、(4)清国有識者と日本との連絡を得しむる」(82)

『国聞報』が創刊した一ヶ月後、ロシアが旅順と大連を占拠した。『国聞報』は厳復の「論俄人爲中國代保旅順大連灣事」と「再論俄人代守旅順大連灣事」との二篇の文章を発表し、ロシアの侵略の野心を暴露したと同時にロシアに媚びる親露派の論調を痛烈に批判した。そのため、清朝政府とロシアは非常に腹を立て、『国聞報』に対して圧力をかけた。『国聞報』は仕方なく、日本人に譲渡した。夏曾佑はそれについて、『時務報』の汪康年に出した書簡において、「敝館因政府阻力太甚、俄人亦迭有違言、雖屢行設法消弭、而終非持久之道。茲不得已、

與東鄰矢野君相商、借作外援、始得保全自主。俄人之發阻力不足爲奇、可奇者政府也、然此正所以成爲今日之政府耳。」(83)と証言している。

一八九八年三月二七日付の第一四四号に掲載した「本館告白」の中に、このように記述している。「本館は去年十月創刊して以来、愛読者の皆様に購読していただき、現在毎日二千部前後発行しているけれども、当初は慌てて創刊し、いまだ元手を回収できず、このままでは持続していくことはなかなか難しいと恐れる。それゆえ、本館が所有している印刷器械、活字、紙墨、材料の元帳時価を日本人の西村博君に譲渡するつもりでござる。本年三月六日（三月二七日）より、本館に関わる一切の事情をすべて西村博君に《〔が〕》管理することになる」(84)。翌日、西村博もその続きで「告白」を掲載する。「本館は去年十月開設以来既に半年を経過しており、ただ元手を回収していない状態が原因で、私に譲渡していただくことになる。いま、三月六日より内外の一切事情をすべて私が管理する。其の以前の内外帳簿、一切の事務につきましては、元の館主に責任を取っていただく。」(85)

その後、『国聞報』は日本人が経営するようになった。夏曾佑は、「國聞報已認真賣與日本人、已交五千元、而餘數尚未決定、館事則一切交與日人矣。弟等當初辦此事、作論打聽新聞則甚勞、籌款備賠則又甚困、大爲外力所擠則又甚窘、其事之苦如此。而自交日人之後、日人西村博名爲館主、而其人性極雅澹、且與支那言語文字均不甚通。雖在館中而悠然物外、若與館事無涉也者。日領事鄭永昌稍精明、而無暇力及此、此外更無人過問、遂將全權付與甯波某君……其政策專主誣人、納賄。於是大發其財。而我輩昔日之地獄、一轉移間而爲天堂、俛而思之、不覺大笑。」というふうに悔やんでいる。一九〇〇年六月、義和団の乱で、『国聞報』は停刊になった。梁啓超は日本に亡命してから三年、『清議報』百冊祝辞に『時務報』後、『知新報』繼之。……其間惟天津『國聞報彙編』(86)成於碩學之手、精深完粹、夐乎尚矣。然僅出五冊、便已戛然。」というふうに評価している。

第四節　変法運動の失敗

梁啓超は『時務報』の主筆を辞めた後、北上して、康有為の「保国、保種、保教」を宗旨とした「保國會」の成立に奔走した。同時に、「八股」(87)の人材採用制度の撤廃を目指し、百人余の「挙人」と聯合して上奏することにした。六月一一日(四月二三日)、光緒皇帝が「明定国是」の詔書を発布し、維新変法を決定した(88)。所謂「百日維新」がその時点で発足したのである。七月三日、梁啓超は光緒皇帝に謁見し、「變法通議」を謹呈した。その日、梁の上奏した「京師大学堂章程」が批准された。梁は「六品」の官職が授かられ、京師大学堂(北京大学の前身)と訳書局の開設の事務を取り扱うことになった。

九月二一日に、梁啓超は譚嗣同の寓居に居る。二人対座して相談中、突然南海館(康有為の住居)の押収と西太后「垂簾聴政」の政変の知らせを聞き、譚嗣同は「ずっと皇帝を救助しようと思ったが、今になって既に無理な話だ。いま康有為先生を救おうと思っても、此れも無理だ。私に出来ることはもう何もない。死期を待つだけだ。不可能なことだと知りながらやってきたが、足下は日本公使館に入ってみて下さい。伊藤侯に謁見して、上海領事に電報を打ってもらえよう康有為先生を救うのだ。」と梁啓超に言い出した。二人は直ぐ李提摩太を訪ねる。この三人は容閎にアメリカ公使に往ってもらい、梁啓超が日本公使へ、李提摩太が英国公使へと打診することにした。あいにく、アメリカ公使は西山に、英国公使は北戴河に居たため、面会する機会がなかった。梁啓超だけが日本の代理公使林権助と面会できたのだ(89)。

その面会について、林権助が『わが七十年を語る』に詳しい記録を残している。

「梁啓超が是非わたしにあひたいといつて、公使館に飛び込んできたのは、恰度午後二時であつた。伊藤さんと食事のあと話をしてゐたわたしは、ともかくも梁を別室に通して対面した。見ればその顔色蒼白で、悲壮の気が漂つてゐる。事態の唯事でないのを看取せざるを得なかつた。

そしたら梁はいきなり紙片を呉れといつて、直ちに次のやうな文句を、自ら書き出した。

『小生はこの三日のうちに番所に引ぱられて、死んでしまふんです。それで是非あなたにお願いたしておいきたい事が二つ有るのでございます。あなたが我が支那の事を猶お心にかけられ、幸ひに私へのよしみをお考へ下されて、何卒一言お許しください』

といふ意味を筆でいふんだ。即ち

僕三日内即須赴市曹就死願有両事奉託

君若猶念兄弟之国不忘旧交許其一言

それでわたしは早速通訳官を呼ばうとすると『筆談の方が結構なんです。通訳は要りません』といふ事をその紙の余白に急いでかきをつた。それから

『寡君以変法之故、思守旧老耄之臣、不足以共事、思願易之、触皇太后之怒。賓……』

うんうんと書き出したとき、先にわたしが呼鈴を押してしまつたので、通訳が出て来た。この場合事の速やかなのを必要とする故、それで筆談をやめた。

『皇帝の考へは西太后の旧いやり方では如何しても現在の支那は革められない。それで色々法規を改めだした。老耄の大官は旧套を墨守しようとするだけで、共に事をなすに足らぬので、この人々を易へようと思ひ、その運動をなされましたところ、果して西太后の怒りに触れたのです、そして一味の……

『譚嗣同、楊鋭、劉光第、林旭などといふ志士はみな捕縛されてしまひました。その頭目は康有為氏です。同氏も今に捕へられて首を刎ねられませう。皇帝は勿論幽閉させられました。

西太后一派は袁世凱と軍機大臣の栄禄とです。私も捕まれば永くも三日以内には殺されます。私は始めから祖国のために投げ出した命、ちつとも惜しくはありません。何卒皇帝の幽閉を解いて玉体の御安全になるやう、また康有為氏を救つて下さいませ。お願ひといふのは唯この二つでございます』

わたしは

『よろしい。君のいはれる二つの事は確かに引受けた』

と云ひさつてしまつた。そして
『何も君も死にゆかずともよいではないか。よく考へてみて、思ひ直したらいつでもわたしの所へ来るがよい。お救けするよ』

梁は、わたしの言葉に暗涙を落しながら倉皇として去つた。色々用意をせねばならんこともあつたのであらう。わたしはその足で伊藤公の室にもどり、事の次第を話した。

伊藤公は云はれた。

『それで一切わかつた。それにしても梁といふ若者は偉い奴だね。実に感心な奴だ。』

実はわたしは梁の帰るさに、戻つて来たら、わたしが救けてやるといつた事は、どうなるか分らん事ゆゑ、これは公に申さなかつた。ところが、そのうち夜になると公使館の門前がざわついてゐる。こいつはをかしいと思ふ間もなく、梁が飛び込んで来たよ。これで、問題がこつちの手に振りかかつたわけだ。わたしは、ともかくも梁を一室に入れておいて、致し方がないから、伊藤公にこの成行を云つたよ。

『それは好い事をした。梁を救けてやれ。そして日本へ逃がしてやれ。日本へ着けば俺が世話してやる。梁といふ若者は支那には惜しい魂だね。』

と伊藤公は云はれた。」(90)

梁はその晩日本公使館に避難する。翌日、譚嗣同がやってくる。梁に東遊（日本亡命）を勧めた。また、自分の著書や詩文など数冊を梁に渡して別れを告げ、公使館を去る。譚は九月二五日に当局に捕まる。その前日、日本の志士何人かが譚のところに訪れ、日本亡命を勧めたが、何も聞いてくれない(91)。

林公使は梁を久しく公使館に匿うことに不安を感じ、早く日本に送ることを決めた。丁度そのとき駐天津領事鄭永昌が北京に居た。すると、鄭領事は林公使からその依頼を受けた。九月二五日、梁啓超は辮髪を切って、鄭領事とほかの四人（平山周、山田良政、小村俊三郎、野口多内）(92)とも猟師模様を装い、天津に向かう(93)。

林公使はそのいきさつについて次のように述べる。

「恰度天津から来て滞在してゐた鄭領事を付けて二人とも猟姿に変装させ、如何にも猟に行くやうなこなしにしてやつたが、生憎く天津ステイションに着いてプラットホームを歩いてゐるとき、梁の友人に見つけられたらしい。急いで人ごみの中に隠れたさうだが、やつぱりそれで注進されて、捕手の手先が梁を追跡する。二人は直ぐに戎克に飛乗つて夜十二時白河を下つて、塘沽に向けて逃げた。そして川下の日本の商船のゐる方面に下りて、この上手の方に日本の軍艦が碇泊してゐるんだ。捕手は小蒸気で更に追駆けて来た。ところが二人を乗せた戎克は、川の上手にゐる日本軍艦に近づいて、ハンカチを振つて合図した。

かかる事になるかも知れぬと、わたしは豫じめ考へたので、北京からその軍艦へ『かくかくの姿の男二人が行けば、すぐ収容して日本へ運んで呉れ』と打電しておいた。それで艦長は『もうくるか、もうくるか』と、心まちしてをつたわけだから、その白いハンカチの合図をみて、早速ボートを下ろして本艦に引きあげてしまつた。それから日本へ梁をつれて帰つてくれたよ。」

九月二六日、王照も日本人に助けられ、大島号に乗り込む。九月三〇日、鄭領事は外務次官鳩山和夫に「梁啓超と王照二人は既に大島号に乗り込み、当局の捜査が厳しく、商船に乗り換えることは危険だ。大島号でそのまま日本に帰れば無難だ。別の艦船を天津に派遣してほしい。」(94)との旨を打電した。その日、平山周は「山田（良政）と共に軍艦よりの書類や領事館への金など託されて再び北京へ引き返すこととなり」、途中群衆に包囲されたが、イタリア公使館の救援によって脱出した(95)。一〇月一五日、須磨号が天津に到着する。大島号は直ぐ日本に引き揚げ、一七日に、梁、王両氏は平山周、山田良政に伴われて日本に到着(96)。

一方、光緒皇帝は九月二一日に西太后に軟禁された。九月二八日に、袁世凱と密談した譚嗣同と御史の楊深秀ら六人が処決された。翌日、光緒皇帝の名義で「主事康有為爲首倡邪説、惑世誣民……前日竟有糾約亂黨、謀圍頤和園、劫制皇太后……」(97)との罪名を挙げ、指名手配の勅諭を発布した。

政変の失敗は、単に維新派の無謀（囲園殺后）だけではなく、当時、中国における利益の紛争に巻き込まれた二大外交勢力の角逐の決着である。つまり、佛露と連携する西太后党と英日米と連携する維新帝党との対決であり、露国の外交勝利を意味した事件でもある。戊戌政変を誘発した直接的な原因は袁世凱の密告ではなく(98)、伊藤博文の訪清である。これまで康有為は光緒帝に大いに伊藤博文を政治顧問として推薦したとともに、英日などとの聯盟策を提案する。また、康有為は長い間李提摩太と交遊した結果、実際に利用された形で、中国分割の計画を維新派の政権担当によって実行される。

梁啓超の変法に対する考え方を洋務派の考え方に対比すれば、「その異なるところは、西洋の機械・器具・技術を摂取するほか、学校を興し、科挙を変じ、官制を改めようとした点にあるといえよう。とくに注意すべきは、西洋人のたのむに足らない所以を喝破したことである。」(99)

むすび

維新派の政論紙発行の契機としては、日清戦争後、敗戦を喫した主戦派たちの「強學會」の発足であった。しかし、頑固派による「強学会の禁止は、結果において、逆の効果を招いたといわざるを得ない。」(100)

梁啓超は『時務報』の主筆で中国新聞界に頭角をあらわす。そのとび抜けた才能が広汎に認められる。彼のところに一時三百通以上の招聘状が届いている。中に伍廷芳公使の二等参事官の招聘(101)、張之洞の「摘桃子（人の努力の成果を横取りする意味）」（湯志鈞、一九七九年）式の「中秋召見」(102)等が梁啓超を惑わす一方で、梁は康有為に忠誠を見せ、一々康に報告する(103)。梁はこの後、馬眉叔にラテン語を習い、仲間との交際しているうちに仏教に関心を持ち始め、康有為に「入山」の希望を吐露した(104)。梁は、中国において思想的革命を遂行するには相当な抵抗を招くだろうと判断したが、彼の「変法通義」が予想以上に士大夫階層からの共鳴を得られたとたんに、現実を変える勇気が沸きあがった。しかし、張之洞の干渉を受け、挫折を味わったものの、湖南の新政に助力できた経験は彼に君主立憲制の可能性を提示していると同時に、民権や地方自治の思想が芽生えた。

一方、カリスマの自負を持っている康有為は、経世致用の今文経学説を提唱するため、「孔子紀年」に拘り、上海『強學報』にて初めて孔子紀年を遂行する。それ以降、『時務報』の創刊の時期にも孔子紀年を巡って意見が分かれる(105)が、梁啓超は師の理念を実行できず、抵抗勢力に妥協的態度を見せた。梁啓超が日本亡命したあと、やっとのことで干渉されずに孔子紀年を思う儘に使えるようになる。しかし、『新民叢報』の創刊にあたって、孔子紀年をやめ、明治年号を使い始めた。その新聞の第二号に「保教非所以尊孔論」を発表し、康有為の保教論と決別した。しかし、康有為は一生孔子紀年を拘り、一九一〇年の孔子誕生日（陰暦八月二七日、西暦九月三〇日）に、「論中国宜用孔子紀年」一文を発表する(106)。『翼教叢編・序』に「其言以康之『新学偽経考』、『孔子改制考』為主、而平等民権、孔子紀年諸謬説輔之。偽六経滅聖経也、托改制乱成憲也、倡平等堕綱常也、伸民権無君上也、孔子紀年欲人不知有本朝也。」(107)とあり、「孔子紀年」問題が厳しく糾弾される。

実際、変法してから第三七日目、光緒皇帝は康有為の著述に「孔子改制称王」の関連字句をすべて削除する命令を下す。思想家馮桂芬（一八〇九～一八七四）の『校邠廬抗議』（咸豊十一年冬初刊）一〇〇〇部を印刷して配り、張之洞の『勧学篇』も官吏たちの全員に一冊ずつ配布している。康有為の歴史的作用が誇張されたという(108)。

国際的に見れば、戊戌政変は日本の対清外交の失敗を意味している。六年後の日露戦争とは直接的な関連はないけれども、それぞれの在清利益の争奪戦の序幕であることは、贅言を要しまい。この失敗に対して、日本は謙虚に受け止め、亡命者を救出したり、政治要人を遊説して留学生派遣させる計画を練ったりして、新たな対清外交を展開する。

註

（1）横山英編訳『ドキュメンタリー中国近代史』亜紀書房、一九七三年四月、四九頁。

（2）湯志鈞『戊戌変法史論叢』湖北人民出版社、一九五七年一一月、一～二頁。「一八九五年に露仏洋款調印、一八九六年英独洋款調印、一八九八年に追加英独洋款、この三つの大借款は、合計銀三億両、利息を加算して合計六億両以上になる。」

（3）中下正治前掲書、三一頁。「敗戦国の清国はおはなしにならないほどみじめであった。日本への賠償金支払いのための昭信股票の強制割り当てと増税、貿易のアンバランスで銀が値上りし、銀納をたてまえとする税金がより重くなって、国民経済はもちろん国家財政も崩壊に逐い込まれていたのである。

（4）「日本との戦争に敗北したことは、中国の若い知識人に大きなショックを与え、救国の焦燥をかきたてた。かねてから強烈な救国意識を抱いていた孫文〔一八六六～一九二五〕は政治改革運動への挺身を決意して、まずハワイで興中会を結成し、ついで香港でも興中会を組織した。そして、敗戦直後の民族的危機感と対政府不信感に乗じ、もともと排満興漢〔満州人を排除して漢民族国家を復活する〕の伝統をもつ秘密結社と結んで、広州で武装蜂起を画策した。しかし、この計画は未然に発覚して失敗に帰し、孫文は海外に亡命した。」横山英前掲書、五二頁。

（5）陳占標　整理「梁啓超家庭出身的調査材料」『文教資料』（隔月刊）一九八八年第四期、六五頁。

（6）方漢奇前掲書、五四四頁。

（7）馬光仁前掲書、一〇五頁。

（8）張玉法『清季的立憲団体』中央研究院近代史研究所専刊（28）中華民国六十年四月、一七九～一八四頁。

（9）梁啓超「鄙人對於言論界之過去與將來」『飲氷室合集』文集之二十九、二頁。

（10）「提携というよりも指導下にあったと思われる」。湯志鈞前掲書、一五頁。戈公振の『中国報学史』によれば、「強学会という者は、清季維新運動の総機関である。先行したのは、康有為と彼の弟子梁啓超、徐勤、湯覚頓等が、南方に桂学会を組織し、所謂変法自強をやらなければ、救国の道はない。また、公車（挙人）らと聯合して皇帝に再三再四政治革新の要求を上奏する。此れは光緒二十年のことである。其のとき、北方に文廷式の主唱で、強学会のような組織があり、のちに強学会書局に改組する。其の目的も政治を改良することである。会員の中には、黄紹箕、汪康年、黄遵憲、岑春煊、陳寶琛、陳三立などがいる。また、工部尚書孫家鼐（ソンカダイ）、湖廣総督張之洞は有力の後援者である。康有為などはそれを聞き、直ぐ北上し、上海と北京との間に往来し、この会に加入したのである。すると、強学会の勢力が大きく伸ばしたという。」前掲太平書局版、一二二頁。

（11）方漢奇前掲書、五四五頁。

（12）馬光仁前掲書、一〇六頁。

（13）前掲書　劉家林編著『中国新聞通史』（上冊）、一三八頁。

（14）張玉法『清季的立憲団体』一八四頁。「北京の中堅官僚と名門の子弟のごく一部のものを中心として発足した強学会は、地方の大官にもその同調者をもつのである。ただこの同調的な態度をとる人々が、そのまま革新論者であったというのではない。敗戦の直後において、革新的な風潮にも理解を示そうとする、政治的な考慮に出たものもあったと思われる。」(小野川秀美『清末政治思想研究』みすず書房、一九八四年九月第三刷〔一九六九年一月初版〕一二一～一二二頁)
(15) 方漢奇前掲書、五四七頁。
(16) 方漢奇前掲書、五四七頁。馬光仁によれば、最初に上海広学会の『万国広報』第八三冊に発表されたという。『上海新聞史』一一一頁。
(17) 梁啓超「鄙人對於言論界之過去與將來」(一九一二年一〇月二二日の演説)『飲氷室合集』文集之二十九、二頁。
(18) 張朋園『梁啓超與清季革命』中央研究院近代史研究所専刊(Ⅱ)中華民国五十三年五月(一九六四・五)初版、二五六頁。「由此推測、任公在中外公報的文字、已経力求通俗、平易近人。他之能以言論救国、漸露頭角、實始於中外公報。」
(19) 方漢奇前掲書、五四九頁。
(20)「一廣西按察使胡橘棻、二工部主事康有為、三軍機章京工部員外郎陳熾、協辦大学士徐桐、五翰林院侍讀張伯熙、六御史易俊、七侍讀学士準良、八侯爵信洛」との八人が見られる。
(21) 鄭は、「通民隠、達民情」という新聞の機能は中国古来より認識されていた。「古之時、謗有木、諫有鼓、善有旌、太史採風、行人問俗……」と述べ、日報の必要性を訴える。次に、西洋各国の新聞状況を列挙して、新聞発行のデメリットとメリットを分析する。
(22) 康有為(署名「南海康有為長素」)「上海強学会後序」『強學報』第一号第八頁。
(23) 方漢奇前掲書、五五二頁。
(24)「以報先通耳目、而後可挙会」。馬光仁『上海新聞史』一〇九頁。
(25)「除香帥余款七百両函経蓮珊太守邀回外、余款交汪穰卿進士収存」。梁の「創辦時務報原委記」(一八九八年九月二六日『知新報』六十六冊)によれば、上海「強学会」の一年間先払いの家賃を半年分払い戻して、三百五十元を得たほか、「強学会」の器物と書籍を現金に変えて二百余元を得て、併せて「千二百金」、それが『時務報』の基本金である。汪は張之洞の余款を受け取って、張の代理人となった。
(26) その時、黄も上海に居た。「憤學會之停散謀再振之欲以報館之倡始。於是與穰卿啓超三人、日夜謀議辦報事」尤炳圻「黄遵憲年譜」中国史学会主編『戊戌變法資料』(四)神州国光社、一九五三年九月、一八五、一八六頁。梁啓超「創辦時務報原委記」『中国報学史』一三六頁。
(27) 汪詒年編『汪穰卿先生傳記』一九三八年一〇月、台湾文海出版社、復刻版、七三頁。

(28) 馬光仁前掲書、一一四頁参照。

(29)「元・明・清代科挙で、郷試に及第した挙人が京師で受ける試験。」『広辞苑』第五版、四三五頁。礼部主催の「会試」は、三年に一回、北京で行なわれる。毎回受験者約六、七千人。合格者は毎回三百人程度、進士と呼ばれる。会試の後に更に「殿試」がある。郷試(省試、三年に一回)で合格した挙人は政府から車馬費が貰える。所謂「公車」である。受験者のために設けた各地方の会館が、文人交際の場となる。康有為、梁啓超は当然「広東南海会館」(現在宣武区米市胡同四三号)を利用していた。

(30) 梁が最初に汪に出した手紙は一八九二年六月二四日であった。(上海図書館編『汪康年師友書札』上海古籍出版社、一九八六年二月、一八二七頁。汪詒年編『汪穰卿先生傳記』(巻二)一九三八年一〇月、台湾文海出版社復刻版に併照。

(31) 上海図書館編『汪康年師友書札』上海古籍出版社、一九八六年二月、一八三二頁。汪に宛てる梁の書簡(日付一八九六年四月二日)

(32)「四月下旬」、「一八九六年四月底(清光緒二十二年三月十三日以後)」(『上海新聞史』一一四、一六九頁)、「四月以後」(『中国新聞事業史』五五四頁)、「梁啓超是一八九六年四月才到上海的」(湯志鈞「論『時務報』的汪梁之争」『歴史学』一九七九年第二期、一五三頁)は通説だが、梁の「三十自述」にも「三月、去京師、至上海」とある。しかし、「弟三月決出京、或與呉氏父子同行也」(四月二日)、「弟初十間(陽暦四月二二日)當到滬商略一切、望君必待我」というのはあくまでも予定としただけで、次の手紙に梁は「命即來滬、當即復書、期以月之十日相見、諒早收矣。頃因此間頗有新政、一二同志又有所整頓、苦被相留、是以遲遲。……嘗致両書皆不見復、豈未收到耶?」と北京で新聞社、学会の設立及び『經世文新編』の編集のために、友人に引き留められ、遅れる理由を説明した。その時すでに七月八日(五月二十八日)であった。七月一一日(六月一日)付の手紙には、さらに湖南の事情に触れ、「湖南人氣最可用」と汪の親交である湖南学政江建霞(標、一八六〇~一八九九、光緒進士)に新学で人材登用を実行するようと願い、汪に江を鼓動する書簡を送ってもらいたいといった内容がある。「因此間借書不大便易也」と合わせてみれば、梁は先に湖南に滞在したかもしれない、とすれば、北京で新聞作りの話は梁の不誠実となる。梁はかつて「湘省居天下之中、士氣最盛、陳右帥(陳宝箴、一八三一~一九〇〇、湖南巡撫)適在其地、或者天猶未絶中國乎?若報館不成、弟擬就之」(一八九六年四月二日汪宛書簡)。最初から湖南に行くつもりであった。また、「創辦時務報原委記」において、梁は『時務報』の公啓(創刊号から折り込みで)に言及したが、『万国公報』(九〇冊、一八九六年六月)と『申報』(六月二二日)との公啓には触れなく、ひたすら黄公度(遵憲)のことを強調しただけだった。要は、六月に梁はまだ上海に着いていなかったことを示唆している。したがって、上海張園に着くのは七月中旬以降となる。

前掲書『汪康年師友書札』一八三一～一八三四頁参照。そのほかに、「五月初抵滬」との説もある。黄士芳「汪康年與『時務報』中国社会科学院新聞研究所『新聞与傳播研究』（季刊）第一巻第二期、一九九四年四月、五四頁。
(33)『梁啓超年譜長編』五六頁。
(34) 梁啓超「創辦時務報原委記」『中国報学史』（一三六頁）「彼時穰卿力主辦日報、欲與天南遯叟（王韜の号）争短長」。
(35) 方漢奇前掲書、五五五～五五六頁参照。
(36) 馬光仁前掲書、一一四～一一六頁参照。
(37) 梁啓超「創辦時務報原委記」『知新報』第六十六冊。
(38)「新聞紙はこんなに国事に有益である。ゆえに、才能ある者は昨日まで主筆だったのが今は統治者となり、朝に政府から退き夕べには報館に入ることがある。国策を主張するには常に政府と気持ちを通じあう。」
(39) 梁啓超「論變法不知本源之害」（『時務報』第三冊、一八九六年八月二九日発行）、『飲氷室文集之一』一〇頁。
(40) 梁啓超「變法通議・学校総論」『飲氷室文集之一』一九頁。
(41) 同上。
(42)「係公度（黄遵憲）託鄭瀚生司馬代請者」。梁啓超『知新報』第六六冊「創辦時務報原委記」。
(43)「係由公度託日本駐上海総領事代請者」、同上。「専任蓋館中諸人始終其事者特古城君一人而已」（汪詒年編『汪穰卿先生傳記』巻二）古城貞吉は同時に『農学報』も手伝っている。
(44) 汪は張之洞の許可を得て、『時務報』第六冊に「鄂督張（之洞）飭全省官銷『時務報』札」一文を発表する。公費で新聞購読の先例を開くことになる。
(45)『時務報』第五十一冊の広告欄に「時務報館印售書報價目」が公表し、「丙申年舊報」、「縮印舊報」、「丁酉年舊報」などが記されている。
(46) 前掲書『上海新聞史』一七〇頁。
(47) 丁文江、趙豊田編『梁啓超年譜長編』上海人民出版社、一九八三年八月、六三頁。
(48)『時務報』第十一冊の巻頭の「論今日中国當以知懼知恥爲本」と「爲人爲己不分爲二事説」（署名銭塘汪康年）を指す。
(49) 一八七〇年から開業したイギリス系印刷出版会社。最初は上海バンド一一号に設け、後に南京路二二号に移転する。「別発洋行」の英文名は Kelly and Walsh。
(50) 梁啓超前掲書、上海図書館編『汪康年師友書札』、一八四六～一八四七頁。

(51) この公啓は梁の起草したものであろう。梁は上記の「問題の手紙」を書いたあとにこの公啓を起草したのだ。この公啓には「問題の手紙」といくつか共通のところがある。
(52)「呉樵書簡二十九」上海図書館編『汪康年師友書札』五二三頁。
(53) 梁啓超書簡『汪康年師友書札』一八六九頁。『梁啓超年譜長編』一九二頁。
(54) 梁は書簡の最後に、汪兄弟を「汪二老爺」と呼ぶ。相当厳しい言い方である。『汪康年師友書札』一八六〇頁、『梁啓超年譜長編』九九頁。
(55)『梁啓超年譜長編』九二～九三頁。「余生平所歴、鏤刻於神識中最深者、莫如丁酉戊戌間之在長沙、時義寧陳公爲撫軍、其子伯嚴隨侍、江建霞、徐研父先後督學、黄公度、陳臬、譚壯飛、熊秉三、唐紱丞以郷薫之秀左右其間、咸並力一致、以提倡當時所謂新學、余而實承乏講席。」とある。梁と譚嗣同との最初の出会いは北京強学会が出来た直後であった。「余方在京師強學會任記纂之役、始與君見」(『戊戌政変記・譚嗣同傳』)。
(56) 一八九八年一月二六日付『読売新聞』朝刊二面に掲載した「清国に於ける新設日刊新聞」に汪の訪日を報道する。「曩に新聞事業視察の爲め我國に来遊したる清国上海時務報記者汪康年、曾廣詮の二氏は歸國早々別に上海時務日報といへる日刊新聞と發行して大に文明と唱へ且つ對外思想と鼓吹せんとの目的にて種々奔走中の處此頃漸く準備整ひたると以て陰暦正月上旬と期し愈よ其第一號と發行するに至るべしと因に記す従来の時務報（月刊雑誌）は矢張り其儘に存置する筈にてこれのみにても清国上流社會に一萬五千以上の讀者と有し現に政治界に於ける一種の勢力として認められる位なれば今之に加ふるに時務日報と以てせば開化派の氣焔依て以て大に昂るべきものあるは疑なかるべしと又右二氏来遊の際は我一月早々なりしと以て充分諸般の視察と遂ぐる能はさりしに依り近々の内再び来遊するならんといふ」。
(57) 梁啓超「一八九八年一月一日（陰暦一八九七年一二月九日）與穰兄書」『汪康年師友書札』一八五二頁、『梁啓超年譜長編』一〇一頁。
(58) 同上。
(59)「今般清廷の機関爲りたる『時務報』には清廷より一時に六千両と下賜せられ尚毎月一千両の補助金と下賜せられる由又督辨に任せられたる康有為は外字飜譯と担任する筈なりと」。一八九八年八月一九日付『読売新聞』朝刊一面「清国の機関新聞に就て」。
(60) それと同時進行である梁の「不纏足會」事務所を『時務報』社から無理矢理に「大同譯書局」の康廣仁（幼博）に交付させることであった。その会は全国から寄付金を募っている。梁は手紙で何度も汪に催促し、汪の反感を買ったのである。『汪康年師友書札』一八五〇、一八六五頁。

(61) 梁は湖南へ赴く前、「譯書局將來印出各書、擬常在報末登告白」(『汪康年師友書札』一八五〇頁)と事前に声をかけたにもかかわらず、汪は拒否した。やはり『時務報』の声望を利用させたくない。それに、書目の内容も問題があったわけである。その書目には、『經世文新編』、『俄皇大彼得變政考』、『日本書目誌』四冊、『孔子改制考』等十種余(『梁啓超年譜長編』七一頁)。

(62) 梁の手紙の日付は旧暦一二月九日(陽暦一八九八年一月一日)で、届いた時点、『時務報』の第五十冊がすでに旧暦一二月一一日に発行したので、すれ違ったのである。その手紙は汪の日本出発までに間に合わなかったかもしれない。「譯書局若有出書告白交來、乞爲代登報末」(「小除夕「致頌兄書」『梁啓超年譜長編』一〇二頁)。一八九八年一月一二日梁は再度「譯書局出書、如有須登告白之處、乞照登爲盼」(『汪康年師友書札』一八五一頁、一月二六日に届いたが、汪は出国中)との書簡を送った。

(63) 『時務報』第五十一冊の表紙に「本期附送大同譯書局書目」と明記する。

(64) 馬光仁『上海新聞史』一七五頁。

(65) 『梁啓超年譜長編』(一〇一～一〇三頁)には、「如兄願辭、弟即接辦」、「如兄不願辭、弟即告辭」とある。また、『三十自述』にも「春、大病幾死、出就醫上海、既痊、乃入京師。南海先生方開保國會、余多所贊畫奔走。」とある。

(66) 一八九八年八月一一日『国聞報』「上海時務昌言報告白」に「即従七月初一日起、謹遵六月初八日據實昌言之諭、改爲昌言報」とある。

(67) 「康年於丙申秋在上海創『時務報』、延請新會梁卓如孝廉爲主筆。」

(68) 一八九八年八月一七日(七月初一日)『国聞報』に掲載。同文は一八九八年八月二二日(七月初六日)『申報』にも転載される。

(69) 『知新報』(第六十六冊、一八九八年九月二六日)はその文を転載した。初出は不明である。

(70) 梁啓超「清議報一百冊祝辭並論報館之責任及本館之經歷」『清議報』第百冊「論説欄」第四頁。

(71) 湯志鈞「論『時務報』的汪梁之争」『歴史学』(季刊)中国社会科学出版、一九七九年第二期、一六〇頁。

(72) 汪の勤王事件に参与したことは、結果的に彼が張之洞の幕僚としての性格が変わりがなく、内線としての嫌疑を拭いきれない。張之洞の鎮圧に関与したかどうかについて、さらに検討する余地がある。

(73) 崔志海「論汪康年與『時務報』・兼談汪梁之争的性質」『広東社会科学』一九九三年第三期、五四～五八頁。

(74) 陳長年「従『時務報』看張之洞與維新派的關係」北京大学学報（哲学社会科学版）一九八九年第二期、四六〜五〇頁。

(75) 方漢奇前掲書、三一八頁。しかし、中下正治によれば、佐野則悟ではなく、佐野即悟ではないか。ゆえに本紙については研究を待たなければならない。

(76) 佐藤三郎『近代日中交渉史の研究』吉川弘文館、一九八四年三月、一三六頁。黒龍会「西南紀伝」上巻ノ一、附録六十四頁に記載されるもの。その（4）は「支那は、其人民百分の二は儒及耶蘇天主等の宗門を奉ずと雖ども、其他は仏法を奉ず。我人民と宗門相同じ。故に、自今仏法弘め或は修行等に僧徒を遣し置き、他日民心を安んじ或は間者を遣す等、軍略を施すの種とすべし」、（5）は「仏教各派に対し、僧侶の中国派遣を奨励する」、（6）は「門徒其外の僧徒の内、人選を以て、間者として支那へ可差遣事」、（7）は「支那の地理其他取調の隠密、人選を以て数人可被遣。是は右僧徒に混ずる歟、又は別段にても都合に可依歟」とある。

(77) 佐藤三郎前掲書、二七〇頁。

(78) 中下正治『新聞にみる日中関係史—中国の日本人経営紙』研文出版、一九九六年一〇月、〈資料編〉その1。

(79) 馬光仁前掲書、二九頁。

(80) 創刊者は厳復（北洋水師学堂總辦）、夏曾佑（天津育才学堂總辦）、王修植（北洋大学堂總辦）ら三人である。

(81) 一八九七年一〇月一〇日付『読売新聞』朝刊二面。

(82) 駐天津鄭永昌領事より都築馨六外務次官宛。中下正治前掲書、四五頁。

(83) 前掲書『汪康年師友書札』一三三〇頁。この書簡が汪のところに届いたのは一八九八年三月三一日であった。

(84) 孫応祥「関於『国聞報』的幾個問題」『南京大学学報』（哲学社会科学）一九八四年第一期、八四頁。

(85) 孔応祥前掲書、八五頁。

(86) 厳密に言えば、『國聞報彙編』ではなく、『國聞彙編』である。また、『國聞彙編』は梁のいう五冊ではなく、六冊である。『國聞報彙編』は上下二巻で、一九〇三年に出版。孫應祥「關於國聞報的幾個問題」『南京大学学報（哲学社会科学）一九八四年第一期、八五頁参照。

(87) 八股文の略。股は対偶の意、明初から清末まで科挙の科目に用いられた一文体。四書五経の句を題に出し、対句法によって一定の方式（破題、承題、起講、入手、起股、中股、後股、束股—筆者注）に構成して論述するもの。『広辞苑』第五版、二一五五頁。

(88) 中国史学会主編『戊戌變法資料』（二）神州國光社、一九五三年九月初版、一七頁。

(89) 王樹槐前掲書、一八九頁。また、丁文江、趙豊田前掲書、一五四〜一五五頁。
(90) 林権助（ハヤシ・ゴンスケ）述　岩井尊人編著『わが七十年を語る』東京・第一書房、一九三五年三月、八九〜九三頁。
(91) 王樹槐前掲書、一八九頁。
(92) 丁文江、趙豊田前掲書、一五八頁。
(93) 各国内政関係雑纂／支那ノ部／光緒二十四年政変、光緒帝及西太后ノ崩御、袁世凱ノ免官　第三巻（整理番号50005 1、50005 2）。「機第九十六号　梁啓超逃匿ノ件　近来頻々新政変法ノ論ヲ呼唱シ清国改革党ノ領袖ヲ以テ目セラル。工部主事康有為ハ先頃上海時務報監督ノ職ヲ授ケラレタルニ拘ハラス荏苒滞京任ニ赴カストノ趣ナリシカ本日十七日ノ上諭ヲ以テ康ニ速ニ出発ヲ命ストノ勅旨ヲ公ケニセラレ次テ清政府ハ俄ニ康ヲ以テ民心ヲ惑乱シ国家ヲ騒擾スル者トシ之ヲ捕ヘテ斬ニ處スヘシトノ密詔ヲ地方官ニ下シタリトノ風説ヲ流傳シタルカ本月廿一日ニ至テ突然今日國歩艱難ノ秋ニ當テ皇太后垂簾政ヲ聴コシ召サルヘキ旨仰出サレタリ然ルニ同日午后康ノ同志中錚々ノ名アル梁啓超ナル者当館ニ来リ清政府カ改革党威壓ヲ断行スル以上ハ已レ従来康ト運動ヲ共ニシタル身ナレハ盖シ逮捕刑戮ヲ免カレ能ハサラント思フ若シ我公使館ノ保護ニ依テ身ヲ全フスルヲ得ハ寔ニ再生ノ息ナリト縷々哀願致候仍テ本官ハ梁カ館内ニ一泊スルノヲ黙許致候抑梁啓超ナル者未タ政治犯ノ嫌疑者トシテ清国官司ノ公認シタル者ニアラサレハ仮令我ニ於テ其志ヲ憐シ多少ノ便宜ヲ與フルトモ敢テ罪人ヲ曲庇スル次第ニハアラス随テ毫モ友邦ニ爲スル礼節ヲ破リ善隣ノ好誼ヲ傷ア嫌アルナキ儀候御一共永ク館内ニ止メ望クニ於テハ多少ノ難題ヲ起スヘキニ付直チニ之ヲシテ北京ヲ去ラシムルル如カスト存シ其意ヲ相談ヘ申候乃チ梁ハ翌廿二日ニ於テ辮髪ヲ断チ洋服ヲ着ケ午后三時ノ汽車ニテ天津ニ向ケ出發致候伊藤侯爵ト同時ニ入京シタル大岡育造氏来ル廿七日大沽解纜ノ玄海丸ニテ帰朝スヘキニ付梁ハ同志ニ随ヒ日本ニ向ケ出發可致筈ニ有之候右ハ前線写シ通昨廿三日附第百七十一号電報ヲ以テ不取敢具報及望候へ共為念更ニ此如ヤ進候敬具　明治卅一年九月廿四日　臨時代理公使林権助　印鑑　在清日本帝国臨時代理公使　外務大臣伯爵大隈重信殿」
(94) 各国内政関係雑纂／支那ノ部／光緒二十四年政変、光緒帝及西太后ノ崩御、袁世凱ノ免官　第三巻（整理番号50006 5〜50006 7）。「機密第一五号　本月十四日伊藤侯爵北京へ向ケ當地出發ノ際本官ハ同侯爵へ便宜ヲ與フル為メ北京迄同行致シ侯處同月廿二日北京政府部内ニ一変動起リ梁啓超ナル者反対黨ノ逮捕スルフ急ナルガ為メ北京公使館へ逃ケ込ミ保護ヲ仰キタル趣キヲ以テ林公使ヨリ避難ノ為メ同人ヲ日本へ渡航セシメ候様依頼有之侯ニ付本官ハ同人ヲ天津へ連レ帰リ数日間領事館内へ滞留セシメ本月廿七日當港出帆ノ玄海丸ニ乗込マシムル目的ヲ以テ本月廿五日本官ハ日本人二名ト梁啓超ヲ伴と都合四名皆猟装ヲ粧ヒ午後九時頃窃カニ紫竹林ヨリ支那船ニ乗シテ出発致シ侯處不幸北洋大臣ノ小蒸気船快馬号ノ追跡スル所トナリ同夜午前二時終ニ新河ノ近傍ニ於テ追及セラレ清国ノ警部帯銃ノ兵士其他ノ支那人二十余名快馬号ニ乗組ミ居リ本官ノ辯解拒絶ヲモ不顧ミズ暴力ヲ以テ網ヲ本官ノ船ニ纏ヒ強テ天津ヘ引キ去ラントシ既ニ二町余モ天津ニ向ヒ引キ上リ候因テ本官ハ其無怯ヲ責メ論談二時間余ニ渉リ終ニ清国警部及帯銃セル支那兵ハ警護ノ為メ本官ノ船ニ乗リ移リ塘沽ヘ下リ塘沽ニ於テ論判スルフニ相決シ快馬号ハ天津ヘ事情ヲ報告スル為メニヤ本官ノ船ヲ残シ塘沽ヘ急行致候翌朝七時本官ノ船ハ塘沽ヘ到着致シ船ノ帝国軍艦大島ノ傍ヲ通過スル際本官ハ帽ヲ振リ其出迎ヒヲ求メ候処軍艦ニテハ直ニカツターヲ下シ出迎ノ用意致シ候清国警部兵士ハ此模様ヲ一見シ却テ自ラ逃走ノ用意ヲ致シ候ニ付本官ハ警部ニ逼リテ此レヨリ約束通リ充分ノ論談ヲ致スベキ旨ヲ申シ傳ヘタルモ警部ハ最早論談ノ必要ナキ旨ヲ答ヘ倉皇他ノ船ニ乗リ移リ逃走致候因テ本官ハ已ムヲ得ズ大島艦ノカツターニ乗リ移リ他ノ三名ト共ニ大島艦ヘ到着致シ暫時休息ノ上梁啓超ハ大島艦ヘ残シ置キ本官ハ二名ノ日本人ヲ随ヘ塘沽停車場ニ出デ候処先キニ快馬号ノ急報スル所アリタルニヤ直隷総督栄録（禄）ハ要犯捕縛ノ為メ特ニ武毅軍提督聶士成親兵営総教習王徳勝、天津縣呂宗詳ノ三名外ニ帯銃兵士三十名余ヲ派シ午前九時半塘沽停車場ニ来リ候処豈料康有為ハ已ニ大島艦ニ逃込ミタル報ヲ聞キ聶士成ハ大失望且怒リ是非軍艦ニ赴キ要犯ヲ取戻サシヨヲ主張セシモ王、呂両氏其不可ナルヲ聶士成ニ忠告シ逐ニ其要求ヲ思止リタル趣キニ有之候本官ハ同日午后三時発ノ汽車ヘ聶、王、呂三名ト同乗シ帰津致候本官ハ帰舘後直ニ別紙写ノ如キ書信ヲ認メ何故ニ清国官吏ハ日本領事ニ対シ無礼ノ挙動ヲ為シタルヤ此レニ対シテハ相當ノ處置有之度旨海関道ヘ照会致シ置キ候ヘ共同道ヨリハ今日迄何タル回答モ無之候然ルニ其後清国犯罪人ノ捜索ハ愈々厳密ヲ加ヘ目今ノ処梁啓超ヲ商船に移スコトハ非常ノ危険ニ有之候間依然艦内ヘ留メ置キ候次第ニ有之矣右及御報告候　敬具

　明治三十一年九月三十日　在天津一等領事　鄭永昌　外務次官鳩山和夫殿　追テ九月廿六日直隷総督ハ更ラニ招商局総辨黄建莞新建陸軍参謀長雇（顧）武官白耳義人某ヲ派シ大島ニ至リ要犯引戻ノ要求ヲ為セシ趣ニ候ヘ御艦長若様ノ者艦内ニ潜伏セサル旨ヲ以テ相答ヘ同人等ハ直ニ退艦セシ由同艦長ヨリ報告有之矣」

(95)「馬家堡の驛から馬車で天壇まで来ると、其日は八月十五日で、支那民衆が『新政の斷髪令は自分達の髪を切つて外國人の髻に持つて行くのだ』との謠言を信じ、排外熱を極度に昂めて居た最中であつたから、君等は忽ち群衆に包圍されて了つた。民衆の中には馬車を目蒐けて瓦礫を投ずるものさへあり、爲めに馭者は逃亡し、危險は刻々に迫つて来た。折柄後から来た伊太利婦人がこれも群集に取巻かれ、果ては裸體にされる等の淩辱を受けたが、急を聞いて伊太利公使館から救援が来て君等も共々血路を開き重圍を脱することが出来た。此等の排外風潮は遂に三十三年の拳匪事變を醸成する端緒であつたのである。既にして君等が北京から歸艦すると、大島艦は梁、王等を乗せて一路日本に向ひ……」東亜同文会『續對支回顧録（下巻）』原書房、一九七三年八月（復刻原本＝昭和十六年刊）一二一一〜一二一二頁、「平山周君」項。

(96) 前掲書『續對支回顧録（下巻）』一二二一頁。「私（平山周）は其時公使館付武官瀧川中佐（後に少将）方に居た山田良政の所で酒を飲んで居ると、そこへ王照が飛んで来たから、山田と私とで連れ出す事にした。」とあり、前注と併照すれば、この二人は梁、王と同船して東京に向かった。
(97)『徳宗實録』第四二七巻。
(98) 近年、資料の公開によって、「袁世凱密告の真相」がようやく解明された。袁世凱は変法期間において、維新派に接近していた。彼の腹心である徐世昌を通して維新派と密接な関係を維持してきた。袁は維新派の謀略に賛同し、軍事力を動員するまで承諾した。しかし、情勢が緊迫になり、敢えて冒険することができなかった。密告は自分を保全するために受動的に行なわれた。その密告によって、事態が拡大になり、維新派が多大の犠牲を払った。二〇〇四年八月三日『北京日報』参照。また、『對支回顧・（下巻）』「山田良政君」（八八一頁）項によれば、日本の介入が否めない事実であった。「夙に海軍大佐瀧川具和（後に少将）と親交が有ったので、同氏と共に北京に入り、戊戌の政變に遭遇し、康有爲、王照等と策動し、光緒皇帝を挾んで、政治の改革を爲さんとし、之を奪出すべく企てたが、事成らず。康、王の身邊危険に瀕したので、之を警護して天津に伴ひ、軍艦大島に便乗し、日本へ亡命させた。」その他、黄彰健の『戊戌變法史研究』（台湾中央研究院歴史語言研究所専刊之五十四、中華民国五十九年六月）において「論戊戌政變的爆發非由袁世凱告密」（四九三～五二九頁）がある。
(99) 前掲書、市古宙三『中国近代の政治と社会』（増補版）、二四八頁。
(100) 小野川秀美『清末政治思想研究』みすず書房、一九八四年九月第三刷（一九六九年一月初版）、一二六頁。
(101) 丁文江、趙豊田編『梁啓超年譜長編』上海人民出版社、一九八三年八月、五四頁。
(102) 前掲、湯志鈞「論『時務報』的汪梁之争」『歴史学』一九七九年第二期、一五五頁。出自：張之洞『致汪康年梁啓超書』（光緒二十二年七月二十日）。
(103) 丁文江、趙豊田前掲書、五五～五六頁。（光緒二十三年三月三日『復康有為書』、広東哲学社会科学研究所歴史研究室所蔵）
(104) 丁文江、趙豊田前掲書、五七～五九頁。
(105)「與康有爲等書七」に「孔子紀年、黄汪不能用…」とある。前掲書、中國史學會『戊戌變法資料』（二）、五四七頁。
(106) 上海市文物保管委員会編『戊戌変法前後康有為遺稿』上海人民出版社、一九八六年八月、四六一頁。
(107) 丁文江、趙豊田前掲書、一五二頁。
(108) 傳國湧「康有為的神話—讀『温故戊戌年』」『書屋』湖南省新聞出版局、二〇〇一年第六期、四九～五二頁参照。

第二部　梁啓超ジャーナリズム活動の最盛期

康有為・梁啓超らが主導した戊戌維新運動は、百日で挫折したが、実に中国近代における「政治革命」の序幕であろう。梁は『清議報』第一百冊に発表した「南海康先生傳」では、「戊戌維新、雖時日極短、現效極少、而實二十世紀新中國史開宗明義第一章也。……其氣魄雄厚、其潮勢壯闊、故生反動力最速而最劇。……今者反動力之反動力又起矣。……然則戊戌之役、爲敗乎?爲成乎?君子曰成也。」と前向きに評価している。

梁は日本の警備艦大島号に乗り込んだ翌日(九月二七日、譚嗣同ら処刑される前日)、伊藤博文に光緒皇帝及び捕縛された志士たちを救助してくれるようにとの旨の手紙を書いた。「寡君之生死、救國存亡之所繫、而敝國之存亡、又東方大局安危之所繫也。今者強俄眈眈……自此以往、敝國其折而入俄矣」(1)。そのままでいけば、清国は滅亡し、ロシアに併合されるだろうと嘆願した。日本政府の庇護によって、梁啓超は日本亡命を果したが、祖国を離れると愛国心が一層湧いてくる。「……君恩友仇兩未報、死於賊手毋乃非英雄、割慈忍涙出國門、掉頭不顧吾其東。……吁嗟乎、男兒三十無奇功、誓把區區七尺還天公。……前路蓬山一万重、掉頭不顧吾其東」(2)。梁は思いもよらぬこれから十四年間の亡命生活を送ることになる。梁の煩悶の気持ちを晴らすために、艦長荒川中佐が彼に『佳人之奇遇』という書物を渡した。梁は読んでいるうちに、文章の運び方や内容そのものに惹かれ、思わず翻訳してゆく(3)。この書物の著者である東海散士(柴四郎)は、明治十二年から渡米して十八年に帰国するまでの七年間、「時事に感じて」、「強国の弱国侵掠」、「武力無き正義の悲惨」の世界の動き、を「政治小説の形式を假り、満腔憂国の熱血を吐露しようとしたものである」(4)。

これを機に、梁は政治小説が絶大の啓蒙機能を有するものであると認識した。その新しいジャンルが彼の亡命中のジャーナリズム活動に重大な影響を及ぼした(5)。

第一章　梁啓超の日本亡命「受け皿」

永井算巳によれば、梁啓超、王照一行が明治三一年（一八九八）一〇月二〇日深更ようやく東京に到着したのだ(6)。初日は麹町区平河町三橋常吉方に寄寓したが、二三日以降は、転々と移転する。最初は牛込区市ヶ谷加賀町壱丁目三番地柏原文太郎方に寄寓し、二四日に同區早稲田鶴巻町四十番地高橋琢也所有家屋(7)へ移転する(8)。一方、康有為は宮崎寅蔵に同行して一九日より香港から河内丸に乗り込み、二五日早朝一時神戸に入港、外務省書紀生高橋橘太郎に迎接してもらい、午前六時発の急行列車に乗じて上京する(9)。当日夜十時三十分東京新橋に着き、中西正樹の出迎えを受け(10)、麹町区平河町四丁目旅館三橋方へ投宿する(11)。二八日に梁啓超と合流、二九日康有為らはまた牛込区加賀町壱丁目三番地の府立四中の近くに移転する(12)。清国が康有為を国事犯として捕縛する(13)ことが、かえって康有為と彼の追随者梁啓超に政変前より高い声望と厳重の保護を与えたのである。

亡命する前、康有為と梁啓超はかなり注意深く日本に関心を払っていた。かつて萬木草堂において吉田松陰の『幽室文稿』が教材として読まれた(14)。彼らは黄遵憲の『日本國志』（一八九五年冬出版）(15)を通して日本の明治維新を研究し、日本の国情に対してある程度把握できていた。特に康有為は『日本書目志』（一八九七年春出版、一五巻、約三〇万字、梁は『時務報』第四十五冊に「讀日本書目志書後」一文を発表する）と『日本變政考』（一八九八年春、一二巻、未刊、約一五万字の上奏文）を完成し、光緒皇帝の最高顧問として、新政（一八九八年六月一一日〜九月二一日）をスタートさせた。同時に、彼らは多かれ少なかれ日本の政治家との接触もあったが、例えば、梁啓超は何回も矢野公使の接見を受けたことがあり(16)、康有為は政変直前の二日前に皇帝の政治顧問として迎えられたはずの伊藤博文と会見した(17)。いずれにしても、彼らの日本に対する理解は紙上での記事に留まる。それゆえ、彼等は日本人との交渉の経験がかなり未熟であったであろう。

本章では、梁啓超の日本への亡命直後（康有為の日本退去までの五ヵ月間）において、「受け皿」としての日本の言論機関及び梁啓超の周囲の人間関係について克明に考察したい。

第一節　日清両国の新聞事情の相違

梁啓超が日本に亡命してから、横浜を拠点として引き続き維新派の言論機関を設け、ジャーナリストとして大活躍をする。ここで、清朝における新聞流通のルート及び新聞流通量に関して、日本明治期のそれと見比べておきたい。

まず、日本ではかなり早い時期に新聞に関連する法律が作られた。明治新政府は、印刷物の私刊の制約または禁止を命じたため、幕末新聞紙はいったんほとんど姿を消してしまったが、その間もなく、明治二年（一八六九）三月に「新聞紙印行条例」を制定し、「発行許可制をとるが、毎号の検閲不要、編集人の責任、事後の処罰、内容規定」(18)などを整えた。一八七〇年一二月八日に創刊した日本最初の日刊紙『横濱毎日新聞』は、洋紙一枚両面に木活字で印刷され、紙面を輸出入情報などの欄で仕切り、日刊新聞紙の体裁を整えたものであった。更に象徴的なこと、明治五年（一八七二）三月二七日の大蔵省達第四十七号によって『横浜毎日新聞』『新聞雑誌』『東京日日新聞』の三紙が買い上げられ、当時の三府七二県へ配布する処置が取られたことであった(19)。「この新聞買い上げという、国民を統合する媒体として（政府に協力的な）新聞を保護する政策は、その後に発行された新聞にも適応されていくことになる」(20)。

一方、清朝の新聞法律の公布、即ち清国が本格的に新聞事業を行政に取り組む時点は、日露戦争後の予備立憲期間に入ってからである(21)。もちろん、最初の新聞関係法律を出したのは、もっと早い時期であったが、いずれ『大清律例』の一条例に過ぎない(22)。これは専門的法律でなく、近代的性格を有するものでもない。鄭観応の名作『盛世危言』（一九〇〇年）の「日報上」一節に「中国現無報律、而報館主筆良莠不一、恐如以上所言、当道因噎廃食、則外国報顛倒是非、任意毀謗、華人竟無華報與其争辯也。故将英国、日本報律訳呈盛杏蓀京卿、奏請選定頒行、準人開設、俾官商各有所遵守」(23)という風に述べている通り、その時点では中国は新聞関係の法律がなかった。鄭は西洋諸国と対等な新聞法律を作るべきだと主張している。

もう一つ、国民全体の識字率と新聞普及の促進との関係に注目したい。日本政府は早くも明治二年（一八六九）三月「府県施政順序」で「小学校ヲ設ル事」を勧め、次第に学校教育を普及させたため、国民全体の識字率の向上を齎した。日清戦争の時点で、日本の男女児童の平均入学率は既に61・7%に達し、八年後の一九〇二年には90%を抜いた(24)。明治日本の識字率が当時の世界では最高水準に達していたことが新聞の発達に繋がる原因のひとつであり、また民衆の輿論形成によって「下からの押し上げ」が議会政治の展開に有利な働きに結びついたのである。一八九九年において東京各新聞推定発行部数（警視庁統計から一日平均を算出）を見れば、『萬朝報』(25)がトップで九万五八七六部、次に『時事新報』が八万六二七九部、その次に『中央新聞』が五万5六一六九部、最下位の『日本』さえ一万一五二一部を擁する(26)。『東京日日新聞』は、明治一三年頃の発行部数が六六五二部(27)だったが、明治三二年には、一万六七七七部の三倍近くに膨らんだ。

一方、清国において、有名な上海の『申報』でさえ、民国時期に入ってからやっと一万部の発行部数を超えたのである。最も発行部数の多いと言われる上海の『新聞報』は、ようやく一万部を突破したのが一九〇〇年以降のことである(28)。要は、明治日本と比べ、清国の一般民衆は新聞に接する機会が非常に少なかったのである。新聞の普及は、出版の自由、識字率のほか、民衆の収入、電灯の普及、印刷技術の革新、広告主の登場など多面的な要素があり、加えて、清国では多民族多言語の客観的原因などが、識字率の低さとなり、新聞普及に阻む要因であることは明らかだ。

犬養木堂はかつて梁啓超に次のように述べた。「日本は明治維新以来、文明の普及には三種の神器がある。曰く学校、新聞と演説である」(29)。つまり、識字率の低い時期には演説に頼らざるを得ないが、学校教育の普及が識字率の向上をもたらし、新聞による文明の普及が顕著に現れたのである。清国時代末期、日本はこの高い識字率と活発な新聞活動によって、アジアの大国であり、歴史的に付き合いの深い中国(清国)への国民的世論形成がすでに行なわれていたのである。

第二節　日本主要新聞の対清論

日清戦争後の日本の対清外交策は概ね「大陸分割論」、「日清提携論」、「日英同盟論」の三つに分けることができる。もちろん、「この三つの見解はそのままの形で示されたのではなく、さまざまには入り交じって、その時々の情勢の変化に応じて形を変えて現れる」(30)。

一八九八年五月に、日本は清国からの賠償金完済に伴い、威海衛の占領を放棄した。しかし、三国干渉を受けた日本は、ドイツの膠州湾占領、ロシアの旅順、大連湾の租借、フランスの広州湾の租借に対して発言することなく、ただ情勢を静観して、清国の分割を見守るだけだった。日本の各新聞は政府の対応にそれぞれの論調を噴出した。政府を強く批判する『日本』や『萬朝報』などは、のちの改良派の新政及び日本亡命に対しても、評価や同情を寄せたが、当時日本政府の外交主軸である「日英同盟」策に同調した『国民新聞』、『毎日新聞』、『時事新報』などは改良派に対して否定的な見方を示す。ここで、当時の主要新聞の対清論及び康梁派に対する態度をまとめておきたい。

その「日英同盟」の風説は伊藤内閣の時、既に世界を騒がせた。清国の政変に現れた日英対清外交の失敗はさらにそれを加速させた。獨、露、仏の大陸進出を傍観した日本は、義和団の乱の後に、伊藤博文の日露協商が実現できなかったため、英国との連盟の願望が漸く浮き彫りになった。一九〇二年二月一二日に「日英同盟条約」（五年間有効）が調印された。これにより、日本は堅実な国際環境を獲得し、二年後の日露戦争の勝利に結んだといわれる。

亡命先の「受け皿」である日本の文人などの輿論環境及び政界の派閥抗争はかなり複雑であった。梁啓超はそれらをすべて読み取って掌握するまで、相当時間を要しただろう。梁は羅普と開発したユニークな「和文漢獨法」を駆使して、短期間で日本の新聞を閲読できるようになった。

九月二〇日（一八九八年一一月三日）品川弥二郎子爵宛の手紙に「近聞貴邦新報中議論、頗有目僕等為急激誤大事者」(31)（近頃聞くところによると、貴国の新聞の議論では、我々が過激であったため大事を誤ったとするも

表４　戊戌変法期における日本の対清論

誌　名	主な観点	対康梁派の態度
『萬朝報』	日英同盟を強く批判する。日露開戦を反対。個人自由主義に立ち、社会主義を支持して帝国主義・軍国主義に反対。	高く評価。干戈を動かす必要はないが、国民の同情に阻害するものは許しがたい。終始一貫を強調。
『日本』	日英同盟を疑問視する。	高く評価。内政干渉はすべきではないが、救済策を講じるべき。
『報知新聞』	商業新聞性格。対外硬論に賛同。	否定であるが、日本を模範にする点を評価。
『国民新聞』	日英同盟に賛成。対清分割論を主張。徳富蘇峰の明治二十七年末に発表した「征清の真意義」が有名。	やや否定的。日本は誘導的な役割を強調、人種的同盟に反対。
『時事新聞』	日英同盟を唱導。日本は教師の立場にある。日清提携論を批判、留学生の革命動向を注意。	冷静的。日本は清国保全、列強の希望に沿って文明化させる。康有為の粗略を批判する。
『東京日日新聞』	賛成の意向を表明すると共に、両国は条約に履行する義務を固く守るべきだと主張。	冷淡。国益重視、安定策を優先し、同文同種の感情論に反対する。
『毎日新聞』	政府の日英同盟論に同調。日露開戦を反対。	

注：志村寿子「戊戌変法と日本」（前掲）及び西田長寿『明治時代の新聞と雑誌』（至文堂、1961年8月）を併考して作成。

のがまま見受けられるとのことであります）。

彼の亡命期はちょうど「日英同盟論」が台頭する「国民雄飛の時期」と重なったこともあって、肌身で受け取った日本マスコミ界にわきあがった日英同盟論に対してかなりショックを受けたようであった。『清議報』が発行してから一年後、梁は「自由書」コラムに「保全支那」（署名任公、『清議報』三十三冊、一八九九年一二月二三日発行）一文を発表し、中国を分割する野心を持っている西洋列強に対して強く警告したのである。

第三節　亡命直後の梁啓超周囲の日本人

梁啓超は亡命後妻へ最初に送った手紙にこう述べている。「南海師来、得詳聞家中近状、並聞卿慷慨従容、詞色不変、絶無怨言、且有壮語。聞之喜慰敬服、斯真不愧為任公閨中良友矣。…令四兄最為可憐、吾與南海師念及之、輒為流涕。此行性命不知何如、受余之累、恩将仇報、真不安也。譯局款二万余金存在京城百川通、吾出京時、已全交托令十五兄、想百川通不至賴帳。…」(32)。文中の「令四兄」は、妻李蕙仙の従兄刑部侍郎李端棻を指す。その李端棻は唯一「二品」以上の官吏として維新変法に参与した人物である。かつて梁啓超の試験官で、梁の聡明に感服して、従姉を嫁入りにしたという。彼は、政変後、「濫行保薦康梁匪党」の罪で免職され、新疆へ流刑にさせられた。途中病気のため甘州（現在の酒泉）に留置された(33)。

また、その一ヵ月後、妻に日本の生活ぶりを告げる。「吾在此乃受彼中朝廷之供養、一切豊盛、方便非常、以起居飲食而論、尤勝似家居也」(34)。

日本政府は暗殺を防止するため、警備員二名を付き添わせ、厳格な安全対策を講じた。許可なしでは、訪問者が立ち入り禁止という厳しい措置を取っている。日本政府はイギリス政府とは違って、維新派に同情的であった。しかし、梁は当時の総理大臣大隈重信（大隈内閣任期：明治三一年六月三〇日～三〇年一一月八日）に謁見することは叶わなかった。

日本の政治家・学者との関わり

日本に亡命してから一週間後の一〇月二六日に、梁は大隈に書簡を送り、大隈伯爵へ光緒皇帝のための救援を乞う。

「梁啓超王照再拝上書。大隈伯爵閣下：啓超等以羈旅遠人承貴政府之不棄優加保護、庇之以使館、送之以軍艦、授餐適館、賓至如帰。在貴政府則仗大義以周旋；在啓超等則感深情於無涯。舎館即定、輒致晋謁面、致謝悃並致有所陳説。曾託小林・柏原両君、代請賜見之期数日、未得問命。想我公政餘尠暇、或亦秘密斯挙深避嫌疑、未便接見。用是不敢固請、惟胸中所懐欲陳者、請得以書一々言之」(35)。

『知新報』第79冊第四頁に発表した「新党某君上日本政府／会社論中国政変書」の最後に「十月三十日某再拝」との記載がある(36)。この書は『東邦協会会報』第五十三号（明治三十一年十二月）「支那志士之憤」より転載したものである(37)。その母体は実に梁啓超の大隈に上奏したものであると確認された(38)。当然上記の両報に梁啓超の名前や西太后に対する罵倒語のほか、いくつかのところを削除している。東邦協会はやはり亡命者との関係を明快に示すつもりはなかったのだろう。

この書簡は後に近衛篤麿主宰の東亜同文会の機関誌『東亜時論』第一号（明治三二年一二月）「雑録」欄にも掲載された。「副島近衛両公書」（署名梁啓超）(39)と題する文に「康梁の名を伏せ字にすることなく、西太后を罵倒した部分を伏せ字にしていることである」(40)。梁啓超の働きかけに対する対応の違いがいくらか反映されているのが興味深い。これに、正面から応えたのは内藤湖南で「梁啓超が政変論を読む」を『萬朝報』（一八九八年一二月一〇、一一日）に発表して、支援の態度を明確に打ち出した（『内藤湖南全集』二、五三八〜五四三頁）(41)。

一二月一〇日（陰暦一〇月二七日）に、梁は妻に出した手紙の中に、『清議報』の創刊に言及する。「吾在此創報館已成、（下月十一日出報）現時未領薪、為俟其報消〔銷〕行後、乃領也。在此一切起居飲食、皆日本國家所

供給、未嘗自用一銭、間有用者、惟做衣服数件、買書数種耳。行嚢存銀尚多、因家中目前敷用、故未寄来、今既大人愁窮、故日間即当先匯四百元帰也。…」(42)

一八九八年一二月二日(旧暦一〇月一九日)付の上海『申報』は「日本訪事友人云:中国逆犯康有為之徒党梁啓超、遁迹日本後、自知罪大悪極、不容於礼儀之邦、遂竄入日籍、更其姓曰吉田、名晋、僑寓東京牛込区、與品川(弥二郎)子爵訂莫逆交、詩酒往還、徜徉竟日、不知曾念及先人廬墓否?」(43)と辛辣な口調で梁の亡命生活を諷した。

康有為はもちろん、梁啓超も日本亡命前から、既に日本の政界人の視野に入れられている(44)。

一八九一年七月に創立された東邦協会は、一八九八年八月に康有為の弟子である横浜大同学校校長を務める徐勤の入会を許し、一九〇二年一月に梁啓超の入会も許可したという(45)。

また、東亜会の創立に関わった東京専門学校(早稲田大学の前身)の井上雅二によれば、一八九八年春、日本橋偕楽園で陸実、三宅雄二郎、犬養毅、平岡浩太郎、江藤新作、香川悦次、井上雅二ら(いずれも明治日本を代表するジャーナリストである)が会合し、以下のことを話し合ったという。

一、機関雑誌を発行し、江藤氏之を担当すること。
一、時事問題を研究して所見を時々発表すること。
一、横浜、神戸居留の支那人篤志家を入会せしむること。
一、光緒帝を輔佐して変法自疆の局に当たれる康有為、梁啓超の入会を許すこと(46)。

「じっさい、井上は康梁一派の羅普や徐勤と親交があったし、亡命してきた康有為・梁啓超の面倒をよくみた人物は東亜会にかかわるものが多く、とりわけ柏原文太郎ら学生グループ(早稲田系)の名前が目立っている」(47)。

その井上は、この年の七月上海から北京へ行く船中で、北京朝廷へ上書をしようと北京へ行く畢永年と同行し、北京で康有為とも時事を談じたが、たまたま九月の西太后クーデターにぶつかり、井上は改革派の侍講王照を守って北京を脱出し、天津大沽口に停泊している大島号艦船まで無事送り届ける役目を引き受けている(48)。九月三〇日、萬世倶樂部《よろづよくらぶ》において江藤新作、池邊吉太郎、陸実、三宅雄二郎氏等会員十数名集まり、会員梁啓超、康廣仁等の志士を救護しようと決議した。一〇月二日、安東俊明、村井啓太郎、佐藤宏の三氏が総代として大隈伯に訪れ、一書を呈した(49)。

その東亜会は一八九八年一一月二日に同文会と合併して、新たに東亜同文会(50)に変身したのである。その機関誌の『東亜時論』の第一号に、前述した梁啓超の書のほか、「寄書」欄に康有為の「唇歯憂」（署名更生）と梁啓超の「政変後論」（署名任公）が掲載されている。その第二号が譚嗣同記念号となり、「故譚嗣同君遺像」の後に、梁の「題辞」と「弔辞」（更生、梁啓超、仏塵）が掲載された。梁はまた「雑録」に前号の続き、「政変始末（署名梁啓超）」を発表し、「清議報序（署名任公）」を転載する。しかし、第三号の「政変前紀」（雑録欄）と第四号（明治三十二年一月出版）の「聖徳記」を発表した後、梁の『戊戌政変記』の連載が『東亜時論』において中断された。かくして、梁はそれ以降、翌年十二月に廃刊となった『東亜時論』に登場しなかったのである。

狭間直樹氏は「この中断が、（時論社側の）康・梁にたいする態度の変更とかかわる措置だったことは、間違いないだろう。」(51)と分析している。しかし、下記の外交公文書から見れば、これまで日本政府に冷遇されなかった康梁が、康有為の日本退去命令に対して納得いかない部分があったようで、梁啓超も当然恩師を応援する形で、『東亜時論』に投稿することを拒否したからだと思う。時論社はわざわざ記者を派遣して、梁に原稿を求め、続けて梁文を連載するつもりだった。別に政府側と連動する措置を取っていなかったようであった。簡単に言えば、時論社の方針は変わっていないが、変わったのは政府側の康梁に対する態度と梁啓超の時論社に対する態度であった。その矛先はもちろん会長の近衛篤麿に対する不満があったわけである。

「康有為、梁啓超ノ一行ハ牛込区早稲田南町四十二番地ニ移轉シテ宿所ヲ合併シタリ時論記者志村作太郎梁啓超ヲ訪問セシモ面會セズ志村ハ同雑誌ニ掲載スヘキ清国政變始末後編ノ催促ニ来リシモノナリ又康有為ハ清国上海棋盤術廣學會程股嘉及ヒ臺湾日日新報舘章横濱居留地大同學校康孟卿ヘ宛郵書ヲ發セリ右及申報候也　明治三

十二年一月七日　警視総監大浦兼武　青木外務大臣殿」(52)

結局、『戊戌政変記』の続篇は『清議報』の創刊号（第四篇「政変前記」）より掲載し始め、第十冊（一八九九年四月一日発行）まで連載したのだ。のちに、それらを単行本にまとめて出版している(53)。

『清議報』の詩文に見られる日本文人

梁啓超が日本に亡命した直後接触した日本人に関しては、『清議報』第十冊（一八九九年四月一日、康有為が離日した十日後）の「詩文辭隨録」に掲載された書名更生（康有為）、任公（梁啓超）の詩の表題からもうかがわせる。

「西游之前一夕木堂羯南矧川松崎湖邨藻洲中西柏原宮崎平山及小航卓如同讌於明夷閣即席占此　更生　陸海浮沈未可知／人天去住亦無期／明夷閣上羣仙集／留取風流作記思」

この会合は「西游之前一夕」、即ち康有為離日の前夜（一八九九年三月二一日夜）に行なわれた送別会である。上記の名前を判断すると本人康有為を含めて一三人を数える。木堂は犬養毅（一八五五〜一九三二）の号で、羯南は勿論陸実（一八五七〜一九〇七）である。その次の矧川とは地理学者・志賀重昂（一八六三〜一九二七）の号で、明治二七年に出版した『日本風景論』は日本アルピニズムの先駆的著書として有名である。松崎は松崎蔵之助（一八六六〜一九一九、明治大正時代の経済学者、帝大教授）である。

その次の湖邨は、間違いなく桂湖村である。というのはその続きの梁啓超の詩にもはっきりと記載している。

「羯南湖村招飲上野鶯亭以詩為令強成一章　任公　三十年前龍戰地／風雲回首一憑欄／新亭莽莽羣仙醉／大地茫茫半日閑／偶嚼梅花耐冰雪／更因黄酒憶郷關（羯公以紹興酒見餉不嘗此味半年矣）(54)／鈞天廣樂經行處／未信瓊樓玉宇寒」

と、その同じ会合で康有為が作られた詩にはもっとはっきりしたものである。第十二冊の「詩文辞随録」の欄には「桂湖村遊集上野鶯亭陸實君即夕索詠口占　更生」からでも明らかである。

桂湖村（一八六八～一九三七）は越後で生まれ、東京専門学校に学び、明治二五年同校卒業と同時に、日本新聞社の客員社友として招かれる。日刊紙『日本』（明治二二年創刊、羯南主宰）では子規（一八六七～一九〇二）入社以前に湖村が短歌欄を担当していたという。明治三十年（一九〇六）に講師となり、昭和四年早稲田大学文学部教授とある。早くから漢詩壇に活躍し、後年は森鷗外の漢詩・漢学の師として知られる(55)。

「明治三一年末、戊戌の政変によって中国から康有為、梁啓超らが日本に亡命してくると大隈重信は彼等に手厚く援助の手をさしのべた。湖村はこの時、大隈の意を受けて、羯南らと共にその庇護に当った。康有為は早稲田南町に居を構えることになり、その居に『易経』のなかから字を選んで『明夷閣』(56)と名づけた。湖村はここにしばしば彼を訪問し詩文や時事を論じたりした」(57)。

その次の藻洲は牧野謙次郎(58)（一八六二～一九三七）の号である。第十六冊において康有為の詩にまたこの人物に触れた。中西は中西重太郎（一八七五～一九一四）、彼は長崎出身、一八九〇年上海にある日清貿易研究所に就学、二年後は父親の死でやむなく退学、日清戦争の時、陸軍の翻訳として活躍、一八九九年東京専門学校政治科卒、のちに康有為の護衛と通訳としてカナダに向かって一八九九年三月二二日に離日した。

その後は柏原文太郎（一八六九～一九三六）、宮崎寅蔵（一八七一～一九二二）と平山周（一八七〇～一九四〇）、この三人のことであろう。小航は王照（梁と同行した亡命者、日本で文字改革の重要性を識り、帰国後はジャーナリストになる）、卓如は梁啓超のことである。

陸羯南との筆談

この錚々たるメンバーの中で、義兄弟のような関係をもった柏原文太郎は別として、梁啓超と最も親交が深かったのは、陸羯南であろう。羯南は亡命直後の梁との筆談記録が彼の全集第六巻に収録されている。ここでその要点をまとめておきたい。

両氏の筆談は、明代の僧侶独立（戴曼公(59)）の話から始まる。戴曼公はどこで出家になったかと梁が聞き、羯南は宇治の萬福寺(60)で僧侶になった。この寺院は黄檗宗(61)の本山であり、堂宇が皆御国（中国）の様式で建立され、非常に立派なものだと答えた。

梁は、明朝の人は御国と満州を敵と看做していたが、満州人が中原に入ると、明朝人は満州より御国のほうと親しくなる。仮に鄭成功と聯合すれば、情勢が変わったが、そのとき御国の動きはなかった、と腹を割って話しあった。羯南は、太閤征韓の話を持ち出して、その弊害を訴えた。徳川家康が朱舜水の出兵要請に拒否したのもそのためであった。梁は、お国（日本）の勢力を西北に伸ばしたため、その局面が大変になった。しかし、御国はそれを知ることができなかったではないか。羯南は、征韓が大勝利に収まったが、国内において体制は実に崩壊寸前であった。豪傑蜂起の禍害は日本の外史には記してなかった。歴史書は史家の粉飾に過ぎない、と当時の実情を説いた。梁は、家族の負担がある者は、驚天動地の事をあげることができないだろう。国の場合もそうだ。わが国での蜂起は軍だけで、国の支えがなく、家族のない人間と同然だ。呉三桂は雲南を抱え込んで敗れた。どこへ行っても一つ新しい雲南を作ることを知らず、雲南を抱え込む必要があったろうか(62)、と光緒皇帝の救出に日本の消極的対応を寓している。

この筆談の内容から見れば、梁は日本の介入を求めているようだが、羯南は一定の理解を示した上で、介入することはかなりリスクが高いと判断したのだ。

『清議報』は羯南主宰の『日本』からの転載が最後まで続いた。『日本』も梁啓超の言論に十分注意を払って、反骨のジャーナリズム精神を貫いて論陣をはった。

梁啓超と志賀重昂との筆談について

梁啓超の書簡に示したように、梁は小林と柏原両者に託して大隈首相に謁見する願いを表明したが、大隈はそれに応えなかった。すると、梁は意思疎通のために隣に住んでいた元外務省参與志賀重昂と会見した。日本外交文書「清人梁啓超、王照大隈伯ニ上ルノ書竝志賀参與官ト梁啓超トノ筆談」（整理番号500282〜500330）には、その日付が不詳であるが、『梁啓超年譜長編』（一五九頁）によれば、この筆談が一〇月二六、二七日(63)に二回にわたって行なわれたと断定している。しかし、その根拠はみられない。恐らく前記の書簡の日付を筆談の期日と誤認されたではないか。志賀の話の中で、矢野公使の光緒皇帝の謁見に触れたことから考えれば、最初の一回目は、少なくとも一八九八年一一月五日(64)以降のことだったと思われる。そして、王照の肺病診断書と合わせて考えれば、年譜長編の日付には疑問が残る。また、最後の康有為渡英の話は、どうしてもその頃の話ではなかったと思わざるを得ない(65)。従って、三回にわたって筆談を行なった可能性が高い。

一回目（一一月上旬、一一月五日〜八日大隈倒閣前）

梁：「久聞高名、曽讀日本風景論及其他地学各書、略窺碩學之一斑、今日相見恨晩(66)。海外羈逐孤臣、君王被幽、同志惨戮、情懐之難堪可知。幸承貴邦諸君子雅意保護、授餐適館、優待逾恒、忘其在客中也。敝邦此次政変、非徒敝邦之憂、實牽動地球全局。而貴邦唇歯相依、所関尤為重大。蓋東方之安危、全係乎敝邦之能自立（年譜には自主と誤植）与否。敝邦立、則日本之邊防、商務、工藝皆受其利。敝邦危、則皆受其害。此情事之最易見者、無待僕言也。然敝邦之能立与否、全係乎改革不改革。敝邦之能改革与否、又全係乎皇上之有権無権。然則我皇上同日（年譜には同日を同日本と誤植）之失権、其牽動於日本之國礎者、甚相切近矣。故僕等之意、深望貴邦之助我皇上復権也。」

「矢野公使昔僕在北京曾数次相見、親愛敝邦之情、深所感誦。今同大隈伯犬養君与足下諸君子為我皇上謀復権之策、此海外羈臣所稽顙祷謝也。西后之與皇上、固久已不相睦、然此次幽廢之變、亦不盡為西后之初意、蓋栄禄等満州黨人構而成之也。満州党以為改革不利於己、思阻止之、然皇上既鋭意改革、則欲阻改革非去皇上不可、故彼等陰謀造讒於西后之前、謂皇上欲尽去満人且欲廢西后、故西后信之、遽興此禍也。今若驟脅逼之、使帰権於皇上、彼將恐皇上復権之後、必不容之、則必以死力相争矣、且如此則友邦之措詞亦甚難也。今若能与英米同仗義干預、令其帰政、而後令敝邦毎歳出五百萬金之俸以供給之（西太后）、諸國為之認保、然後可責以大義也。西后之見識、惟知有縦欲娯楽耳、其攬國権亦為娯楽計也。苟既給以厚俸有諸國為之認保、彼既有娯楽之可圖、加以仗義執言、外之有友邦之義挙、内之有志士之同憤（年譜長編には同情と誤植）、彼或不敢不復権、然後事可圖也。公認何如？」

志賀：「僕亦聞高名久矣。鄙著各種經高閲不堪慚愧。敢問貴下今日情懐如何、志士境堺、僕亦聊誦焉(67)。貴下今遭時之陽九、流寓異邦、僕不堪相憐之情。貴邦與敝邦唇歯相依、高説為最然。貴邦之禍則敝邦之禍也。而亦係東洋大局之禍、今日之急主在貴邦皇上復權。前日當矢野公使帰任外務大臣特命以此事、使矢野當機宜。矢野謁皇上、皇上健然。吾輩得報歡呼、盖皇上復権當非遠。僕雖退外務参與官之職、亦私有所謀、貴下請少放念、切囑々々。」

梁：「時已晌晦、願辭。乞示再相見之期。」(68)

二回目（一一月下旬）

梁：「敝邦之内情、可得為足下一言之。彼滿州黨、老臣黨、毫無政策、徒偸生貪禄者、不必言矣。至草莽有志之士、多主革命之説、其勢甚盛、僕等前者亦主張斯義、因朝局無可為、不得不倡之於下也。及今年四月以来、皇上稍有政柄、覲見小臣、於是有志之士、始知皇上為大有為之君、従前十余年腐潰之政策、皆絶非皇上之意。於是同志乃幡然变計、専務扶翼主權、以行新政、盖革命者、乃謀國之下策、而施之今日敝邦、尤為不可行。外患方殷、強鄰環伺、恐義旗未挙、而敵人已借勢而分割各省矣。今皇上之英明仁厚、實尠有比、苟能有全權、挙而措之、則天下晏然、上罶無驚而新政已行、旧弊已去、國體已立矣。此僕等之初意也。何圖為母后賊臣所不容、以至有今日。為今日之計、若使我皇上不能復權、則如今日西后与栄禄等守舊之政策、豈復能保此積弱之國於群雄環伺之秋哉、不及数年、必受分割矣。此在上之可危者也。至於在下者、則南部各省之志士、感動義憤、将興師清君側、僕等亦不能阻之。然義師之起、其險著居十分之九、盖欧州諸國、必将承其後、且各省伏莽、紛紛借名而起、蹂躙中原、而分割之事亦随之矣。故僕等之意、與其冒此險着而謀之於下、不如借友邦之力以謀之於上也。」

志賀：「高説妥當、僕亦為然。南方各省之志士、将挙義師雖出不得已、自是前門禦虎、後門入狼者。敝邦今日之策、唯在期貴邦皇上復權已。敢問期皇上之工夫如何？可賴公明正大之策耶？将又可依隱微之工夫耶？」

梁：「僕等初時、欲主隠蔽之工夫、此乃貴邦一國之力即可辦到、無俟再約他國者、然恐貴國未必肯出此策、且此策於半月(69)以前尚易行、今已難行矣。若僕頃所謂仗義執言者、則公明正大之策、然似必聯英米、始能有効。借此事以成日清英米四國聯盟之局、亦地球一好機会也。若貴政府肯相助、僕等将再航米英而乞之。」

志賀：「僕謂康先生航英國、以圖英人之間、而貴下淹留敝邦施後圖。（僕有一小女児、齢甫四歳、與婢女方嬉咲吟曲、不覺異邦志士在隣室、傍若無人。請勿咎、小児無心）」(70)

三回目（翌年二月中旬）

梁：「今有一同志之士、名曰容閎（前任駐劉米國公使、乃曾國藩君所任用、後為人所讒免官、寓米國三十余年、曾在米大学校領有政治科博士券者）、約一月以後即来東京与康先生同航英米、今康先生欲行之心甚急、已函促其来、来後擬即行。僕擬留此間与貴邦志士共育也。」

志賀：「王照君與康君同航否？王君人患肺疾(71)、可遠航否？」

梁：「王君今疾尚未愈、恐不能同行、當同淹貴邦也。足下著述宏富、欽仰無似。僕沈淹貴邦、此後當可常親顔色、他日尚乞賜教也。」(72)

志賀：「廣東陳士簾、梁元理二人将往北京、拾康有為之弟某遺骨。而北京警厳、不容廣東人。電送矢野公使、鄭領事以此事。」(73)

明治三十二年一月十九日に梁の近衛篤麿と会談した時の答辞によれば、その時点では、近衛公と大隈伯は既に康有為の滞日に対して強く懸念を表明したが、本人の離日意向がまだ固まらなかった。梁は直ちに康有為と同伴する通訳者を依頼すると一歩退いて時間稼ぎを図った。通訳者が日本に到着したら、即欧米に向かうと約束した(74)。四日後の二十三日近衛宛の梁啓超書簡には、「近衛公爵座下　一昨拝謁、承示諄々、歸而述之於康先生。先生深感厚情、即已連發郵書電信往上海、於容（閎）君同行矣。昨中西、柏原兩君來、已面告一切、托達之於座下。今更作書奉告、並陳感激之忱、康先生命代筆致候、専此敬上、恭請崇安　梁啓超再拝　廿一日」(75)と記している。上記の三回目の筆談に「已函促其来（すでに容に書簡を送って来日のことを催促している）」とあわせて考えてみれば、三回目の筆談は、康有為が容閎に通訳依頼の電報と手紙を送った一月十九日以降のことであると確定できよう。また、康有為の謀略を摘発する畢永年の回顧録が二月八日(76)に日本外務省に届いたことより、あえて大胆に推測すれば、この三回目の筆談は二月中旬に行なわれたと判断しても大過ないであろう。

第四節　何故梁啓超が日本に残り、康有為が日本から退去させられたのか

梁啓超は康有為の弟子であるけれども、康有為のすべての面において追随していたわけではない。融通の利く性質が彼の長所であるが弱点でもある。この点については『時務報』時代に張之洞、汪康年一派が既に察知したことで、亡命直前伊藤博文がこの熱血の青年を称えた起因も彼のこのような優れた人間性を持っているからであった。一方、康有為の「快刀乱麻を断つ」無謀さが西太后主導の政変を起こさせ(77)、日本の対清外交策略を乱した。かくして大隈内閣の解散の一因にもつながった。また、康有為の衣帯詔書偽造の件を王照(78)によって暴露され、日本側の関係者に不信感を与えてしまった。それが康有為の弱点として掴まれ、離日勧告の有効材料になった。当然、康有為の日本退去は日本政界の内外で一致した意見であり(79)、清国の有力官僚と約束したものであった。日本側が康有為に対して、硬軟の説得を仕掛けた(80)。結局、康有為本人が納得した形で、自ら日本を離れる意思を表明したわけだ。

康有為は明治三二年三月二二日(81)に、中西重太郎(82)（護衛と通訳）を伴い、カナダに向けて横浜港を後にする(83)。『読売新聞』は当時犬養と亡命者との別れのエピソードをこういう風に綴っている。「犬養木堂亡命清客某に向て『僕は漢の高祖七十代孫なり』と吹く、清客曰く『頃日副島さんも高祖の子孫だと仰っしやったが、ソレではアナタと御親類ですか』木堂辭大に窮す」(84)。康はこの年一〇月の横浜上陸は日本政府に拒否されるため、四四年六月一一日に神戸に寄港して須磨に寓居するまでの一三年間日本の土を踏むことはなかったのである。

一方、梁啓超に対して、日本側が孫文一派との合作を促した。犬養はその調停役として働いた。康有為不在が

梁啓超にとって自由に言動を取ることができた。かくして梁啓超が日本に残る価値は蘇った。ことに日本はすべて清国の言われるとおりに康梁を処分するのではなく、折衷しながらも対清戦勝国として顔を立てる気持ちは根強いものであった。東亜同文会の近衛は梁に厳しい勧告(85)を出しながら、本音ではお前を日本に残してやろうという意図は曖昧のうちにで梁へ伝わった。

東亜同文会は一八九九年一月に一連の実務計画に乗り出した。所謂「大陸経論」の台頭により、主宰の近衛はその会のスローガンを「日清同盟論」から「支那保全」に転換したのである(86)。中国での事業展開は張之洞、劉坤一の地方官僚の支援が不可欠だと認識し、彼等と交渉する際にして、まず康有為の退去を果たし、清国側に妥協を見せた。「反体制勢力となった康、梁一派を、中国における日本の国益伸張という観点から見離すこととなった」(87)。梁啓超の日本退去のカードを残したが、結局のところ、このカードを使わなかった。

張之洞は「摘桃子」（人の努力の成果を横取りする意味）」（湯志鈞、一九七九年）ということもあって、維新派との関わりも深かった。政変の後、維新派の官僚がすべて処分されたが、張之洞が逃れたのは、要するに彼の政治的臭覚が非常に敏感な一面が彼を救ったからだった(88)。早くも康有為の孔教を「国教」にする真意を把握できたのである。『時務報』は事実上彼によって取り締りが強化され、廃刊に追い込まれたのである。これで、張は維新派と明快に一線を画した。それにしても、かつてのことを思い出すと、いささか冷汗をかくだろう(89)。やはり内心の底には「功をたてて罪を償う」という意欲があったわけだ。どうしても自分の「汚点」を払拭したいからだった。張は梁の日本退去を強く求めたが、かえって梁が日本に残るのに有利に働いた。康梁一派の影響力の低下によって、当面、その利用価値はなくなったとはいえ、康梁との疎遠が日本側にとって最後に残った利用価値であった。その疎遠が『清議報』の発行代理まで反映している(90)。

日本に対する康梁の出兵依頼の遊説は功をおさめなかった。しかし、日本に残った梁は、政界人の冷遇から脱して、孫文との合作を試み、志士唐才常らと手を組んで西太后に軟禁された光緒皇帝の救出及び皇帝の復権を目指して勤王蜂起に乗り出した。

むすび　さらば、揮毫の時代

歴史は感情の整理、心理状態の記録であるということもできる。歴史はまた生き残った人間のために用意されるものであり、戦争や和解などの事件より、むしろその主体である人間の精神的な営為の記録であるということもできる。

アジア主義（日清運命共同体）と称しながら、情報収集(91)の任務を与えられた振亜会や興亜会や同文会などが、ある種の近代的情報装置ではなかっただろうか。実質的には色濃く政治的抱負を持つ政治団体であることはもはや誰しも認めざるを得ない。西洋列強は宣教活動を通じて、植民政策を浸透したり、政治動向を把握したりして、時には要人らとの接触を得て、政策決定に影響を与える。一方、同じく東洋文化に属する日本の場合、中華帝国の冊封体制に入らないことは西洋列強と同調しやすい面もあるが、やや違った様相を呈している。それは、宣教活動ではありえないことであった。というのは、その初期段階でいきなり文化的価値を根底から否定することは不可能である。要するに、その抵抗勢力或いは保守勢力が弱体化しつつあるにもかかわらず、依然として強大な存在であるからだ。そこで、宗教でなく、汎アジア主義など対等の立場を取る形で創り上げられた学会や政治団体を通じて、清国或いは朝鮮の上流社会に対してイデオロギーの欧化的武装が、既に欧化に成功していた日本にとって、有利な立場にあったのである。まさしく、狭間直樹氏の指摘する、日本の優越の強要は、やがて中国の国家建設の否定と妨害へと突き進むことになるだろう(92)。

梁啓超の日本亡命のケースから、日本主導の東アジア連携が幻想に留まり、その性格の曖昧さ或いは未熟さを容易に捉えることができる。とはいえ、保守勢力と戦う日清有志の改革者たちは、東アジアという特殊な文化母体に対する帰属感があることは否定できないであろう。彼らには誠実さもあれば、忠誠心もある。また、文人としての交遊のロマンもあれば、政治家として時局に対する虚心坦懐の意見交換もある。彼らには、「詩酒往還」

や「揮毫」という時代的なコミュニケーションのパターン（風習）がまだ残っており、そこから出発した有志の連携が現代に至っても大いに参考にする価値があると信じる。

註

（1）伊藤博文関係文書研究会編『伊藤博文関係文書』（8）塙書房、一九八〇年二月、四一四頁。
（2）『梁啓超年譜長編』一五八～一五九頁。
（3）『梁啓超年譜長編』一五八頁。
（4）柳田泉『政治小説研究（上）』春秋社、一九三五年五月、四八〇～四八一頁。
（5）梁は創刊号に「譯印政治小説序」を発表し、『佳人之奇遇』（巻一～十一。一～三、五～二十二、二十四～三十五冊、全文で三十三回）を連載しはじめた。更に矢野龍渓の『経国美談』（前編／三十六～五十一冊、後編／五十四～六十五冊、六十七～六十九冊）を三十一回で連載する。
（6）永井算巳「清末における在日康梁派の政治動静（その一）―康有為梁啓超の日本亡命とその後の動静―」『信州大学人文学部紀要』第一号別冊、昭和四一年一二月。また、日本外交文書「各国内政関係雑纂　支那の部　光緒二十四年政変、光緒帝及西太后ノ崩御、袁世凱ノ免官」の第三巻にある外務省の電報からも読み取れる。「明治卅一年十月廿一日起草同年十月廿一日發遣中村主任　警視廳官房主事警視山本正幹殿外務省秘書三橋侯方拝啓清国亡命者梁啓超並ニ王照両名、明二十二日ヨリ牛込区市ヶ谷加賀町壱丁目三番地柏原文太郎方、寄寓為致侯、写此節御通知申上候敬具」（整理番号500080）しかし、梁本人が書いた『夏威夷遊記』には「九月二日（一〇月一六日）到東京」と記述している。これは本人の記憶の間違いだ。恐らく、広島呉港に到着した期日と混同したかもしれない。
（7）「この鶴巻町四十番地高橋琢也所有の家は、馬場下（早中の所）の犬養邸のすぐ裏にあり、同文会のメンバーである中西正樹と柏原文太郎が彼らのためにまえもって用意した寓所である。」張美慧「亡命中の梁啓超に影響を及ぼした人物（論稿）」『アジア文化』第一三号（アジア文化総合研究所）、八九頁。
（8）日本外交文書「各国内政関係雑纂　支那の部革命党関係（亡命者を含む）」第一巻　甲秘第一五五號「清国人梁啓超、王韶（照）及従僕張順ハ麹町区平川町三橋常吉方ヨリ牛込区市ヶ谷加賀町壱町目二番地柏原文太郎方ヘ移轉スヘキ處談家屋狭隘ナルヨリ同區早稲田鶴巻町四十番地高橋琢也所有家屋ヱ一昨廿二日中西正樹同道ニテ移轉シタリ移轉後同所ヘ訪問面會シタルモノ如シ　徐勤　林北泉　羅孝高　鄭晟禮　畢永年　目下梁啓超、王韶（照）ハ病氣ナルヲ以テ當分ノ内外出セス且ツ左記ノモノノ外一切面會ヲ謝絶スルコトトセリト中西正樹　大内暢三　犬養毅　高田早苗　鳩山和夫　高橋橋二郎　吉田俊雄　西郷吉義　小林某　平山某右及申報候也　明治三十一年十月廿四日警視總監　西山志澄大隈外務大臣　殿」（整理番号440016）。また、『近衛篤麿日記』第二巻（鹿島研究所出版会、一九六八年六月）明治三十一年十月二十五日付によれば、「痛飲快談の間に、今夕十時三十分、康有為等一行七人新橋に着すとの報あり、中西（正樹）乃ち出でて迎へん為に行けり。十時半に至り帰邸す。」とある。

（9）各国内政関係雑纂／支那ノ部／光緒二十四年政変、光緒帝及西太后ノ崩御、袁世凱ノ免官　第三巻。兵發秘第四八九号「康有為ノ来朝　康有為ノ一行清国人七名ハ邦人宇佐穏来彦、宮崎寅蔵等ト共ニ今午前一時入港ノ瀛船河内丸ヨリ上陸シ一行迎接ノ為メ豫テ来神セル外務省出張員ニ伴ハレ午前六時神戸駅發急行列車ニテ無事新橋ニ向ヒ出發セリ。明治三十一年十月廿五日　兵庫縣知事大森鐘一」（整理番号500087）。しかし、中国国内では、この事実を翌年カナダより出発香港へ向かう途中、同じく一〇月二五日の「横浜上陸拒否」事件と混同している。中松欣「康梁維新派流亡日本時的一些情況」（天津出版の『歴史教学』一九八七年、第一一期、五〇頁）が最初のミスで、一九九五年七月四川人民出版社から出した楊天宏著『新民之夢—梁啓超傳』（出版部数三万）の八二頁にもそのミスが引用される。日本は当時在香港領事館から三百五十弗を旅費に充て、外務省出張員まで派遣して康有為らを迎接したにもかかわらず、中国人の学者がこの事実を無視して、思い込みの誤解を中国人読者に与えることは遺憾である。しかし、当然のことながら正しい専門書もいくつか存在する。例えば、馬洪林『康有為大傳』遼寧人民出版社、一九八八年七月（三五七頁）、斉春暁・曲広華『康有為』哈爾濱出版社、一九九六年三月（四七二頁）紀能文・羅思東『康有為傳』安徽人民出版社、一九九八年一〇月（一四七頁）等。

（10）日本外交文書「各国内政関係雑纂　支那の部　光緒二十四年政変、光緒帝及西太后ノ崩御、袁世凱ノ免官」第三巻　甲秘第一五七號「清国亡命者康有為ノ一行昨二十五日午後十一時三十分着麹町区平河町四丁目三番地旅舎三橋常吉方へ投宿滞在ハ凡そ両三日間ノ由ニテ外出ハナサザルヤニ聞ク其人名　康有為　梁鐵君　康同照　何易一　葉湖南　李唐、梁煒　右及申報候也　明治三十一年十月廿六日　警視總監　西山志澄　大隈外務大臣　殿」（整理番号500087）。

（11）『読売新聞』一八九八年一〇月二八日朝刊一面「康有為一行」。

（12）日本外交文書「各国内政関係雑纂　支那の部革命党関係（亡命者を含む）」第一巻　甲秘第一五九號「清国亡命者の件　在京清国亡命者康有為ノ一行中康有為、梁鐵君、康同照、李唐、梁煒等ハ本日午後一時十八分牛込区早稲田鶴巻町四十番地高橋琢也所有家へ移轉シ葉湖南、何易一ノ両名ハ横濱へ向ケ出發セリ　右及申報候也　明治三十一年十月廿八日　警視總監

西山志澄　大隈外務大臣　殿」（整理番号440019）。また、甲秘第一六〇號「清国亡命者康有為外四名牛込區早稲田鶴巻町四拾番地高橋琢也方ヘセシ旨昨日甲秘第一五九号ヲ以テ申報ニ及ビタル處都合ニ依リ同區加賀町壱丁目三番地ニ移轉セリ右及申報候也　明治三十一年十月廿九日　警視總監　西山志澄　大隈外務大臣　殿」（整理番号440020）。

(13)『時事新報』北京特電「清國、康を奪はんとす（北京十二月八日午前八時三十分西郡特派員發）、清國政府は西太后の密旨を奉じ東京在勤李公使の許へ康有爲を生擒するか若くは殺害すべしと訓電せり」。

(14)丁文江、趙豊田前掲書、一六二頁。

(15)『日本國志』の初版は光緒二十一年（一八九五年）の秋冬に世に問う。鄭海麟『黄遵憲与近代中国』生活・讀書・新知三聯書店、一九八八年六月、一六六頁参照。のちの増補版（一八九七年春、大久保利通の明治元年の上奏文などを補う）には梁啓超の「日本國志後序」がある。同文は『時務報』第二十一冊にも発表した。

(16)日本外交公文書「清人梁啓超、王照大隈伯ニ上ルノ書竝志賀参與官ト梁啓超トノ筆談」（整理番号500282〜500330）。

(17)「伊藤侯と康南海の會見」『読売新聞』一八九八年一〇月三一日朝刊二面。会見は九月一九日に行なわれた。『読売新聞』は三回にわたって会談の内容を連載する。九月二〇日伊藤侯は光緒の謁見を受けた。翌日、西太后が政変を起す。

(18)小野秀雄『内外新聞史』日本新聞協会、昭和二四年、二一三頁。

(19)山田俊治『大衆新聞がつくる明治の〈日本〉』日本放送出版協会、二〇〇二年一〇月、一八〜二〇頁。

(20)山田俊治前掲書、二〇頁。

(21)『大清印刷物専律』（一九〇六年七月）、『報章應守規則』（九条、一九〇六年一〇月）、『報館暫行条規』（十条、一九〇七年九月）、『大清報律』（一九〇八年三月）、『欽定報律』（一九一一年一月、日本の一九〇九年に行なった「新聞紙条例」廃止、と「新聞紙法」公布に倣って、言論統制を強化するものとも考えられる）との五つの近代的意義を持つ新聞法規。

(22)戈公振『中国報学史』太平書局、一九六四年三月、三二頁。「光緒二十七年（一九〇一年）に刊行される『大清律例増修統纂集成』の中に「造妖書妖言」という刑律盗賊類条例がある。乾隆帝時代（一七三六〜一七九五）において上奏文偽造の案や光緒時代の「蘇報」案（一九〇三年七月）など、それに依拠して判決する。これは最初の新聞に関する法律である。」

(23)鄭観応著、陳志良選注『盛世危言』遼寧人民出版社、一九九四年九月、七七頁。「現在、中国において新聞に関する法律はまだできていない。しかし、新聞社の主筆は玉石混交でかなりいいものとわるいものが交じっている。前述のように、当局は問題が起こるのを恐れて、厳しく規制しようとする。すると、外国新聞の報道が是非善悪をあべこべしたり、気ままに誹謗したりしているのに、中国人はそれらの外国紙と論争できる中国の新聞を持っていない。ゆえに、英国と日本の新聞法律を盛宣懐（一八四四～一九一六、字杏蓀、官僚資本家）に呈して、その内容を選定して頒布することを上奏してもらう。新聞社の開設を認め、政府と新聞経営者にその法律を遵守させる。」

(24) 依田憙家著『日中両国現代化比較研究』北京大学出版社、一九九七年九月、二〇一頁。

(25) 明治二五年一一月一日に第一号を発行する。発行部数が増加した新聞紙のなかで、商品として差別化をはかっている様子が価格設定などから読みとれる。文章が難しいと商家などでは旦那ひとりだけ読むことができるが、文章を平易にして旦那のあとも、細君、番頭、小僧、下女、下男など全員が読めるようにして、商品として大衆化を図っている。

(26) 有山輝雄『近代日本ジャーナリズムの構造―大阪朝日新聞白虹事件前後』東京出版、一九九五年四月、一四頁。

(27) この数字は、山本武利『近代日本の新聞読者層』（法政大学出版局、一九八一年六月）の「明治前期の東京紙の年間発行部数」より、一日平均の発行部数を算出したもの。

(28) 前掲書、馬光仁著『上海新聞史一八五〇～一九四九』一〇三頁。注（33）参照。『申報』的期発万份要在民国以後；『新聞報』的突破万份也要在一九〇〇年以後」。

(29) 梁啓超「自由書：傳播文明三利器」『飲氷室合集』（中華書局、一九八九年三月）専集之二、四一頁。

(30) 志村寿子「戊戌変法と日本」『法学会雑誌』（東京都立大学法学会編集）第六巻第二号、一九六六年三月、二六三頁。

(31) 丁文江、趙豊田前掲書、一六二頁。

(32) 丁文江、趙豊田前掲書、一六六頁。「南海師が来られたので、わが家の近況を詳しくお伺いすることができました。それにあなたが悠揚迫らず、言葉も表情も変えず、何の怨み言も吐かないどころか、力強い言葉すらあったとのこと。これを聞いて心が慰められると同時に、敬服いたしました。これがまことに私の閨中の良友たるに恥じません。……最もお気の毒なのは四番目の令兄です。私と南海師は、このことに思い及ぶたびに、涙をこらえきれません。あの道中では、命がどうなるかも分りません。こうなったのもすべて私の巻き添えになられたからであり、恩を仇で返すことになってしまいました。本当に心苦しく思っています。訳局の款二万余金は北京の百川通（山西票号のひとつ）に預けてあり、私が北京を出る際、十五番目の令兄に金額を託しておきました。よもや百川通が踏み倒すようなこともないでしょう。……」（島田虔次編訳『梁啓超年譜長編』第一巻、二八三～二八四頁）。一八九八年一〇月二九日に出した手紙。これは、梁が康有為一行と合流した翌日に書かれたものだとわかる。

(33) 王勲敏、申一辛著『梁啓超傳』団結出版社（北京）、一九九八年五月、五八頁。

(34) 丁文江、趙豊田前掲書、一六八頁。「私はここでこちらの朝廷の扶養を受けており、すべてに手厚く、何の不都合もありません。起居飲食についていえば、家に居るよりはるかに良いくらいです」（島田虔次編訳『梁啓超年譜長編』第一巻、二八六頁）。一八九八年一一月二六日に出した手紙。

(35) 日本外交文書「各国内政関係雑纂／支那ノ部／光緒二十四年政変、光緒帝及西太后ノ崩御、袁世凱ノ免官」第三巻。その和訳が書簡の後ろに添付されている。冒頭の一節は「梁啓超王照再拝シテ書ヲ大隈伯閣下ニ上ル。啓超等羈旅ノ遠人ヲ以テ貴政府ノ不棄ヲ承ケ優々保護ヲ加ヘ、之ヲ庇フニ使館ヲ以テシ、之ヲ送ルニ軍艦ヲ以テシ、餐ヲ授ケ館ニ適シ、賓至テ帰ルカ如シ。貴政府ニ在テハ、則チ大義ニ仗リ以テ周旋セラル。啓超等ニ在テハ、深情ニ感スル涯ナシ。舎館既ニ定リタレハ、輙チ晋ミ謁シテ面リ謝悃ヲ致シ、陳説スル所アラント欲シ。小林・柏原両君ニ托シ、代テ賜見ノ期ヲ請ヒシガ、数日ナルモ未ダ命ヲ聞クヲ得ズ。想フニ我公、政余暇尠キカ、或ハ亦タ斯挙ヲ秘密ニシ、深ク嫌疑ヲ避クル為メ、接見ニ便ナラサザルナラン。是ヲ以テ、敢テ固請セス、惟タ胸中ノ所懐陳ヘント欲ルモノハ、請フ書ヲ以テ一々之ヲ言フヲ得ン。」とある。

(36) 前掲書、中国史学会主編『戊戌変法—中国近代資料叢刊』(二)、六〇八頁。

(37) 丁文江、趙豊田前掲書、一六三頁。

(38) 河村一夫「中国近代史資料叢刊『戊戌変法』掲載の梁啓超執筆新史料について」『政治経済史学』（日本政治経済史学研究所）三二五号、一九九二年九月、二二一～二三〇頁。

(39) この書簡は、近衛篤麿が明治三一年一一月二日の日記に言及する。「梁啓超（長文の意見書副島伯と連名なり、本書を伯に廻はし写しを残す）」とある。近衛篤麿日記刊行会『近衛篤麿日記』第二巻、一八四頁。

(40) 狭間直樹「初期アジア主義についての史的考察」『東亜』二〇〇二年一月号。

(41) 丁文江・趙豊田編、島田虔次編訳『梁啓超年譜長編』岩波書店、二〇〇四年一月、四〇八頁、注(261)。

(42) 丁文江、趙豊田前掲書、一六九頁。「下月十一日出報」は西暦一八九八年一二月二三日に発行すること。「私はこの地で取り組んできた報館の創設もすでに実現しました（来月十一日に発刊します）。現時点ではまだ俸給をもらっていません、この報が売れた後で受け取ることになっています。こちらでは、衣食住すべてにわたって日本国家（政府）が面倒を見てくれるので、自分の金はまだ一銭も使っていません。たまに使うことがあっても、服を数着作ったり、書籍を数点買ったりするだけですから、旅の財布の中身はまだたっぷりです。家の方も目下のところ余裕があったため送金しませんでしたが、いま父上が懐具合を御心配なので、数日中にまず四百元の為替を送ります」（島田虔次編訳『梁啓超年譜長編』第一巻、二八八頁）。

(43) 丁文江、趙豊田前掲書、一七〇頁。「探訪記者である友人によると、中国の逆賊たる康有為の徒党・梁啓超は日本に逃亡した後、その罪悪が極めて大きく、礼儀の邦（たる中国）には容れられないと自覚して、日本国籍に潜り込み、姓を吉田、名を晋と改め、東京の牛込区に僑寓し、品川弥二郎子爵と莫逆の交わりを結び、詩酒往還して、朝から晩までさまよい歩いている、とのこと。先祖のお墓のことに思い及んだりしたことはないだろうか」（島田虔次編訳『梁啓超年譜長編』第一巻、二八九頁）。その仕返しは、第百冊の「中國各報存佚表」にあらわれた。「申報開設最早、前之主持者、雖未能如近日各報之良、然頗能以開風氣爲宗旨。近則以無恥小人、妄主筆政、顛倒是非、媚奸嗜利、吾恐自世界有報以來所未有者。」

(44)「東亜同文会は中国の改革への助成という対外理念に従って康有為、梁啓超を中心とする改革派を支援したが、これは、康、梁一派の親日的傾向と明治維新を模範とする改革綱領を東亜同文会が評価していたためであった」。翟新『東亜同文会と中国―近代日本における対外理念とその実践』慶応義塾大学出版会、二〇〇一年一月、三〇六頁。

(45)狭間直樹「支那保全分割合論をめぐる若干の問題―孫文来日初期革命活動の一側面―」、日本孫文研究会等編『孫文と華僑―孫文生誕一三〇周年記念国際学術討論会論文集』汲古書院、一九九九年三月、六九頁。

(46)永見七郎著『興亜一路　井上雅二』刀光書院、一九四二年、一五八頁。

(47)狭間直樹「初期アジア主義についての史的考察」『東亜』二〇〇二年一月号。

(48)前掲書、中下正治著『新聞にみる日中関係史―中国の日本人経営紙』、一二八頁。「その年一一月、東亜、同文の二会が合同して東亜同文会が創立され、井上は引きつづいて幹事となったが、時に井上二二歳。翌三二年六月東京専門学校卒業、九月には東亜同文会上海支部幹事として上海へ渡っている」（同頁）。

(49)『読売新聞』一八九八年一〇月三日朝刊一面、「清國政變と東亜會の建言」。

(50)『清議報』第一冊「東報譯篇」において「東亜同文會主意書」が掲載される。その「發會決議」には、「一保全支那。一助成支那改善。一討究支那時事而期實行。一喚起國論。會長：近衛篤麿。幹事：陸實、池邊吉太郎、佐藤宏、井上雅二。常任理事：田鍋安之助。」と記している。

(51)狭間直樹前掲文『東亜』二〇〇二年三月号。

(52)日本外交文書「各国内政関係雑纂―支那の部・革命党関係（亡命者を含む）」第一巻。明治三二年一月七日甲秘第一号（整理番号440037）

(53)「秘甲第二〇四号　清国人書籍出版ノ件報告　一戊戌政変記　巻ノ一二三、三部　右ハ清国人康有為及梁啓超等が居留地百三十九番清議報舘ニ於テ發行セシ清議報中ヨリ抜萃シテ冊子ニ編纂シ専ラ清国政治ノ得失ヲ論究シ国体ノ如何ヲ網羅セシモノニシテ本月廿三日頃ヨリ欧州米国新嘉坡香港其他清国人居留ノ地へ悉ク頒布シタル趣聞知セリ　右及報告候也　明治三十二年五月二六日」。日本外交文書「各国内政関係雑纂―支那の部・革命党関係（亡命者を含む）」第一巻（整理番号440083）。

(54)「僕は羯南公に紹興酒を勧められ、この味を嘗めるのは半年ぶりだな。」
(55)村山吉廣『漢学者はいかに生きたか―近代日本と漢学』大修館書店、一九九九年一二月、一三五～一三八頁。
(56)康有為は東京牛込区早稲田四二番地の住居を「明夷閣」と名づけた。明夷とは、『周易』の六十四卦のひとつである。『易・明夷』:「象曰:『明入池中、明夷、君子以莅衆、用晦而明。』」『易伝・序卦』:「進必有所傷、故受之以明夷。夷者、傷也。」康有為はこの古典を因んで失敗してもまたやるという気持ちを込めている。また、明夷は明治日本のことをいう。黄宗羲の『明夷待訪録』があり、それにもかかわっている。
(57)村山吉廣前掲書、一三九頁。
(58)牧野謙次郎（一八六二～一九三七）は四国高松で生まれ、明治三四年に早稲田大学の講師となりついで教授となる。大隈重信が唱えた「東西文明の調和」という理念の追求は、古代中国の周末思想と古代ギリシア思想とを比較研究することから始まっている。一九一六年、当時の総長である塩沢昌貞が大隈に依頼され、その研究相手として推薦したのが、西洋哲学の金子馬治教授と古代中国思想の牧野教授であった。このとき、五四歳の牧野は同僚の松平康国教授とともに東西文明調和研究会に欠かさず出席し、その知識の広さは大隈を大変喜ばせたという。主著『墨子国字解』は古代中国思想研究の名著として評価が高い。早稲田大学制作発行『早稲田いちず』（一九九一年初版）ｗｗｗ版「香川」。
(59)戴曼公（一五九六～一六七三）は明朝杭州の人なり、名は笠、字は曼公、荷鋤人と號す。神宗の萬暦二十四年丙申二月十九日を以て杭州仁和縣に生まれる。甲午（一六五三）七月、黄檗宗を開いた中国の僧隠元、徴聘に応じて東渡し、京都に住み、黄檗宗を振揚する。神医と呼ばれ、痘科の処方箋多数残り。晩年僧と為るに及び、名は性易、字は獨立、天外戴笠人と號す。寛文十二年壬子十一月六日逝く。宇治黄檗山に護葬す。出典：東条琴台著『先哲叢談續編』（巻之一）東京千鍾房、一八八四年一月。
(60)萬福寺は中国の僧隠元が一六六一年に開山した禅宗黄檗宗の本山にある。中国禅寺の特徴を持つ。
(61)黄檗宗は曹洞宗・臨済宗と並ぶ日本三禅宗の一。本山は黄檗山万福寺。一六五四年明の僧隠元によってもたらされた。宗風は臨済宗とほぼ同じだが、明代の仏教的風習が加味されている。一八七四年（明治七）に臨済宗と合併したが、二年後に独立して一宗派となった。新村出編『広辞苑』岩波書店、一九九八年一一月、第五版参照。
(62)西田長寿、植手通有編『陸羯南全集』第六巻、みすず書房、一九七一年七月三一日、巻頭扉頁。
(63)前掲二〇〇四年一月に出版された『梁啓超年譜長編』（島田虔次編訳、岩波書店版）もそのまま踏襲している。二七二頁参照。

(64)『読売新聞』一八九八年一一月七日朝刊一面。「矢野公使清帝に謁見す　矢野公は去る五日朝林中村の両書紀官と隨へ宮中に参内して皇帝陛下及び西太后陛下に謁見したる由北京より電報ありたり」。その翌日の八日の朝刊一面にも「矢野公使清帝謁見の詳報」を掲載する。「謁見十五分程度にて退出せり」、「御病氣の體には見受けずと申す」など、筆談の内容と一致している。また、河村一夫氏によれば、「この筆談の時機については、志賀重昂が勅任参事官辞任直後のような記述が終りに見えるので、恐らく明治三十一年十一月上旬頃かと推定される」(前掲文二六頁)。

(65) 永井算巳によれば、「康有為の日本退去をめぐる慌しい動きは一一月における大隈内閣の倒壊と第二次山県内閣の誕生を契機として北京政府における康梁派弾圧気運が俄然活気を取り戻したことを抜きにしては理解し難い。ということはつまりツアーリズムロシアの南侵に備えて軍事力の充実を急務としそのための財源を地租増徴に求めた山県内閣の出現という日本側における政治情勢の変化が同時に、北京政府の国際法を無視した強要に対しても敢えて之を政治的許容せんとする対清妥協となって国際政治面に投射されたからであろう。」前掲文(その一)五頁。

(66) 傍線の文字は『梁啓超年譜長編』において省略されたものである。以下同。「ご高名はかねがね伺っていました。足下の『日本風景論』およびその他の地理学関連書籍を読んだことがございます。碩学の一斑を窺わせました。今日は早くお会いすればよかったものを。」日本外交文書(整理番号500324~500300)及び丁文江、趙豊田前掲書『梁啓超年譜長編』一五九~一六二頁参照。また、同文の日本語訳は、島田虔次編訳『梁啓超年譜長編』第一巻、二七三~二七六頁参照。

(67)「僕もご高名をかねがね伺っていました。拙著各種がご高閲を賜り、慚愧に堪えません。敢えて今現在の貴下のご心情を伺わせていただきました。志士の境界は、いくらか再度に覚えさせました。」

(68)「もう大分暗くなりましたので、お別れを告げます。再見できる期日を教えて下さい。」

(69) ここに筆談の日程に関わる重要な手がかりが示されているではないかと思われる。「半月前ならこの策は容易に行なえる」ということは、恐らく一一月八日に倒閣した大隈内閣に期待できることを示唆している。したがって、第二回目の筆談は一一月二三日頃行なった可能性が十分考えられる。

(70)「私の考えですが、康先生はイギリスに渡ってイギリス人と対応策を協議され、あなたはわが国に留まって今後の計画を練られる、というのはいかがでしょう」梁啓超は志賀の話を聞いて、呆然としたかもしれない。その時点に、どうも自分が日本に残り、先生康有為を離日させるという日本側の思惑に対して納得しなかったようである。志賀は梁の鈍った表情を見て、わざと四歳の娘の話を持ち込んで、梁の気持ちを撫でる。「僕は一人まだ四つの幼女がおり、下女と一緒に遊んで笑ったり歌ったりして、隣室に異国の志士がいらっしゃることに気付かなく、傍若無人で、まことに申し訳ございません」。二回目の筆談がそこで止まるはずであった。

(71) 日付明治三二年（一八九八年）一一月二二日の外交文書によれば、王照は「肺結核症に罹り」と医師西口吉善に診断された。整理番号500097。

(72) 「王（照）君はいま病気が治っていませんので、同行することは無理があるかもしれません。足下の著述がたくさんあり、名声がとみに高い、敬服の至りです。僕は御国に留まります。今後常に足下とお会いできればうれしいです。他日またいろいろご教示を賜るようお願い申し上げます。」

(73) 「広東の陳士簾、梁元理この二人は康有為の弟（康廣仁）の遺骨を拾うために北京に行かれるようですが、北京はいま厳しい警戒を取っています。広東人の出入りは禁止しているそうです。これについて矢野公使と鄭領事に（ご協力の）電報をお送りします。」

(74) 前掲『近衛篤麿日記』第二巻、二五一～二五二頁。「盛意敬聞命矣。謹當復命於康先生、即約譯人。譯人既至、便當西游。至敝邦之事、回復未有預期。康先生一游歐米、一年數月之後、仍欲歸滯於貴邦、專講兩邦社會聯合之義務。未知可否。」とある。

(75) 衛藤瀋吉監修、李廷江編著『近衛篤麿と清末要人―近衛篤麿宛来簡集成』原書房、二〇〇四年三月、四九頁（実物複写）、三九五頁（楷書文字）。「近衛公爵足下、一昨日謁見させていただきまして、諄諄たる教示を承りました。帰ってから康有為先生にご報告いたしました。康先生はご厚情を深く承り、即日上海にいる容君に手紙を郵送し、打電しました。容君と同行することにしました。昨日、中西と柏原両氏がいらっしゃいまして、彼等にすべての事情を説明し、その内容を彼等に託して足下に伝えるようお願いしました。いま、さらにその経緯を記してご報告いたします。並びに、康有為先生の命を受けて、感激の気持ちを述べさせていただきます。謹んでご健勝を申し上げます。梁啓超再拝（一八九九年一月）二十一日」。

(76) 楊天石「康有為謀囲頤和園捕殺西太后確証」『光明日報』一九八五年九月四日。同文は『尋求歴史的謎底―近代中国的政治与人物』（楊天石著、首都師範大学出版社、一九九三年七月）に収録、三七～四五頁。

(77) 栄録ら帝党の天津で行なわれる光緒皇帝の軍の検閲を機にして帝位の廃除を図る陰謀に対して、康有為らは反クーデターを企てたが、機密が袁世凱に漏らし、帝党に先制されたのである。日本亡命後、ことに大隈が山県に倒閣されたあと、康有為の無謀さが日本政界に批判された。その事実を否認した康有為は、のちに畢永年（一八六九～一九〇一、湖南の人）の『詭謀直記』によって証言される。この『詭謀直記』が政変までの経緯を日記（一八九八年九月一二日～二一日）の形で書かれるものだったが、楊天石によれば、これは日本に亡命したあとの回顧録だという。畢永年が一八九九年初頃に書き上げ、平山周に渡し、平山がそれを駐上海領事の小田切万寿之助に渡して、同年二月八日に日本外務省に届いた。房徳隣「維新派『囲園』密謀考—兼談《詭謀直記》的史料価値」(『近代史研究』二〇〇一年第三期)を合わせて参照。

(78) 王照(一八五九〜一九三三)は、直隷の人、字小航、号水東。光緒進士、礼部主事。変法時期、康廣仁、梁啓超を皇帝の顧問官として推薦し保守派と対決の姿勢を見せ、光緒皇帝に表彰される。亡命後は康有為偽造の詔書を摘発して、康梁一派と別れ、一八九九年一二月下旬高山忠照と変名して高知市に移住するなど、翌年末に韜晦して帰国したという。日本外交文書「各国内政関係雑纂/支那ノ部/光緒二十四年政変、光緒帝及西太后ノ崩御、袁世凱ノ免官　第三巻」(整理番号500133)参照。

(79) 日清戦争最中、康有為の発表した「攻日策」(一八九四年八月、日本本土に侵攻すべきと主張)が日本の朝野に反感を買ったかもしれない。上海市文物保管委員会編『戊戌変法前後　康有為遺稿』上海人民出版社、一九八六年八月。当時の梁啓超もそれを読んで驚き、先生のことを無鉄砲だと思った。「曽憶乙未(一八九五年)在都南中寄到『救時芻言』(「攻日策」を含む)、先生大以刻此爲鹵莽、超今猶前志也」(『梁啓超年譜長編』八一頁)。

(80) 柏原文太郎の「軟」に対して楢原陳政は「硬」であった。『近衛篤麿日記』第二巻、二四八頁、日本外交文書(整理番号440032〜440036)参照。

(81) 日本外交文書「各国内政関係雑纂　支那の部革命党関係(亡命者を含む)」第一巻「甲秘第六二號　清國亡命者康有為ハ本日横濱解纜ノ和泉丸ニテ英国ニ渡航スル為メ午前九時新橋ヲ發シタリ　右及申報也　明治三十二年三月廿二日　警視総監大浦兼武」(整理番号440067)。斉春暁・曲広華『康有為』(哈爾濱出版社、一九九六年三月)四三五頁に記される「光緒二十五年二月二十三日(一八九九年四月三日)」は誤りである。

(82) 中西重太郎(一八七五〜一九一四)は長崎生まれ、一五歳のとき上海日清貿易研究所に入学し、二年後退学。のちに従軍して日清戦争に参加。帰国してから早稲田英文科に入学。戊戌の年、梁啓超とともに日本亡命に助ける。翌年、康有為と共にカナダへ向かう。一九〇五年山口高等商業学校の講師となる。肺病にかかって、四〇歳で没する。前掲書、東亜同文会編『対支回顧録』(下)六三二〜六三四頁参照。

(83) 日本外交公文書によれば、康有為が北米に亡命するという噂がアメリカに伝わったとたんに、ロスから一通の匿名の手紙が日本政府に届いた。「甲秘第一一號　米国桑港ヨリ「センパサイザー」ナル匿名ヲ以テ別紙歐文之通申来候条御参考迄此段内申侯也　明治三十二年一月十六日　警視総監　大浦兼武

Copy

San Francisco, Cal:
U.S.A. To officials, Japan

Dear sir:
Please tell Kang Yu Wei 康有為, the Chinese Reformer now in your country. That if he comes here or to this country, he will be killed.They have employed roughs, both Chinese and foreigners to kill him or blow him up at a large sum of money.
They heard he was going to England by way of San Francisco or America. Out of kindness and sympathy you ought to inform him.
Sympathizer」（整理番号440038～440041）

(84) 一八九九年三月二五日付『読売新聞』朝刊一面。「高祖の遠孫」。

(85) 近衛は明治三二年一月一九日に、梁の『清議報』での執筆活動を「穏当ならず」とし、同誌と「関係を絶つべし」と口頭で（羅普が清語に通訳）勧告した。前掲書『近衛篤麿日記』第二巻、二四七～二四八頁参照。

(86) 酒田正敏著『近代日本における対外硬運動の研究』東京大学出版会、一九七八年三月、一二二頁。

(87) 翟新前掲書、三〇六頁。

(88) 張之洞の幕僚であった辜鴻銘（一八五七～一九二八）によれば、張之洞が一八九八年春に発行した『勧学篇』（The Need of Education）は、外国人たちの言うような「康有為の改革計画を擁護するもの」ではなく、康有為の急進主義を反対する宣言であり、彼の"Apologia pro vita sua"（弁護の書）でもある。この宣言は、康有為の「変法運動」を反対するよう、康有為の追随者及びすべての中国文人学者に呼びかけたと同時に、かのような改革は必ず教育から着手しなければならないと訴えた、というものである。汪家堂編訳『乱世奇文─辜鴻銘化外文録』上海人民出版社、二〇〇二年九月、一九〇頁。

(89) 張之洞の『勧学篇』は基本的に康有為の孔子改制案、湖南新政の民権主張、維新派の急進主義に対して批判を加えたが、維新政策に同調したものもかなり紙幅を費やしているということもあって、それはあくまでも学術論争の段階にあった。本格的政治闘争は政変の後になる。張は政変前に発行した『勧学篇』が処罰を免れたのだ。黎仁凱、種康模『張之洞与近代中国』（河北大学出版社、一九九九年八月、一〇七頁参照。

(90) 翟新前掲書、八四頁。『亜東時報』（乙未会の上海での機関誌）は『清議報』第六冊（一八九九年二月二〇日）を、『漢報』（代表者宗方小太郎）は『清議報』第七冊（一八九九年三月二日）を代理販売の最後としたのである。

(91)「その集積された情報は、植民地統治にかかわる限りで利用されただけで、国民のアジア認識に影響を与えることは殆どなかった。」(前掲、山室信一『思想課題としてのアジア』六三九頁)。
(92)狭間直樹「中国近代における帝国主義と国民国家―日本のアジア主義との関連において」『西洋近代文明と中華世界』(狭間直樹編、京都大学学術出版会、二〇〇一年二月、二四頁。

第二章　『清議報』の三年間

維新派の精神的指導者である梁の恩師康有為の日本退去（一八九九年三月二二日）と上陸拒否事件（一八九九年一〇月二四日）は、熱血漢である梁啓超の心を揺さぶった。梁は革命派の首領である孫文との合作を試みた。犬養木堂がこの二人を結ばせた。

それまで、梁は自国の人が西洋人に言われるとおり、愛国心のない国民であると認めていたが、祖国から離れて半年後に、その認識が変わった。下記の手紙は当時の状況を如実に語っている。

「梁啓超致犬養木堂書（岡山県立博物館所蔵）」（横浜から東京へ）(1)

西欧之人常謂敝邦人無愛国之性質、斯言僕幾天前以疏之也、然僕敢謂敝邦人非無愛国之性質也。其不知愛国者、因未与他国人相遇、故不自知其為国也、然則観之海外之人則可以験其有愛国性与否矣、今内地督撫無可望、民間受圧制、不敢小行其志、欲其扶危局、難矣、故今日惟求之於海外、庶幾有望也。

孫逸仙近曽見先生乎？僕等之於孫（孫文）、踪迹欲稍疏耳、非有他也。而横濱之人、或有於孫不睦者。其相軋之事、不知如何、而極非僕等之意矣。孫或因濱人之有違言、而疑出於僕等、尤非僕所望矣。敝邦有志之人既苦希、何可更如此相仇。僕欲一見孫陳（陳少白）而面解之。先生有暇日、約会見於此間可乎？至僕等与彼、踪迹不應不疏之故、僕見彼当面解之也。

木堂先生有道、数日不侍几杖、方思走詣。頃見柏原（文太郎）君、始知貴体清恙稍劇、想念之至、伏乞為大局自保重、善自調攝、不勝企祝。僕頃為康先生譚人来濱、須往彼一会晤、両日内帰京、更当走謁、問訊一切。敬請
興居！

梁啓超　再拝

（一八九九年）四月十四

一方、政変後台湾に避難した旧友の章太炎は一八九九年夏、日本へ赴き、梁啓超と再会した(2)。章は梁の紹介で孫文と知り合った。そのとき、章は梁啓超の気質の変化に気付いた。彼は汪康年に出した書簡に「松柏非遇霜雪、不能貞堅、斯人今日之深沈、迥異前日矣。」(3)と慨嘆する。この手紙が梁と汪との仲直りを果たした。汪も後に勤王蜂起に参画した。

しかし、暴力革命を行なうための、武器弾薬の調達、革命志士の配置など、経験のない梁にとっては、簡単に叶うものではなかった。『戊戌政變記』の発表は、海外から同情を寄せてきたが、募金活動は思うほど順調ではなかった。しかし、同志を鼓舞するためには、大変な意気込みで奇麗事を言ってしまった。手段を選ばず、全て皇帝の救出と復権を最優先にしたためである。

一八九九年五月三〇日、梁の「自立會序」が『清議報』第十五冊に発表された。武力で皇帝の救出を図る。しかし、当局はその動きを察知して、一二月二〇日に康、梁を捕縛する勅諭を降ろした(4)。梁はその日のうちに横浜を後にしてハワイに向かった。一九〇〇年二月一四日、清朝政府は懸賞金一〇万両を掛けて、康梁の指名手配を命じた(5)。一九〇〇年二月二五日湖南の志士唐才常は上海の英租界で「正気會」を組織し、さらにその後間もなくこれを「自立會」と改名した。

唐才常（一八六七～一九〇〇）は、湖南瀏陽出身の人、譚嗣同とは同郷で、「瀏陽二傑」とも讃えられる。字佛塵、貢生の出身。一八九七年瀏陽で譚と算学館を開き、のちに長沙で『湘学報』を創刊し、梁啓超らと時務学

堂を創設する。一八九八年、譚と南学会の創立に参画する。同年九月に、日本に亡命。康有為、梁啓超一派と連絡を取りながら、孫文、陳少白などの革命党一派とも接触して、救国の道を探る。興中会会員の畢永年などに通じて哥老会の組織との連携を模索する。一八九九年、康有為、梁啓超らと揚子江両岸の各省で勤王蜂起を計画した。その冬、林圭と帰国して、上海で正気会を組織する。のち、自立会と改名し、自立軍を創立する。一九〇〇年七月二六日に上海張園で「中国国会」(会長は容閎、副会長厳復)を催し、総幹事をもって自任する。漢口の英国租界で自立軍秘密機関を設け、八月九日秦力山の先遣部隊が安徽の大通で期日どおり旗揚げをしたが、三日で失敗。二一日に、湖廣総督張之洞が英国領事と手を組んで、自立軍機関を包囲する。唐は落ち着き払って名簿、機密文書などを燃やしたあとに逮捕される。二二日、武昌滋陽湖畔において義のために死につく。

『読売新聞』は一九〇〇年九月一〇日に「東亜の志士唐才常」(署名圖南生、第四特派員、九月一日於上海)を掲載した。その長文は九月一四日までの五回にわたる連載に及んだ。

勤王計画を発動する前、西太后に支援された義和団が北京列国大使館を焼き討ち、情勢が急激に悪化した。六月から八ヵ国連合軍が、義和団を鎮圧し始める。梁はそのとき疫禁のため、ずっとハワイに足を留めた。彼の柏原文太郎に送った書簡(6)によれば、ぜひこの機に乗じ、連合軍と手を組んで西太后政府を倒すという抑えきれない野望がうかがえる。

義和団の乱によって、清朝政府は列強各国と『辛丑条約』を調印し、四億五千万両白銀の賠償金(三九年間分割払いで完済、年利四厘、換算して元利合計九億八千数万両、関税と塩税で抵当に入れる)を抱え込んだ。中国は完全に半植民地になってしまった。梁は最初から義和団運動に反対した。しかし、列強の侵略政策、分割行為に対して憤りを覚えた。この事件は、梁に相当な刺激を与え、国家主義に目を向かわせたのである(7)。

梁啓超の離日期間は一八九九年一二月二〇日(8)〜一九〇〇年七月二八日(9)及び八月一九、二〇日(10)〜一九〇一年五月三〇日(11)であった。

この三年間、梁が日本から離れる日数は五〇一日に上る。言い換えれば、彼の滞日期間は離日期間とほぼ同じだった。離日期間中、麦孟華が梁に代わって論陣を張った。

本章では、梁啓超は維新派の機関誌である『清議報』の紙上において、変化の激しい時勢にどのように対応してきたのかについて考察したい。

第一節　『清議報』創刊と『戊戌政變記』

『清議報』は一八九八年一二月二三日に横浜居留地百三十九番に本社を設けて発行し始める。馮自由の『任公先生事略』によれば、創刊に際して、その費用は在日華僑商人の馮鏡如、馮紫珊(12)、林北泉(13)らの寄付金がメインであって、梁が李端棻からもらった所持金「赤金二百両」のほかに、黄遵憲の寄付金も加わる。発行部数は創刊数ヵ月で三〇〇〇部に達し、第十三冊の四〇〇〇部を最高とした(14)。

馮鏡如（一八八四?～一九一三）、原籍は広東省南海で、香港生まれ。幕末に日本に渡来し、一八七八年ごろに横浜居留地で文経印刷店を開業、F. Kingesell（経塞爾、京塞爾）と称した。一八九四年には早くも辮髪を切り落とし、「無辮仔」と呼ばれた。翌年、孫文の渡来を機に、弟の馮紫珊や譚有発らと横浜興中会を組織して支部長となったが、康有為や梁啓超が日本に亡命してからは、興中会が康・梁の方に傾いて積極的に援助するようになった。『清議報』の「発行兼編輯人」となるなど、康梁派の活動を援助するかたわら、『新増華英字典』の編纂、改訂にもあたった。一九〇一年、上海に赴いて廣智書局の総支配人となり、晩年は広州で広東印字館を経営、その地で没した。馮自由の父にあたる(15)。

馮自由（一八八二～一九五八、本名懋龍、字建華）は最初に梁啓超の門下生になったが、家事のことで父親の馮鏡如との間に齟齬が生じたため、鏡如は梁啓超に頼んで息子を叱責した。次第に馮自由は梁啓超に対して怒りをぶつける。のちに、彼は上海の廣智書局に配属され、しばらく翻訳の仕事に従事した。しかし、彼の訳文は原文に忠実でないため、同僚たちは不満を覚え、梁啓超に戒めてもらった。それ以来、馮自由は梁と反目して、再会することがなかったという。梁に対して、無実を捏造するなど余力をあまさず中傷する。故に、彼の本に書いた梁啓超と関連することはあまりにも根拠にならないという(16)。馮自由は反骨精神を持って、父の馮鏡如や師の梁啓超と決裂して革命の尊である孫文に追随することになる。

馮自由は『清議報』編集の仕事を兼任している鄭貫公と手を組んで一八九九年冬に横浜で『開智録』(17)（半月刊）を創刊した。自由平等、天賦人権などの学説を唱える。『清議報』の代理店には必ず『開智録』が並んでいる。この新聞の発行により、康有為の保皇会の党務に影響が出たので、梁啓超らはすぐさま『開智録』の発行に干渉したという。この新聞は半年で廃刊になる(18)。

『清議報』創刊号から第十冊までの圧巻となるものは他ならぬ『戊戌政變記』であろう。『清議報』の創刊時点で、前述のように、日本のマスコミ界の維新派の無謀さに対する批判は厳しいものであった。同時に、大隈倒閣によって、朝野において康有為・梁啓超を海外へ追放する意欲が一層強まることになった、との背景に、康有為・梁啓超らは当然その局面を挽回することを当面の目標として、日本の朝野に同情を得るため、維新運動の全容を披瀝することにした。

その焦点となるものは、一八九八年九月一八日夜、北京法華寺における譚嗣同と袁世凱との密談の内容である。梁は『清議報』第四冊（一八九九年一月二〇日、そのとき、康有為の海外への退去はほぼ決まった）『戊戌政變記（第五篇）譚嗣同傳』において、最も肝心なところを公表した。

譚が袁世凱に向かってこう言い出した。

譚：君謂皇上何如人也？

袁：曠代之聖主也。

譚：天津閲兵之陰謀、君知之乎？

袁：然、固有所聞。

譚：今日可以救我聖主者、惟在足下、足下欲救則救之。苟不欲救、請至頤和園首僕而殺僕、可以得富貴也。

袁：君以袁某爲何如人哉？聖主乃吾輩所共事之主、僕與足下同受非常之遇、救護之責、非獨足下、若有所教、僕固願聞也。

譚：榮祿密謀、全在天津閲兵之擧……

……

譚：榮祿固操莽之才、・世之雄、待之恐不易易。

袁：若皇上在僕營、則誅榮祿如殺一狗耳。

と新政の失敗を袁世凱の密告に転嫁した。しかし、一九二六年二月に『申報』に公開された袁世凱の『戊戌日記』(19)では、

譚：派一半圍頤和園、一半守宮、大事可定。……

袁：圍頤和園欲何爲？

譚：不除此老朽（西太后）、國不能保、此事在我、公不必問。

であった。「天津閲兵之陰謀」にまったく触れていない。その代わりに譚が漏らした「圍園殺后」計画を暴露したのである。これは梁の描写とまったく噛みあわない。

梁本人が一九二二年に発表した論文「中国歴史研究法」において、「又如吾二十年前所著『戊戌政變記』、後之作清史者記戊戌事、誰不認爲可貴之史料？然謂所記悉爲信史、吾已不敢自承。何則？感情作用所支配、不免將真跡放大也。」と自らその信憑性の高さを否定してしまったのである。

明らかに、一方通行の思い込みも含まれているようだ。ゆえに、『戊戌政變記』は完全に史実に基づいて書かれたものとはいえない。これは、当時の内外における輿論の厳しい批判に応酬したものであり、自分の立場を有利にするためのプロパガンダであった。

第二節 『清議報』と日本の政治小説

梁は『清議報』創刊号に「譯印政治小説序」を発表し、この雑誌において文学と政治、小説と啓蒙との結合を試みた。

「譯印政治小説序」において、「政治小説之體、自泰西人始也。凡人之情、莫不憚莊嚴而喜諧謔。……中土小説、雖列之於九流……僅識字之人、有不讀經、無有不讀小説者。……然則小説學之在中國、殆可增七略而爲八、蔚四部而爲五者矣。」として、小説が啓蒙機能を有することを強調した。

一方、「在昔歐洲各國變法之始、其魁儒碩學、仁人志士、往往以其身之所經・、及胸中所懷、政治之議論、一寄之於小説。……往往每一書出、而全國之議論爲之一變。彼美英德法奥意日本各國政界之日進、則政治小説、爲功最高焉。」と述べ、政治小説が輿論を左右することに強い関心を示した。まさに政治小説は国民の魂であろうと唱える。

ここで、『佳人之奇遇』の原文と梁の訳文を例示しておこう。

①原文：「國民之ニ應ズルモノ甚ダ多シ。時ニ學士書生別ニ自主自由ノ利ヲ・キテ共和ノ民政ヲ呼唱スル者アリ。才ヲ抱テ欝屈スル者貧困ニ苦テ、亂ヲ思フ者皆相和シテ人心ヲ煽動ス。其勢恰モ滿岸ノ漲水堤ヲ潰シテ一時ニ決スルガ如ク、之ヲ壅塞セントスレバ反動愈々激烈ナリ。而シテ共和黨又分レテ二トナリ、一ハ急進ヲ説キ一ハ漸進ヲ主張シ、兩黨相容レズ衆論喧嗷邦内擾擾タリ。國中ノ名士輿論ノ遂ニ定マル可カラズ、人心ノ遂ニ一ニ歸ス可カラザルヲ覺リ、相共ニ議院ニ會シテ前途ニ國是ヲ議ス。」（米国亡命中の西班牙名族佳人「幽蘭」が日本男児の東海散士に亡国の悲劇と祖国の独立を語る内容の一部。出自：『明治文学全集六・明治政治小説集〔二〕』筑摩書房、一九六七年八月、八頁）。

訳文：「於是國民應之者甚多。時學士書生、有別説自主自由之利、倡道民政共和者。其抱才欝屈、極苦於貧困而思亂者、皆相和而煽動人心。勢如滿岸之漲、一時潰堤、不可收拾。欲壅塞之而反動激烈也。其共和黨又分而爲二、一主急進、一主漸進、黨不相容、衆論喧嗷、邦内擾擾。國中輿論遂無可定、人心又不能歸一、乃相與會於議院、議前途之國是。」

②原文：「此時ニ當テ妾ガ老父徐ニ起テ諸士ニ謂テ曰ク、女皇ヲ廢スルノ事ハ我實ニ之ガ主タリ。當時將士ト共ニ誓テ曰ク、暴君ヲ廢シテ正統ノ英主ヲ立テ以テ民望ニ從ハン。私利ヲ營ミ私心ヲ抱クモノハ我黨ニ非ザルナリ、又我國民ニ非ザルナリ。若シ夫レ此ノ如キモノアラバ力ヲ戮セテ之ヲ除ク可ク、身ヲ殺シテ之ヲ擯ク可シト。豈歐洲強國ノ皇子ヲ迎ヘ、以テ我國政ヲ委スルヲ思ハンヤ。」（同上九頁）

訳文：「當此時、妾老父徐起而謂諸士曰、廢女皇之事、我實主之。是時我與將士共誓曰、廢暴君而立正統之英主、以從民望。其營私利、抱私心之所爲者、非我黨也、又非我國民也。若夫犯此弊者、吾輩當戮力以除之。雖殺身所不顧也。豈可迎歐洲強國之皇子、而委以國政耶？」

以上のような文は殆ど日本語の漢文体の便宜により、伊呂波を切り捨て、述語を前置きにすれば、簡単に訳せるものである。しかし、梁はすべて原文を忠実に訳していない。改竄したり削除したりした箇所も見られる。例えば、「第二回」より登場する主人公の一人、明朝の名臣たる瞿式耜の部下鼎璉の後裔にあたる鼎范卿の「反清復明」の内容を殆ど削除した。これは「保皇会」の宗旨に反するものであって、「保皇会」の機関誌としての『清議報』は「種族革命」に係わるものをタブーにしているからだ。

③原文：「客曰ク、……清國朝鮮モ將ニ久カラズシテ西洋諸邦ニ分領セラレントス。此時ニ當リ東洋ニ國ヲ建テ遠大ノ雄略卓絶ノ才識ヲ抱クモノハ、忍テ隣邦ト連累ヲ絶チ保守究死ノ策ヲ變、亞細亞ノ風氣ヲ蟬脱シ進取活路ノ計ヲ取リ、富強文明ノ西洋諸國ト連結シ、機智敏捷巧ニ其間ニ處シ、合縱連衡東洋諸邦ノ領土ヲ占掠シ、自ラ進テ歐人ト伍シ歐人ノ伴トナリ、一ハ國土ヲ擴張シ一ハ歐人ノ憐情ヲ受ケ、以テ其獨立ヲ維持セザルベカラズト。我士人中此説ヲ信ズルモノ頗ル多シト。散士覺エズ歎ジテ曰ク、是レ秦ノ範雎ガ遠交近取ノ故智ヲ襲グモノニシテ、歐ノ姦雄ノ策ナリ。」（散士が東アジアの情勢について客との対話の一節。「佳人

之奇遇巻十」同上一〇一頁)。

訳文：「客曰、……清國朝鮮、不久將爲西洋諸邦所分領。當此時於東洋建國、而抱遠大之雄略、卓越之才識者、豈有與鄰邦同受傾頽哉？雖然欲蟬脱亞細亞之風氣、進與歐人爲伍、其機緘之巧捷、必當有異人起而持之、前後於合縱連衡間、得占其優勝之道也。我邦人士信此・者頗多、散士不覺歎曰、是襲範睢遠交近攻之故智、亦歐人雄強之狡計也。」

傍線を引いた部分において、「東洋諸邦ノ領土ヲ占掠シ」を省略して原文の露骨さを和らげた。

④原文：「夫レ清國ノ我ニ於ケル、唇歯輔車相依ルノ勢アリ。平和ヲ持シ相親交セザルベカラザルハ固ヨリ論ズルヲ俟ダズ。然レドモ頻年清國ノ我ヲ猜忌シ我ヲ嫉妬スル、一日ニアラズ。琉球廢藩ノ如キ朝鮮締盟ノ如キ皆其意ニ平カナラズ、事ニ觸レ物ニ應ジテ宿怨ヲ洩サント欲ス。而シテ其猜忌嫉妬ノ念心腸ニ入ル深ク、尋常ノ計ヲ以テ醫スベキニアラズ。蓋シ良醫ノ大疾ヲ治ムルヤ、時ニ毒藥ヲ用フ。毒藥ヲ用フルハ其病ヲ去ラントスルガ爲ナリ。今清國ト我國トノ間ニ凝結スル痼疾ヲ驅除シ、能ク其病根ヲ絕チテ再起ノ憂ナカラシメント欲セバ、劇藥ノ力ニ倚ラザルヲ得ズ。」(散士の一畏友が語る対清論。「佳人之奇遇巻十」同上一〇三頁)。

訳文：「夫清國於我有唇齒相依之勢、當持平和相親交固不俟論。雖然、頻年清國之猜忌我、嫉妬我、既非一日。如琉球廢藩、如朝鮮締盟、皆不平其意；觸事應物、皆欲洩宿怨。而其猜忌嫉妬之念、入深心腸、非以尋常之計可醫。蓋良醫之治大疾也、時用毒藥。用毒藥者、爲欲去其病也。今欲驅除清國凝結之痼疾、能絕其病、使無再起之憂、不得不倚劇藥之力、無他。」

梁はこの一節を読んだあと、さぞ驚愕しただろう。これは、のちに彼が破壊主義に心酔した起因とも考えられる。しかし五年後に、梁は「国家有機体説」を以ってこれまでの破壊主義と訣別した。十四年後、亡命生活を終え、政界の中枢に入った梁は、さらに「猶治病者、雖用峻削之劑、而必不伐元気爲限也。」(『庸言』創刊号「国性篇」)としてその当時震撼させた「劇薬説」の影から完全に脱したのである。

梁の政治小説『佳人之奇遇』に感銘を受けた証左は、ハワイで佳人何蕙珍と邂逅した心境を語る詩文に刻印されている。「曩譯佳人奇遇成、毎生游想・空冥。從今不羨柴東海、枉被多情惹薄情。（曩に『佳人之奇遇』を訳し成り、游想を生ずる毎に空冥を渉る。今より柴東海（柴四郎）を羨まず、枉げて多情により薄情を惹く。」（『紀事二十四首』の一節、『飲氷室文集之四十五（下）』九頁）。かれの思想を一変させた日本の書物の中で、政治小説が最も衝撃を与えたのではなかろうか。実際、梁はそのとき、すでに政治小説『新中国未来記』を構想しはじめたのである。

第三節　宗旨及び編集方針の変化

梁は『清議報』創刊号（一八九八年一二月二三日）に「横浜清議報叙例」(20)を発表する。「清議」(21)とは、公正的評論、輿論である。「義俠之風久絶」、「國家祇有易姓之事、而無革政之事」と志士らの遺志を継いで、「是以聯合同志共興清議報、爲國民之耳目、作維新之喉舌。」と呼びかけ、『清議報』の宗旨を以下の四つに規定する。「一、維持支那之清議、激發國民之正氣。二、增長支那人之學識。三、交通支那日本両國之聲氣聯其情誼。四、發明東亜學術、以保存亜粹。（支那の清議を維持すべし；支那人の学識を増長すべし；支那と日本との両国間に音信疎通の役割を果たすべし；東亜学術の発明を以ってアジアの精粋を保存すべし）」という四項目に纏める。記載事項は「一、支那人論説。二、日本及泰西人論説。三、支那近事。四、萬國近事。五、支那哲學。六、政治小説。」と六分類にする。

しかし、第十一冊（一八九九年四月一〇日、康有為離日後）より、宗旨の変更が見られる。「告白」欄に掲載した「本報改定章程告白」によれば、「惟本報宗旨専以主持清議開發民智爲主義。今更加改良、特取東西文各書報中言政治學理財學者、擷其精華、毎期登録數葉。」とする。記載項目を「一、本館論説。二、来稿雜文。三、中國近事。四、外論彙譯。五、萬國近事。六、政治學談。七、支那哲學。八、政治小説。九、詩文辭随録。」として元の「支那近事」を「中国近事」に変更したのである。

興味深いのは、第十三冊の広告欄において、上述の「告白」をわざと日本語に訳したことである。「記事擴張ト廣告募集　本舘ハ宇内ノ大勢ニ鑑ミ専ラ清議ヲ主持シ支那四萬萬同胞ノ民智ヲ開發シ以テ大ニ天下ニ呼號シツツアリ其ノ宗旨ノ如キハ世人ノ既ニ知ル所今更贅辯ヲ要セズ」としたが、やや配慮した形で「本報ハ支那人ノ學識ヲ増長セシムルト倶ニ清日両國の情誼ヲシテ益益厚カラシメ以テ大ニ處スルアラントスルニアリ」と付け加える。

元の宗旨を二本立てにして、「三、四」二項目を省略することが何を意味するのか。「主持清議」とは西太后の暴政を批判し、光緒皇帝の新政復帰を狙う所謂「尊皇」思想を鼓吹することである。「開発民智」とは、主に西洋の政治思想、学術思想を民衆に紹介する思想的啓蒙活動にあたるものである。しかし、「支那」、「日本」、「東亜」などの言葉を切り捨て、元の三、四項目を曖昧にしたことは、康有為の日本退去との関連がないとは言い切れない。換言すれば、梁啓超はその時からすでに日本に対して警戒心を増していたのだろう。

『清議報』は概ね次の五段階に分けられる。この三年間は事件、動乱に翻弄された三年間である。

第一段階：「興師、勤王、討賊」
第二段階：「尊皇」一八九九年七月二〇日、カナダ「保皇会」が成立する。
第三段階：「剿匪、勤王」義和団の乱、自立軍蜂起、反張之洞　一九〇〇年一月
第四段階：「予備立憲」一九〇一年五月　「立憲法議」（第八十一冊、一九〇一年六月七日）
第五段階：「国家主義・民族主義」「国家思想変遷異同論」（第九十四、九十五冊、一九〇一年一〇月中旬）

その変化は、やはり時勢の変化に応じたものであり、その理由として、以下のものを考案できる。

最初は、やはり変法の失敗から立ち直り、政変の功罪を問う輿論作りに力を注ぐ。そのときのスローガンは「興師、勤王、討賊」であった。翌年の夏に、康有為がカナダに「保皇会」を設置した後、宣伝方向は「尊皇」に集中したわけである。しかし、一九〇〇年一月、西太后は端王の息子溥儁を「皇儲」に擁立する詔書を下ろし、光緒皇帝を廃除する準備を整えると、梁は「論建嗣即廃立」との一文を発表して、声を大にして「勤王、討賊」を

叫んだ。この年、義和団の乱が起こる。康、梁一派が機に乗じて、「救皇上復位」の「勤王」を企てる。

しかし、唐才常が組織した自立軍の蜂起が失敗に終わり、梁にとっては大きな衝撃を受けた。一九〇一年五月、梁はまた日本に戻り、『清議報』の主筆として、再び政論を牛耳る。六月七日、「立憲法議」を発表する。「君主立憲者、政体之最良者也。」これは梁の最初の「君主立憲論」である。しかし彼は、このような政体を実施するのは時期尚早だと判断し、まず十年或いは二十年の「予備立憲」を実行しなければならない、と主張する。

版権問題を巡って

『清議報』と『東邦協会会報』との両紙が雑誌交換を行なっていた。東邦協会会報の受贈書目から見れば、『清議報』は三十期以降ほぼ毎号を贈呈していた(22)。時期から見れば康有為の離日勧告と重なっていることが分る。さらに、次の表五から見れば、『時事新報』を除いて、東邦協会系の『日本』及び機関誌『東邦協会会報』からの転載が最も多く、『東亜時論』(東亜同文会機関誌)との疎遠が東邦協会との接触に移されたのである。

第二十三冊(一八九九年八月六日)より『時事新報』からの転載記事が著しく減り、第二十七冊以降は同紙からの転載記事が途切れる。一方、『日本』からの転載はそれまでのペースで最後まで続いたのだ。

実は、第二十四冊より、『清議報』の編集方針が突然変わった。これまでの日本各紙からの無断掲載の批判を受けていたかもしれない。というのは、第十三冊(一八九九年四月三〇日)に『東洋経済新報』より「論布版権於支那」との一文を転載した。それは何らか無断掲載に対する警告にあたるもののようだった。それ以降、この警告に応じて、編集方針が徐々に変わってきた形跡が見られる。やはり、創刊当時の『清議報』の情報源が日本のマス・メディアに依存していたことは否めない事実であろう。のちに『清議報』は、これまでの翻訳記事で維持してきた「萬国近事」のコラムをやめて、「亡羊録」、「猛省録」、「聞戒録」、「国聞短評」等に変更したのである。第二十五冊から連載し始めた「飲氷室自由書」(23)は、実質的に知的刺激を受けた梁の読書メモである。

当時、版権を無視して新聞経営の自立を図った梁啓超は、「日清版権論」を主唱している日本経済学界の泰斗天野為之（一八五九～一九三八）との間に、齟齬が生じたようだ。そこで、窮境に陥った梁啓超は天野氏に理解を求めた。明治三十四年（一九〇一）末頃、梁は柏原文太郎の引見で、天野と会談を行なった。この会談は、梁が漢文で、天野が日本文での筆談であった。梁の漢文にも時に片仮名が混ざっており、梁が既にかなり日本語に通じていたことを物語っている(24)。

梁：日讀尊著各書(25)、雖未拝謁、已如久親几杖、今幸得奉顔色、欣慰無如。問諸柏原君、知先生為扶植敝邦、將廣澤佳書為之流布、此敝邦四万万所祝禱者也。啓超雖不才、如有所命之、必効驅策、望不吝教誨為幸。

天野：僕、先生之文章ヲ東邦協會月報紙上ニ見ルコト久サシ矣、歎賞措カス、今親シク面語ヲ得ル、欣喜何勘何勘云々。

本邦ノ人民能ク之ヲ咀嚼シ之を百般文物制度ノ上ニ行フヲ得ル所以ノ者他無シ。日本ノ民、愚ト雖、化ヲ千有餘年ノ前ニ開ケリ、唯タ進歩ノ方嚮ソノ宜シキヲ得サリシノ故ニ導クニソノ法ヲ以テス。一變シテ文明ノ民トナルヲ得ルナリ。朝鮮ニ至リテ素養ナシ、鍛錬ナシ。故ニ之ニ泰西ノ學術ヲ授クルモ之ヲ解スルノ力ナシ。是レ泰西ノ學、之ヲ日本ニ施シテ効多ク、之朝鮮ニ教テ効ナキ所以ナル歟。今夫レ清國、文化ヲ三千年ノ古ニ開、制度文物燦爛タリ。唯タ進歩ノ方向其宜シキヲ失セルナリ。國民ノ智識、或ル方向ニ異大ノ發達ヲナセリ。故、西ニ行クヲ東ニ回シ、彼ニ趨クヲ此ニ戻スニ於テハ、俄然、清國民ヲシテ泰西流ノ智識ヲ吸収セシムルコト、寧ロ之ヲ日本人ニ教ユルヨリモ、ソノ効果見ル可キ者アラン乎。余ハ一ニ清國人民ノ智

表5『清議報』と日本マス・メディアとの関係

新聞名	転載回数
東洋経済新報	1
大阪鎮西時報	1
東洋経済新報	1
人民報	1
千代田新報	1
萬朝報	1
台湾日日新聞	2
外交時論	2
国力報	2
読売新聞	3
東亜同文会会報	4
東洋	5
商業世界報	5
国民新聞	5
外交時報	7
東亜時論	8
太陽	8
東京日日新聞	8
東報	11
ジャパンタイムス	12
大阪毎日新聞	13
東京朝日新聞	24
大阪朝日新聞	24
毎日新聞	35
日本	44
時事新報	148

表6『清議報』に見られる日本人寄稿者或いは転載

名　　前		掲載号順
有賀　長雄（1860～1921）	国際法学者、袁世凱の法律顧問	39、40、41、48
石川　半山（1872～1925）	大阪毎日新聞主筆	47、48
井上　圓了（1858～1919）	仏教哲学者、東洋大学創始者	52、53
井上哲次郎（1855～1944）	哲学者、帝大教授、日本主義者	17、18
江藤　新作	政治家、犬養毅側近	31
大隈　重信（1838～1922）	政治家、教育家	18、56、81
尾崎　行雄（1858～1954）	政治家、憲政の神様	24、25、72、98
加藤　弘之（1836～1916）	思想家、啓蒙学舎、帝大総理	52
肥塚　　龍（1851～1920）	政治家、横浜毎日新聞社説の執筆者	75、76
近衛　篤麿（1863～1904）	政治家、公爵	77、78
志賀　重昂（1863～1927）	地理学者、政教社主宰	55、57、58
添田　壽一（1864～1929）	財政経済学者、報知新聞社社長	35、80
曾我　祐準（1843～1935）	軍人、政治家、子爵	50
竹越與三郎（1865～1950）	歴史家、政治家	40
辻　　武雄（聴花1868～1931）	中国文学者	100
東海　散士（柴四郎1853～1922）	政治家、小説家、ジャーナリスト	1～10
長岡　護美（1843～1906）	外交官、裁判官、興亜会会長	94
中村　進午（1870～1939）	早大教授、法学博士	62、63
福澤　諭吉（1835～1901）	啓蒙思想家、教育家、ジャーナリスト	38
福本　　誠（日南、1857～1921）	ジャーナリスト、史論家、『日本』記者	29、30、41
矢野　文雄（1850～1931）	号竜渓、『郵便報知新聞』の主宰、中国駐在公使	36～51、54～65、67～69
山根　立庵（虎之助1861～1911、別名深山虎太郎）	文筆家、上海『亜東時報』主宰	27、79
山本　　憲（1852～1928）	『あづま新聞』の主筆、日清協和会『清議報』に助力	2

識發達ノ方向ヲ一轉センコトヲ切望スル者、貴意如何。

……

天野：貴朝ノ人、一家ノ理財ヲ謀ルニ熱心ナリ。銀行・手形ノ事ニ通曉ス。故ニ經濟ノ學授クルニ其道ヲ以テス必ズ翻然タル者アルベシ

梁氏は答えて、經濟學というものは、個人の理財の學ではない筈である。清國に於ては未だ民智開けず、一家の理財に熱心なるものはあっても、一國の理財をかえりみる者が少ない我々はそうした弊害を救わなければならないために、こうした苦労を忍んでいるのだと逆襲しているが如き、その一例であって、これには、

天野：真然、真然。と同意せざるを得なかった。

最後に、天野はさらに日清両国の国情の相異を説いて、清国民は決して近代文化の流れに立ち遅れるよう

な素質の民族ではないと励まし、鋭い梁氏の論鋒をかわしている有様であった(26)。

その後、両者の間、問題解決の進展が見られなく、天野は『東洋経済新報』(二二〇号、一九〇二年一月一五日)に「日清版権同盟が日本の実業に及ぼす永遠洪汎の利益を論ず」を発表したが、梁の『新民叢報』は(第二号、一九〇二年二月二二日)に「是誠何心」(27)(未署名)と題した文章を掲載して反対意見を表明した。その後、未解決のまま両氏の交際が途絶えたようである。

漢文は当時日清間の文化交流の「乗り物」であった。しかし、明治維新以来の三〇年間、「讀中國書者幾絶(中国の書籍を読む者は殆ど居なくなった)」(28)。「中国人は日本人が容易に漢文を理解できると思っていますが、それは間違いです。漢文が難しかったので、日本人は伊呂波を作ってこれに代えたのです。伊呂波が用いられるようになってから、漢文に通じた者は稀になりました」(29)という印象を受けた梁は、日本に来てそれを実感したのだ。「彼日本人之能善漢文譯佳書以助我開智者、國中能幾人哉?」西洋文明を早く中国の文化母体に移植させるためには、日本語の著書の翻訳が最も経済的で容易い道であったからだ。「且日本者日日言保全支那、開發支那。夫保全開發、則孰有要于輸入文明思想者耶?」、中国は一旦万国版権同盟会に加入すれば、日本語からの訳書を中国に流布することは困難に陥り、文明開化の実現は長期化する恐れがあるとの理由で、梁は、清国を万国版権同盟会に加盟させるという日本側の提案に強く反対した。

表7『清議報』投稿者身元不詳のリスト

大島翼次郎	身元不詳	46、48(2)
兜城生	身元不詳	100
木村　浩吉	生没年不明　日清黄海海戦に参加	50、51、52
佐藤馬之丞		35
佐藤　　宏	恐らく佐藤寛(1864〜1927)	18、22
佐藤　　弘	身元不詳	42、43
重田　擔雪	身元不詳	51
重田　友介	身元不詳　早苗田専門学校教員	50、51
停春樓主人	身元不詳	100
寺尾　　亨		12、17
中西　牛郎	(1859〜1930)宗教思想家	論戦法之変(?)
林　　安繁	身元不詳	80、81
火嶺生	身元不詳	67
船津　輸助	身元不詳	52
松岡　忠美	身元不詳	61、62、63、65
望月鶯渓	身元不詳	14、15

「在留清国人之招待会」（『清議報』三十七冊、一九〇〇年三月一日発行）について

日本は一八九九年八月四日より改正条約を実施し、外国人の内地雑居を許可したのだ。清国とは同等の条約が結ばれていないのに、日本政府が懐柔策で清国人の内地雑居を許可したことは、在日清国商人たちにとっての朗報である。

日本政府の厚意に感謝の意を表するために、一九〇〇年正月一二日即ち日本の二月一一日の「紀元節」に、横浜、神戸、大阪、長崎、函館に在住している清国商人一〇五名を発起人とし、東京の芝山にある紅葉館にて、日本朝野諸商を招待する親睦会を開催することにした。

その日午後三時に、来賓凡そ二百余名が集まった。来賓は以下のとおり。貴族院議長侯爵近衛篤麿、内務大臣侯爵西郷従道、外務大臣子爵青木周蔵、文部大臣伯爵樺山資紀、司法大臣清浦奎吾、前内閣総理大臣伯爵大隈重信、前農商務大臣榎本武揚、大石正巳、前文部大臣犬養毅、尾崎行雄、東京府知事男爵千家尊福、前駐英公使加藤高明、前駐清公使矢野文雄、子爵長岡護美、男爵尾崎三良、海軍少将肝付兼行、外務省次官内田康哉、逓信省次官古市公威、東京商業会議所副会頭大倉喜八郎、横濱市長梅田義信、長崎市長横山寅一郎、兵庫縣会議長田寺敬信、名士神鞭知常（一八四八〜一九〇五、対露同志会委員長）、木内重五郎、高田早苗、栗原亮一、長谷場純孝、鈴木充美、佐々友房、柏原文太郎、各新聞記者、京浜地区の実業家等。

紅葉館の前に、日の丸と黄龍の両国旗を交叉にして、庭園には万国旗や彩灯を飾り、どんちゃん騒ぎもして、華やかな盛事となる雰囲気が伝わる。

四時過ぎ、全員入場、酒盛りをする。清国諸商一同は総立ちで「大日本天皇陛下万歳及び日本国民万歳」を三唱し、祝辞を朗読する。次に大隈が起立して、清国皇帝陛下万歳、清国諸商万歳を会場の来賓と共に三唱し、演説を行なう。次に青木外務大臣、清浦司法大臣が演説する。最後に、大倉喜八郎が演説する。大倉氏は、まずは諸氏を代表して清国商人の厚意に感謝を述べ、三氏のおっしゃることは皆両国工商業家に服膺するだろう。両国がともに努力することを待ち望んでおり、西洋人と競争できれば幸甚である、と希望した。この日、両国の諸氏

が大いに歓談して、八時にようやく解散。

第四節　支那か中国か

実藤恵秀氏の『中国人日本留学史』のなかに、かなり紙幅を使って「国号問題」を一節にして詳しく論じている。氏は、日清戦争以降、「支那」という呼び名が軽蔑の気持ちを含んでいた(30)という結論に至る。かれは、一九〇七年に早稲田大学清国留学生部で作った卒業生記念揮毫に、その国号の記し方を調べた。九五名のうち五八名が国号を記さない。支那と記したのが一八名、清国が一二名、中国（中華をふくむ）が七名という結果が出ている。実藤氏は、この場合「支那」は満州族の「清」を否定するためにつかわれたので、革命的意義をもっていたのであると解釈している(31)。が、国号を記す中で「支那」のほうが一番多いとはいえ、全体から見れば、二割も満たないので、革命志向を除いて、好んで使う留学生は恐らくいないだろう。ここから、「支那」という言葉に抵抗感が既に存在したことはもはや疑う余地がない。実際に、そのような傾向が『清議報』の目録にも現れている。

図1のグラフに示されるように、「支那」の使用頻度は初期において圧倒的に高い。しかし、中期に入った途端に、「中国」の使用頻度が完全に逆転したことが分る。全体的に「中国」の出現頻度が一気に高まる。「支那」の出現頻度がゼロに近い時期もある(32)。後期における「支那」の出現は、日本語新聞の原文タイトルをそのまま書き写す場合が多かったからであるが、わざと「支那」を「中国」に訳すことが注目に値しよう(33)。

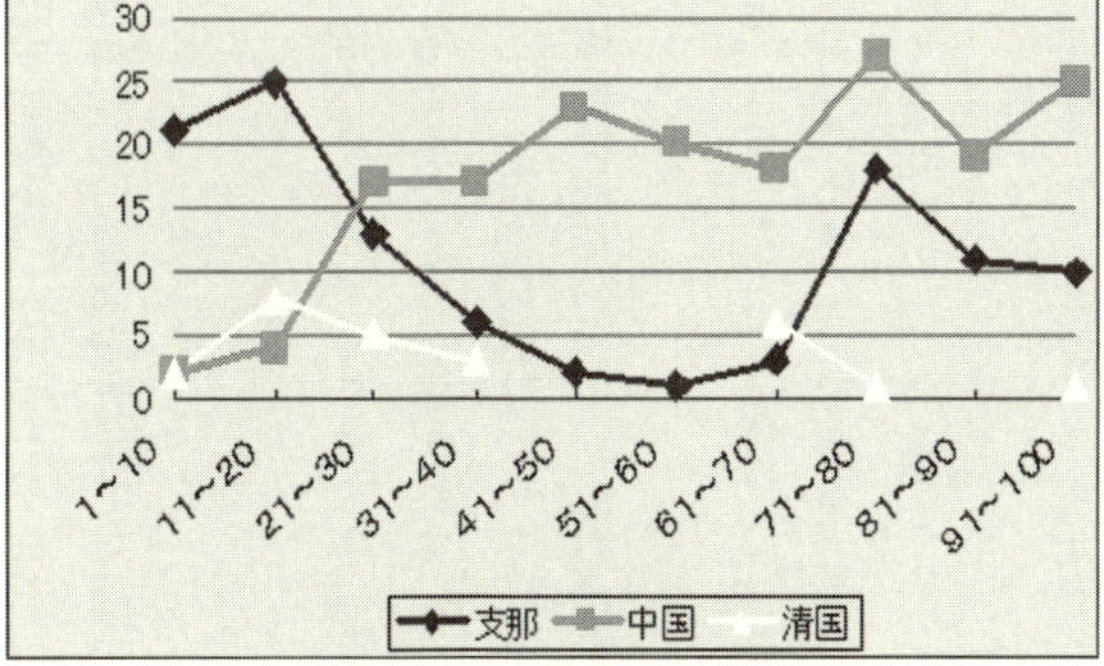

図1『清議報』（1～100号）の目録からみた「支那」の使用頻度の推移変化

とはいえ、第六十九冊に掲載した「論侵略中国之無謀」が次の連載に「侵略支那無謀」（第七十、七十一冊）へと微妙に変化した例もある。それは恐らく大いに日本人の読者に注目してもらいたい意図の表れであるかもしれない。

『清議報』第七十八冊（一九〇一年五月九日発行）「甦夢録」欄に「支那猪」という一文がある。

「足に任せて進むうち、ふっと本を売る者が一枚の絵を持っているのを目に入り、じっくり見たら、その絵には鷹や虎や狼など交錯して紛らわしい野獣がひとつの獲物を争って食べているようなものが描かれている。その獲物は半ば昏睡状態で、横になって死を待っている一匹大きい猪（豚）である。余はその意味が分らず、遂その人に聞いてみたら、彼は、君もこの豚の身中にある一微虫だよと答えた。一体彼は何をいっているのかをまだ知らなくて、余は汗顔の至りになってしまうのだ。……」。

この「甦夢録」は署名「力山遯公」という人間が書いたエッセイ集である。このエッセイ集は、『清議報』の七十八冊から八十冊まで連載されていた。また、「本館論説」まで「力山遯公」に任せたのである。その前文に「負笈東海、忍辱而歸、重以國事、再竄日本。……」と述べるとおり、この人は間違いなく「秦力山」（一八七七〜一九〇六）だと分った。

そのいきさつを簡単に説明しておこう。秦力山は湖南長沙の人。名鼎彝、別署遁公、鞏黄。一八九七年に長沙時務学堂に入学して譚嗣同に師事。南学会にも参加。戊戌政変後、日本に亡命、一時『清議報』の編集に携わる。一九〇〇年に天津に赴き、義和団のスローガンを「扶清滅洋」に変更させようと考えたが、果たせなかった。武漢に戻り、唐才常の自立軍に合流し、前軍統領となる。大通蜂起が失敗したあと、シンガポールを経由して再び日本に戻り、梁啓超を問責するなど、梁一派と別れようとした。秦はしばらくの間『清議報』の執筆者として招聘され、梁に和解を求められたが、その後、梁啓超との間に亀裂が生じ、『清議報』社から離れ、戢翼翬・王寵恵・唐才律(34)ら四人で革命志向の『国民報』(35)を創刊して、革命派の陣営に身を投じた。この雑誌において、海外で集めた寄付金が速やかに自立軍のほうに送金されなかったため、蜂起の時期を何度も延期せざるを得なかった。自立軍蜂起は機密が漏洩してたために失敗にいたる。その裏事情を知った秦は直ちに康有為との断交を宣言し、康有為の資金を握ったままなかなか手放さない醜態を摘発したのである。一九〇二年四月章太炎、馮自由などと聯合して「支那亡国二百四十二周年紀年会」を発起する。一九〇五年、ビルマから雲南へ渡り、革命活動に従事、翌年病死。

秦力山の「支那猪」に描かれたような侮辱を味わった同国の人間は、少なくなかっただろう。

一方、同期に創刊した東亜同文会機関誌『東亜時論』には、ほとんど「支那」と「清国」を使っている。唯一「中国」を使ったのは、第七号の論説欄に「中国釐金の積弊を論す」との一文である。しかし、これは澳門に設置した維新派の機関誌『知新報』の記者が発表したものである。では、『清議報』発行期間（一八九八年一二月二三日～一九〇一年一二月二三日）における『読売新聞』紙面タイトルを調べてみると、圧倒的に使われたのが外交辞令としての「清国」であった。全部で三四〇一件に及ぶ。「支那」のほうがわずかに六三件だった。日本を代表するマス・メディアのひとつである日刊紙も当時は「支那」を軽々しく呼ぶものではなかったことをうかがわせる。

第五節　「清議報一百冊祝辭並論報館之責任及本館之經歴」と松本君平(36)の『新聞学』

『清議報』におけるジャーナリズム理論に関する文章は、梁啓超の「清議報一百冊祝辭並論報館之責任及本館之經歴」のほか、『清議報』第六十九冊（一九〇一年一月一一日）に掲載した「新聞力之強弱與國家文野之關係」（未署名）が挙げられる。後者は初めて西洋のジャーナリズム理論の一つである「新聞は第四種族（The Fourth Estate）である」に言及した。

「君主の権力交代が政府によって移され、政府の権力交代が議会によって移され、議会の権力交代が新聞紙によって移される。これは、この数世紀に西洋での歴史経過であり、変わらぬ階級であろう。昔英国の波爾克かつて英国下院における新聞記者席を指してこういう風に語った。『英国議会は全国の貴族、僧侶、平民三大種族の力を合わせて組織したものであるが、然るにこれらの勢力よりもっと広大で、もっと奇異な勢力を持つ第四大種族（The Fourth Estate）はほかならぬ新聞であろう。』（中略）英国のタイムズや米、仏、露の主要新聞の一言一議がみな十分に一国の輿論を動かすことができる。さらに世界の視聴者に影響を与える。中国の今日の状況を振りかえてみれば、西洋諸国とは雲泥の差がある。また殆ど階級に束縛され、飛び越えるわけがないだろう。」

傍線を引いた部分は、恐らく明治三十二年（一八九九年）一二月三日発行の松本君平の『新聞学』(37)から引用したのであろう(38)。梁文の「第二、報館之勢力及其責任」一節にも同様なものが引用されている。松本の本が出版された時、梁は日本からハワイ向かう直前であった。推測としては、代理主筆の麦孟華がこの本を購入して先に読んだ後に、一九〇一年五月末オーストラリアから日本に戻った梁に渡したのであろう。したがって、「新聞力之強弱與國家文野之關係」は恐らく麦孟華の書いたものであると考えられる。

梁はかつて『時務報』に「論報館有益於國事」を発表して、新聞の功能と弊害を分析したことがある。しかし、彼の新聞を学問とする本格的な研究は、やはり松本君平の『新聞学』を読んだ後のことであろう。梁啓超の「清議報一百冊祝辭並論報館之責任及本館之經歷」について、増田武一郎の「マス・メディアとしての『清議報』」(39)において、周到な分析がある。増田氏は、「梁自身の文章全般にわたっても『新聞學』からの借用が目立っており、梁の新聞論にかなりの影響を与えたものとして注目できる。」というふうに断言している。

梁は「第二、報館之勢力及其責任」において、松本君平による『新聞学』を簡潔にまとめた。

「日本松本君平氏著『新聞學』一書。其報館之功德也。曰『彼如豫言謳國民之運命。彼如裁判官斷國民之疑獄。彼如大立法家制定律令。彼如大哲學家教育國民。彼如大聖賢彈劾國民之罪惡。彼如救世主察國民之無告苦痛而與以救濟之途。』(40)諒哉言乎。」

梁は新聞の性質を「西諺云。報館者國家之耳目也。喉舌也。人群之鏡也(41)。文壇之王也(42)。將來之燈也。現在之糧也。」としている。

当然、この節において、踏襲するものもあれば、独自のものもある。梁は新聞の良し悪しの判定基準を「一日宗旨定而高。二日思想新而正。三日材料當而富。四日報事確而速。若是者良。反是則劣。」としている。梁は、第三節「中國報館之沿革及其價」において、この数十年来の中国新聞事情を概観した。まず、中国邸報をはじめ、香港循環日報、上海申報、天津国聞報、上海中外日報、同文滬報、蘇報等日報の沿革を述べながら、逐一論評を加えた。次に、「叢報（週刊、旬刊、月刊などの雑誌を指す）(43)」の沿革を述べた。宣教師の格致彙編、上海時務報、澳門知新報、天津國聞彙編；上海の亞東時報、五洲時事報、中外大事報；在日留学生の譯書彙編、國民報、開智録等「叢報」を中心に例を取り上げた。最後に、その「發達之遲緩無力」の原因を探り、創設経費、編集人材、購読者水準、従業員の学識において不十分のことを指摘した。この四つの問題の中、従業員の思想学識の浅薄が最大な原因であるという。

第六節　『清議報』の火災と廃刊について

『清議報』社は突然の火災ということで、廃刊となったが、馮自由の『革命逸史』によれば、「清議報於庚子年冬驟遇火災、因保険単誤書総理人姓名爲林北泉、西人保險行不允賠償損失、遂致停版歇業」(44)というけれども、横浜居留地の西洋人保険会社は契約書の署名が馮鏡如ではなく林北泉であったため、契約保険金の義務付けが生じないと認定し、賠償金の支払いを拒否した。これが廃刊の主な原因としてよく知られていることである。しかし、火災の原因については何も触れなかった。

『清議報』社は創刊号を発行してから二年目の秋、一度火災に遭遇して、第三十二冊（一八九九年一二月三日）より二百五十三番地に移転した。この火災の事実に関しては、神奈川県知事の外務省宛の通報と合わせて見れば、一〇月二五日（三十一冊の発行時点）から一一月一三日までの間に起きたものだとわかる。英国人キンデセル（馮鏡如）は病気静養のため横浜港より清国に出帆したが、本当の目的は「過日清議報舘焼失セシテ以テ今後ノ所置ニ付在香港ノ康有為ニ協議スル為メ同所ニ渡航スルモノ」、「且焼失後ニ於テ清議報発行ニ関シテハ林北泉ニ萬事ヲ托シタル模様ナリ」(45)とある。同公文書には孫文と陳少白が当日午前七時頃横浜を離れ、東京に出発したと記している。康有為伝記によれば、この火災が一八九九年一〇月二六日に発生したものであった。「(九月)二十二日、過横濱、匪徒縦火清議報館、存稿被燬」(46)。第三十二冊は一一月三日に発行する予定だったが、結局この火災が原因で一ヵ月遅延した。

最近になって、「孫文放火説」が浮上している。明治三三年(一九〇〇年)一月一〇日に楢原陳政が伊藤博文に宛てた書簡の「追白」において、李鴻章に謁見した内容を述べているなかで、梁啓超及び『清議報』に言及した。「同氏(李鴻章)は既に梁か日本を去りたるを知悉し、宜しく侯爵に謝意を致すへしと依嘱被致候。……又談清議報に及候間、小生は今や梁既に遁去せは清議報は真に廃絶に帰したるなりと申候処、同氏は小生に清議報館の出火を知るや否かと被尋候。此後談孫文の事に及ひたる処同氏曰く、孫文は中国已に彼を収致したり、彼をして清議報館に放火せしめたるなりと被申候。小生の推測に拠れは、支那か孫文を手に入れたりとは劉学詢か日本に来りて孫文に面会したる以来の事にして、劉か復命の唯一材料たりしものならんと存候。……康等を敵視するためには、反賊たりし孫文等を使用するを辞せすとは頗る怪疑するに足るものなれとも、以て太后の鋭意康を誅鋤するを徴するに足れると存候。」(47)

『清議報』社は第七十一冊(一九〇一年三月一日発行)より再度移転して第百冊までずっと横浜山下町百五十二番に位置した。第百冊を発行した当日に祝典が行なわれた。しかし、その翌日(一九〇一年一二月一二日)に、『清議報』社を再度焼失した。その原因は、いまだに解明されていない。

『清議報』の使命(48)は十分果たされた。たとえ火災が無くても、梁啓超の心中にはこの雑誌を改名する用意があるはずであった。永井算巳氏は「窮地に追い込まれた梁啓超が清議報館の火災を偶然的契機として清議報を廃刊に付すると同時に、飲氷子なる筆名使用事実が示唆する通り、新構想にたつ再挙を決意するに至ったとみて大過ないのではなかろうか。」(49)と分析している。

むすび

十九世紀と二十世紀を跨ぐ『清議報』の発行は、近代海外華人メディアの歴史において、破天荒な出来事であろう。横浜居留地に位置する創刊地、財布を叩いて助力する在日華僑、言論・思想・出版との三大自由の確保など、梁にとって亡命の不運といえども、恵まれる条件が揃った。日本政府に対する梁啓超の遊説が功をおさめなかったため、梁は当然、言論に傾斜し、『清議報』を創刊した。それによって、維新派の言論機関が海外に確立されたのである。しかし、日本政府を経由した清朝政府の干渉(50)、暴徒の放火、蜂起失敗による内訌などといった厳しい試練を受け、発行人の強い精神力が無ければ、途中挫折してしまったはずであった。三年間継続して発行したことは、国人の啓蒙を第一にする梁啓超のジャーナリズム精神をうかがわせる。しかし、『時務報』のように国内の輿論を牛耳ることなく、「議論による政治参加はすでに中国国内では失われていた」(51)。頑固派の文人代表である葉徳輝(一八六四〜一九二七)は『覺迷要録』を著わし、康有為・梁啓超一派と徹底抗戦を構えた。

「康梁逆黨竄身海外、所箸清議報、戊戌政變記等逆書、僞造密詔、誣構兩宮。閲者無不髮指眦裂。今年復於坎拿大地方創設保皇會、斂資巨萬、勾結内地會内地匪謀亂、於七月間在長江一帯破案。湖南北捜獲逆黨信札僞檄訊明。正法者數十人之多。而以士林厠名其間者、湘人爲尤夥。蓋自梁逆主講時務學堂以來、士風敗壊陵夷、而有今日之變、斯亦學校之奇禍也。中丞山陰兪公(廉三)首改時務學堂爲求實書院、重聘教習、邪説亦已廓清。此次謀逆諸人大都昔年學堂被逐之人及出洋學生之無歸者。兪公不忍不教而誅、命編是書。」(52)

『清議報』の特色について一言で言えば、「廣民智、振民氣」(53)に過ぎない。これは創刊当時に設定した「主持清議、開發民智」という目標に達したとはいえない。梁啓超はこの三年間、亡命者としての自覚、錯綜した「同文同種」の隣国における言論環境に対する自覚を十分味わった。これまで堅持した論理を再検討して、前向きの姿勢でこれからの雑誌発行を方向付ける論理の自覚的な獲得を目指す。

梁啓超は「清議報一百冊祝辭並論報館之責任及本館之經歴」一文の結論において、「新聞には一人の新聞、一党の新聞、一国の新聞、世界の新聞がある。（中略）以前の『時務報』『知新報』などは、ほぼ一人の新聞を脱して一党の新聞の範囲に入っていた。『清議報』はこの四者の内、どこに位置するかといえば、一党の新聞と一国の新聞の間である。今、何を祝うのかといえば、『清議報』が一党の新聞を完全に脱して一国の新聞の範囲に入ったことである。そして努力漸進して世界の新聞の範囲に達することである。」(54)と『清議報』の更なる進展を希望していた。

しかし、『清議報』は火災が主な原因で廃刊した。梁は復刊せずに、保皇会の訳書局から借金して、新たな雑誌作りを構想しはじめたのである。

註

（1）坂出祥伸「梁啓超致犬養木堂書」『文教資料』（隔月刊）一九八八年第四期（総第一七八期）七六頁より転載。

（2）湯志鈞「章太炎在臺灣」『社會科學戰綫』吉林省社會科學院、一九八二年第四期、一四二頁。章は一八九八年一二月四日から一八九九年六月一〇日まで台湾に滞在した。その間に『台湾日日新報』で執筆活動を行ない、多くの詩文を発表し、日本に亡命した康梁に対して同情を与えた。章は一八九九年六月一四日午前「入港ノ横浜丸ニテ本邦人舘森鴻（台湾総督府官舎住）」等と共に神戸に上陸。六月一八日着京、一九日梁と再会（日本外交公文書、整理番号440101～440104）。

（3）「松柏は霜雪を経て、はじめて志操堅固となるのです。現在の彼の思慮深さは、以前とはまったく異なっています。」『梁啓超年譜長編』一七九頁（訳文：島田虔次編訳『梁啓超年譜長編』第一巻、二九九頁）。

（4）朱寿朋 編『光緒朝東華録』（第四冊）中華書局、一九五八年、四四五四頁。

（5）朱寿朋 前掲書、四四七〇～四四七一頁。

（6）「若し従軍相叶へば、誠心誠意列国の爲に盡し、聯合軍の御役に立ち申すべく……政府諸公に微意を傳達、當を得れば大幸に勝へず候……若し此件成功の曉は速に桑港保皇會小生宛電報願上度、小生は直に東洋に飛渡致すべく候」前掲書、東亜同文会『續對支囘顧録（下巻）』、六五八頁。

（7）梁啓超は「滅國新法論」（『清議報』第八十五、八十六、八十九冊、一九〇一年七月一六日～八月二四日）において、『ROBERT HART'S ESSAYS ON THE CHINESE VISITATION』（赫德＝ROBERT HART 一八三五～一九一一『中國實測輪』一九

〇〇年一一月出版）の要旨を引用していることから見れば、義和団運動をややプラス評価している。「蓋中國人數千年在沉睡之中、今也大夢將覺悟、漸有中國者中國人之中國也之思想。故義和團之運動、實由其愛國之心所發。以強中國拒外人爲目的者也。雖此次初起、無人才、無器械、一敗塗地、然其始羽檄一飛、四方響應、非無故矣。自今取勝、此種精神、必更深入人心、彌漫全國。他日必有義和團之子孫、輩格林砲、肩毛瑟槍、以行今日義和團未竟之志者。」（八十九冊）。面白いことに、政治小説『新中国未来記』において、赫徳が主人公毅伯（黄克強）の「義和団之原因及中国民族之前途」の主要な観点を剽窃したと虚構している。梁は更に一九二二年に発表した『中國歴史研究法』において義和団事件を因果律の例として挙げ、「戊戌政變爲義和團唯一之主縁」と指摘する。『清議報』は第四十八冊から第五十六冊にかけて、「義和團滋事」のシリーズ報道を連載した。

(8) 日本外交文書「梁は内外の知己と告別して午後一時三〇分横浜出帆の香港丸にて布哇（ハワイ）に向け出発し、さらに米国に渡航する」（整理番号440147）。梁啓超の「夏威夷遊記」にも一二月一九日に「始発東京」との記述がある。また、梁はその時点まで東京に滞在した日数を四四〇日に数えたが、厳密に計算すれば、四三〇日であろう。梁は柏原文太郎の名義を借りて、ハワイに上陸。「小生日本出発の際、貴殿の御配慮にて貴殿御名義のものを借用、當地に上陸仕り候が、……」（前掲『續對支回顧録（下巻）』六五五頁）。梁の離日する原因は、三つほどあげられる。一つには梁の革命派に接近することによって、言論上「排満」の論調があった。当然、これは康有為の主義と対立することになる。康有為にとって、梁の日本滞在は宜しくない。二つには、当局の捕縛によって、梁は身の危険を感じると同時に、『清議報』を手放すことによって、日本政府が清朝政府に掛けられた圧力を緩和することができるからだという配慮であろう。三つには、武装蜂起を準備するために、保皇会の会員増の促進及び募金活動を行なうためである。

(9) 日本外交文書「梁は横浜に帰来し、即日上京、牛込区矢来町四番地の借宅に入居」（整理番号440196）。

(10) 日本外交文書「梁啓超外一名（一九日）深夜一二時出帆、神戸よりフランス・メール「アーネストシモンス」号にて上海へ行く」（整理番号440208）「梁は乗客名簿にポルトガル・ライヲン、張袒雲はハルストと書く。（二〇日）午後一時過ぎ、長崎港より上海へ出発」（整理番号440232）。

(11) 日本外交文書「梁は午前7時入港の汽船ロッセタ号にて豪州シドニーより長崎をへて、午後零時一二分三宮駅発汽車にて東上」（整理番号440632・440633）。

(12) 馮紫珊（?～一九一七）は馮鏡如の弟で、一八八五年ごろに横浜居留地に致生印刷店を開業、**F. Chee San** と称した。兄の鏡如とともに、孫文の活動を支援して、興中会支部の経理主任となったが、康梁の亡命後はそちらを支援するようになり、

『清議報』の経理、ついで『新民叢報』の「発行兼編輯人」となった。一九一七年ごろに広東にもどり、その地で没した。詩人、文芸活動家として知られる。馮乃超の祖父にあたる。前掲、島田虔次編訳、丁文江・趙豊田編『梁啓超年譜長編』（第一巻）四一二頁注（288）参照。

(13) 林北泉は生年月日不詳、横浜大同学校理事。彼の華僑内での地位は、「在留同国人中改革主義ノ領袖タル位置ヲ占ムルモノナル処同人ハ客年十二月日清両国人間に設ケタル亜洲通商協会ノ発起人トメ一昨十六日午前五時在東京進歩党員柏原文太郎ト共ニ静岡、名古屋、京都、大阪、神戸地方在留ノ同国人ニ對シ会員募集ノ為メ遊説ニ出発セリ」とされている。日付明治三十三年一月十八日秘甲第二十四号「清国人ニ関する件」外交文書整理番号440151。

(14)『清議報』第二十冊（一八九九年七月八日）「告白」。

(15) 前掲書、島田虔次編訳、丁文江・趙豊田編『梁啓超年譜長編』（第一巻）四一一頁注（286）参照。

(16) 丁文江、趙豊田前掲書、一八〇～一八一頁。賈毅安の注参照。また、レベンソンも指摘している。前掲書、五七頁。「Feng is evidently embroidering the truth, and a plausible reason for this is easy to find.」いわば、孫文が宮崎と平山に康梁の救出を指示したということは馮自由の捏造である。

(17)『開智録』（一九〇〇年一二月二二日、光緒二十六年十一月一日）横浜で創刊。「改良第一期」、半月刊、現存する最終号は一九〇一年三月二〇日に出版した第六期である。

(18) 張良群「華僑中的国民革命元勲」『鐘山風雨』（江蘇省政協文史資料委員会）二〇〇一年第五期、二七頁。

(19) 前掲書、中国史学会主編『戊戌變法』（一）五四九～五五四頁。この日記は『申報』の記者が（袁世凱の腹心）蘇州張仲仁（一麐）から得たものである。二月二日、四日、六日、八日四回で連載。

(20)『東亜時論』（半月刊）第二号（明治三十一年十二月）にも掲載。「清議報序」署名任公。

(21) おそらく『佳人之奇遇』を読んだ梁啓超が次の文字に強烈な衝撃を受けただろう。「嗚呼忠言ノ耳ニ逆ヒ大聲ノ里耳ニ入リ難キ古今ノ常患ナリ。黨人等却テ老父ヲ目シテ自由ノ公敵ト爲シ、民權ノ僞黨ンリト誣ヒ、一犬虚ヲ吠ヘテ萬犬實ヲ傳ヒ、**清議**容レラレズ、詬詈唾斥其肉ヲ食ヒ其皮ニ寢處セント浴シ、……」（『佳人之奇遇』巻一）明治文学全集六『明治政治小説集』（二）筑摩書房、一九六七年八月、一〇頁。

(22) 狭間直樹編『共同研究梁啓超　西洋近代思想受容と明治日本』みすず書房、一九九九年一一月、付録二参照。

(23)「……毎有所觸、應時援筆。無體例、無宗旨、無次序。或發論、或講學、或記事、或鈔書、或用文言、或用俚語、惟意所之。莊生曰。我朝受命而夕飲氷、我其内熱歟。以名吾堂。西儒彌勒約翰日。人群之進化。莫要於思想自由、言論自由、出版自由。三大自由、皆備於我焉。以名吾書。己亥七月初一（一八九九年八月六日）。著者識。」（『清議報』第二十五冊）。

(24) 中村忠行「天野為之と梁啓超」『中国資料旬刊』二〇・二一号、一九五一年四月、二七〜二八頁。

(25) 梁は「東籍月旦」において、天野為之の著書『萬國歴史』を取り上げている。

(26) 中村忠行前掲文。

(27)「日本人天野爲之、於東洋經濟新報、屢著論説、謂必當與中國定版權。凡日本人所著之書、不許中國人任意翻譯。未幾此議動政府。……然吾不得不驚日本人之器小。……日本前數年從德意志之請、入萬國版權同盟會。……以堂堂一戰勝國、而與華人爭此故紙堆中之蠅利、所得幾何？彼日本人之能善漢文譯佳書以助我開智者、國中能幾人哉？……彼日本三十年前之文明、一點一滴、何莫非自中國來？數千年曾無代價、以翻刻我國之書籍、食其利至今日、遂乃忘反哺之義、挾所嚼歐西之餘唾以驕人。吾乃知保全云開發云者之皆屬虚言也。……若此等事、眞島民根性之代表也。……丈夫不自立、而待他人之爲援、安所往而可哉？」

(28) 梁啓超「（一八九七年四月四日（三月三日）致康有為書」（広東哲学社会科学研究所歴史研究室所蔵）『梁啓超年譜長編』七八頁。

(29) 島田虔次編訳『梁啓超年譜長編』（第一巻）一四四頁。

(30) 実藤恵秀『中国人日本留学史』くろしお出版、一九六〇年三月、二三六頁。

(31) 実藤恵秀前掲書、二二九頁。

(32)『清議報』の五一〜六十冊において、唯一第六十冊に『日本』（明治三十三年十月七日）に掲載した「支那保全の困難」をそのまま「支那保全之困難」（『清議報』第六十冊、一九〇〇年一〇月一四日）に訳す。

(33) 例えば、『東亜時論』第十二号（明治三十二年五月）に掲載した「英露協商と支那問題」を「論英俄協商與中国之関係」（『清議報』第二十二冊、一八九九年七月二八日）に訳し、『東亜時論』第二十一号（明治三十二年十月二十日）に「支那の運命と革新の気運」を「中國之運命與革新之氣運」（『清議報』第三十一冊「聞戒録一八九九年一〇月二五日」）と訳し、『日本』（明治三十三年七月八日）に「支那局面の変遷」を「論中国局面変遷」（一九〇〇年七月一七日）に訳すなどがある。

(34) 前掲書、実藤恵秀『中国人日本留学史』四一八頁。

(35) 旧暦一九〇一年五月一〇日（光緒二十七年三月二十二日）に東京で創刊した月刊誌。同年八月一〇日に第四期を出して停刊になる。秦力山は編集長をつとめる。発行人は英国人経塞楽・京塞爾（Kingsell 馮鏡如の英文名）。「昌世界之公理、振国民之精神為宗旨」、西洋ブルジョアの自由、平等と人権の学説を紹介し、清朝を反撃する革命思想を宣伝する。「大倡革命仇満学説、措辞激昂、開留学界新聞之先河」、内容は社論、時論、叢談、紀事、来文、外論、訳編、答問等八つの欄を設ける。文章は一斉匿名。自立軍の失敗は康有為・梁啓超の資金横領などの罪状を暴露する。第四期に章炳麟の改良派を駁す著名な文章「正仇満論」を掲載。「同年九月二二日（旧暦八月一〇日）に第四期を出して廃刊。張良群の前掲文参照。

(36) 明治三年六月遠州小笠郡生れ。アメリカ、フィラデルフィア大学の財政経済学校を卒業後、ブラウン大学大学院で哲学博士の学位を取得。日清戦争に際し、ワシントンプレスの新聞記者、ニューヨークトリビューン、ニューヨークヘラルドの新聞通信員を兼ねた。明治二九年帰国し、東京新聞社の主幹、東京日日新聞客員を経た後、月刊政治雑誌『大日本』を創刊。明治三〇年、英国女皇七十年大祭には伊藤博文に随行してロンドンに赴き、欧州を一年漫遊し、帰国後、東京政治学校を設立。後、数回衆議院議員を務め、日露戦争に際しては、功により勲四等に叙せられた。『明治期人名辞典』Ⅲ、日本図書センター、一九九四年九月。

(37) 「本書は余か政治學校に於て講述せるものを録して、公刊したるもの也」（「新聞學に序す」）。

(38) 『新聞學』第一章「第四種族の發生」において、冒頭「(The Fourth Estate) 第四種族とは何ぞや、……」から始まって、ボルクの評言のところに、」「英のボルク曾て英國下院に於ける新聞記者席を指して喟然として嘆じて曰く、『彼は英國議會を組織せる、貴族、僧侶、平民の三大種族の力を合するよりも更に偉大なる勢力を有せる第四の種族也』と……」と述べるとおり、まったく同じ内容である。

(39) 早稲田大学中国文学会『中國文學研究』第二十四期、一九九八年一二月、一四八〜一六〇頁。

(40) これも上述のボルク評言一節によるものである。原文としては「彼は豫言者の如く國民の運命を謳ひ、彼は裁判官の如く、國民の疑獄を斷し、彼は大立法家の如く、律令を制定し、彼は大哲學家の如く、國民を教育し、彼は大聖人の如く、國民の罪惡を彈劾し、彼は救世主の如く國民の無告の苦痛に聽き、救濟の途を與へんとす。」である。

(41) 「新聞は社會の鏡也」（『新聞學』一一頁）。

(42) 「文壇の帝王は新聞文學也」（『新聞學』一一頁）。

(43) 「叢報者、指旬報月報來復報等日本所謂雜誌者是也」。梁啓超「清議報一百冊祝辭並論報館之責任及本館之經歷」『清議報』第百冊「論説欄」第三頁。

(44) 馮自由の『革命逸史』（初集）中華書局、一九八一年七月、六四頁。

(45) 日付明治三二年一一月一三日、外交文書秘甲第五六四号（整理番号440143）。

(46) 康文佩編『康南海（有為）先生年譜續編』文海出版社。

(47) 伊藤博文関係文書研究会編『伊藤博文関係文書』(六)塙書房、一九八〇年二月、二三〇頁。
(48) 梁は『新民叢報』を発行してから、三年間の『清議報』をもう一遍整理して『清議報全編』を出版した。彼は発行した際に一つ広告を『新民叢報』第四十六・七・八号(一九〇四年二月一四日)に出した。「本報戊戌十月、迄辛丑十一月、凡閲三寒暑、中分三時代、一日戊戌之政變、二日己亥立儲、三日庚子之國難。此三時代實爲中國存亡絶續之所關、當時天地晦冥、黒暗無光、擧國報館皆噤若寒蟬、惟本館孤掌獨鳴。……謂本報爲戊戌政變之信史也可、謂爲己亥立儲之信史也可、謂爲庚子國難之信史也可。」
(49) 前掲文、永井算巳「清末における在日康梁派の政治動静(その一)—康有為梁啓超の日本亡命とその後の動静—」九頁。
(50)『清議報』の国内の発行は政府の干渉を避けるため、公使館、租界、洋行などに代理販売を依頼している。例えば、「漢口漢報宗北平先生、北京東交民巷筑紫洋行、蘇州大東新利洋行海津駒治先生、上海亜東時報河本磯平先生、天津國聞報西村博先生、福州閩報前島眞先生、杭州大東新利洋行宮坂九郎先生」(第二冊「本館各地代派處」)などほとんど日清協和会の関係者である。しかし、第三冊からは、名前を明記しなくなった。『清議報』第二冊において、「日清協和會」の宗旨、章程(会則)、幹事を紹介し、出版関係の「善隣協會主旨」も掲載して雑誌発行の便宜を図る。
(51) 増田武一郎「マスメディアとしての『清議報』」早稲田大学中国文学会『中國文學研究』第二十四期、一四八～一六〇頁。
(52) 葉徳輝「覺迷要録敍」『覺迷要録』沈雲龍主編・近代中国史料叢刊三編(三三〇)台湾文海出版社、一九八七年一一月(一九〇五年夏初版)、一頁。
(53)『清議報』第壹百冊「本館論説」六頁。
(54)『清議報』第壹百冊「本館論説」八頁。

第三章　絶望より言論再起

『清議報』の三年間は、中国大陸では激盪の三年間であろう。梁啓超は祖国を離れ、指名手配の亡命者でありながら光緒皇帝の復権を目指して輿論作りに精一杯努力した。西太后、栄禄など満州保守党人に対して、言論上厳しく糾弾し、暴力革命を起こす危険性(1)を十分覚悟しながら、革命党孫文らとの合作を試みた。しかし、孫文との合作が党首康有為に発覚され、梁はやむなく日本を離れる。最終的に、義和団の乱に乗じて勤王蜂起に参画したのである。かつて維新派に支持した大官僚張之洞は自立軍の撲滅に余力を惜しまなかった。勤王計画の破綻、唐才常ら志士の犠牲及び義和団の乱による国難は梁にとって戊戌政変以上に衝撃を受けたのだ。中国の劣勢は指導者だけでなく、社会根底にある。その失敗から得た教訓は、のちの『新民叢報』創刊の構想に取り込まれるはずであった。梁は国民資格を有する新民の養成を呼びかけ、これまでのジャーナリズムの指針を大きく変えることになった。ことに訪米後、梁は「破壊主義、排満革命主義」と別れを告げ、民徳、民智、民力に加え、民気の重要性を説いた。それに、公徳よりも私徳の充実が新民養成のためにたやすい近道だと指摘する。

一方、『辛丑条約』の発効によって、賠償金総額の28・97％のシェアを持つロシアを牽制するために、日英同盟が急浮上した(2)。

第一節　『新民叢報』の誕生

『新民叢報』は『清議報』が一九〇一年一二月二一日に停刊になってから一ヵ月半後、横浜山下町百五十二番(3)（『清議報』廃刊時の旧跡）に本社を建て直して、一九〇二年二月八日（旧暦元旦）に創刊した。一九〇七年一一月二〇日に第四年第二四号（総九六期）で廃刊するまで、旧暦の毎月一日、一五日に発行する予定だったが、途中梁啓超の不在や経営不振や革命派の輿論干渉及び予備立憲運動と合わせた政事転向などの事情によって、なかなか定期的に発行し得なかった(4)。

『新民叢報』は、保皇会の大同訳書局(5)から設立資本金の五〇〇〇元を借りたため、最初の頃の取り決めでは、訳書局に附属することになっていた。しかし、第七、八号を出したところ、発行部数がすでに五〇〇〇部に達した好調振りであったため、梁は康有為に書簡を送り、『新民叢報』を独立させようとした。その計画として、梁はこの資本金を六つの株に分けて、自分に二つ、馮紫珊、黄為之、鄧蔭南、陳侶笙ら四人にそれぞれ一つを与えた(6)。それによって、社内編集部と発行部との一致団結が生まれた。人事の采配は当然重要だが、新聞発行の立脚点がもっと重要であろう。かつて梁は新聞の良し悪しの判断基準を確定した。それに基づいて、これまで発行してきたものが殆ど幼稚なものであると自ら反省したのである。『新民叢報』をこれまでの中国新聞界以上に未曾有なものにしたいと宣言した(7)。

その宗旨(8)として、第一に、『大学』の三綱領のひとつ、「民を新たにする」の義に取ったもので、「吾国の維新」のために、まず「吾民の維新」に取り掛かる。ただし、梁啓超の理解している「新民」の概念とは、「非欲吾民盡棄其舊以從人也。新之義有二：一曰淬厲其所本有而新之、二曰採補其所本無而新之。」(9)というものである。

第二に、教育を主軸にして、政論を従属にする。ただし、今日の世界の趨勢は国家主義の教育に重んじるのだから、政治についても詳細に述べざるを得ない。

第三に、国の前途を考え、ひとえに国民の公利公益を目的とする。激烈な言葉を避け、中国の進歩を漸進的に導いていこう。

上記の宗旨は「吾民の維新」、「国家主義の教育」、「漸進主義」という三つのキーワードに集約される(10)。創刊号では、中国近代輿論研究の端緒とも言われる名文である「輿論之母輿論之僕」(飲氷室自由書欄、署名飲氷子)が発表される。梁はこの文において、「輿論」(11)を「尋常人所見及者也」と定義している。しかし、貴たる「豪傑」の見識はどうも「尋常人」の「輿論」とは相容れない。それゆえ、「豪傑」はまず「破壊時代」において、「輿論」の「敵」となるべし。後の「過渡時代」では、「輿論」の母となるべし。「成立時代」に入れば、「輿論」の「僕」になるべし。「非大勇不能為敵、非大智不能為母、非大仁不能為僕。具此三徳、斯為完人。」と結論した。

『新民叢報』の発行は、まさに「豪傑」と自負した梁の「完人」を目指す第一歩である「輿論の敵」の実験である。そして、「輿論一斑」なるコラムを設けた所以もそこにある。

梁は『清代学術概論』において、「自是啓超復専以宣伝為業、為新民叢報新小説等諸雑誌暢其旨義、国人競喜讀之、清廷厳禁不能遏、毎一冊出、内地翻刻本輒十数、二十年来学子之思想、頗蒙其影響(それ〔自立軍蜂起失敗をいう〕以来、梁啓超は再び専ら宣伝を任務とし、『新民叢報』『新小説』などの雑誌を発行し、その主義を広める。我が国人は競ってこれらを読む。清朝政府は直ちに発行禁止命令を出したが、抑え止めることが出来なかったのである。毎号を出した直後、内地では十数回も翻刻される。二十年以来、学を志す青年たちは頗るその影響を受けたのである。)」(12)と述懐している。

『新民叢報』四年間、発行部数は五〇〇〇部から一万部の間に増減するだろう。第二十二号の告白では「發行總數遞增至九千份」というものがあり、これは比較的信憑性が高い。そのほか、「萬数千份」(13)との不確定な表現は誇張したものである。第四年目(一九〇六年)のはじめ、『申報』に出した告白では、「本報開辦四載、久爲士大夫所稱許、故銷售至一萬四千餘份」(14)とあるが、張朋園氏はそれも誇張したものであろうと指摘する(15)。しかし、日露戦争後の科挙の廃止をきっかけに日本に来る留学生が一九〇二年の数百人から一九〇四年の千数百人に膨らみ、一九〇六年には一万三、四千から二万に達したことから考えれば、この発行部数がさほど誇張したものではないと思う。しかも、『民報』との論戦が始まったばかりだから、読者はそれほど減らないと思う。

いずれにしても、『清議報』に比べて、二倍以上の販売部数を擁することは、大成功といえよう。それはいろいろ編集の工夫したことによって、奏効したのではないか。編集部は読者層の構成を分析して、これから増加していく留学生に目を向けたのである。

『新民叢報』は第三号から「問答欄」を設けた。当時、和製漢語が新聞、訳書などに大量に出現したため、読者からの問題は殆ど術語の解釈を求めることに集中していた。例えば、「金融」（銀値）の概念、「要素」（原質）の概念、「民権」と「人権」との異同、「学術」と「学説」との異同、なぜSocietyを社会（群）に、Political Economyを財政学（平準学）に訳すのか、日本明治維新の依拠した論理は陽明学か禅宗か、などである。回答者は編集者に限らず、日本人の読者の場合もあった。「飲氷」を筆名とし、梁も積極的に応答した(16)。

第五号の「餘録欄」に「中国留学生新年会記事」が注目される。この新年会は一九〇二年二月一〇日（旧暦正月三日）に行なわれた。主催者は駐日本欽使蔡鈞であった。留学生総勢二七四人(17)が出席、会場は東京九段坂の偕行社（日清戦争後、日本陸軍の将軍らが共同出資して建設したという）であった。留学生の監督銭恂が開会の挨拶、留学生会館の創設を提案、公使はこれに賛成して、演説を行なった。宴会が終わった後、陸軍の学生がショーを披露した。公使復督呉壽卿が閉会演説、公使を中国留学生会長に、銭監督を副会長に選び、庭で記念撮影を行い解散云々。この活動を通して、留学生たちにはきっと国家思想が生れるではないか。また、陸軍の将軍の倶楽部（他国の国旗を掲げることが相容れない）で中国の龍章国旗を飾られ、留学生諸君が激励され、一層愛国心が湧いてくるではないか、と記事の最後に述べた。

『新民叢報』が発刊するにあたって、梁啓超は論説欄において「新民説」（後述）を連載するとともに、学術欄において中国の伝統的学術を整理しようと目論み、「論学術之勢力左右世界」(第一号)、「論中国学術思想変遷之大勢」(第三、四、五、七、九、一二、一六、一八、二一、二三、五三〜五五、五八号)、「泰西学術思想之変遷」(第六号)を発表するなど、目新しい分野に関心を持ち始めた。『時務報』、『清議報』には表れてこなかった特徴である。梁はようやくこれまで軽視した学術思想に着目するようになった。読者はこの変化に対して、沈黙してはいなかった。

ある読者が、第四号に掲載した「論中国学術思想変遷之大勢」(第一節、論周末学術思想勃興之原因　第二節、論諸家之派別)に対していくつかの疑問点を感じて投稿した。編集者は、その投稿を第四号に掲載する予定だが、植字が間に合わなかったと説明し、第六号に掲載した。読者の「屈原は文家であるが、学派ではない」との指摘について、「尤中癥結、他山之石、可以攻玉、記者所心折而深感也。……但鄙論標題爲學術思想變遷之大勢、非欲爲中國哲學史也。……不問其思想之爲良爲否、爲完全爲不完全、爲有條理爲無條理、但在其時代占勢力者、則擧之、此本論之例也。……且屈子之厭世觀與其國家主義、亦實先秦思想界一特色也。」と丁重に答弁を行なった。

胡適(一八九一〜一九六二)は彼の回想録『四十自述』に、「我個人受了梁先生無窮的恩惠。現在追想起来、有兩點最分明。第一是他的新民説、第二是他的中國學術思想變遷之大勢。」(18)と感無量であった。当時胡適はまだ「中国公学」に通っていた十五、六歳の少年であった。彼はその後コロンビア大学で哲学博士号を取得した。論文のテーマは「中国哲学史綱」であった。そのテーマを選んだ起因となったのは、梁文を読んだきっかけであった。彼はその経緯をこういう風に述べた。「第一次給我們一個學術史的見解。所以我最愛讀這篇文章(「論中国学術思想変遷之大勢」を指す)。不幸梁先生做了幾章之後、忽然停止了、使我大失望。甲辰(一九〇四年)之後我在新民叢報上見他續作此篇(一九〇四年九月二四日発行の五三号より)、我高興極了。但我讀了這篇長文、終感覺不少的失望。……這一部學術思想史中間闕了三個最要緊的部分、使我眼巴巴地望了幾年。我在那失望的時期、自己忽發野心、……這一點野心就是我後來做中國哲學史的種子。」(19)

『新民叢報』はこうして若者の学術趣味をそそった。また、上海の『萬國公報』を真似て、懸賞論文の計画を実行した。それは「自演劇」(20)とも言われる編集上の工夫であるが、非常に印象的である。

『新民叢報』は第一三号から第一七号にかけて、一九〇二年七月に起きた私費留学生の「成城入学事件」(21)を追跡報道した。梁啓超は第一三号の論説欄に「論學生公憤事」を発表した。「本報論説、定例皆論通義、不論一専件之問題、此篇應登國聞短評中。今載於此者、因全報印刷已成、而玆事所關中國前途甚大、亟宜布告海内、質曲直於國民、不能俟諸半月以後。故將已付印之新民説抽出寘諸次號、先登本篇。」と「新民説」を次号に移し、この事件についての論評を優先して掲載することになった経緯を説明した。

第一三号の「餘録欄」に掲載した「蔡使要求日本警察入署拘捕學生始末記」という報道記事は、その事件の全容を明かすために、清国公使館全図及び七月二八日夜蔡公使と学生らとの交渉中の座席図などを挟んだきめ細かく記録が綴られた。その後、『新民叢報』は事態が終息するまで、毎号記事と論評を掲載し、留学生の後ろ盾になった。

当時、日本の各新聞も連日この事件を報道した。『新民叢報』は日本の各新聞の傾向を分析して羅列した（表参照)。一四紙の中、一一紙が学生を味方にする。

表８『新民叢報』による日本の新聞の傾向分析

時事新報	祖蔡鈞
中央新聞	祖學生
東京朝日新聞	祖學生
日本新聞	祖學生
東京日日新聞	中立
國民新聞	中立
毎日新聞	祖學生
萬朝報	祖學生
二六新聞	祖學生
大阪朝日新聞	祖學生
毎夕新聞	祖學生
都新聞	祖學生
讀賣新聞	祖學生
日本泰晤士（Japan Times）	祖學生

『新民叢報』は二年目になってからは、言論界の一大勢力(23)となった。日露戦争を前後して、また大飛躍した。「戦争は新聞を発達させる」と言われているとおり、その広告を見れば、「本報自壬寅年開辦以來、于玆兩載、其條例精密、議論嶄新、爲國民之警鐘、作文明之木鐸、且開我國叢報界之先河、居我國叢報界之魁首。此海内外君子之所公認而無庸再贅者也。」と自信がたっぷり溢れているようである。

第二節　『新小説』の創刊と『新中国未来記』

『新小説』は一九〇二年一一月一四日に横浜で創刊された月刊誌である。一九〇五年二月に第一三号から、上海廣智書局より発行する。一九〇六年一月に休刊するまで、全部で二四期（不定期）を発行している。内容は、歴史小説、政治小説、社会小説、法律小説、外交小説、人情小説、科学小説、哲理小説、冒険小説、探偵小説、伝記小説など多岐にわたる。

梁は政治小説が中国の前途にとって大いに裨益するところがあると確信し、日本に亡命してから五年間、ずっと『新中国未来記』を構想している。全書を書き上げるまで更に数年かかるだろうと思って、とりあえず、書き上げたものを漸次に公表しよう。しかし、「殺青無日、不如限以報章、用自鞭策、得寸得尺、聊勝於無。『新小説』之出、其發願專爲此編也。」『新小説』を出版したのは、もっぱら「新中国未来記」を発表したいと願ったからだ、というのである。

梁は、『新民叢報』第二十号『新小説』雑誌創刊広告において次のように述べる。「蓋今日提倡小説之目的、務以振國民精神、開國民智識、非前此誨盜誨淫諸作可比。必須具一副熱腸、一副淨眼、然後其言有貝裨於用。名爲小説、實則當以藏山之文、經世之筆行之。」と『新小説』の地位、責任、義務を明確にした。

梁は更に創刊号において『新中国未来記』の序言ともいわれる「論小説與羣治之關係」（「小説と政治との関係について」）を発刊の言葉として発表した。

「欲新一國之民、不可不先新一國之小説。故欲新道德、必新小説；欲新宗教、必新小説；欲新政治、必新小説；欲新風俗、必新小説；欲新學藝、必新小説；乃至欲新人心欲新人格、必新小説。何以故？小説有不可思議之力支配人道故。」として小説は文明の進化と結びつく象徴的なものであると切言している。

その次に、梁は「凡人之性、常非能以現境界而自滿足者也。……小説者、常導人游于他境界、而變換其常触常受之空气者也。人之恒情、于其所懷抱之想像、所經閲之境界、往往有行之不知、習矣不察者。……常若知其然而

不知其所以然。……和盤托出、徹底而發露之、則拍案叫絶」として、小説は人間にとって空気のようなものであろうと分析し、さらに「人間は現実の世界だけでは満足しない。また、人間は共感を求める癖がある」という発想に基づいて、梁は小説を理想派小説と写実派小説とに二分する。また、文学分野において、梁は「而諸文之中能极其妙而神其技者、莫小説若。故曰：小説為文學之最上乘也！……抑小説之支配人道也、復有四種力：一日熏。二日浸。三日刺。四日提。」として、小説はもっとも浸透力のあるジャンルだと説いた。

当然、伝統小説のデメリットも無視できない。「吾中國人状元宰相之思想何自來乎？小説也；吾中國人佳人才子之思想何自來乎？小説也；吾中國人江湖盗賊之思想何自來乎？小説也；吾中國人妖巫狐鬼之思想何自來乎？小説也。……今我國民綠林豪杰、遍地皆是、日日有桃園之拜、處處為梁山之盟、所謂“大碗酒、大塊肉、分秤稱金銀、論套穿衣服”等思想、充塞于下等社會之腦中、遂成為哥老（政敵の孫文を暗にほのめかす、筆者注）(23)、大刀等會、卒至有如義和拳者起、淪陷京國、啓召外戎、曰惟小説之故。嗚呼！小説之陷溺人群、乃至如是！乃至如是！」と伝統小説が齎した社会的弊害を訴えた。同時に、革命派に対する批判の端緒もすでにあらわれている。梁は新小説を以って、社会的弊害を排除し、「群治（政治社会）」を改良すべきだと叫ぶ。「故今日欲改良群治、必自小説界革命始！欲新民、必自新小説始！」との結論を導出した。

下記のように、『新中国未来記』は未完のままで『新小説』に刊行した。

表９『新中国未来記』

1902年11月14日 第一号	政治小説「新中国未来記」稿本※ 飲氷室主人著　平等閣主人批 緒言 第一回　楔子 第二回　孔覺民演説近世史　黄毅伯組織憲政黨
1902年12月14日 第二号	政治小説「新中国未来記」稿本 飲氷室主人著　平等閣主人批 第三回　求新學三大洲環游　論時局兩名士舌戰
1903年1月13日 第三号	政治小説「新中国未来記」稿本 飲氷室主人著　捫蝨談虎客批 第四回　旅順鳴琴名士合併　榆關題壁美人遠游
1903年9月6日 第七号	政治小説「新中国未来記」稿本　飲氷室主人著 第五回　奔喪阻船兩覩怪象　對病論薬獨契微言

※稿本というのは、定本になる前の段階をさす。梁はかなりこの政治小説が大きな反響を呼ぶだろうと意識したようである。

圧巻となるのは論戦シミュレーションとしての第三回の「革命是非論」をめぐる舌戦である。練達の政論の書き方が梁の得意分野であり、「まづ上出来の方であらう」(24)。小説の「本」としての直感的な事実の叙述を「末」に顛倒した梁の書き方については、政治小説から脱線しているという指摘もある。しかし、この小説の目的は、「欲發表政見、商榷國計」、政治の変革を推進するためであるゆえに、文学においてさほど意味深い作品でなくても、彼のジャーナリズム活動の一環として、重要な意味を持っている、といえるだろう。「報館者救一時明一義者也。故某以爲業報館者既認定一目的、則宜以極端之議論出之、雖稍偏稍激焉而不爲病也。」(25)

主人公は黄克強(ドイツに留学、国権主義、君主立憲)、李去病(フランスに留学、民権主義、共和立憲)と名づけられる。両者は同郷、同窓の親友関係である。その舌戦の輪郭として、保守、革新、列強との三つの勢力が角逐しているなか、熾烈な民族革命(流血)の手段を採るのか、それとも穏当な漸進的君主立憲制の政治改革(無血)を採るのか、所謂「革命是非論」をめぐって、四四回にわたって互いに弁駁したシナリオである。結論として、「…也只好臨機應變做去。但非萬不得已、總不輕容易向那破壞一條路走罷了。」つまり、本当に方法が無いというところまで行かないうちは、できるだけ極端な手段(破壊、暴力革命)をとらないということである。

第三節　「新民説」に表れる訪米後のイデオロギー的変化

『新民叢報』を創刊すると共に、梁は国民国家(民族の国家、National state)(26)の理念に燃え続け、国民の資格を備える「新民」の理論構築に力を注いだ。梁の「新民説」はその創刊号から第七二号にかけて、二〇節を二六回に分けて掲載された。「梁は『新民説』を発表すべく該誌を創刊したのである。」(27)

創刊号冒頭の論説欄に、署名「中国之新民」で、「新民説　一」と題して、「第一節　叙論　第二節　新民爲今日第一急務　第三節　釋新民之義」が読者に強烈なインパクトを与えたはずであった。まず、当時流行していた人種説から論じ、人種の優劣を認め、現在最も優れている人種とは、盎格魯撒遜（英国人種之名也、アングロサクソン the Anglo-Saxons）ほかないだろうと慨嘆する(28)。「國也者、積民而成」、民族の繁栄は英雄によるものではなく、民であろう。いま何故新民が第一急務なのか。その立論根拠は内治と外交にあると指摘する。中国は洋務新法を何十年もいい続けてきたが、いくら摸倣しても成果が挙げられないのは何故？それは誰もが新民の道を留意していなかったからだ。欧州の発達、世界の進歩、皆民族主義（Nationalism）の激発によって成り立っている。列強は既にその次の段階民族帝国主義（National Imperialism）に入った。だが、中国はいまだ民族主義の段階に踏み入れず、いわば民族帝国主義と対決できる資格を持っているわけがないのだ。民族主義を実行するならば、まず新民から始めなければならない。なぜ欧米諸国は日本を狙わないのか。それは、その隙間があるか否かによって違ってくるというわけである。人間が風邪をひくことと似ているではないか。

「苟有新民、何患無新制度、無新政府、無新國家！」というのは「新民説」の論理の中核であろう。梁の根本的な主張として、「吾思之、吾重思之、今日中國群治之現象殆無一不當從根柢處摧陷廓清、除舊而布新者也」である。

梁は第五節の「論公徳」から第十七節の「論尚武」にかけて、ことごとく新時代に要請される国民の素養を中国の庶民に向かって、口酸っぱく説得を仕掛けた。

第一一節「論進歩（一名中国群治不進之原因）」において、矢野龍渓との交際のエピソードが次のように書かれる。

「吾昔讀黄公度《日本国志》、好之、以為拠此可以尽知東瀛新国之情状矣。入都見日使矢野龍渓、偶論及之、龍渓曰：〝是無異拠明史以言今日中国之時局也。〝余怫然、叩其說。龍渓曰：〝黄書成於明治十四年、我国自維新以来、毎十年間之進歩、雖前此百年不如也、然則二十年前之書、非明史之類如何？〝吾当時猶疑其言、東游以来、証以所見、良信。」

梁は中国人の日本研究がかなり遅れていると自認すると同時に、その刺激を受け、抽象的な「除舊而布新」を

「然則救危亡求進歩之道將奈何？曰、必取數千年横暴混濁之政體、破碎而齏粉之、使數千萬如虎如狼如蝗如蝻如蟣如蛆之官吏失其社鼠城狐之憑藉、然後能滌盪腸胃以上於進歩之途也！必取數千年腐敗柔媚之學説、廓清而辭闢之、使數百萬如蠹魚如鸚䳇如水母如畜犬學子毋得搖筆弄舌舞文嚼字、爲民賊之後援、然後能一新耳目以行進歩之實也！而其所以達此目的之方法有二：一曰無血之破壞、二曰有血之破壞。……中國如能爲無血之破壞乎？吾馨香而祝之。中國如果不得不爲有血之破壞乎？吾衰絰而哀之。」に具体化して、官吏（官僚）、學子（知識人）、民賊（統治者）の三者を「除舊」の矛先、革命の対象としたのである。しかし、その方法としては、なるべく流血の暴力革命を避けるべきだと希望している。梁の文字は非常に魔力があり、青年達の革命闘志を燃やした(29)。

一九〇三年二月二〇日（正月二三日）(30)に梁啓超は米州の保皇会に招かれ、横浜を後にし、北米に向かった。三月四日にカナダのバンクーバーに到着する。到着後一ヵ月の間、梁は「客中既無寸暇、叢報文竟不成一字、此局看看将倒塌」(31)と新聞発行の任務を託された蒋観雲に『新民叢報』の存続に対して憂慮を表す。どうか三ヵ月位持ちこたえてくれないかと同僚に懇願した。結局のところ、梁は五月一二日米州東岸のニューヨークに着き、さらにワシントン、保皇会の中心地であるサンフランシスコなどを漫遊し、日本を離れてから約一〇ヵ月後の一二月一一日（一〇月二三日）(32)に、予定の三ヵ月の滞在を大幅にオーバーしてようやく日本に戻ったのである。

その間、『新民叢報』に出した「新民説」は「第十六節　論義務思想」（第二十六号）、「第十七節　論尚武」（第二八、二九号）であった。狭間直樹氏の研究によれば、梁の渡米後、雑誌の日付と刊行日との間が、半年以上のずれ込みを生じている。「第十八節　論私徳」（第三八・三九号、第四〇・四一号、第四六・四七・四八号）は一九〇四年二月から五月の間に発表されたのである。つまり、梁は「論私徳」でもって「新民説」の執筆を再開したのである。この節から梁の思想の変化が端的に現れる。これまで指摘してきた国民の「公徳」の欠如という観点とは正反対に、私徳の堕落が社会の進歩を阻む原因であると主張する。梁はまず、「私徳与公徳、非対待之名詞、而相属之名詞也。」両者が対立するものではなく、従属関係にあると指摘し、「公徳者私徳之推也、知私徳而不知公徳、所缺者隻在一推；蔑私徳而謬托公徳、則並所以推之具而不存也。故養成私徳、而徳育之事思過半焉矣」

との分析を加え、公徳は私徳の延長線にある。ゆえに、私徳さえ養成すれば、徳育のことは半分以上に達成できただろうと結論した。

私徳の堕落の原因は、一に「由於専制政体之陶鋳也」、二に「由於近代覇者之摧鋤也」、三に「由於屡次戦敗之挫沮也」、四に「由於生計憔悴之逼迫也」と挙げている。梁はその議論を進めるにつれて、内乱は最も不祥なものであり、フランス革命のような暴動革命に反対の姿勢を示した。同時に、「生計」と「学術」との両端の向上が民の「私徳」の向上に繋がる。満州を排除する孫文の革命派に対して「瞎閙派」(33)と決め付けた。

この論調はさらに「論政治能力」(第四九、六二号)一節においてますます強くなる。内乱を避けるためには、その改善策として、まず「分業不遷(それぞれの職業に従事し、最後まで貫く)」である。その前提として、「互相協助」は必須であろう。「互相協助」とは、「積極的協助、以相扶掖為用；消極的協助、以不相妨碍為界。」との二種類に分けることができる。したがって、現在の党派闘争は、「一言蔽之、則亦未明消極的協助之意而已。」とし、革命党はいまだに消極的な「協助」の意義を理解しておらず、主義の違う党派に対して妨害するばかりである。梁は、立憲派に対する革命派の余力を惜しまない妨害の醜態を峻別した。それにもかかわらず、梁は挑戦者の姿勢を見せた。「**立憲、革命本不能為対待之名詞。故以対挙実論理学所不許也。立憲者、雖君統依然、已不得不謂之革命；革命者、雖絶君統、然結局亦不過求立憲。**今云云者、従普通称謂耳……或持極端之排満主義、謂今之皇室雖使憲政之完備能如英、如日、然以民族之悪感情、終不認之、寧以無秩序之漢而亡、不以有能力之満而存、此自是意気之言、真愛国、真革命者必所不取」(34)とし、革命派にとって耳障りな言葉を述べ続けた。

次の「論民気」(第七二号)一節において、民気は必ず民力、民智、民徳を相応しなければならないと主張し、日本人と韓国人との違いは、民気にあり、「韓人之気、日泄而日癟、日人之力、日積而日張、而最後之優勝劣敗、遂永定矣。」と述べる。

梁は「新民説」を発表すると同時に、『新中国未来記』という政治小説を『新小説』(一九〇二年一一月一四日に創刊)に連載し始めた。この政治小説は予想以上に反響を及んだ。読者に現段階では君主立憲制が最善の道であると示唆した。

これに対し、革命派は窮地に追い込まれたが、妥協を見せなかった。理論武装のため、『民報』を創刊し、三民主義を宣言したわけだ。

訪米前後、「新民説」に現れたイデオロギーの変化は、破壊主義から改良主義に戻った点であろう。しかし、そう単純ではない。改良か破壊か、いずれも国家主義の傘下にあらわれる具体的な方法論の変化に過ぎない。国家主義そのものは変わりがなかった。狭間直樹の「『新民説』略論」によれば、「梁啓超の言説は、個人を出発点としながら国家の優位に帰着するものではあるが、国家と新民との無矛盾性のゆえに、その国権・民権論は、『国民』の観点から論ずるときには民権主義の立場よりし、そして『国家』の観点から論ずるときには国家主義の立場より論じうるという、いわば楕円が二焦点をもつように、二つの軸心をもつものだったと言えよう。」(35)という。これは理想的過ぎるかもしれないが、思想的根源からいえば、梁のこの時期におけるイデオロギーの転向は、ドイツの政治学者ブルンチュリー国権説を以ってフランスの啓蒙思想家ルソーの天賦人権説に取って代わるのである。「盧（ルソー）氏立于十八世紀、而為十九世紀之母；伯（ブルンチュリー）氏立于十九世紀、而為二十世紀之母。自伯氏出、然后定國家之界説、知國家之性質、精神、作用為何物、于是國家主義乃大興于世。」(36)

梁は、更にスペンサーの国家有機体論に腐心して、対外的国権を高揚させるために、君権、民権との対立を抹消できる「紳権」の伸張を主張する。国権伸張と民権伸張との間、梁はむしろ「紳権（地位・資産のある人々の階層〔日本の『紳士録』に近い〕の利権である）」の伸張を最も重要視しているではないか(37)。梁啓超の改良主義の狙いは先ず紳権の拡大、皇権の縮小、政府の『外競』能力の強化である。それによって自然に国権の伸張につながるという策略である。その「紳権伸張論」はのちに革命派との論戦中に著した「開明専制論」（土地国有化に反対）において発露したのであろう。

第四節　『民報』との論戦

中国人の学者たちは、中国新聞事業史を語る場合、必ず紙幅を費やして二〇世紀初頭に日本で起きた『民報』と『新民叢報』との論戦を取り上げる(38)。この論戦はのちの一九二〇年代に勃発した「科玄論戦」（一九二三年二月～一九二四年一二月）と共に梁啓超と深くかかわり、二〇世紀の中国政治思想史及び哲学史における重大な出来事である。その余震は今日まで波及しているといってよい。皮肉なことに、この論戦は中国本土ではなく、隣国の日本で行なわれたことは興味深いものであろう。

革命派との論戦はいきなり始まったわけではない。一九〇一年八月一〇日、秦力山主宰の『国民報』に掲載された章太炎の『正仇満論』が梁啓超を名指しで『清議報』に現れた論調を批判することがその発端となる。それから両陣営の論戦が次第に繰り広がる。一九〇二年広州『嶺海報』は革命派の画策した広州蜂起を非難したあと、香港の革命系『中国日報』はすぐ対決の姿勢を見せ、改良派の論調を痛烈に批判した。両派初の論戦は約一ヵ月続いた。一九〇三年初、保皇党領袖康有為は欧米一七ヵ国を遊歴した後、『答南北美洲諸華僑論中国隻可行立憲不可行革命書』を発表するや否や、革命派に猛烈な批判を浴びさせられる。康有為の「満漢不分、君民同治」の主張に対して、章太炎は『蘇報』（六月二九日）に「康有為與覚羅君之関係」との一文を発表し、黄世仲も『中国日報』に「辨康有為政見書」を発表して、康有為の論点を駁す。その前に、上海にある保皇党系の『中外日報』に「革命駁議」（六月八、九日に連載）の観点に対して、章太炎は直ちに『駁革命駁議』を撰述して反撃する。孫文は自らホノルルにある保皇党系『新中国報』の言論に対して、『檀山新報』に「敬告同郷論革命與保皇之分野書」（一九〇三年一二月）と「駁保皇報」（一九〇四年一月）との二文を発表して駁す(39)。

一九〇五年一一月二六日に東京で創刊した革命派の機関誌『民報』は論戦のために用意された「大砲」といっても過言ではない。『新中国未来記』の第三回でのフィクションが現実化となった。論戦の規模とその深まりがあまりにも膠着状態になっていたので、勝敗の分かれ目が判別しにくく、結局のところ、『新民叢報』が自ら論戦から脱退すると宣言した。とはいえ、その時点で両派の言論上の決着が付いたわけではない。論戦は別の形でしばらくの間続けられた。したがって、『新民叢報』と『民報』との論戦はこの両派の政治闘争の一環である。この論戦による波動が広汎且つ深遠に中国近代の歴史に刻んでいる。

孫文は革命家でありながら、革命が成功した後の革命を恐れている。彼が主唱した三民主義(40)の中に、民生主義即ち「平均地権」の社会革命が必ず到来するだろうと予測して、「平均地権」による混乱を未然に防ぐために、「土地国有化」としての社会革命は必ず、民族革命（民族主義、満州人の支配を打倒）と政治革命（民権主義、共和立憲国体の確立）と並行してやらなければならない、と主張する。孫文は、「革命的事情、是萬不得已纔用、不可頻頻傷國民的元氣」(41)と民報創刊一周年記念会での講演において冷静な口調で革命よる弊害を回避すべきだとの認識を示し、実に梁啓超との一年間の論争を経て革命の鋒鋩少々収斂になったといえよう。論戦によって、孫文の民生主義理論もまたより緻密になったことは否めない。しかしながら、最終的にこの社会革命（国家社会主義）を実行できたのは孫文ではなく、毛沢東であった(42)。孫文はその三つの革命のどれも遂行できなかったため、汪兆銘が起草した彼の遺言に「革命尚未成功」との有名な言葉を残して世を去った。

この論戦についていくつかの優れた先行研究がある(43)。その経緯に関して、総じて言えば、以下の問題を巡って駁し合っている。

第一に、民族問題（満州族の支配を排除すべきかどうか）
第二に、制度問題（君主立憲制と共和制）
第三に、民生問題（土地の私有化と国有化）
第四に、民権問題（社会革命をやるべきかどうか）
第五に、暴力革命（内乱と列強の分割を招くかどうか）

論争の焦点としては、やはり暴力革命の手段を以って清朝を打倒することは正しいのかどうか、とのことであ

図２　革命党・保皇党両陣営論戦対峙構図

革命党	当事者	陳少白 黄世仲 陳思仲	馮自由 陳春生 朱執信	程蔚南 張孺伯	唐瓊昌 劉成禺	章太炎 汪精衛 胡漢民 朱執信	田　桐 張紹軒 周杜鵑 汪精衛	盧信 温雄飛	周天霖 崔通約	馮自由	黄超五 黄芝蘇
	論戦時点	1901	1905 以後	1904	1904	1906	1907	1907 以後	1908	1910	1910
	発行地	香港	香港	ホノルル	サンフランシスコ	東京	シンガポール	ホノルル	バンクーバー	バンクーバー	サンフランシスコ
	新聞名	中国日報	中国日報	民生日報	大同報	民　報	中興報	自由新報	華英報	大漢報	少年報

保皇党	新聞名	嶺海報	商　報	新中国報	文興報	新民叢報	南洋總匯報	新中国報	日新報	日新報	世界報
	発行地	廣州	香港	ホノルル	サンフランシスコ	横浜	シンガポール	ホノルル	バンクーバー	バンクーバー	サンフランシスコ
	論戦時点	1901	1905 以後	1904	1904	1906	1906	1907 以後	1908	1910	1910
	当事者	胡顯鶚	徐　勤 伍憲子	陳繼儼 梁文卿	梁朝傑 梁君可	梁啓超	徐　勤 伍憲子	陳繼儼 梁文卿	何卓競 黄孔昭	梁文卿	梁朝傑 梁君可

馮自由著『中華民國開國前革命史』（上編）上海革命史編輯社、1928年、51・52頁より作成。

る。

排満について異議を唱える改良派は、「中国不亡論（大中華民族論）」を以って、種族革命を起こす必要がないと主張する。一方、章太炎は「排満洲者、排其皇室也、排其官吏也、排其士卒也。若夫列為編氓、相従耕借牧、是満人者、則豈欲剚刃其腹哉？……所欲排者、為満人在漢之政府。」(44)と「中国亡国論（大漢民族主義）」を以って反撃する。

革命は帝国主義の干渉を引き起こすのかについて、革命派は、自然暴動から秩序のある革命に改造すれば、帝国主義は干渉してこないだろうとした。しかし、改良派はまったく違う考えを示す。帝国主義は既得利益を維持するためには、中国が革命を経て、繁栄富強の道に前進することを恐れているから、干渉は不可避である。多くの事実は、彼らの観点は道理に満ちた根拠のある話であると証明されている。革命派はこの問題について、帝国主義が中華民族の最大の敵であるという認識に欠けている。

改良派は極力「種族革命」に反対するが、「政治革命」に熱中する。その核心はやはり光緒皇帝の復権である。皇帝の権力を利用して、君主専制から君主立憲に転向させる。しかし、革命派は清朝政権を打倒することを主要な任務として、最後に民主的共和政権を実行することを目的とする。つまり、両派とも政体を変えることは一致しているが、政権の形式である国体問題に関して対立している。基本的に、改良派は上層社会の利益を代表することに対して、革命派は下層社会を要求に応じるものである。

注意すべきことは、一九〇六年に清政府は「予備立憲」を宣告したあと、梁はこの段階で政治革命の問題を終結させるべきだといいながら、「立憲」から「民選議院」への過渡期では、まだ君主立憲を実行してはいけない、この段階では、「開明専制」を遂行するほかないと主張する(45)。第一に、「中国今日万不能行共和立憲制」。第二に、「中国今日尚未能行君主立憲制」。第三に、「中国今日当以開明専制為立憲制之予備」(46)。「これは、梁啓超の政治思想において再び後退したものである。」(47)

改良派は、革命派が提唱してきた「社会革命」、「土地国有」、「平均地権」、「節制資本」などの主張に対して強

表10『民報』と『新民叢報』との論戦経過

『民報』	号数	『新民叢報』	号数
		梁啓超「論小説與群治之関係」（未署名）	『新小説』創刊号、1902年11月14日
孫文「發刊詞」精衛（汪兆銘）「民族的国民」（一）；蟄伸（朱執信）「論満州雖欲立憲而不能」；思黄（陳天華）「論中国宜改民主政体」	1号（1905年11月26日）	中国之新民（梁啓超）「新民説　論私徳」	38～48号（1903年10月～1904年2月）
		中国之新民「新民説　論政治能力」	49号（7月発行）62号1905年４月に発行）
精衛「民族的国民」（続）；寄生（汪旭初）「論支那立憲必先以革命」	1号（1905年11月26日）	飲氷（梁啓超）「開明専制論」（論戦開始）	73～77号（1906年3月～５月）
		飲氷「申論種族革命与政治革命之得失」	76号（1906年５月に発行）
「民報与新民叢報辯駁之綱領」	3号号外（1906年4月）	佛蘇（徐佛蘇）「対於陳烈士蹈海之感歎」	74号（４月）
精衛「駁新民叢報最近之非革命論」	4号（1906年5月1日、4月28日印刷）	飲氷「答某報第四号対於本報之駁論」	79号（4月24日、実際の発行日は6月中旬）
辨姦（胡漢民）「斥新民叢報之謬妄」	5号（1906年6月）	佛公（徐佛蘇）「勧告停止駁論意見書」	83号（10月）
精衛「再駁新民叢報之政治革命論」	6～7号（7月、9月）	飲氷「雑答某報」	84号（12月）～86号（翌年2月）
精衛「與佛公書」寄生「答新民難」	9号（11月）	佛公「答精衛」	85号（1907年1月中旬発行）
弾佛（汪東、即旭初）「駁勧告停止駁論意見書」	10号（12月）	明夷（康有為）「法国革命史論」	85号、87号（9月）
精衛「雑駁新民叢報」民意（汪兆銘）「告非難民生主義者（駁新民叢報第十四號（86号）社會主義論）」	10～12号（1906年12月、1907年1月、3月）	飲氷「中国不亡論——再答某報第十号対本報之駁論」	86号（1907年2月中旬発行）
寄生「法国革命史論」（附正新民叢報第十五号明夷作）	13～19号（1907年5月～1908年2月）	飲氷「再駁某報之土地国有論」（附駁某報之中国已亡論）	90～92号（1907年5月～6月発行）
太邱「斥新民叢報駁土地国有之謬」	17号（10月）		

く反対する。梁は政治革命と社会革命を同時に進行することは絶対できないと反発する。具体的な理由として、まず民生主義を遂行することは、即ち「以野蛮之力、殺四万万人之半、奪其田而有之」にほかならない。次に、中国の社会において、欧米の激しい貧富の差のような現象は見られなく、みんなが貧しい。それゆえ、「策中国今日経済界之前途、当以奨励資本家為第一義」、「使其事業可以発達以与外抗、使他之資本家聞其風、羨其利、而相率以図結集、従各方面以抵当外競之潮流」、それをやっていけば、中国の経済はようやく「有済」になるのだと指摘する。そのため、仮に民生主義の「平均地権」「節制資本」という政策に従う場合、このことは中国社会において、まったく的に当たらないことだけでなく、私有財産の増殖の動機を抑圧しかねない。結果的に、民族資本主義を発展していく道が閉ざされ、「他国之大資本家入而代之」。いったん「彼大資本家既占勢力以後、則凡無資本者或有資本而不大者、隻能宛転庾死於其脚下、而永無復蘇生之一日」(48)と強調する。ここで、梁啓超は民生主義の遂行にもたらされる後遺症を中国民族資本主義の命運と帝国主義資本の進入と合わせて考慮することは、われわれに重視と警醒に値するものであるといえるだろう(49)。

革命派と改良派との大論戦は、一九〇六年には頂点に達する。この年の七月に、改良派は応戦に苦しくなり、『新民叢報』の第八三期(第四年第一一号)に「勧告停止駁論意見書」(徐佛蘇、署名：佛公)との一文を発表するが、革命派は彼らが論戦を停止する誠意がまったくないと判断し、その意向を断然として拒絶する。「一九〇七年冬になって、ようやくこの論戦が革命派の勝利と改良派の敗北に終結される。」(50)

『新民叢報』の廃刊について

改良派の機関誌『新民叢報』は一九〇七年一一月に発行停止となったが、実際は、翌年一月まで発行し続けている(51)。停刊となった理由について、梁本人は、徐佛蘇宛の手紙にこのように述べている。「第一に、党報が発行される運びとなったからです。僕一人の力ではこの新聞までまとめて面倒見切れないし、余力を以ってついでにやるというのであれば、厄介者同然で、気合いも入らず、遣り甲斐もなくなります。第二に、この新聞の発行が既に何回も延期したため、購読者がうんざりしてしまい、販売部数も頭打ちになり、経済的にも支えきれなくなったからです。昨年分を計算すると、既に赤字です。」(52)

一九〇七年春初、梁は要人（岑春煊）と会合するため上海へ赴く直前、徐佛蘇に出した書簡にもその窮境を語った。「叢報（第四年）第二十一号（第九十三号、一九〇六年一二月一六日に出す予定であったが、実際の刊行は翌年の七月頃）の文章はまだ一字も書いていません。この新聞の定期出版の信用は既に久しく失われており、もとより惜しむに足りませんが、この印刷所の看板を空しく掲げるだけで新聞は出ず、毎月千金を費やすというのは、私人の経済にとって非常に不利なことです。」(53)そして、蒋観雲に宛てた手紙にも「先生允恵大稿與叢報、至感至感。能早最妙、因欲赶緊出完、本年便専精力於黨報耳。」(54)

当事者の梁は、また停刊の原因について、これが主に上海支店の失火及び国内の販売ルートが閉ざされたことだと弁解する。

実際のところ、その変化の過程を振り替えてみれば、停刊の原因がそんなに簡単に片付けられない。創刊当時、発行部数が二〇〇〇部だったが、一年足らずのうちに、九〇〇〇部に急増した。政府の禁止令が出されたにもかかわらず、購読者が増える一方である。しかし、二年後の一九〇四年二月以降、この新聞は定期的に発行できなくなり、特にあの論戦の最中、すなわち一九〇六年一月から一九〇七年一一月まで二年間近くの間に、全部で二四期しか出していなかった。毎号のコラムの数も大きく減少した。本来、毎号に十余りのコラムが設けられていたが、九一期からは四つのコラムしかなかった。内容的にも単純になって、多くの文章はその続きが見られず、梁の名文「開明専制論」さえ未完のままで終わった。

いったい何故『新民叢報』の形勢が日増しに悪化したのか。一九〇六年六月に、ある『民報』へ投書した署名悔恨（一説は悔恨が田桐の筆名であるという。『民報』のスタッフが読者の名義で書くのは常套手段のひとつ）の読者が次のように述べる。「癸卯（一九〇三）年以前、『新民叢報』の発行部数が既に一定の量に達している。撰述者も多く、皆熱心だし、一般の投稿者も次から次へと絶えない。癸卯になってからは、国内における民衆の知力が徐々に開き、いままでずっと思っている所謂我々の皇帝様は、真の我々の皇帝様ではないという悔いる心が芽生え始め、勃発する。ついに『新民叢報』の販路が激減する。そして、『民報』が出現して、国民主義と民族主義が同胞の意識に浸透し、普段『新民叢報』と付き合っていた関係者が、みな裏切って向かい合うことになる。撰述者は他の新聞に撰述し、投稿者も他の新聞に投稿する。故にこの数ヵ月以来、『新民叢報』は党派の機関誌から梁啓超一個人の新聞に変身してしまい、これはまさに未曾有の惨状だろう。」(55)

論戦の敗北によって廃刊になったというのが通説だが、実際のところ、そうでもない。かつて『民報』前身の『二十世紀之支那』を創刊した中間派の宋教仁は、彼の『宋漁父日記』の中でそれについての事実関係を明らかにしている(56)。一九〇六年春、梁は康有為に保皇会を国民憲政会に改名することを建言した後まもなく、熊希齢の依頼で『考察各国憲政報告』を代筆して起草する。八月二八日、清政府の御前会議で事実上梁の起草したものを可決する。翌年旧暦正月（一九〇七年二月一三日）、保皇会が正式に国民憲政会に改名する。一〇月七日予定した政聞社の機関誌月刊『政論』（東京で創刊、第三号より、翌年四月一〇日に上海に移転）を発行する。十日後の一七日に政聞社が東京錦輝館で正式に成立大会を開く。『新民叢報』は一一月二〇日に第九六号（実際の発行は一九〇八年一月下旬）を出して廃刊になる。つまり、『新民叢報』の廃刊は、『民報』との論戦で敗北に直結するものでなく、前後の流れから梁の政治主張の転向が主な原因であることをうかがわせる。それについて、永井算巳氏も同様な観点である(57)。

第五節　楊度との合作—主動的に出撃

『新民叢報』は実質的に一九〇六年末頃停刊になっている。梁は神戸須磨村の麦孟華（孺博）の別荘「雙濤園（海の波と森の波に因んで名付けた）」に引き籠もり、情報収集に専念して国内の政治動向の観察に傾注する。そのとき、重要な人物が現れた。かつて湖南時務学堂において出会った楊度であった。

楊度（一八七五～一九三一）、湖南湘潭の人、字哲子。王闓運の門下生で、帝王学を学んだ。一九〇二年、日本に留学、「留日学生聯合会」副会長に選ばれる。一九〇三年、湖南同郷会一同『游学訳編』の創刊に携わる。その叙に自由、平等、独立との三大主義を標榜する。日本にいる間、黄興を孫文に紹介したこともあって、康梁一派と距離を置いていた。しかし、思想上において、孫文の種族革命よりも梁啓超の政治革命に接近していた。「大道無異同、紛争實倶誤。願以宣聖訓、長與相攻錯。」梁は、楊度の心境を語ったこの詩を読んで大いに共鳴し、「嗚呼。自万木草堂離群以來、復生、鉄樵、宿草之後久矣。夫吾之不聞斯言也。吾之疚日積而徳日荒也。十年於茲矣。風塵混混中獲此良友、吾一日摩挲十二回、不自覺其情之移也。」との前文を加えて『新民叢報』の「飲氷室詩話」に掲載した(58)。

一九〇五年、清朝政府が「考察政治館」を設け、載澤、端方、戴鴻慈、李盛鐸、尚其亨等五大臣を海外に派遣して憲政事情を考察する。しかし、これらの官僚は憲政にはまったくの門外漢であるため、随員の熊希齢が同郷の楊度に代筆してもらうことにした。楊は「中国憲政大綱応吸収東西方各国之所長」と「実施憲政程序」との二つの憲政報告を起草したが、もう一文「世界各国憲政之比較」を梁啓超に依頼した(59)。五大臣はこの三つの論文を各国の憲政考察報告書として上奏した。一九〇六年九月一日、清朝政府がこの報告書に基づいて「預備仿行憲政」を公布したのである。楊は翌年一月二〇日『中国新報』（七号より上海に移転、一九〇八年一月に九号を出して停刊）を創刊し、長文「金鉄主義説」（国家資本主義）を連載して、君主立憲制を鼓吹する。『民報』側の革命派にとって、『新民叢報』に次ぐ手強い論敵となった。

一九〇七年、清朝政府は政治考察館を憲政編査館に編制し、九月北洋大臣袁世凱と両湖総督張之洞を同時に軍機処に赴任させた。同年一〇月、楊度が叔父の葬式をあげるため、湖南に帰郷するという情報を受け取った袁世凱と張之洞は、楊度を招聘して入京させ、四品京堂「憲政編査館」提調という官職を与え、憲政に精通する人材として起用する。楊度はそれをきっかけにして袁世凱との縁を結んだ。

その後、梁は報告書を取りに来た熊希齢と楊度と三人で三日間熟談した結果、海外に「旧会」を残し、国内では別の「新会」を設立する結党計画を康有為に長文の手紙で披露した。この手紙には楊度のことを「東京において最も志を同じく、最も勢力を有する者としては、楊晳子、名は度（湘潭の人で、孝廉〔挙人〕となり、近ごろ新たに郎中の官を買いました）が一番です。この人は国学の造詣がきわめて深く、仏教の教理を研究しており、近世の政治法律の学についても確実に会得しています。」(60)として紹介している。しかし、五大臣に代筆したことに関して、康有為に報告しなかった。それはやや微妙なところで、留意すべきことであろう。梁は一度康有為に「内地には先生を忌避する人々が多く、弟子を忌避する人々は少ない」(61)と言って、国内の政治に積極的に関与するリーダーシップをとる意欲を漏らしたことがある。これは、教主の存在としての康有為より自分が政治の表舞台に立つ可能性が大きいという意味合いで、梁啓超は密かに政治的野望を抱き始めたのである。

自明のことだが、梁は自分がまだ国事犯であって、国内において活動が許される環境にはない。そこで、楊度や熊希齢と手を組めば、国内外において一大勢力を結集することができるではないかということを十分認識していた。梁啓超は楊度が帰国の際、彼に「勠昌黎雙鳥詩贈楊晳子」と題した五言詩を贈った。当面、まず「保皇党」を「帝国憲政会」に改組する必要があると康有為に建言した。

一九〇六年一〇月二一日（九月初四日）、米州保皇会が来年（一九〇七年丁未、光緒三三年、明治四〇年）元旦より国民憲政会に改名すると宣言した(62)。一〇月二四日付ニューヨークの『中国維新報』に、「康有為布告一七〇余埠会衆丁未新年元旦挙大慶典告蔵保皇会改為国民憲政会文」(63)が掲載され、早くも政治方針の移行脱皮を成し遂げた。「革命派における中国革命同盟会への結集事実とあわせてそれ迄の北京政府保皇会革命派という清末革命史における三者鼎立の混迷様相を君主立憲派と民族共和主義革命派との二者対立的姿相へとおしすすめる歴史的契機ともなった重要な政治事件であったとしなければならない。」(64)

一見順風満帆のように見えたが、主導権の争いで、楊度が梁啓超の腹心の部下である蔣智由、徐佛蘇らとの対立が表面化し(65)、翌年五月ごろ楊度が独自に憲政講習会を結成したため、梁啓超らも急遽自ら計画を推進して、政聞社の成立大会を開く運びになった。

むすび

黄遵憲は『新民叢報』での梁文を読んで感動した。『清議報』勝『時務報』遠矣、今之『新民叢報』又勝『清議報』百倍矣。(『清議報』所載、如『國家論』等篇、理精意博、然言之無文、行而不遠、計此報三年、公在館日少、此不能無憾也。)驚心動魄、一字千金、人人筆下所無、卻爲人人意中所有、雖鐵石人亦應感動、從古至今文字之力之大、無過於此者矣。」(66)『新民叢報』の成功の裏づけは、やはり『清議報』の三年間の経験である。圧巻たる「新民説」及び「論中国学術思想変遷之大勢」が多くの青年を魅了させた。そして、「留学生事件の追跡報道」を工夫して、青年読者から信頼を得た。松本君平の『新聞学』における雑誌発行の要領を十分吸収しただろうか、「佛國記者ブロキツは曰く『一の適當なる評論は十の雑報に勝る』と誠に至言と云うべし。」(67)との一句が梁の雑誌編集の指南になっただろう。もうひとつ重要な点として、『新民叢報』の言論姿勢である。それについて、梁啓超は「敬告我同業諸君」に明らかにされている。「請與諸君縱論報事、某以爲報館有兩大天職。一曰、對於政府而爲其監督者。二曰、對於國民而爲其嚮導者是也。」(68)

当然、外部環境の変化も重要な要素であろう。ことに、日露戦争及び科挙の廃止により、日本留学がブームとなり、留学生は『新民叢報』を手本として、雑誌の編集、洋書の翻訳に励んで、西洋の学術思想、近代教育の思想などを中国国内に向けてダイナミックな伝播活動を行なった。しかし、これまで民権論を唱えた改良主義者梁啓超は、訪米直後、国権論派に転じ、破壊主義と別れを告げ、清朝政府に対する攻撃をやめ、国民の「私徳」の堕落を糾弾する。この一連の動きが突如にあらわれ、これまで支持してくれた革命志向の青年達に衝撃を与えた。梁は、革命派と拮抗する姿勢を示した。『民報』との論戦を繰り広げているうちに、梁の国家主義思想が浮き彫りになった(69)。一方、孫文の「三民主義」の欠陥が露呈してしまったのである(70)。

論戦途中、梁はすでに清朝政府の予備立憲策に応じて、これまでの「保皇会」を「帝国憲政会」に改組し、熊希齢（秉三）楊度（晳子）の人脈をターゲットにして、人材を網羅している。梁は自ら積極的に情勢に応じて脱皮し、神戸郊外の別荘に閉じこもり、韜晦しながら、追随者を獲得するために暗躍した。

『新中国未来紀』は、『佳人之奇遇』を経とし、『経国美談』を緯として作られたまったく独自性の無い、文芸価値が低劣な作品である。しかしながら、半ば自伝的小説の性格を有する作品として、政治的啓蒙を果たしたことは否定できない（中村忠行　一九四九）。「創作上の具体的な暗示を与えたのは、まぎれもなく（末広）鉄腸の作品群であった。」（山田敬三　一九九九）といったような指摘もある。しかし、梁啓超の政治小説は、主に「政見を発表し、国計を商榷せん」に力点を置いていた。それによって、政治の変革を推し進めたのである。従って、彼の政治小説は文学においてさほど意味深い作品ではないが、政治小説というジャンルの啓蒙機能を十分に生かしたことは、彼のジャーナリズム活動の一環として、重要な意味を持っていると主張したい。

註

(1) 亡命直後志賀重昂との筆談から読み取れる。「然義師之起、其険著居十分之九、盖欧州諸國、必将承其後、且各省伏莽、紛紛借名而起、蹂躙中原、而分割之事亦随之矣。」

(2) 『新民叢報』が創刊した四日後の一九〇二年二月一二日に「日英同盟条約」（五年間有効）が調印されたのである。梁は第二号の「英日同盟論」において、「此約發布後數日、日本之時事新報繪一畫圖、爲英日兩女神之像。倚輪持戟、而保護中韓兩孩童於其膝下。嗚呼、吾國人見此圖者、當有如何之感慨乎。吾遂爲英日膝下一弄兒以自足乎。」として、屈辱感に苛まれる。

(3) 第三四号（一九〇三年六月二四日に発行）より山下町百六十番に移転。

(4) 半月遅れの二五号（一九〇三年二月一一日）より旧暦に沿わなくなる。三五号（日付一九〇三年八月六日、実際の発行日は一〇月下旬となる）は半年遅れ、三八・三九号、四〇・四一号、四二・四三号、四四・四五号、四六・四七・四八号は一ヵ月毎に発行、第三年目一号（四九号、日付は一九〇四年六月二八日としたが、発行日は七月下旬となる）は四ヵ月遅れ、五〇号、五二号と月刊になってしまい、五二号（一九〇四年九月一〇日、旧暦八月一日）より九四号（一九〇六年一二月三〇日まで、また旧暦一日、一五日に月二回刊に戻る。途中、七〇号（日付一九〇五年一二月一一日）は半年遅れの一九〇六年一月下旬に発行。停刊になる前の九五号、九六号は半年の遅延で、一九〇八年一月前後に発行。
(5) 一八九七年秋設立、本社は上海大馬路泥城橋西首〔現在南京東路と河南路との交差点〕に設け、四馬路中西薬局〔現在の仁済医院〕の真向かいに支店を設置。
(6) 梁啓超「光緒二十八年四月『與夫子大人書』」『梁啓超年譜長編』二七二〜二七三頁。
(7)『新民叢報』第一号「本社告白」、「中國報館之興久矣、雖然求一完全無缺、具報章之資格、足與東西各報相頡頏者、殆無聞焉。非剿説陳言、則翻譯外論、其記事繁簡失宜、其編輯混雜無序、殆幼稚時代勢固有不得不然者耶。本社同人有慨於是、不揣檮昧、創爲此冊。其果能有助於中國之進步與否、雖不敢自信、要亦中國報界中前此所未有矣。」
(8)「発刊詞」『新民叢報』創刊号。
(9) 梁啓超「新民説―第三節　釈新民之義」『飲氷室専集』(之四) 五頁。
(10)「これは自立軍起義失敗以後の梁啓超の革新志向が政治実践から啓蒙運動へと重点を移行したことと光緒皇帝をめぐる鮮烈な『保皇』精神に彩られたChina Discussionとしての『清議』報から国民を主眼にすえた下からの中国維新を標榜する『新民』叢報へと脱皮したことを示唆しており、ここに我々は梁啓超のいう一党報から一国報へそして更には世界報をめざす野心的抱負の展開系譜つまりは自立軍起義の挫折を転機とする梁啓超の康梁派的政治姿勢におけるありかたの微妙な変化をあらかじめ指摘しておきたいと思う。」永井算巳前掲文 (その一)、一一頁。
(11) 筆者の調べによれば、日本における「輿論」という言葉は、明治一〇年に発刊した『輿論新誌』や輿論社の発行した『東京輿論新誌』などの近代雑誌が発生するとともに登場するが、その概念の定着は、やはり明治二〇年 (内山正如編『日本之輿論』出版) 前後であろう。それ以前、「衆意、公論、公議」などが「輿論」の同義語として使われていた。一方、中国古典では、「輿論」という言葉の出現は遥かに三国時代に遡る。『三国志・魏・王郎傳』の上奏文において「設其傲很、殊無入志、懼彼輿論之未暢者、並懷伊邑。」とある。(『新聞輿論研究』王雄著、新華出版社、二〇〇二年一二月、二六〜二七頁)。しかし、それまでに中国では「輿論」というよりも「輿誦」のほうがよく使われていた。明らかに、中国における「輿論」の使用は、梁によって定着したのである。後述の『国風報』において、梁の「輿論研究」が更に深められる。
(12) 梁啓超「清代学術概論」劉夢渓主編、夏暁紅編校『中国現代学術経典・梁啓超巻』河北教育出版社、一九九六年八月、一九五頁。

(13)『新民叢報』第九、十一号「本社告白」。
(14)光緒三十二年三月一日（一九〇六年三月二五日）申報廣告「上海四馬路新民叢報支店啓事」
(15)張朋園『梁啓超與清季革命』二九六頁。「其在申報廣告上的一萬四千之數、恐不可信。」
(16)第二十号、二十二号「問答」欄。
(17)計算の間違いかもしれない。「湖北者四十九人、江蘇四十六人、浙江四十一人、廣東二十三人、湖南二十人、直隷十六人、安徽十五人、福建十二人、四川十一人、江西四人、貴州二人、陝西山東廣西各一人、東三省共二十七人。」（第五号、一一九頁）との内訳によれば、二七四人ではなく二六九人である。
(18)胡適『四十自述』（沈雲龍主編、中国史料叢刊続編第九十六輯）文海出版社、一〇一頁。
(19)同上。胡適『四十自述』一〇六〜一〇七頁。
(20)森時彦「梁啓超の経済思想」前掲『共同研究梁啓超』二五四頁。『新民叢報』第二五号に掲載した「徴文甲等」の「管子傳」（署名：廣東省城衛邊街尚同寄盧　湯學智）が、のちに梁の『管子傳』（一九〇九年）の母体になった。
(21)一九〇二年七月、私費留学生鈕瑗ら九名が、当時陸軍士官学校の予備校とも言うべき成城学校に入学しようとした。ところが、日本の学校では、清国公使の担保が無ければ入学を許可しない。蔡公使は九名の留学生の入学証書に捺印を拒んだ。理由は私費留学生が軍事学を学ぶのは暴力革命を企図して、危険だからである。そこで、留学生達は請願を聞き入れられるまで公使館を去らないと頑張る。事件が発生してから一週間、解決されなかったため、蔡公使は、日本の警察に頼んで首謀者呉稚暉、孫揆均を「治安妨害」の罪で拘引して強制送還を処分する。呉は憤慨して絶命書を書き、川に身を投げて自殺する。呉は幸い警察に救出された。丁度日本に居た蔡元培が彼を護送して帰国した。
(22)梁啓超「光緒二十九年三月十六日（一九〇三年四月一三日）『致蒋観雲先生書』」『梁啓超年譜長編』三一一〜三一二頁。「他無足惜惟此報現在頗有勢力於社會」。
(23)日本外交公文書「光緒三十二年（一八九九年一〇月）湖南新党ノ一人畢永年ハ哥老會ノ頭目七人ヲ伴ッテ香港に至リ興中會ノ首領孫逸仙及三合會ノ頭目ト會セシメ新ニ興漢会ナルモノヲ組織シ孫逸仙ヲ推シテ統領トナシ」（整理番号450578）。
(24)中村忠行『新中国未来記』考説―中国文芸に及ぼせる日本文芸の影響の一例―」『天理大学学報』一巻一号、一九四九年五月、九二頁。
(25)中國之新民「敬告我同業諸君」『新民叢報』第一七号、一九〇二年一〇月二日。

㉖梁啓超「新民説」前掲『飲氷室合集』専集之四、一一頁。
㉗狭間直樹「『新民説』略論」前掲『共同研究梁啓超』八〇頁。
㉘梁はのちの第四節「就優勝劣敗之理以証新民之結果而論及取法之所宜」では、明治日本の「人種論」に関する常識、通念を吸収して、自分の新知識へと見事に脱皮する。石川禎浩「近代東アジア『文明圏』の成立とその共通言語—梁啓超における『人種』を中心に」狭間直樹編『西洋近代文明と中華世界』京都大学学術出版会、二〇〇一年二月、三二～三八頁参照。
㉙「我們在那個時代讀這樣的文字、沒有一個人不受他的震盪感動的。他在那時代（我那時讀的是他在壬寅（一九〇二年）癸卯（一九〇三年）做的文字）主張最激烈、態度最鮮明、感人的力量也最深刻。他很明白的提出一個革命的口號：“破壞亦破壞、不破壞亦破壞！”……他指出我們最缺乏而最須採補的是公德、是國家思想、是進取冒險、是權力思想、是自由、是進・、是自尊、是合群、是生利的能力、是毅力、是義務思想、是尚武、是私德、是政治能力。他在這十幾篇文字裏、抱着滿腔的血誠、懐着無限的信心、用他那枝“筆鋒常帶情感”的健筆、指揮那無數的・史例證、組織成那些能使人鼓舞、使人掉・、使人感激奮發的文章。其中如論毅力等篇、我在二十五年後重讀、還感覺到他的魔力。」胡適『四十自述』一〇三～一〇五頁。
㉚丁文江撰『梁任公先生年譜長編初稿』世界書局（台北）、一九八八年、第三版、一七四頁。
㉛前掲『梁任公先生年譜長編初稿』一七五頁。
㉜前掲『梁任公先生年譜長編初稿』一九一頁。
㉝「其在晩明、満街皆是聖人、而酒色財気不碍菩提路。其在今日、満街皆是志士、而酒色財気之外、更加以陰険反復、奸黠涼薄、而視為英雄所当然。晩明之所以猖狂者、以窃子王子直捷簡易之訓以為護符也；今日所以猖狂者、則窃通行之愛国忘身、自由平等諸口頭禅以為護符也。故有恥為君子者、無恥為小人者、明目張胆以作小人、然且天下莫得而非之、且相率以相互崇拝、**以為天所賦与我之権当如是也**。」
㉞『中国啓蒙思想文庫　新民説　梁啓超』遼寧人民出版社、一九九四年九月、一六〇頁。
㉟狭間直樹編『共同研究梁啓超』みすず書房、九三頁。
㊱中国之新民「論學術之勢力左右世界」『新民叢報』第一号。

㊲梁の理解している民権の外延には、遊民或いは「暴民」の権利を排除している傾向がある。しかし、労働階級、資本家、知識人など所謂「生利」階層には同情を与えている。「勞動階級之運動可以改造社會、遊民階級之運動只有毀壞社會。」（一九

二一年二月一五日『改造』第三巻第六号）というのは梁の一貫した立場であった。梁の排除した遊民の権利が結局毛沢東に利用され、新民主主義革命がこれで奏功した。

(38) 梁家禄・鐘紫・趙玉明・韓松『中国新聞業史（古代至一九四九）』廣西人民出版社、一九八四年八月、九三〜九八頁。李龍牧著『中国新聞事業史稿』上海人民出版社、一九八五年一月、五二〜六二頁。谷長嶺・愈家慶編『中国新聞事業史』中央廣播電視大学出版社、一九八七年五月、八八〜九〇頁。王洪祥主編『中国新聞史（古近代部分）』中央民族学院出版社、一九八八年一二月、一五六〜一五七頁。方漢奇主編『中国新聞事業通史（第一巻）』中国人民大学出版社、一九九二年九月、八二五〜八三四頁。袁軍・哈艶秋『中国新聞事業史教程』中国廣播電視大学出版社、一九九六年四月、七六〜八〇頁。劉家林編著『中国新聞通史（上）』武漢大学出版社、一九九五年一二月、二六六〜二七一頁。方漢奇主編『中国新聞伝播史』中国人民大学出版社、二〇〇二年一一月、一一八〜一二二頁。劉家林編著『中国新聞通史（上）』武漢大学出版社、一九九五年一二月、二六六〜二七一頁。

(39) 前掲『中国新聞事業通史』（第一巻）、八二五、八二六頁。

(40) 『民報』第壹號「發刊詞」（署名孫文）において初めて「民族、民権、民生との三大主義（三民主義）」が提示される。

(41) 『民報』一〇號（一九〇六年一二月二〇日）。

(42) 「鎮圧反革命」運動中、四百万の地主を殺したという。毛沢東は国境をなくす共産主義を目指して社会主義運動を展開したが、結果的に彼の遂行したものは国家社会主義段階に留まる。

(43) 張朋園「他山之石―梁啓超與革命黨論戰的影響」前掲『梁啓超與清季革命』第七章。永井算巳「清末における在日康梁派の政治動静（その二）―新民叢報と民報の論争信州大学人文学部『人文科学論集』第二号別冊、昭和四二年一二月。堀川哲男「民生主義をめぐる民報と新民叢報の論争」『東洋史研究』（東洋史研究会）三三（一）、三四（一）、有田和夫「改良派と革命は―新民叢報と民報の論争―」『東京支那學報』第十一號、「再び新民叢報と民報の論争をめぐって」『宇野哲人先生白寿祝賀記念東洋学論叢』一九七四年。周佳栄『『民報』與『新民叢報』論爭的再評價」『新民與復興―近代中国思想論』（周佳栄著）香港教育圖書公司、一九九九年初版。

(44) 章太炎「排満平議」『民報』第二一期（一九〇八年六月一〇日発行）。

(45) 『梁啓超年譜長編』三六五〜三六六頁。

(46) 梁啓超「開明専制論」『新民叢報』第七五号（一九〇六年四月頃発行）。

(47) 前掲、方漢奇『中国新聞事業通史（第一巻）』八三〇頁。しかし、永井算巳氏は「然りとすれば開明専制は実に立憲の過渡であり予備であって普通の国家は必ずこの時期をへて然る後に立憲に進むのが国家進歩の順序であるという見地から中国の現状には開明専制が適当である旨を『今日救国惟一の方略』と主張する梁啓超の態度は一概に之を彼の政治主張の後退とのみ解釈すべきではなく、むしろそれは梁啓超における基本的政治志向たる立憲君主政体実現のための当面の方略戦術としてうち出された政治主張であり、中国革命同盟会に結集された革命派の政治動向をにらみ合わせながら北京政府における予備立憲運動にも対応せんとした梁啓超のリアルな政治的配慮の具現であったとみるべきではあるまいか。」（前掲文〔その一〕13頁）と評価している。

(48) 飲氷（梁啓超）「社会革命果為今日中国所必要乎」『新民叢報』第八六期（一九〇七年二月頃発行）。

(49) 前掲、方漢奇『中国新聞事業通史（第一巻）』八三一頁。

(50) 同上。

(51) 狭間直樹編『共同研究梁啓超』みすず書房、四二〇頁「付録２」。

(52) 前掲書『梁啓超年譜長編』三八六頁。

(53) 前掲書『梁啓超年譜長編』四〇五頁。

(54) 前掲書『梁啓超年譜長編』四〇八頁。

(55) 一九〇六年六月『民報』第五期（一九〇六年六月三〇日再販発行）。

(56)『梁啓超年譜長編』三六三～三六四頁参照。

(57)「とは云へ新民叢報廃刊の主因は経営財政上の困難もさることながらむしろ前述した保皇会の国民憲政会への改組という政治的新情勢がその決定的理由であったとしなければならない。」永井算巳前掲文（その一）、一一頁。

(58) 楊雲慧著『従保皇派到秘密党員―回憶我的父親楊度』上海文化出版社、一九八七年四月、二六～二七頁。

(59)「浅原達郎の精細の考証によれば、戴鴻慈、端方ら一行の随員熊希齢が別行動をとって欧州からとってかえし、一九〇六年六月十三日以前から七月一日くらいまでの間、日本に滞在して梁啓超と接触交渉、梁が『二十万言前後』もの文章を代作して、それを八月三日の直前に梁自身が呉淞まで届けたのである。」狭間直樹編『共同研究梁啓超』九六～九七頁。

(60) 梁啓超「夫子大人あての書簡」島田虔次編訳『梁啓超年譜長編』第二巻、二七三頁。

(61) 同上、二七四頁

(62) 前掲書『梁啓超年譜長編』三六七頁。

(63) 民報第十三号「希望満州立憲者之勘案」（署名：民意）に収録。その冒頭に「公啓　救中国之淪亡、必以君民同治満漢不分八字為目的、故欲速変法以救危局、非先得聖主当陽不為功、欲定良法以保久長、非改為立憲民権不為治、此僕救中国之宗旨、而考定於廿年以前、堅持於十年以来者也」とある。

(64) 永井算巳前掲文（その一）、八頁。

(65) 楊度「致卓如我兄足下書」『梁啓超年譜長編』三九七〜四〇四頁。「佛蘇爲人無智略、可與行之、而不可與謀之兄。此後不可不注意。」

(66) 光緒二十八年四月黄公度『致飲氷室主人書』『梁啓超年譜長編』二七四頁。「『清議報』は『時務報』よりはるかに勝っていましたが、今の『新民叢報』はまた『清議報』に勝ること百倍です（『清議報』に掲載された、たとえば「国家論」などの篇は、理論は精密で意味は博大なのですが、言葉が文彩を欠いていたため、あまり広まらなかったのです。思うに、この報を手がけた三年間、あなたが館におられる日はほんの少しでした。このことは返す返すも残念でなりません）。心が震え魂が揺さぶられ、一字千金の重みがあります。言葉には言い表せないものの、誰もが心に抱いていることなのです。鉄石の心を持った人ですら感動することでしょう。古より今に至るまで、文章の力の大きさにかけて、これに勝るものはありません。」（訳文：島田虔次編訳『梁啓超年譜長編』第二巻、一三二頁）

(67) 松本君平『新聞學』六五頁。

(68) 梁啓超「敬告我同業諸君」『飲氷室文集之十一』三六頁。『新民叢報』第十七号（一九〇二年一〇月二日）「論説欄」署名「中國之新民」。

(69) その特徴として以下の四項目にまとめられる。第一に、国家「有機体」論を以って社会契約論に取って変わる。国家器械説に反対する。第二に、国民と民族を区分して、満州を排除する民族の復讐に反対する。第三に、共和政体を批判し、暴力革命に反対する。第四に、国家主権論を唱道し、開明専制論に帰着する。

(70) 張朋園は、梁がこの論戦において「革命派の主張の更なる明晰さと緻密さに役立っている。」と論じた。（本稿補遺1参照）しかし、一九三〇年代、かつて国家社会党首領であった張君勱は『朝日新聞』特派員のインタビューに応じて、次のように述べた。「三民主義は元来フランス革命の思想が取り入れられて出来上がったもので、その個々については好いところもあるが実際に政治上にこれを運用するには不統一で円滑に調和して行かれない、すなわち民権主義は自由主義資本主義思想であって、これと民生主義の社会主義思想とは相反するものがある、又民生主義と民族主義との間にも矛盾があって、これを如何に調和するかについては何ら説明してない、矛盾撞着が多いものである。」一九三六年二月八日付『朝日新聞』朝刊三面。

第四章　日露戦争後の予備立憲

　清王朝にとって日清戦争が致命的な一撃を受けて、岐路に立たせられたことはいうまでもなく、王朝体制が根本的に崩され、国運の分かれ目となったのは日露戦争の日本の勝利による刺激であった。というのは、それまで依存してきたロシア帝政の敗北によって、帝政の存続環境が一夜に消えた。当時の輿論として、日露戦争は「立憲と専制との二つ政体の戦」である。日本がロシアに戦勝したことは、専制に対する立憲の勝利を意味している。清王朝は、西洋文明の侵食によって、二千年も続けてきた「科挙」人材登用制度がついに時流に流された。清政府は、延命策としての「予備立憲」、このはかない一本の藁をつかんで、懸命に破局を挽回しようとしたのである。列強の西洋諸国にずっと未開花という差別待遇を受けた崩壊に近づく専制的清王朝は、五大臣出洋考察から胎動した予備立憲体制樹立運動が、一九〇六年九月一日に予備立憲計画の公布と翌年九月二〇日に（国会の基礎たる）資政院の設立及び一〇月一九日に（地方議会の基礎たる）諮議局の設立「上諭」の頒布を経て、ついに一九〇八年八月二八日に「危険信号たる」憲法大綱（九年間予備期限）の誕生に結びついた。しかし、その実態が「君権強化」を遂行するための立憲制であり、三権分離の議会制までは、まだ程遠いものであった。国民といえぬ「子民」にとって、政府に対する期待感が幻想に過ぎない(1)。が、海外にいる改良派諸子にとっては、またとない朗報であるに違いない。「手之舞之、足之蹈之（喜びのあまり、手の舞い足の置く所を知らない）」(2)。

一番早く「予備立憲」を提言した政治的臭覚の敏感な梁啓超は、思わず運命の転機の到来を予感したのだ。「予備立憲」という言葉自体、梁啓超が最初に提示したのである。一九〇一年六月七日に発行した『清議報』(第八一冊)に梁の「立憲法議」との一文が掲載される。梁は世界のあらゆる政体を三つに分ける。即ち君主専制、君主立憲、民主立憲である。この三者の中で、中国に適合するものは、「君主立憲者、政体之最良者也」との認識を示した。しかし、中国国民の素質から見れば、現段階では、君主立憲制を実行する資格を持っていないので、予備立憲から始めなければならないとの結論に至る。

革命史観に包まれた近代歴史において、予備立憲の歴史的作用はほとんど認められていない。果たして清朝政府の「予備立憲」は人民を欺き、ごまかしをするばかりであるものなのか。清朝政府が余儀なく梁啓超の段階論を採用した思惑は、やはりその合理性を認めざるを得なかったからだ。実際に共和立憲を目指す革命党も「軍政、訓政、憲政」といった段階論を採っていたことから見れば、両派の目指す政体が違うが、方法論としては一致している。それに、最終的目標にしても両派とも「強国」であることは分岐していない。かつて国民革命軍首領たる蒋介石も何十年間「訓政」を断行してきた。予備立憲時期の「開明専制」は国体を存続するための合理的な政体である。梁啓超は国民資格の養成と立憲制を遂行するための諸条件を勘案した場合、この時期で最も効果的な政体は何かについて、革命派に向かって弁明し続けた。

一九〇七年二月下旬、日本政府は孫文の離日勧告を行なった。二五日、日本外務省次官が孫文に餞別をおくる。孫文は日本政府から五千円、有名な相場師鈴木久五郎から一万円を獲得したが、『民報』社にわずか二千円しか与えなかった(3)。章太炎が相当不満を覚え、孫文の同盟会総理の座を罷免しようと提言した。張継、譚人鳳、田桐らが皆その意見に賛同し、所謂「倒孫風波」を引き起こした。これによって、章太炎、張継、劉師培らと孫文、汪兆銘、胡漢民らとの間で、資金問題をめぐって一層対立が深まり、種族革命を呼びかけた同盟会は、やがて亀裂が生じたのである。

革命派が梁啓超と論戦を繰り広げるうちに、論理的弱点が徐々に明かされた。仮に民族革命を成功して、政権を奪回したとしても、暴力をもって暴力に変えるではないか。どういう国家体制を創ればこの問題が避けられるのかについて、追随者に説明責任が要請されている。孫文は、民生主義の社会革命を民権主義の政治革命と同時に遂行しなければならないと主張するが、それはまた傍観者に革命党が一旦政権を奪回したら、権力維持を重視する独裁傾向に走るとの疑問を持たせる。そこで、革命派の『民報』側がその理論基盤を再構築するために、社会主義講習会(4)を開いたのである。しかしながら、その講習会は実質的には革命党の思想上における分裂の産物であった。

社会主義講習会（一九〇七年九月～一一月）は、同盟会の主力張継と当時無政府主義に心酔していた劉師培によって開催される。その宗旨は社会主義の実行に留まらず、無政府社会を目的とする。その理由は、梁啓超に厳しく反撃された弱点である民族主義の排満革命思想を一掃することができるからだ。つまり、無政府主義は満人の特権を排するにあって、漢民族の特権を伸ばすにあるのではなく、権利的意図のない真正の革命である。また、無政府主義は政権を奪回した少数者の幸福のためではなく、全国の農民労働者を結集した多数人民による革命であるから、必ず多数の人民が均しく幸福になりうる。しかし、それについての反論が多く、無政府主義は欧米においても実行されない「机上の空論」ではないか。結局、その講習会は受講者がどんどん減っていたため、六回目にして終止符を打った(5)。

一九〇七年七月一八日康有為宛の手紙に、梁啓超は「革命党の勢力は、東京ではすでにすっかり鳴りをひそめ、民報社の各人はお互いにいがみ合って、団体は雲散霧消、合併号すら出版できず、学界の全員がもはや連中によって惑わされることもなくなりました。思うに昨年『新民叢報』が向こうと血戦《ママ》した際、〔こちらの意見は〕前後合わせて百万言に上りましたし、加えて『中国新報』（皙子がやっています）、『大同報』（旗人がやっています）がこちらの後押しをしてくれたので、その勢力はすっかり消滅し、孫文も〔日本〕国外に追い立てられる始末で、今や巣穴は破れ、わが党は粛清克服の功績を完全に手にしたのであります。」(6)と興奮を抑えきれなく誇示し、これからは第二の大敵たる清朝政府と全力で対決しようと闘争心が漲っている。その真っ先には不倶戴天の仇敵たる袁世凱を倒すことがあった。

一九〇七年、清国国内において、安徽巡撫恩銘が徐錫麟（一八七三〜一九〇七）に刺殺された事件と秋瑾（一八七五〜一九〇七）の「紹興案」が発生した。国外において、七月二四日、日本は日韓協約を調印し(7)、朝鮮を併合しようとしたほか、さらにフランス（六月一〇日）、ロシア（七月三〇日）との間に清国の領土分割を巡る協約を結んだ(8)。このような内外の圧力によって、清朝政府は革命と分割を防止するために立憲派との連携が余儀なくされた。それまでに採った形だけの予備立憲の措置はもう一度真剣に見直さなければならなかった。それゆえ、清政府は七月八日に再び予備立憲の上諭を頒布した。

梁啓超は楊度との合作が失敗したが、国内外の情勢変化を見極め、「政聞社」の結成という新たな展開を見せるに至った。ようやく彼は政治生命の復活を目指して助走し始めたのである。

第一節　短命の『政論』

一九〇七年年初(9)、梁は「現政府與革命黨」を『新民叢報』第八九号に発表する。この文章について、楊度からの勧告があった。その時点で、梁啓超と楊度とのあいだに亀裂が生じたとみられる。

一九〇七年五月頃、徐佛蘇に宛てた書簡に梁啓超が初めて『政論』という雑誌を出したい考えを示した。「歸後細思兄所言黨報未成立前、先組織一報、此著似亦甚要。蓋某君（楊度を指す）今方着着進行、則我輩速設一機關、以吸收人才、誠為要著。弟欲出一報、名曰『政論』、其社即名政論社。……將來就此基礎結爲政黨、公謂如何？」(10)どうやら、梁啓超はかつて明治二一年六月に東京で創刊された同名雑誌、同名組織に因んで名づけたようであった。また、明治の国粋政治文化団体「政教社」をも連想させられる。

そのとき、既に『中国新報』（一九〇七年一月二〇日に東京で創刊）四期を出した楊度は、熊希齢、梁啓超、蒋観雲らと予定した「憲政会」が人事問題で康有為・梁啓超一派との間、亀裂が生じた。楊は『中国新報』に連載した「金鉄主義説」が東京でたいへん人気を博した。彼は二月上旬に組織した「政俗調査会」の基礎の上に、「憲政講習会」を開き、のちに「憲政公会」に改名し、常務委員長を務める。梁は楊度の動きに対してますます不信感を抱え込んだ。「某君（楊度を指す）はわざわざ憲政会（憲政公会のこと）を開いた（彼が事を進めている以上、我々ものんびりしていられません）そうですが、あなたが言っていた憲政研究会のことでしょうか。それとも別のものでしょうか。いったいどういう考えなんでしょう。ここそ隠すなんて本当に理解できませんし、我々と事を共にしながら終始何一つ我々に告げないとは、いったいどういう考えなんでしょう。」(11)

五月三〇日（礼拝四、木曜日）、梁は横浜を離れ(12)、潘若海と同行して六月三日に密かに上海に到着した。「最近、電報を見て、西林（岑春煊の号）が南下して上海に行こうとしているのを知りました。彼と途中で会って陳述しようとするのは、一つは、全局（国会を広くこと）のため、一つは桑梓（諮議局を開くこと）のためです。」(13)「目的物」の岑春煊（時に両広総督となり、袁世凱とは政治的宿敵である）と会談するつもりであったが、実現できなかった。実際、岑春煊は北京を離れたのが六月一二日（五月二日）(14)で、予定より遅れて、梁啓超とすれ違った。「事業を手がけようとする時期ですから、本来よそに出かけるべきではないのですが、西林と項城（袁世凱）の二人は、どちらも今日の重要人物であり、将来必ず提携しなければなりません。」(15)梁は六月一五日に神戸須磨に戻り、隠居生活を送り続ける。

『政論』誌を着実に計画し始めたのは、八月一日（六月二二日）に梁が蒋観雲、徐佛蘇、黄與之三人に書簡を出した以降であった。当時、『新民叢報』はまだ停刊になっていなかった。

「いずれにせよ、この報はどうしても先行して手がけないわけにはいきません。もし皆さんが同意して下さるようでしたら、私の所で先ず二千元を醸出して基礎資金とし、即刻材料を準備して一ヵ月以内に出版しましょう。東京で新たに借りる建物を、この報の編集所とし、同人たちの中から編集主任を一人、会計主任を一人選ぶこととします。将来、会を主体とし、報を附属とすることは言うまでもありませんが、当初の段階では両者（『新民叢報』と『政論』）を等しく重んじて差し支えないでしょう。」(16)

五日後、梁は再びこの三人宛に『政論』の発行形態に関してきめ細かく説明を加えた。

「報は毎月一号出すというのは、そう決めてよろしいでしょう。ただ、観雲先生がページ数はそれほど多くなる必要はないとおっしゃるのに対して、卑見はやや異なります。これは私の自分本位な考えですが、けだし私は文章を書くと、ややもすれば煩雑になって削らないので、一つの文章が分載されて何号にもわたり、人をうんざりさせてしまいます。もし一、二期で掲載を終えようとすれば、毎号わずかに一、二題になってしまいます。それゆえ卑見では、新報はどうしても『新民叢報』より分厚く、ほぼ『中国新報』に匹敵するものでなければなりません。定価は『叢報』並み、あるいはもう少し引き上げてもいいでしょう。印刷は東京で日本人に依頼します。最初、都合が悪ければ、『叢報』が暫定的に一、二期分印刷を肩代わりすることもできるでしょう。『叢報』は年来非常に多額の欠損を抱えており、たとえ引き続き出版するにしても自前で印刷するつもりはありません。あるいは、上海広智〔書局〕印刷所で印刷するかも知れませんが、現在急いで店じまいしないのは、借りている建物がまだ満期になっていないからです。それゆえ、今後この報はどうしても東京で委託印刷にしなければならず、印刷校正に関する雑事も、やはり東京で誰かに担当してもらわなくてはなりません。私はたぶん陽暦の〔八月〕十日（陰暦七月二日）までに必ず参ってお目にかかり、その後、また須磨に帰って、それから報の文章に取りかかることになるでしょう。」(17)

同書簡に梁は「世界の大勢と中国の前途」、「憲政の運用」、「貨幣政策」との仮題にした三つの文章を準備しているようである。その中、「世界の大勢と中国の前途」をのちの『政論』創刊号に掲載した。「憲政の運用」は『政論』五号（一九〇八年七月八日）から二年後に創刊した『国風報』まで連載し続けた「中国国会制度私議」に改題した。「貨幣政策」は、中国も金を「主幣」にすべしと主張したもので、一九〇八年執筆にかかる「中国古代幣材考」（『国風報』一年七期）がこれに相当すると思われる(18)。

一九〇七年一〇月七日（光緒三三年九月一日）に月刊誌『政論』が「政聞社」の機関誌として東京麴町區一番町六番地で創刊された。編集は主に蒋智由（観雲）に任せる。創刊号巻頭に、日本憲政本黨前總理伯爵大隈重信の「政論序」(19)が掲載される。巻末の社報欄に、「政聞社社約」、「政聞社社員簡章」と『政論』章程」を公布した。第二号には、さらに「政聞社開会記事」、「政聞社職員名籍」、「政聞社職員簡章」、「政聞社職員執務規則」など社内事情を掲載する。翌年二月に、『政論』も政聞社とともに上海に移転した(20)。第三号は一九〇八年四月一〇日に発行した。その号の「講演」欄に総務員馬良(一八四〇~一九三九)の「政党之必要及其責任」、日本進歩黨領袖犬養毅の「立憲黨與革命黨」(政聞社成立會來賓演説)が発表される。『政論』は当時国内において最も早く政党問題を議論したのである(21)。

梁啓超は「政治與人民」の一文において、国会の必要性と政党の使命を訴えた。「慾求政治之能良、莫急於有監督機關以與執行機關相對立。執行機關者何?政府是也;監督機關者何?國會是也。故國會者良政治之源泉也。今世立憲國、惟知此意也。故一切政治、非得國會多數之贊許者、不能施行;坐是而執政之人、非得國會多數之後援者、不能安於其位。夫國會者、以人民之選擧而成立者也、其性質既已爲代表國民之意思而申其利益矣。重以國會既立、則政黨不得不隨而發生。政黨之性質、則標持一主義以求其實行。……政黨之所以成立而有勢力、其道不外得國民多數之同情。然苟所標持之主義、不爲國利民富、則國民之同情、決無自而得。然則其國中、苟無足以稱爲政黨者、斯無論矣。」(22)

何天柱が梁啓超に意思を授け、一九〇七年二月一五日に『学報』を東京で創刊、第三号以降、上海の学報社で印刷発行、梁は「『学報』者、可謂中國學術上報章之先河也」と賞賛する。『政論』と同期で停刊になる。一九〇八年七月に《政論》は第七期を出して停刊になったが、一九〇九年九月一四日、早稲田大学在籍中の張君勱(一八八七~一九六九、本名「嘉森」。一九一〇年早大卒、一九一三年ドイツへ留学、一九四六年『中華民国憲法』を起草)は上海で『憲政新誌』を発行する。梁はようやく言論の陣地を取り戻した。『憲政新誌』の第三号より、梁啓超の力作「中国国会制度私議」(23)が連載される。この論文最初の二章はかつて『政論』第五号に筆名「憲民」で発表したが、今度は「宝雲」という筆名であった。

上海を拠点にした『政論』は亡命して以来、海外にしか立脚できなかった言論機関と違って、立憲派の政局介入に大きく前進した本領発揮であった。それは革命派にとって大きな衝撃であろう。一方革命派内部において、ついに「倒孫風波」が起き、孫文と章太炎との間に資金問題で齟齬が生じた。『民報』において「国粋」を鼓吹したりして、革命の論調とは逸脱している部分があったにもかかわらず、『民報』社がさらに「社会主義講習会」を開き、無政府主義を主張するなど、革命派の結束に大きな障害となった。

第二節　政聞社の創設

「政聞社宣言書」(24)から見れば、立憲派は、中央と地方に結びつく有力な社会団体を創り上げ、そのパワーをうまく利用して、政府の立憲実行を脅迫することを企てる。梁は、現在の清朝政府は無責任な政府であり、責任を逃れるため、往々にして君主に転嫁する。したがって、政府は改造の主体ではなく、客体である。つまり、国民政治を実行しなければならない。しかし、国民には自由自在な政治能力がまだ備わっていない。そこで、予備立憲の段階において政府の政治責任を追及する主役は、民意を代表する政治団体にほかない、と分析している。その実行として、直接に自ら政局を担当するか、或いは間接に当局者と連携する。

政聞社は国民の政治能力を養成するため、時勢に応じて生まれた政治団体であると明言し、国民に同情を得るために、四つの綱領を挙げることにした。

一曰實行國會制度、建設責任政府。
二曰釐訂法律、鞏固司法權之獨立。
三曰確立地方自治、正中央地方之權限。
四曰愼重外交、保持對等權利。

この四綱領は中国前途の安危存亡にかかわるものである。しかし、何故軍事や財政や教育や国民経済などについて主張しないのか。梁はこれらの問題がすべて国会を開いて責任政府が成立した後のことであるからだ、現制度におかれた状況では、いくら言及しても空論に過ぎないと説明する。また梁は、現段階において政聞社は政党ではなく、一政治団体に過ぎない。近い将来、日本改進党の前身である「東洋議政会」のような位置付けが中国の政党史に残ればよいと展望する。政聞社は国家秩序を壊して、乱を起こすために結党したものではなく、皇室には絶対に尊厳を冒すことなく、国家の治安を攪乱するつもりもない。これは立憲国の国民が守る基本の規則である、と当局に警戒心を持たせないように懸命に口説いた。

一九〇七年一〇月一七日に、政聞社は東京神田の錦輝館で成立大会を開催する。大会は午前の開会式と午後の演説大会とに分かれて行なわれた。

「開会式は午前八時半から三百名余の社員参加のもとに、陳介（一八八五〜一九五一、湖南湘郷の人、東京帝国大学法科大学に学ぶ）が議長席につき、蒋智由の設立宗旨と経過報告、徐公勉の職員組織と権限の説明、総務員馬良以下役職員の選出の後、梁啓超の対内外方針に関する演説、徐勤の演説があって閉会となったが、梁啓超は四大綱領の貫徹と政聞社発展の基礎が輿論、人材、経済の三者にあると述べるとともに、政聞社にとって当面する政敵は唯ひとつ『責任を負わざる政府』のみであり、その他すべての政治団体は『政友』であることを強調し、『主義を同じくして進行の方法やや異なる者』は勿論、『主義を異にするが愛国の熱忱に於いて程度を同じくする者も愷切勧導して他日における一致の行動を期待する』とよびかける。」(25)

梁は楊度一派の勢力を警戒しながらも、政敵にまわすつもりはなかった。楊度の背後には袁世凱、張之洞などの実力を持つ官僚が居たからだ。

午後の演説大会は、寸劇化になった。『梁啓超年譜長編』にも立場の違いによって描写がふたとおりある。犬養毅、高田早苗、箕浦勝人ら八名の日本人名士が来賓として出席した外、前方に二百名の政聞社員、中間に張継、金剛、陶成章ら四百名の革命派、後列に一千名余の一般留日学生が着席し、なお場外に数百名という盛況裡に午後一時半から開会された。先ず梁啓超がたって「今朝廷下詔、刻期立憲、諸子宜歓喜踊躍」と述べ「政治の改良は人民に期待すべく、その方法には監督機関の設置が必要とされ、機関の成立には訓練と団結ある政治団体が必要である」と秦漢、ギリシア、ローマの史実を引用しつつ演説を始めた。途端に張継が「馬鹿」と怒鳴り、「打て」と号令を発した。すると、革命派が一斉に立ちあがり演壇目掛けて殺到、防衛する政聞社員との間に激突が展開された。錦輝館は一瞬にして修羅場と化し、梁啓超は階段を転げ落ちるようにして場外に脱がれ去り、張継も頭部に負傷する始末であったが、日本側警察官の出動で暫く鎮静するに至った。ついで、やにわに登壇した張継が、無政府主義的排満革命を叫んで政聞社の立憲運動に反対するとともに、犬養に対して「かつて中国は速やかに革命すべしと説きながら今日立憲論に賛成するのは何故であるか」との詰問を行い、之に答えて犬養から「至於主義之是非、吾雖不加判決、然必以鞏固独立、保全領土為前提、是予所殷殷希望於諸君者也」という「立憲党與革命党」(『政論』第三号)なる演説があった。さらに高田、矢野、箕浦が演説(『政論』第四号)、最後に言論の自由を妨害する革命派の「無意識の暴動」を非難しつつ党員の団結をうったえた政聞社員範治煥の挨拶があった。五時半、黄可権(湖南の人)が閉会を宣したという。

これについては、また一九〇七年一〇月一九日付『読売新聞』朝刊一面に「政聞社演説會解散」という中国人留学生の投稿が掲載されている。

「一昨十七日開會せる清國人の催に係る演説會に就き某清國學生より左の報道ありたり

今日政聞社在神田錦輝館開演説大會延日本名士犬養毅高田早苗諸人演説政聞社者梁啓超蔣智由両人所創立抱反對革命主義者也是日既開會日賓猶未齊集梁啓超首登演壇演説畧謂『支那所以致今日之腐敗者實由政府不良故非改造良政府不可而尤非國民負監督之責任則無効』云云聞者惡其意平日醜詆民族主義已有發聲嗤之者然爲衆人所勸止梁氏繼言『吾輩所最望者立憲而已故方今立憲之詔已下吾輩當歡迎之』云歡迎字甫出口而聽衆群起叱之復有呼打者亦爲他人所阻未動當時梁氏即退立面有一人踞演壇痛加攻擊于其主義其時適有警察二人入場彼等(政聞社人)既見警察以爲是必助我似欲藉警察之力以壓倒異己之人即群起呼噪更有持草履及椅子抛擊演説人者於是衆不能忍遂致互相毆擊會亦由是解散當時僕固在場在于此事爲傍觀者竊謂雙方所辨論攻擊不過宗旨不同雖有一二浮躁之徒欲起暴動已爲衆人所止乃政聞社人見警察入場反遽持物抛擊殊屬無理梁氏以不主張革命故其一言一動無不爲輿情所惡則支那

革命之暗潮亦似甚不易侮耳

僕原自言爲傍觀者特恐雙方各紀其事以自求掩飾致失此事眞相故不惜紙墨特函告貴報社望譯載之想貴報社決不拒而不容也」

政聞社は社長の席を設けない。活動費用は康有為が調達するが、実際の責任者は梁啓超であった。しかし、二人とも名前は出さない。国内においてなるべく抵抗勢力の反感を招かないように配慮したからだ。結局、馬良(26)が総務員（代表）に任命された。徐公勉、麦孟華が常務員に、張嘉森、張寿波、戴彬、隆服が評議員に任命された。庶務科、書紀科、会計科、編纂科、調査科、交際科との六つの内部組織をもうけて、それぞれ主力メンバーを配備し、社員総勢七三人を数えた。出身の内訳は、広東二九人、湖南一六人、江蘇七人、浙江五人、京旗四人、山東三人、四川、吉林旗、江西、湖北、福建、雲南、貴州、河南及び省籍不明者各一人だった(27)。

一九〇七年一二月一五日（陰暦一一月一一日）東京本社に迎えられた総務員の馬良氏は就任演説で「政党政治というのは、現世の人類社会において最良の政治であろう」と主張した。また「道は陰陽があり、数字は正負がある。我々は自分の主張が正しいというのは当然だが、他人のことがすべて不条理だと言ってはいけない。それこそ国家が二つ以上の政党を容れられる理由ではないか。故に、我らは本党に忠誠を尽くし、他党を蔑視してはいけない。公明正大な弁難をすることはできても、陰険卑劣な妨害を為してはいけない。」(28)との所信を述べている。その内容を見れば、梁のいう「社会団体」という曖昧な概念よりさらに明白な「政党政治」を目指しているといえる。

政聞社が正式に成立した後、大勢の社員を国内各地に派遣して活動を行なわせた。当時の最大目標は、すみやかに国会を開設することであった。そのほか、各界との連絡、社員の拡大といった件も努めて推し進めた。一九〇八年二月に、『政論』とともに本部を上海に移転した。その頃に計画されたこととして、漢口における『江漢公報』（一名『大江日報』）と江漢公学（別名法政大学）の設立があった。

一九〇八年、国内における革命派の勢力がますます強くなる一方で、立憲派はこれに対抗する輿論の地盤を固めなければならないことに気付き、武漢、北京、上海で日報をつくる計画を立てようとした。政聞社が成立してまもなく、梁は武漢で大型日報をつくることを提言した。政聞社が要地の武漢に根を下ろすという発想である。梁は蒋観雲に次のような内容の手紙を出した。「吾社今欲拡勢力於内地、則漢口為必争之区、同人之意、欲急設一報館（他党已争此著）、擬由社中経済撥一万元、更集股二万元為之、公謂如何。」(29)それ以降、梁啓超、熊希齢、徐佛蘇、侯延爽、馬相伯、康有為、麦孟華など、彼らの間で書簡を頻繁に往来し、漢口で新聞を作ることについて繰り返して検討し、以下の共通認識に達成できたという。第一に、武漢は天下の中心地であり、軍事の要塞でもある。政党間の闘争もまったくそのとおりである。「故欲以全力首置基礎於武漢」、なるべく三ヵ月以内、ひとつの日報を出すべし。第二に、五万元を募金して基本金に充当する。政聞社から一万元を出資して、残りの分は株方式でまかなう。一年目は一万元を予備金にする。第三に、紙名は『江漢公報』或いは『大江日報』にする。第四に、嫌疑を免れるため、政聞社の総務長馬相伯を発起人として、康有為、梁啓超、麦孟華等は名簿に入れないことにする。第五に、政聞社のメンバーである法律部門幹事侯延爽が英斂之の同意を得て、武官に赴き、準備作業を担当する。第六に、横浜の『新民叢報』を停刊した後、すべての印刷設備を武漢に運送する。印刷工の募集や訓練などを侯延爽に任せる。梁は、このような意見を纏めた後に、康有為に報告し、康からの同意を得た。しかし、出資者が少ないため、募金活動が困難に陥り、また楊度の憲政公会からの攻撃を受け、そして政聞社の内部でもいくつかの意見が分かれて、この計画は棚上げにせざるを得なかった。結局、『新民叢報』の機械設備を上海に運んだ後、仕方なく広智書局に渡した。

漢口は地理的に言えば、中華大地の真ん中に位置し、古くから軍事の要塞である。周辺では、近代中国最大の鉄鋼聯合企業「漢冶萍製鉄所」があり、揚子江流域の経済発展の牽引車となっている。梁は、楊度の憲政公会がすでに先手を打とうとしていることを事前に察知しており、社内同人たちからも大至急日刊新聞を設けたいとの要望があって、社内の経費から一万元を支出して四万元の株式を募集する計画を固めた。同時に、本党の人材を養成するために、日本の早稲田大学に倣い、簡易部、専門部、大学部との三つの部門を設ける。しかし、資金不足などが原因となって、日刊紙は創刊には至らず、法政大学の創設も暫時延期された。

当時、政聞社の発展を快く思わない者として、政党では革命党と楊度の主宰する憲政講習会（即ち憲政公会）があり、清の朝廷には袁世凱がいた。中でも袁世凱がもっとも甚だしく、後の同社に対する「査禁」は、ほかならぬ彼の差し金であった。

一九〇七年冬、袁世凱の奏請で憲政考察のためドイツに派遣された「立憲緩行派」の于式枚（郵傳部侍郎）が出発の際、「憲政必以本國爲根據、採取他國以輔益之、在求其實、不徒震其名。……考日本維新之初、即宣言立憲之意。后十四年、始發佈開設國會之勅諭、二十年乃頒行憲法。蓋預備詳密遲愼如此。今横議者自謂國民、聚衆者輒云團體、數年之中、内治外交、用人行政、皆有干預之想。動以立憲爲詞、紛馳電函、上廑宸慮。蓋以立憲爲新奇可喜、不知吾國所自有。其關於學術者固貽譏荒陋、以立憲爲即可施行、不審東洋之近事。關於政術者、尤有害治安。惟在朝廷本一定之指歸、齊萬衆之心志、循序漸進。先設京師議院以定從違、擧辦地方自治以植根本、尤要在廣興教育、儲備人才。凡與憲政相輔而行者、均當先事綢繆者也。……」(30)と発言した。慎重論の立場から、治安妨害を理由にして、「立憲即行派」を批判する。それに対して、一九〇八年七月二六日、政聞社社員である法部主事陳景仁は「絶対に三年以内に国会を開くこと、国民に謝罪するものとして于式枚を罷免すべくこと」を打電して上奏したが、于式枚（時に礼部侍郎に就任）、「……今横議遍歷於國中、上則詆政府固權、下則罵國民失職、專以爭競相勸導。此正斯賓塞爾所云、政黨者流、與平民固無與也。……臣愚以爲中國立憲、應以日本仿照普魯士之例爲權衡、以畢士麥由君主用人民意見制定、及伊籐博文先道德后科條之言爲標準、則憲法大綱立矣。」(31)との奏摺を上奏して、政聞社を貶した。結局、陳景仁が清朝政府に「政聞社内諸人良莠不齊、且多曾犯重案之人（梁啓超らを指す）、陳景仁身爲職官、竟敢附和比暱、倡率生事、殊屬謬妄」(32)という理由で罷免された。この不測の事態が起こった後、八月八日（七月一二日）梁は直ちに蒋観雲に指示を出した。「此事之来、頗出意外。慶処本早已通氣、允不幹涉吾社、不解何忽中變?想是慶太無魄力、爲袁所壓、不能爭之。……改名存案、不過表面上事。若内関不通、留此不生不死之團體、有害無益、誠如尊論。但解散之举、鄙意仍欲待智盡能索后乃用之。

…今慶張處不難、所難者唯袁。唐少川使美、不日當過此、弟擬要而見之、面與言吾黨對袁之態度、以釋其疑。若此著不得要領、則再議解散、公謂如何？」(33)として、当面ではなるべく解散のことを避けたい。というのは、一旦解散したら、信用を失ってしまい、再度集会が難しくなるからだ。問題は政界中枢の要人に意思を疎通できるかどうかということになる。現在のところ、慶親王善耆や張之洞(34)の方面において、さほど難しくはないが、厄介な相手は袁世凱だけだ。唐紹儀が米国に派遣されるそうだ。近頃日本に立寄るはずだから、彼に会って袁世凱に対するわが党の態度をきちんと説明して、その疑いを解くつもりだ。それがだめだったら、改めて解散のことを話し合おう、といった内容であった。しかし、一九〇八年八月一三日、政聞社は「内多悖逆要犯、廣斂資財、糾結黨類、託名研究時務、陰謀煽惑、擾害治安」(35)との罪名で、全国に通報され、封鎖禁止令が出された。一九〇八年八月二七日、清政府が頒布した「議院未開以前逐年籌備事宜清單」において、九年間の予備立憲の期限が確立され、一九〇九年に各省において一律に諮議局を設立する用意が明示されたのである。政聞社が閉鎖されたものの、社員が各省に潜り込み、諮議局の開設に身を投じる。

政聞社の機関誌『政論』も取り締まられた。梁啓超にとって輿論機関を失ったことはなによりであった。当時、『新民叢報』はすでに停刊になり、印刷機械も全部上海に移転したため、日本での新聞発行は当面無理がある。予定した「大江日報」も資金不足で流産した。しかしながら、政聞社の解散(36)によって予備立憲に呼応した立憲政治団体の結束が挫折したとはいえ、全国規模の国会請願運動の勃発につながった。一九〇七年秋から一九〇八年夏にかけて、各省及び各立憲団体がそれぞれ請願署名運動を自発的に行なった。

その国会請願問題を最初に提言したのは楊度であった。一九〇六年冬『中国新報』の創刊にあたって、楊度はこれから国民の注意力を国会請願にそそぐべきだと主張した。楊は翌年春、梁啓超に出した書簡で改めてそれを主張し、梁の賛同を得られた(37)。

梁啓超は、清朝の財政経済事情に対して、清朝政府は九年間の政体維持が危ういだろうと分析し、三年以内に実行しなければ、中国は必ず列強に分割されると判断している。

一九〇八年一一月一四日、一五日、光緒帝と西太后が相次いで崩御、宣統帝溥儀が即位し、醇親王載灃が摂政王として政務を執った。康有為・梁啓超一派の光緒帝復権の望みが一夜に消えた(38)。「弟入春以来、專務養晦、國内交通殆於斷絶、非敢取消極主義、良以天下事往往愈危則愈緩、愈即則愈遠、且亦見當道中實無一人可語之人、故毋寧任其所之之爲得也。」(39)との失意の心境を語っている。また、自分の才能を活かさずに国が滅んでしまうのではないかと悔やんでいる。「兄年來於政治問題研究愈多、益信中國前途非我歸而執政、莫能振救、然使更遲五年、則雖舉我聽我、亦無能爲矣。何也、中國將亡於半桶水之立憲黨也。」(40)

しかし、将来はきっとチャンスがあると夢を捨てない。「中國今日雖舉國棄我、然終必有投艱遺大於我躬之一日。吾輩今惟績學待用耳、它無漶焉。年來貧徹骨、而爲學日有常課、精神日用則日出、而心境泰然、其樂乃無極也。」(41)。一九〇九年一〇月江蘇諮議局が成立する。宣統の即位と監国摂政王載灃の新政をみたにもかかわらず、意気消沈の梁は、兵庫県須磨村の麦孟華の別荘「雙濤園」に閉じこもったままであった。というのは、楊度らの憲政編査館のあり方について非常に疑問視しているからだ。上述の「中國將亡於半桶水之立憲黨也」はそのためであった。清朝の高官たちは、部門の職能の変化に対応できず、権限の解釈が混乱に陥り、仕方なく秘密裏に梁啓超に重大文書の代筆を依頼したのである(42)。

一九一〇年一月、各省の諮議局代表が相継いで北京に到着し、一六日に都察院に連名請願書を呈したが、「我國幅員遼闊、籌備既未完全、國民知識程度又未畫一、如一時遽開議院、恐反致紛擾不安、適足爲憲政前程之累」(43)という理由で、国会を開くことは、九年間の予備期間満了、国民教育を普及した後に待つほかない。失敗を受けた立憲派は、輿論機関を設け、国民に呼びかけて請願運動を拡大することにした。梁啓超の『国風報』はそういう状況下で産声を上げた。

第三節 『国風報』

『国風報』（旬刊）は、宣統二年正月一一日（一九一〇年二月二〇日）に上海で創刊した。編集兼発行者が何国楨(44)であった。梁啓超は筆名を「滄江」にして、総撰述をつとめる。毎号約八万字、梁の文章は半分を占めている。原稿はほとんど神戸に居る梁によって編集され、上海の印刷所に郵送される。湯覚頓（筆名は明水、神戸大同学校校長）、麦孟華が梁の編纂に協力した。発行所は上海福州路（Foochow Road）国風報、印刷所グループ所属の廣智書局となっている。第一号の販売代理は、北京東南園廣智分局、廣州十八甫国事報館、廣州雙門底廣智分局、廣州十八甫廣生印務局、日本東京中国書林との五箇所である。

一九〇八年春(45)に入ると、梁啓超はかなり生計に苦しめられ、数千金の負債を抱え込み、長女の学校まで辞めさせたのだ。日本の友人に担保してもらい、横浜正金銀行から五千金を借り、この三、四年で友人に借りたお金をまとめて返済した。しかし、銀行の返済期限が目の前に迫ってきたのに、その目処がまったくつかない。一九一〇年三月一七日に康有為宛の書簡には「『国風報』がすでに三期を出したが、購読者が少なく、最も苦しんでいるのは正金銀行からの借款を返済できないことでございます」(46)といった苦境を漏らしている。四月五日の徐佛蘇宛の書簡に、梁は徐佛蘇にどうか月末の返済期限に間に合うように工面してもらえないかなと念願した。同書簡には、陸乃翔という同門から『国風報』を援助したい申し出があったが、梁は絶対に受けるつもりはないと返答した。その主な理由として、この新聞は営利のためのものであり、慈善のためのものではないからだ。その書簡を出した時点では、『国風報』すでに四期を発行していた。「毎号三千部を印刷してすべて売り切っている」、「『国風報』の現状からすれば、三ヵ月後にこの数千金を得ることは決して困難ではない」(47)といった内容から見れば、『国風報』がかなり梁一家の生計の頼りになったといえよう(48)。実際、この書簡に書かれた徐佛蘇の奥書からも事実関係が明らかにされた(49)。

第五号（一九一〇年三月三一日発行）の表紙のデザインを見れば、梁はこの新聞の運営にかなり自信を持つようになったではないか。まずは、英語表記である。KOUK FONG PO No.5 Issued on Tri-monthly Annual Subscription $650 each copy 25 cents Published by Hor Kwok Ching 585 Foochow Road SHANGHAI.

CHINA.（国風報、第五号、旬刊、年間購読料六五〇ドル、毎号二五セント、発行者中国上海福州路五八五号何国楨）。その横には、「大清郵政局特准掛號認爲新聞紙類　日本明治四十三年二月十三日第三種郵便物認可」と日清両国の出版法律に則って発刊したことを物語っている。

『国風報』の編集方針

発刊翌日の一九一〇年二月二一日（一月一二日）『申報』に出した広告では、「本報以忠告政府、指導國民、灌輸世界之常識、造成健全之輿論爲宗旨」（本報は政府に忠告し、国民を指導し、政界の常識を注入し、健全な輿論を形成することを宗旨とする）とある。「忠告政府、指導國民」は『新民叢報』の方針の継続と見られるが、「灌輸世界之常識、造成健全之輿論爲宗旨」というのは、すでに予備立憲政体下におかれた立憲政治を実現するために、まず輿論政治を遂行しなければならない、と『国風報』が自任しているからだ。その論理の説明に当たるものは、梁啓超の創刊号に発表した「叙例」（未署名）である。この文において、梁はまず、立憲政治は「輿論政治」に帰結すると主張した(50)。これから展開される地方自治諸機関、諮議局、資政院乃至将来の完全独立の国会など、すべてが輿論の反映である。政府は主動的に予備立憲を実施する段階で、これまでの政府に対する俗論、暴論は、国を誤る無益なものである。したがって、健全な輿論をつくらなければならない、との結論に至る。

輿論には五つの性質が考えられる。第一に、「常識」である。これは、世界の常識が持論の依拠であるからだ。第二に、「真誠」である。誠心誠意であれば、必ず多数者の支持が得られ、輿論が生れる。そうでなければ、虚偽の輿論であり、存続できないだろう。第三に、「直道」である。時弊に対して単刀直入で陳述することは、輿論の発生にとって大事な第一歩である。保守勢力の威嚇に迎合するのは、妖言であり、輿論ではない。第四に、「公心」である。国民の利益の伸張を口実にして、実際には個人や団体の利益を優先して輿論を左右するのは、輿論の性質から見れば、不当な挙動であろう。第五に、「節制」である。言論が過激すぎたり、無知を利用して煽動したりすることは、本来の目的に反する結果になってしまう恐れがあるからだ。

では、健全な輿論とは何か。「健全輿論云者、多數人意思結合而有統一性繼續性者也。」(51)つまり、多数者の意思の結合でなければ、輿論とはいえない。同時に、統一性と継続性が無ければ、健全とはいえない。上述した五つの性質の中で、前の三者が欠ける場合、意思の結合は成り立たない。後の二者が欠如した場合、輿論は発生できない。例え偏狭的な輿論が一時的に発生しても国を誤る危険性を持っているがゆえに、持続しないだろう。健全とはいえない。したがって、五つの性質は健全な輿論にとって不可欠なものである。

梁は次に、健全な輿論作りの手段として、新聞社が最も有力な候補機関であると主張する(52)。ただし、新聞社は「統一性」と「継続性」のある「健全な輿論」作りの天職を尽すためには、「八徳」(53)を備えておかなければならない。

『国風報』の内容構成には、「論旨、論説、時評、著訳、調査、記事、法令、文牘、談叢、文苑、小説、答問、插録圖畫、附録政学淺説」との十四コラムが設けられ、毎号八万語前後のボリュームで、論説、時評と浅説に重きが置かれている。

論説については、「凡論説本報之精神寓焉、其對象則兼政治上與社會上。政治上者納誨當道也、社會上者風厲國民也。其選題者則兼抽象的與具體的，抽象的者汎論原理原則也、具體的者應用之於時事問題也。凡政治上所懷之意見無不吐、而財政及官方特先詳焉、救時也。凡社會上所覩之利病無不陳、而於道德風習三致意焉、端本也。」(54)とあり、時評については、「凡時評就國中所已舉措之事而論其得失、而旨於規正者什八九、蓋其舉措已當、無俟規正者、則亦無俟諛頌也、惟輿論有抨撃政府而失辭者、時亦爲政府訟直。……凡時評不攻撃箇人、非避怨敵、以得失之大原不在是也。」(55)と規定している。附録については、「凡附録淺説專書、實本報同人嘔心血之作、專務輸灌常識、於多數國民、其體裁、則以至淺之筆、闡至邃之理、以至約之文、含至富之義。其種類則首憲政及國民生計、以次及財政地方自治教育法學乃至自然科學等。」(56)とある。

『国風報』では、「小説、文苑、附録」などを除いて、署名文章の三七九篇の中に、梁の文章は一五六篇(同文連載を含む)があり、約五分之二を占めている。その内訳を時事、論説、憲政、財政経済、鉄道利権、外交、その他の七項目に分類すれば、図に示されているように、憲政及び財政経済分野のものが圧倒的であり、両者合わせて半数以上を占めていることがわかる。

この旬刊雑誌の命名の由来を「説国風」一文で説いた。文の最後に「抑詩序又曰、上以風化下、下以風刺上、主文而譎諌、言之者無罪、聞之者足以戒、故曰風。是以自二南以迄曹鄶、皆以風名。而先王常使太史乘輶軒以采之、而資以爲美教化移風俗之具焉。本報同人、學謭能薄、豈敢比於曾文正所謂騰爲口説、而播爲聲氣者。顧竊自附於風人之旨、矢志必潔、而稱物惟芳、託體雖卑、而擇言近雅、此則本報命名之意也。」(57)

雑誌というのは、その性質によってなかなか通俗になり難い。政治問題に関するものはなおさらだ。読者の興味をそそるのは簡単ではない。『国風報』は本来政治問題に限るつもりはなかったが、いまのところ出したものが、すべて政治に絡んでいる。これは僕の好みが元々この点にあったからにほかならない。今後少し改めよう、と梁は考えていたのだ(58)。

『国風報』と国会請願運動

梁は『国風報』の創刊号に、まず、清政府が一九〇八年八月に頒布した「議院未開以前逐年籌備事宜清單」に対して、「立憲九年籌備恭跋」を発表して批判したが、それほど痛烈ではなかった。「要之、全案中毎一項目而分數年排列者、大率毫無意義、不過苟以塞篇幅、示毎年項目之多而已。」有識者から見れば、この法案はあくまでも無意味な時間稼ぎである。梁は、立憲制の中核とも言われる責任内閣に関しては一言も触れなかったことに驚いた。「原案所最可駭者、則責任

図３『国風報』における梁啓超の文章の分類統計

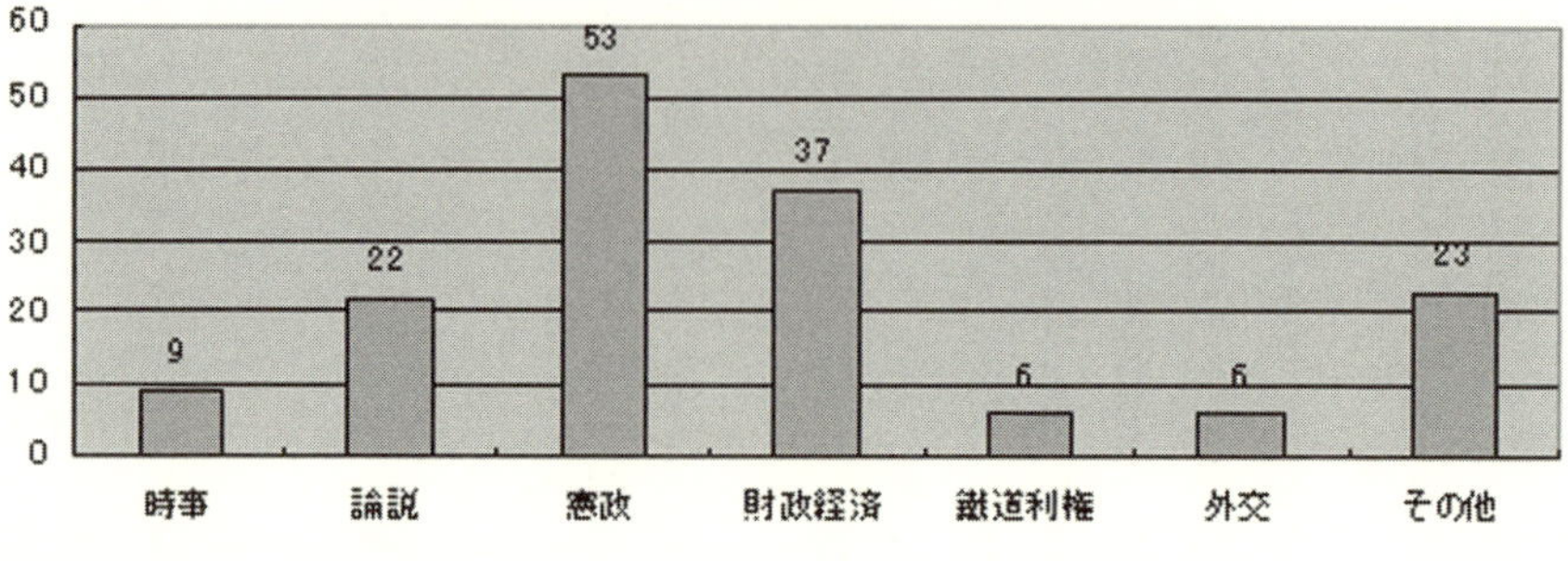

内閣以何年成立、始終未嘗敍及也。」また、「夫建設責任内閣、實爲立憲政體之第一義、今也編製此外觀秩然之九年籌備案、纖悉至於簡易課本學塾、且年年縷舉而不厭、獨於此最重要之機關而遺忘之、其果遺忘耶？抑有惡其害己者而故去其籍耶、則人民之致疑於政府立憲之不誠、又何足怪？」として責任内閣に触れない立憲法案が人民に疑われるのは当然なことだろう。

その創刊号では、一九一〇年一月一六日に「都察院」に提出した「國會代表請願書」を掲載したほか、読者に実感が伝わるような「國會請願代表攝影」及び「江蘇諮議局攝影」を「圖畫」欄に掲載した。

梁は第二次請願運動に併せて、「論請願國會當與請願政府並行」（第七号、一九一〇年四月二〇日発行）を発表した。その権限から見れば、一個人、一部門がそれぞれ政府を代表しているようだが、我々の要求している責任のある政府とは無関係である。ゆえに、現政府は政府とはいえない。まだ国会のない中国には政府らしい政府も無い。両者ともに請願すべきだ、と呼びかけている。

梁は第八号からかつて『憲政新誌』に発表した「中国国会制度私議」に補正を加え、全文十万言の雄編（第一年第八号～第一五号、第一九号～第二一号、未完）を連載した。

この長文において、梁は国会の性質、国会の組織、国会の職能に分け、更に項目に細分して詳細な考案を試みた。この文において最も注目すべき点は、日本の憲法に対する評価であろう。日本の明治憲法を「専制的憲法」と決め付け、批判を加えた。「推原日本立法之意、凡關於憲法事項、惟君主得專之、而人民絶對不許容喙、此種憲法、雖名之爲專制的憲法、亦不爲過。我國將來之立法家、尚其戒之。」(59)また、日本の植民地台湾にも言及した。「日本不許臺灣士人有參政權。」(60)

宣統元年（一九〇九年）、各省の諮議局の代表で組成した「請願国会代表団」が第一次の上京請願に失敗したあと、代表団はその場で会議を開き、第二次の国会請願に向かって、画策した。まず、「請願即開国会同志会」を組織して、運動の規模を拡大する。第二に、毎年六月に諮議局聯合会の会議を開く。第三に、新聞社を設立して日刊新聞を発行する。

「国会請願同志会」の機関紙『国民公報』（日刊）は、一九一〇年六月北京で創刊された。この新聞は梁の強力な支持者徐佛蘇（公勉、一八七九～一九四三）が主宰する。梁啓超はこの宣伝機関を借りて、創刊後数ヵ月の間、「平均して三、四日ごとに一篇文章を寄稿され、国民が早急に政治革命に取り組まねばならない理由を存分に展開された。」こうして康・梁一派が主宰した『国民公報』はついに立憲運動の大本営となった(61)。新聞社が各省議員及び国会請願団体の会場ともなった。『国民公報』による宣伝が次第に立憲運動の指針となった。

当時、立憲運動の輿論指針となった新聞は、『国民公報』のほか、『時報』と『国風報』であった。『時報』は当時康・梁一派の操縦の下に置かれてなかったが、言論上は『国風報』の立場と一致していたことから、康梁一派の国内における言論上の影響力をうかがわせる。

一九一〇年六月一六日、立憲派は十七個請願団体の二十余万人を代表する「各省諮議局聯合會」(62)を組織して、再度北京へ赴き、都察院に請願書を提出したが、政府は二次御前会議を経て、「憲政至繁、緩急先後之間、爲治亂安危所系、壯往則有悔、慮深則獲全。……財政困難、災情遍地」を理由にして、請願団体の要求を拒絶した。

一九一〇年八月、「韓国併合条約」が調印され、朝鮮は名実ともに日本の植民地となった。朝鮮の亡国は中国人に大きな刺激を与えた。立憲派の請願書、請願電文及び街頭演説には、必ず朝鮮亡国の実例をあげて、朝廷の腐敗に警鐘を鳴らす。「時局驟變、驚心動魄者不一而足。外之、則日俄締結新約、英法夙有成言、諸強釋嫌、協以謀我。日本遂併呑朝鮮、扼我吭而拊我背；俄汲汲增兵窺我蒙古；英復以勁旅搗藏邊；法鐵路直達滇桂、工事急於星火；德、美旁觀、亦思染指。瓜分之禍、昔猶空言、今將實見。」(63)

一九一〇年一〇月九日、立憲派は懲りず、資政院開会期に合わせて、国会請願代表団（各省諮議局議長）が資政院に請願書を出した。立憲派は市民権を伸張する英国式立憲モデルに傾いたが、清朝政府は皇帝の権威が至高無上である日本式立憲モデルを選んだ。

一九一〇年一一月四日（一〇月三日）、清朝政府は資政院、諮議局及び各省督撫の要請で、宣統五年（一九一

三年）に国会を召集する勅諭を下した。国会請願運動はついにこの時点で終息を迎えた。梁は「讀宣統二年十月三日上諭感言」（『国風報』第二八号）を著して、「吾誦明詔、既感我皇上之仁聖、感輿論勢力之偉大、復感吾國民將來責任之艱鉅、輒雜述其所感如右（宣統二年十月六日成）」と、政府の動き及び国民の国会請願運動を高く評価した。

梁はこの時期に発表した憲政論は上記のもののほか、多数発表していた。「憲政淺説」（第一、二、四、六号）、「諮議局權限十論」（第二、六号）、「立憲政體與立憲道德」（第三号）、「國會期限問題」（第三号）、「官制與官規」（第五号）、「城鎮郷自治章程質疑」（第五号）、「軍機大臣署名與立憲國之國務大臣副署」（第八号）、「中國國會制度私議」（第八〜一五号）、「論政府阻撓國會之非」（第一七号）、「國會期限問題敬告國人」（第八〜一九号）、「資政院章程質疑」（第二〇号）、「政治與人民」（第二一号）、「責任内閣與政治家」（第二六号）等である。

財政経済論に関しては、「地方財政先決問題」（第二号）、「讀農工商籌借勸業富籤公債摺書後」（第二号）、「論幣制頒定之遲速繫國家之存亡」（第三号）、「論地方・與國・之關係」（第四号）、「改鹽法議」（第五、六号）、「國民籌還國債問題」（第四号）、「各省濫鑄銅元小史」（第四、五号）、「論國民宜亟求財政常識」（第六号）、「再論國民籌還國債」（第七号）、「中國古代幣制考」（第七号）、「幣制條議」（第九、一〇号）、「讀度支部奏報各省財政摺書後」（第一〇号）、「論中國國民生計之危機」（第一一号）「讀度支部奏定試辦預算大概情形及冊式書後」（第一一号）、「米禁危言」（第一二号）、「論直隸湖北安徽支地方公債」（第一二号）、「公債改制之先決條件」（第一四号）、「讀幣制則例及度支部籌辦諸摺書後」（第一五、一六号）、「中國國民生計之危機」（第一八、二一号）、「節省政費問題」（第二〇号）、「外債平議」（第二五〜二八、三二号）、「中國最近市面間恐慌之原因」（第二六号）、「敬告國中談實業者」（第二七号）、「亘古未聞之預算案」（第三一号）、「評一萬萬元之新外債」（第二八号）、「國會開會期及會計年度開始期」（第三三号）などである。

また、「論各國干・中國之動機」（第一号）、「中國外交方針私議」（第二四、二五号）などを発表して、外交にも言及した。

『国風報』と梁啓超の台湾紀行

一九一一年三月二四日、梁啓超は東京から紹介状をもらい、台湾の屈指の名望家である林献堂の招待により、友人の湯覚頓、長女の梁令嫻、下女ヨタを伴って、神戸で上船し、台湾に向かって出発した。「僕等以二月二十四日成行矣」(64)。梁の台湾訪問の目的は、まず日本の植民地化された台湾の財政経済、行政治安を視察することである。次に秘められた動機としては募金であった。その頃、梁は上海と北京で新聞社をつくる計画を立てた。「僕頃欲籌十萬金辦兩報館(以七萬辦滬報、以三萬辦京報)、今雖未有眉目、然可希望者數處、日間將爲臺灣之游(公若三月末來最妙、否則恐吾正往臺灣業)、亦爲此事。若成、則都局非公莫任耳。」(65)

三月二八日に基隆入港の笠戸丸にて台湾に到着した(66)。「昨二十八日抵臺矣」(67)。「舟入雞籠、警吏來盤詰、幾爲所窘、幸首塗前先至東京乞取介紹書、否則將臨河而返矣。臺灣乃禁止我國人士上陸、其苛不讓美澳、吾居此十年而無所知、眞夢夢也。雞籠(基隆)舟次、遺老歡迎者十數;乘汽車入臺北、迎於驛者又數十。」(68)

『国風報』はのちに梁啓超の台湾ルポルタージュを号外雑文に掲載した(69)。まず行く途中に書いた「第一信」において予定した調査の事項を十項目挙げ、財政、経済、行政など全般にわたって、成功した日本の植民地政策を解明しようとした。

梁は台湾に到着後、「日則只詣各局所調査、夜則與遺老相晤」(70)、通訳添いで台湾総督府を表敬訪問し、いろいろと資料を提供されたという。

四月一日、梁一行は国語学校、赤十字医院、医学校、専売場を観覧し、内地の記者、訪問者との親善交流を行い、支那料理店で談話を発表した。日本臣民として不服を唱えることなく誠心誠意国家のために忠実にならんことを望む云々と述べる(71)。

「臺灣之行政設施、其美備之點誠極多、然此皆一般法治國所有事耳、不必求諸臺灣也。……臺灣之足稱爲善政者、則萬國之公政、無論措之何地而皆準者也。夫臺灣特有之施政爲日本内地及他文明國所未行者、則非直吾國所

能學、抑又非吾之所忍言也。吾旬日來劌心怵目、無淚可揮。」(72)と、複雑な心境を語っている。

四月二日、梁一行は台北を出発し、台中に到着した。当地丸山旅館及び林献堂方にしばらく滞在する。「吾茲遊本欲察臺灣行政之足爲吾法者、而記述以告國人。今固大失望也。雖然、其中豈無一二可師者、就中若改幣制、辦專賣、興水利、調査土地戸口、干渉衛生等、多有獨到之處。應用最新之技術、萬國所共稱嘆、吾又安能違心以詆之耶？吾國人又安可不虚心以效之耶？……臺灣之治、其最可佩服者、在於整齊嚴肅、使其將外視本島民之一點除去、則眞官僚政治之極軌也。吾所最生感者、在其技師之多而賤、吾國欲效之、則養成各項技師、最少亦須十年、眞不易哉。」(73)という落胆すべき結論となり、台湾総督府の行政の実績は、立憲政治に腐心した梁啓超にとって、まことに、「百聞は一見に如かず」と慨嘆せざるを得ない皮肉な結末になってしまったのである。

四月九日、梁一行は台北に帰来する。四月一一日、上海の友人から新嘉坡にいる康有為が内地（日本）に渡来する旨の電報を受け、急遽予定を変更して、台南の視察を止め、募金の収穫が無いままに台湾を離れる(74)。

梁は、日本の植民地になった台湾の実情を『国風報』を通して国民に伝えた。上陸拒否などが梁に顰蹙を買ったにせよ、僅か一六年で「化外之地」がすっかり異国に感化され、一色に染められた光景を目に触れた梁は、思わず感傷がわいた。日本に対してずっと「中国不亡論」(75)を訴えてきた彼は、満州や蒙古も第二、第三の台湾になること、即ち「類同化」（山室信一、二〇〇一）されることを看取していたからに他ならない。一層警戒を深めている彼の心中には異様な亡国の危機感が高まったのである。

『国風報』のスポンサー

ここで特筆しておきたいのは、最も困難な時期に梁啓超を支えてきた京都の島津製作所である。同所が『国風報』第一年第三四号（一九一一年一月一一日）と第二年第六号（一九一一年三月三〇日）に工場写真付きの「大日本　島津製作所告白」(76)を掲載したことから、スポンサーになったことが分る。梁はかつて一九〇九年その製作所に訪ねたことがある。そのとき、梁は二代目の「所主」島津源蔵（一八六九〜一九五一、日本初の医療用X

線装置・量産型蓄電池〔ＧＳバッテリー〕を製造。後に日本十大発明家の一人に選ばれる）に「游日本京都島津製作所贈所主島津源蔵」という五百七十言の七言体詩を揮毫して贈呈した。この詩において、「……昨游故京訪紅葉、取次觀藝窮諸坊。峨冠主人最好客、免冠揖我謂我臧。……」(77)とお金を借りたことに言及したのである。

上海の商務印書館も広告を出している。館主の張元済（一八六七～一九五九、号菊生、浙江海塩人、進士）は梁と非常に親しい友人関係である。梁は帰国したあと、雑誌の発行及び書籍の出版など商務印書館に負うところが多い。そのほか、上海四馬路恵福里の神州国光社、文明書局、埽葉山房、上海四馬廣智書局などもみられる。

頼光臨氏の研究によれば、梁啓超の『国風報』における原稿料は「毎号四万字（千字で七元）の計算で、二百八十元が得られる。毎月三期を発行しているから、月に八百四十元になる」(78)。この収入で生活に支障はないだろうが、なぜ梁啓超は多額な借金を抱え込んだのか、不思議なところである。一九一一年一一月一一日（九月二一日）梁啓超が奉天に着いた後に徐勤に出した書簡の内容から推測すれば、貯めたお金はほとんど「宮廷政変」計画に注ぎ込んだのである。「故數月來、惟務多佈吾黨入禁衛軍、（爲此事所費不少、去年之款全耗於此、啞子吃黄連、同志詰問不能答也）。而外之復撫第六鎮（駐保定）之統制呉祿貞（此人曾與紱丞〔唐才常〕在漢共事者）爲我用、一切佈置皆略備矣。吾兩月前致兄書、謂九、十月間、將有非常可喜之事、蓋即指此。」(79)

言論の激烈化

清朝政府は東北三省における日本の「南満鉄路」が壟断する局面を打破するために、アメリカから融資して錦州から愛琿まで南北走向の鉄路の敷設を計画した。それまでに英国が経営しようとした「新法（新民から法庫門まで）鉄路（一九〇七年一一月八日草案合意書成立）(80)」が「平行線」だとの理由で日本に反対され、挫折した。今回は再度英米と聯合して強権に立ち向かって、一九〇九年一〇月二日に「錦愛鐵路合同草案」が調印された(81)。しかし、日露は相変わらず、これに反対したため、交渉が難航した。それがようやく一九一〇年一月二〇日に中米間「錦愛鐵路借款正式合同草案」が成立させたのである(82)。梁は満州における鉄道利権問題について、「錦愛鐵路問題」（第一年第三号）、「滿洲鐵路中立問題」（第一年第三号）、「張恰（張家口〜恰克図）鐵路問題」（第一年第五号）、「再論錦愛鐵路問題」（第一年第七号）などを発表し、「錦愛鐵路」の敷設及び中米同盟に反対する意思を表明した。

上海の各新聞社は梁の『国風報』紙上における言論に対して、「梁は日本人から賄賂を受け取ったから、日本政府の主張を声援しているのだ」という強い不満を噴出し、「漢奸、売国奴」などの罵倒語を使って、梁本人及び家族に中傷する攻撃を仕掛けた。その反論として、梁は『與上海某某等報館主筆書』（七千字前後）(83)なる一文を発表した。

「鄙人素來持論、謂對外不恃空言而恃實力。……若謂但有一錦愛鐵路而滿洲所喪損之主權、即可以還於中國之手、吾不信也。……雖日本人亦直接間接反對此兩事（「錦愛鐵路」の敷設及び中米同盟）、然彼自有彼之理由、我自有我之理由。萬不能謂天下事凡不利於日本者必其有利於我國。」

「尤可笑者、公等謂吾論亡韓事、專責韓人、而不及日人、指爲祖庇日本之確據。(84)……強食弱而弱見食於強、即今世界上所謂最高之德義也。謂日本可責、日本則有何可責？人之愛其國、誰不如我？……國與國相遇、未有不磨刀霍霍以互欲相屠者也。使我國而能自立之後、而謂我不欲謀人耶？明乎此意、則知強之謀弱、絕無可怨、絕無可責。彼自爲其國義、固然也。所可責者、則弱國不自爲謀而任人之謀耳。」

「更奇者、吾此次薄游臺灣、亦足以供公等造謠之資料。謂吾受日本臺灣總督之招、將往頌其功德。殊不知吾游臺灣之志、已蓄之數年。凡稍與吾習者、誰不知之。而且此次之行、乃不知託幾多人情、忍幾多垢辱、始得登岸。而到彼以後、每日又不知積幾多氣憤。……無奈此行乃以傷心之現象充塞吾心目中。」

梁はこれに続き、亡命して以来十年余りの日本人との関係について述べた。「吾自初來時、爲極致殷勤於我者二三人。……至其政府當局者、我固始終未一見、而彼輩亦常以猜忌之眼視我。自前辦政聞社以後、日日派偵探伺我行動、並及吾友、經數年而不已。……前年二辰丸案(85)、舉國報紙、咸指我爲抵制日貨之張本人。去年公等正誣我受日本重賂時、而大阪朝日新聞之東人西人一門、登我相片、題爲排日派之主動者。兩兩對照、不覺爲之失笑。」

梁は『国風報』(第一年第三十一号、一九一〇年一二月一二日)に「亘古未聞之豫算案」を発表してから、言論が徐々に激烈となっていく。清朝政府は資政院に予算案を提出して可決されたが、その予算案の中身を見て、梁は「今茲豫算案、而不禁廢書而嘆也。其實質上、其形式上、鹵莽滅裂、千瘡百孔、不遑殫述。而其最奇怪不可思議者、則収支之不適合是也。……收支差額七千萬兩、此可謂之決算案耳?……不可謂之豫算案、此可謂之財政報告書耳。」(86)と現政府の欺瞞のやり方に対して爆発した。

一九一一年五月四日、清朝政府は突然「外債用途」の詔書を宣布した。それに対して、梁は『国風報』(第二年第一号、一九一一年五月八日)に「論政府違法借債諉過君上之罪」を発表してその首謀者たる盛宣懐に対して名指しで猛烈な批判を加えた。「其動機蓋路人皆知、不過盛宣懷不堪輿論之攻擊、要軍機爲之分過、軍機亦不堪輿論之攻擊、而全諉其過於君上耳。其罪案重重、凡我國民忠於國家忠於皇室者、不可不聲而討之也」(87)。清朝政府は、川漢鉄道と粤漢鉄道の利権を国有に回収して、その利権を外債の担保として列強に譲渡したため、四川省では大規模な「保路運動」が勃発した。梁は直ちに「收回幹綫鐵路問題」という一文を『国風報』(第二年第十一号、一九一一年五月一九日)に掲載して、政府との対決の姿勢を見せた。同号には政府の公文書「川粵漢鐵路借款合同」を公布した。

一九一一年六月四日に、「山雨欲来風満楼」(山雨来たらんとして風楼に満つ)を見極めた諮議局聯合会が「帝国統一会」を改組して「憲友会」という政党組織を発足させ、国民運動の指導にあたる。雷奮、徐佛蘇、孫洪伊ら三人が常務幹事に選ばれた(88)。

一九一一年七月一六日、国風報は第二年の第一七号を発行して幕を閉じた。この年、梁啓超の憲政論に関する文章は、敬告國人誤解憲政者」(第一号)、「責任内閣釋義」(第四号)、「中國前途之希望與國民責任」(第五~七、一〇号)「立憲國詔旨之種類及其在國法上之地位」(第一一号)、「内閣果對於誰負責任乎」(第一二号)、「内閣是否代君主負責任」(第一三号)、「政黨與政治上之信條」(第一四号)などがある。財政経済については、上述のほか、「利用外資與消費外資之辯」(第一四号)、「國民破・之噩兆」(第一四号)がある。また、外交に関しても、「中

俄交・與時局之危機」（第二号）「對內與對外」（第一三号）が発表されている。「自前年十月以後、至去年一年之國風、殆無日不與政府宣戰、視清議報時代殆有過之矣。猶記當擧國請願國會最烈之時、而政府猶日思延宕、以宣統八年宣統五年相搪塞鄙人感憤既極則在報中大聲疾呼、謂政府現象若仍此不變、則將來世界字典上決無復以宣統五年四字連屬成一名詞者、此語在國風報中凡屢見、今亦成預言之讖矣」(89)と述懐している。

むすび

「革命史観」に包まれた中国近代史において、予備立憲はほとんど評価されていない。しかし、開明専制を「今日救国惟一の方略」と主張する梁啓超の段階論を清朝政府が採用したのは、やはりその合理性を認めざるを得なかったのである。梁啓超は革命派の政治動向をにらみ合わせながら、同時に北京政府における予備立憲運動にも対応しようとした。このようなリアルな政治的配慮が亡命中における梁啓超のジャーナリズム活動の特質である。また、武昌蜂起をきっかけとした「辛亥革命」は、実質的に予備立憲段階における地方諮議局（地方議会、一九〇九年開設）の設立が奏功したものである。その地方議会の有力者の多くは、かつて梁が組織した「政聞社」（一九〇七年一〇月）元社員（日本留学経験者多数）であった。立憲派は四回にわたって、非暴力の「国会請願運動」を発動した。しかし、清朝政府は国会の早期成立に対して非常に消極的であった。結局、立憲派は清朝政府を見捨て、辛亥革命を助長した。その立憲派の主力メンバー(90)の殆どが、梁啓超の「開明専制論」の信奉者であった点に留意すべきである。前述の『新中国未来記』第三回における論戦シミュレーションの結論としての「本当に方法が無いというところまで行かないうちは、できるだけ極端な手段（破壊、暴力革命）をとらない」ということもようやく現実化された。歴史は政治小説『新中国未来記』の予想通り、「黒血革命」によって動いたのである。

梁の『国風報』における言論は上述の通り、憲政論と財政経済論に集中している。日本で培った憲政、財政の知識を活かし、国情に合わせた『国風報』の発行は、国会請願運動を助長して指導の役を演じた(91)。国を元気にするためには、暴力の革命による内乱をなるべく避けるべきであって、まさに有言実行の健全な輿論作りを地道に実践してきたのである。梁は『国風報』において、政治家としての資質を存分にアピールできた。ライバルの楊度でさえ梁啓超の学識に感服して彼の赦免を求めた上奏文を公開したのである(92)。しかし、これまで「君主立憲制」という政見を堅持してきた梁啓超は、後の辛亥革命を転換点として、現存国体を維持しながら共和立憲政体の実現に向かって、「虚君共和論」(93)を以って言論を発し続けたのである。

註

(1) 光緒三一年八月二六日(一九〇五年九月二四日)の五大臣襲撃の当事者たる呉樾は、異種に拝服して「非驢非馬の立憲国民」たるには断じて甘んじ得ないと暗殺を決意し、今は群力の革命時代ではなく、個人でも実行できる暗殺時代であると遺書の序文に明示される。『民報』第三号には、烈士呉樾の肖像を掲載し、英文で **The Great Assassin threw a bomb at the Five High bommissioners on the railway station of Peking** と称える。また、彼の意見書も掲載する。永井算巳「清末の立憲改革と革命派」『中国近代政治史論叢』汲古書院、一九八三年一二月、二三一〜二三二頁に併考。

(2) 康有為「布告百七十余埠会衆丁未新年元旦挙大慶典告蔵保皇会改為国民憲政会」湯志鈞『康有為政論選集』(上冊)中華書局、一九八一年、六〇〇頁。

(3) 広宇主編『東方巨人孫中山』内蒙古人民出版社、一九九八年五月、一五三頁。

(4) 九月一五日「午後一時ヨリ第一會ヲ牛込赤城ナル江戸川亭ニ開キ、會スル者留學生約五十名ナリシガ堺(利彦)、幸徳(伝次郎)ハ出席セサリシと云フ。」(日本外交公文書乙秘第一〇六〇号、整理番号440721)

(5) 永井算巳「社会主義講習会と政聞社」『東洋学報』第五一巻、三六一頁。

(6)『梁啓超年譜長編』(岩波書店版第二巻)三三一〜三三二頁。

(7) 王芸生編著『六十年来中国与日本』(第五巻)生活・讀書・新知三聯書店出版、一九八〇年八月、六三〜六四頁。

(8) 前掲『六十年来中国与日本』(第五巻)五一、六七頁。

(9) 李国俊編『梁啓超著述系年』復旦大学出版社、一九八六年一月、九五頁。第八九号の奥付発行日は一九〇六年一〇月一八日になっているが、「実際の発行は一九〇七年正月以降であろう」。

(10) 丁文江、趙豊田編『梁啓超年譜長編』三九六頁。「帰ってから、党報が成立するに先立って報を組織するというあなたの意見について熟考しました。この一着も非常に重要でしょう。たぶん某君は現在着々と進行中ですから、我々のほうもすみやかに一機関を設立して人材を吸収することが、まことに要の一着となります。私は報を出したいと考えています。『政論』と名づけ、社名は政論社としますが……将来この基礎にたって政党を結成するのです。あなたはどう思われますが」（訳文島田虔次編訳『梁啓超年譜長編』第二巻、三三一〜三三二頁参照）。

(11) 梁啓超「光緒三十三年四月五日『仏公あての書簡』（丁文江、趙豊田編、島田虔次編訳『梁啓超年譜長編』第二巻、三三一頁）。

(12) 前掲書『梁啓超年譜長編』四〇八頁。四〇四頁の注と照合して推測。

(13) 島田虔次編訳『梁啓超年譜長編』第二巻、三二三頁。

(14) 岑春煊『楽斎漫録』台北文星書店、一七頁。

(15) 島田虔次編訳『梁啓超年譜長編』第二巻、三二三頁。

(16) 梁啓超「光緒三十三年六月二十二日『蒋観雲、徐仏蘇、黄与之三兄弟あての書簡』」（島田虔次編訳『梁啓超年譜長編』第二巻、三三五頁）。

(17) 島田虔次編訳『梁啓超年譜長編』第二巻、三三六〜三三七頁。

(18) 島田虔次編訳『梁啓超年譜長編』第二巻、四六九頁注（82）参照。

(19) 大隈はまず国民国家の建設が当面の目標であると提言する。「能建設國民的國家、確立國民的政府、斯其完備者也。否則其不完備者也。」次に、三大綱領を提案する。「一日貴統一。二日重正義。三日尊自由」。それを実現するためには、「一日組織。二日秩序。三日才略。」という具体的な方法論を提示した。最後に、「有政黨、然後立憲政治可以實行。立憲政治實行、然後國家可以去亡、而即於強。」と結論した。

(20)『政論』第二号「社告」。「拝啓本社上海事務所現設靜安寺路福源里二十四號東京事務所遷居牛込區市谷田町二丁目二十九番地凡與本社通信　諸公乞爲　雅注特此佈告　政聞社謹啓」とある。また、第五号「社告」には、「本社上海事務所現設泥城橋

外静安寺路二十九號前誤刻爲二十四號特此更正　政聞社啓」とある。

(21) 馬光仁『上海新聞史』三〇六頁。そのほかに、第一、二号に掲載した「政黨論」（蒋智由）、「國會與政黨」（張嘉森）、「政論序（一名政黨組織之要領）」（元自由党総理伯爵板垣退助）などがある。

(22) 憲民「政治與人民」『政論』第一号。『飲氷室文集』（之二十）一三〜一四頁。

(23) 全文は「懸談、第一章国会之性質、第二章国会之組織、第三章国会之職権」の構成で約一〇万字、『国風報』が発刊したあと、再校して「滄江」という筆名で「著訳」欄に第八号より十一回にわたって再度全文を刊行した。『飲氷室文集』（之二十四）一頁。

(24) 憲民「政聞社宣言書」『政論』第一号、一九〇七年一〇月七日。

(25) 永井算巳「社会主義講習会と政聞社」『東洋学報』第五一巻、三八五頁。『政論』第二号、一三九頁「社報」欄「政聞社開會紀事」参照。

(26) 馬良（一八四〇〜一九三九）、原名は建常、字は相伯、江蘇省丹徒の人、馬建忠の兄。神学博士にしてカトリック神父。神戸や長崎の領事を務めた。復旦公学（復旦大学の前身）を創立するなど、教育界での活動が顕著だが、一九〇七年、梁啓超の要望を容れて政聞社の総務員（代表）となり、立憲運動でも第一線に立って活躍した。晩年には、宋慶齢等と中国人権同盟を組織するなど、近代中国を代表する知識人である。梁啓超はかつて『時務報』の主筆を務めながら、馬氏兄弟からラテン語を習った。島田虔次編訳『梁啓超年譜長編』第二巻、四七三頁注（118）参照。

(27) 張玉法『清季的立憲団体』三五二頁。

(28) 馬相伯「政党之必要及其責任」（政聞社總務員就任演説）『政論』第三号。『馬相伯集』復旦大学出版社、一九九六年、七二〜七三頁。

(29)『梁啓超年譜長編』四三五頁。

(30) 柯劭忞等『清史稿・列傳二百三十』「于式枚の項」。

(31) 同上。『清史稿・列傳二百三十』「于式枚の項」。

(32) 光緒三四年六月二八日（一九〇八年七月二六日）『申報』。『梁啓超年譜長編』四六八頁。

(33)『梁啓超年譜長編』四六九頁。

(34) 孔祥吉の研究によれば、張之洞は確かに西太后に「即行立憲」を勧めた。孔祥吉著『晩清佚聞叢攷─戊戌變法為中心』巴蜀書社、一九九八年七月、七四〜七六頁。

(35)『査禁政聞社上諭』光緒三四年七月一八日（一九〇八年八月一四日）『申報』。『梁啓超年譜長編』四六九頁。

(36) 政聞社東京事務所は九月三日に解散となる。日本外交公文書「政聞社解散ノ件　兵庫県西須磨居住清国亡命者梁啓超一派ノ組織ニ係ル政聞社（牛込区砂出原町二丁目所在）ハ去ル三日解散シ同所ニ在リタル保皇党ノ事務所ハ神田区錦町三丁目五番地ニ移シタリ」（整理番号440761）

(37) 耿雲志「論清末立憲派的国会請願運動」『中国社会科学』一九八〇年九月、第五期、四二頁。「もっぱら国会を開設することを提唱するのは、簡単直截な主義を用いて、国民心理を一つの方向に収斂し、それによってずばりと急所を突く効果を上げようとするもので、まことに良策です。」（光緒三三年三月「哲兄あての書簡」島田虔次編訳『梁啓超年譜長編』第二巻、三三一頁）。

(38) 康有為・梁啓超一派は光緒皇帝の死去に袁世凱が関係ありとする巷説を流布したと見られる。一九〇八年一一月一八日付の Suma（須磨）から Hunan Goverrner Changsha（湖南首府長沙）宛ての電報において、「兩宮禍變袁（世凱）爲罪魁乞誅賊臣伸公憤康有爲梁啟超」（日本外交公文書、整理番号440805）とある。袁世凱はのちに皇室に排斥され、やむなく下野し、河南省彰徳府で辛亥革命までの三年間隠居生活を送る。

(39) 梁啓超「一九〇九年九月二六日（八月一二日）『致佛蘇我兄書』」『梁啓超年譜長編』四九三頁。

(40) 梁啓超「宣統元年五月二五日（一九〇九年七月一二日）『與仲弟書』」『梁啓超年譜長編』四九三〜四九四頁。

(41) 梁啓超「一九〇九年九月二日（七月一八日）『與仲弟書』」『梁啓超年譜長編』四九一頁。

(42)「當時清大吏不解憲政爲何物、其館中重大文牘、大率秘密輾轉、請求梁先生代籌代庖。故先生當年代憲政館及各衙署各王公大臣所秘撰之憲政文字、約計有廿餘万言。惟此種著作、均係機械的、不能由先生有自動的主張、故清廷籌備憲政一事、毫無系統及彩色也。」「徐佛蘇記『梁任公先生逸事』」『梁啓超年譜長編』五〇〇頁。

(43)「宣統政紀」巻一八『清實録』（第六〇冊）中華書局出版、一九八七年七月。

(44) 広東出身、生没不明。かつて最初の『飲氷室文集』（一九〇三年、廣智書局）を編纂し、一九〇七年三月に『学報』を創刊した何天柱（擎一）である。

(45) 梁啓超の「光緒三四年八月一一日（一九〇八年九月六日）致佛蘇我兄書」に、「徒以入春以来、刻意養晦、屏絶百務、惟讀書著書以自・樂、東籍以外、乃至兼及德文、遂至無一刻暇。而爲飢所驅、不得不賣文以求自活。……弟數月來生計之狼狽、乃至不可言。……」（『梁任公先生年譜稿』三〇二頁）との記述がある。
(46) 李国俊編『梁啓超著述系年』一一三頁。
(47) 島田虔次編訳『梁啓超年譜長編』第三巻、一〇九頁。
(48) 永井算巳氏もこのように指摘している。「要するに、梁啓超における国風報発刊の意図は、立憲君主制樹立のために健全な国民輿論の形成、政治常識の育成を本来の主目的としながらも、併せてその収入によって自己の貧骨に徹する債務生活の清算を企図したものと解すべきであろう。」（「梁啓超と辛亥革命」『近代アジア教育史研究　下巻』岩崎学術出版社、一九七五年三月、二一〇頁）。
(49) 丁文江撰『梁任公先生年譜稿』三二一頁。「此可見昔年先生辦報養家、境遇艱苦、及吾輩有無相通、甘苦合作之一斑。」
(50) 梁啓超「国風報叙例」『飲氷室文集之二十五（上）』一九頁。「立憲政治者、質言之則輿論政治而已」。
(51) 梁啓超「国風報叙例」『飲氷室文集之二十五（上）』二〇〜二一頁。
(52) 梁啓超「国風報叙例」『飲氷室文集之二十五（上）』二一頁。「夫輿論之所自出、雖不一途、而報館、則其造之之機關之最有力者也。」
(53) 「一日忠告（即ち、正道に軌わず時勢に適せざるものをわが才をつくして規正。）二日嚮導（政治改革の方途に迷うものを掖進させる先覚の責任を果たすこと。）三日浸潤（煽動とは異なり収効は遅いが、深造の勢力を造成する。）四日強聒（久蔽の俗を匡正し、ことを未然に慮るために、黽勉同心、怒るべからず、人を風するの旨であり、小雅の意でもある。）五日見大（見識をの広大さを指す。）六日主一（術を択ぶことに至慎、義を持すること至堅、一以て之を貫き、終始に徹し、論述する所百変して而かもその宗を離れずということである。）七日旁通（輿論の根本たる常識の普及を計る。）八日下逮（恰も瞽をみちびくが如く、常に政府人民に一跬歩を先んじていく。）」梁啓超「国風報叙例」『飲氷室文集之二十五（上）』二一〜二三頁。
(54) 梁啓超「国風報叙例」『飲氷室文集之二十五（上）』二四頁。
(55) 梁啓超「国風報叙例」『飲氷室文集之二十五（上）』二五頁。

(56) 梁啓超「国風報叙例」『飲氷室文集之二十五（上）』二六頁。
(57) 梁啓超「説国風」『飲氷室文集』（二十五下）一一頁。
(58)『梁啓超年譜長編』五〇九～五一〇頁。
(59) 梁啓超「中国国会制度私議」『飲氷室文集之二十四』一二三頁。
(60) 同上。『飲氷室文集之二十四』一四六頁。
(61) 島田虔次編訳『梁啓超年譜長編』第三巻、一一六頁。張玉法『清季的立憲団体』四六四頁。
(62) その日、都察院が一〇通の請願書を受け取った。その代表者として、「直省諮議局代表孫洪伊、直省商會代表沈懋昭、蘇州及上海商會代表杭祖良、澳洲華僑代表陸乃翔、直省教育會代表雷奮、江蘇教育總會代表姚文枏、直省政治團體代表余德元、直省紳民及旗籍代表李長生、文耀、東三省紳民代表喬占九等。」（「記載第一、中国大事記」『東方雑誌』第七巻第六期）
立憲団体については、張玉法『清季的立憲団体』参照。
上海：憲政研究會（一九〇六年一二月九日）、馬良、雷奮、袁希濤、沈恩孚、黄炎培、狄葆賢、陳景寒、史量才など、預備立憲公會（一九〇六年一二月一六日）　鄭孝胥（福建）　張謇（江蘇）　湯壽潜（浙江）雷奮　陳寶琛　張元濟　計二七四人、一九〇八年八月一一日、各省の代表を聯合して、都察院に請願書を提出するが、朝廷側からの回答は政聞社の禁止令であった。一九〇九年一〇月張謇が江蘇諮議局議長に就任する。
湖南：憲政公會（元憲政講習會、一九〇七年東京で成立）　楊度　熊範輿　沈鈞儒。
貴州：憲政預備會（一九〇九年一〇月）唐爾鏞　任可澄　陳廷棻　廣東：：商自治會（一九〇七年）譚延闓　江孔殷　陳基建　呉冠廷。
湖北：憲政籌備會（一九一〇年四月）張國溶　湯化龍。
(63)「國會請願代表孫洪伊等上資政院書」『国風報』第一年第二六号（一九一〇年一〇月二三日発行）。
(64) 梁啓超「遊臺灣書牘・第一信」『飲氷室専集之二十二』一九七頁。「笠戸丸門司舟次發」。
(65) 梁啓超「宣統三年二月一三日（一九一一年三月一三日）『與佛蘇足下書』」『梁啓超年譜長編』五四二頁。
(66) 日本外交公文書。一九一一年三月二八日（旧暦二月二八日）「清国革命党員梁啓超・湯覚頓・梁令嫻（梁の娘）・ヨタ福（下女）一行は基隆入港の笠戸丸にて台湾に到着、即日に台北に来る。日の丸舘に投宿、台湾神社に参拝。」（整理番号450268）。

(67) 梁啓超「遊臺灣書牘・第二信」『飲氷室専集之二十二』一九九頁。「臺北日之丸旅館發」。
(68) 梁啓超「遊臺灣書牘・第二信」『飲氷室専集之二十二』一九九頁。
(69) 『国風報』第二年第七期宣統三年三月一一日(一九一一年四月九日)〈号外雑文〉「遊臺第一信」から「遊臺第五信」を載する。「遊臺第六信」は『国風報』第二年第九期宣統三年四月一日(一九一一年四月二九日)〈号外雑文〉に所収。この六つの手紙が「遊臺灣書牘」として『飲氷室専集』に収録されている。
(70) 梁啓超「遊臺灣書牘・第三信」『飲氷室専集之二十二』二〇〇頁。「臺北日之丸旅館發」。
(71) 日本外交公文書(整理番号450268)。
(72) 梁啓超「遊臺灣書牘・第四信」『飲氷室専集之二十二』二〇一頁。「臺中丸山旅館發」。
(73) 梁啓超「遊臺灣書牘・第五信」『飲氷室専集之二十二』二〇三頁。「臺中霧峰莊萊園發」。
(74) 日本外交公文書(整理番号450268)。
(75) その論調は梁のジャーナリズム精神において一貫したものである。「凡一國之存亡、必由其國民之自存自亡、而非他國能存之能亡之也。」(『清議報』第十九冊、一八九九年六月二八日「論中國人種之將來」)を最初として、『民報』との論戦中では、「要之本報認中國爲未亡、故對内對外皆得岸然自稱曰我國民」(『新民叢報』第四年第一四号、一九〇七年二月下旬発行「中國不亡論」)としたが、台湾を訪問した後は、「數年以後、無論中國亡與不亡、舉國行當思我耳。……當知今日之中國、危急存亡、僅餘一髮。」(『國風報』第二年第八號、一九一一年四月一九日「與上海某某等報館主筆書」)と危機感を増したとはいえ、「而中國歴數千年未嘗一息亡、既屬歴史上鐵案如山之一事實。此其中必有不亡之原因焉。我國民所最宜深省而自覺也。……吾就主觀方面、吾敢斷言吾國之永遠不亡。吾就客觀方面、吾敢斷言吾國之現在不亡。」(「發刊辭」『大中華雜誌』第一巻第一期、一九一五年一月二〇日)とこれまでの憂慮を一掃した。パリ和平会議を開いた後は、「是故當知、國無所謂存亡、自甘於亡、斯眞亡耳。(「外交失敗之原因及今後國民之覺悟」(一九一九年)『飲氷室文集之三十五』二七頁)、「我們萬不可有絲毫悲觀、説中國要亡了。」(『梁任公近著』〔上巻・下篇〕四十頁「歐遊中之一般觀察及一般感想 二、中國不亡」一九二三年出版)と自信が満ち溢れている。
(76) 「営業概目」の例示、「敝所創業以來已三十有七年、在日本教育用器械標本製造廠中爲最老而最大者也。」との紹介、本店、東京支所、九州発売所などの住所録を掲示などがある。

(77) 梁啓超『飲氷室文集之四十五（下）』三八頁。最後の二句は「作詩既以謝主人、亦用瘏口警我氓。主人者誰名父子、島津其氏名源蔵」とある。その原資料はどこに所蔵されているのかが不明である。この年、梁は横浜正金銀行から五千金を借り、担保してくれた日本の友人は恐らく島津源蔵であろう。梁は「覓得我公使館員之一友人爲擔保、而負彼四千金、限六個月償還、其後尚得三四良友之助、居然銷卻此債務矣。公等所謂無擔保品而得借金者、其即此耶？我所受莫大之賄略於日本人者其即此耶？」（「号外雑文・與上海某某等報館主筆書」『国風報』第二年第八号、一四頁）と弁解したが、前述した「宣統二年二月二六日『致佛蘇先生書』」（『梁啓超年譜長編』五〇八頁）において「而此款乃由日本友人担保」と併せて考えれば、その日本友人とは公使館員の紹介によって知り合ったかもしれない。梁は「公使館員之一友人」という曖昧な表現を使って誤魔化した。その事実関連について検討する余地があると思う。

(78) 頼光臨著『梁啓超與近代報業』臺灣商務印書館、一九六八年三月、五七頁。

(79) 梁啓超「宣統三年九月八日『致雪公書』」『梁啓超年譜長編』五五四頁。梁はこの書簡を書いたときはまだ日本に居た。奉天に着いた当日、徐勤にその書簡を贈った。

(80) 前掲『六十年来中国与日本』（第五巻）七四、八〇〜八二頁。

(81) 前掲『六十年来中国与日本』（第五巻）二四四頁。

(82) 前掲『六十年来中国与日本』（第五巻）二七七〜二八八頁。

(83) 滄江「号外雑文」『国風報』第二年第八号（一九一一年四月一九日）。

(84) 憲民「嗚呼韓國嗚呼韓皇嗚呼韓民」において、「環球奔走相告曰：日人亡韓。夫日人則安能亡韓？韓之亡、韓皇亡之、韓民亡之。」（『政論』第一號、七三頁）とある。

(85) 一九〇八年二月五日、日本商船の「第二辰丸」号が鉄砲九四箱、弾薬四〇箱を密輸しようとして澳門付近の九州海域で清国の海軍に拿捕された事件である。日本の国旗も引き摺り下ろされ、代わりに清国の国旗を揚げた。日本政府はポルトガル政府と手を組んで清朝政府に抗議し、清国が澳門付近のポルトガル領海内に航行した二辰丸号を拘留したことはポルトガルに対する主権の侵害であると主張した。日本はさらに「日章旗侮辱問題」にすりかえて軍艦を派遣して清朝政府を威嚇した。清政府はそれを認めて三月一五日に礼砲を打って日本に謝罪し、二辰丸号に載せた武器弾薬を買い上げ、商船を釈放し、損失を賠償した。しかし同日、政聞社の徐勤、徐佛蘇らは二辰丸事件の屈辱外交を受け止め、上海にいる広東商人を召集して対日ボイコットを発動する会議を開いた。三月一九日、広東各地において大規模な対日ボイコットが勃発した。その運動が次第に、上海、広西、香港、南洋などに広がり、前後八ヵ月も継続した。日本の商人は重大な損失を蒙った。立憲派がボイコットに積極的だったのに比して孫文ら革命派がボイコットに消極的であった。前掲『六十年来中国与日本』（第五巻）一四六〜一六三頁参照。

(86)『飲氷室文集之二十五（上）』一五八〜一五九頁。

(87)『飲氷室文集之二十五（下）』三二頁。文集に収録したとき、そのタイトルを「論政府違法借債之罪」にして、「誘過君上」を省略したことは、梁の「尊皇」思想を暈すことになるのである。

(88)一九一一年六月一〇日（五月一四日）『申報』。

(89)梁啓超「初歸國演説辭—鄙人對於言論界之過去及將來」『庸言』第一号（一九一二年一二月一日発行）、『飲氷室文集之二十九』三、四頁。「それで一昨年（宣統二年）十月以後、去年までの『国風報』は、政府に宣戦しない日はほとんど一日もありませんでした。むしろ『清議報』の時代以上であったのであります。忘れもいたしません。国を挙げて国会請願運動が最も激しかった時でありました。政府はなおも日々引き延ばしを考え、宣統八年だとか宣統五年だとか言ってごまかそうとし、憤激極まった私は『国風報』で大声疾呼して申しました。『政治現象にしてなおも依然として変わらないのであれば、将来、世界の辞典の中に、宣統五年の四字が連続して一つの名詞となったものなど、もはや決して見出すことができないであろう』と。この言葉は『国風報』に何度も出てきますが、これまた今では事実となったのであります。」（島田虔次編訳『梁啓超年譜長編』第三巻、一〇〇頁）。

(90)①諮議局議員（総勢一七〇七人）の日本留学組：（八八名の中、法政大が四二名を占めている。議長六名、副議長一二名）。奉天（五三人〔定員、以下同〕）：議長、副議長、日本考察経験あり、議員二名日本法政大学に留学、二名日本師範学校に留学。吉林（三〇人）：なし。黒竜江（三〇人）：なし。直隷（一五五人）：議長閻鳳閣、副議長谷芝瑞、日本法政大学に留学、副議長王振堯日本宏文師範留学；議員八名日本留学（法政大三名、早大二名）。江蘇（一二五人）：議長張謇、日本考察経験あり、議員八名日本留学（法政大四名、明大一名、早大一名）、**雷奮**（早大卒、政聞社社員、資政院議員）、**狄葆賢**（政聞社社員）、**馬良**（政聞社総務員、日本考察経験あり）。安徽（八三人）：議員一名法政大留学。江西（一〇五人）：議員一名法政大、一名陸軍士官学校成城学校に留学。浙江（一一一人）：副議長陳時夏、沈鈞儒法政大留学、議員九名日本留学（法政大六名、東洋大一名、明大一名、警察専門学校一名）。福建（七九人）：副議長劉崇佑早大留学、議員三名（林長民、早大政治科）。湖北（九八人）：議長湯化龍、副議長張国溶が法政大留学、議員七名（法政大五名）。湖南（八四人）：議員羅傑法政大留学、他二名日本留学。山東（一〇四人）：議員五名日本留学（法政大三名、早大一名）。河南（九七人）：議長杜厳、副議長方貞が法政大留学、議員三名日本留学（法政大二名）。山西（九〇人）：議長梁善済が法政大留学、議員四名日本留学（法政大三名）。陝西（六六人）：副議長郭忠清日本留学。甘粛（九人）：なし。四川（一二七人）：議長蒲殿俊、副議長蕭湘ともに法政大留学、議員三名（法政大一名、明大一名）。広東（九六人）：議員三名（法政大一名）日本留学。広西（五七人）：副議長唐尚光、甘徳蕃が法政大留学、議員一名法政大、一名日本士官学校政治科。雲南（六八人）：議員二名法政大留学。貴州（四〇人）：議長楽嘉藻日本留学、副議長牟琳弘文師範に留学、議員二名日本留学。②資政院議員の日本留学組：九八人の中二二人が日本留学（法政大一五名、早大一名雷奮）。張朋園著『立憲派與辛亥革命』中国学術著作奨助委員会叢書之四十、中華民国五十八年十月初版。附録（一）各章諮議局議員名録と附録（二）資政院議員名録参照。

(91) 筆者の主張と比べて、張朋園の観点は過小評価であるかもしれない。「立憲運動は本来の目標を達成できなかったゆえに、『国風報』の言論も失敗であったといえる。しかし、立憲運動は革命の成功に間接に促した力を持っていたため、『国風報』の影響力も間接的であろう。したがって、『国風報』を評論しようと思えば、その宗旨以外の影響に偏重しなければならない。」張朋園『梁啓超與清季革命』三一三頁。

(92) 宣統二年一二月一五日（一九一一年一月一五日）付『申報』楊度「奏請赦用梁啓超原折」。

(93) 梁啓超「新中国建設問題」『飲氷室文集之二十七』二七～四七頁。

第三部　ジャーナリズム活動の終焉に向かって

清朝政府は『欽定憲法大綱』を頒布し、立憲の予備期間を九年に限定した。しかし、立憲派は引き延ばし策を取ってきた清朝政府にますます不満な苛立ちを抑えきれなくて、前後三回(1)にわたって大規模な国会請願運動を組織したが、いずれも挫折してしまった。とはいえ、清朝政府はある程度応じてくれた。本来は一九一七年までという九年間の予備期間を一九一三年までに短縮したのである。一九一一年四月、清朝政府は「欽定内閣」を設立し、慶親王奕劻（一八三六〜一九一八）を内閣総理大臣に任命した。幣制の改革と「東三省」の実業を振興するためという口実で、同月一五日に英、仏、米、独四ヵ国銀行連盟から一〇〇〇万ポンドの借款協定(2)を調印し、さらに日本の強要した一〇〇〇万円の借款にも同意した。五月、郵傳部尚書盛宣懐（一八四四〜一九一六）らが列強の策動に応じて、川漢鉄道と粤漢鉄道の利権を国有に回収した。その利権を借款の担保として列強に譲渡したため、四川省では諮議局議長蒲殿俊(3)らが「保路同志会」を組織し、大規模な「保路運動」を発動した。九月七日、当局が主力メンバーを逮捕したため、群衆が憤慨して釈放を求めたが、それを無視した当局が数十人を銃殺した。事態はますます激しくなった。九月二五日、四川の同盟会員呉玉章、王天傑らが率先して栄県の独立を宣言した。四川の「保路運動」の勢いが全省に蔓延した。清朝政府は慌てて湖北の「新軍」を鎮圧に向かわせた。

一九一一年一〇月一〇日、武昌での革命軍が防備空白の隙間に乗じて蜂起した。切迫した情勢の中、在野の袁世凱が再度起用された。一〇月二七日に、袁世凱は「欽差大臣」に任命され、事態の収拾を急ぐ。清朝政府は立憲派と革命派の両面の圧力に屈して、やむなく資政院が提出した「皇族内閣の解散と国会の開設」に応じた。

そのとき、灤州に駐屯した新軍第二十鎮統制張紹曾と第二混成協協統藍天蔚らが連名で清朝廷に打電し、「政綱十二条」を提出し、直ちに国会を開き、憲法を制定し、責任内閣を組閣すべきだと要求した。清朝政府は大いに驚き、「政綱十二条」を無条件で受け入れた。一〇月三〇日（九月九日）、清政府は内閣を改組して憲政を実行し、さらに「党禁」を解除して革命党などを合法的な政党と認め、資政院に憲法を起草する命令を出した(4)。一一月三日、「重大信条十九条」を公布し、袁世凱を内閣総理大臣に任命した。梁はその日に徐勤に出した書簡に「和袁、慰革、逼満、服漢」（袁世凱と和し、革命派を慰め、満潮朝廷に逼り、漢族を服従させる）(5)を根本方針として、大胆に秘めた政治プラン(6)を実行することに臨んだ。

一九一一年一一月六日、梁啓超はまったく一連の重大な政治的動きを知らずに天草丸に乗船して、大連に潜り込んだ。新軍将領張紹曾、藍天蔚らが計画した「灤州兵諫（灤州で武力に訴えて主君をいさめる）」と呉禄貞（壽卿）の画策した武力を以って清朝政府の政治革新を強制させる軍事行動に呼応するためであった。それが成功すれば、梁は入京するつもりであった。「入都後、若冢骨（袁世凱を指す、不倶戴天の表現）尚有人心、當與共勘大難、否則取而代之」(7)。しかし、情報が事前に袁世凱に察知され、呉禄貞が暗殺された。「藍天蔚らは梁に害をなすと言い、すぐに日本に戻るよう促したので、〔私と〕同じ船で日本に渡りました。」(8)、梁啓超が首謀した「宮廷政変」(9)が失敗に終わり、慌てて日本に戻った。

一一月一六日に袁世凱が組織した新内閣が登場した。袁は立憲派の勢力を利用するために、梁啓超を法律（法部）副大臣(10)に起用したが、梁は非常に迷った(11)。その時、すぐに袁世凱と合作することは非常に危険であると判断して、ずっと情勢を観望して、帰国の就任には応じなかった。

当然、立憲派の中には梁啓超が早く帰国して、天津において『国風報』を続開して主導権を獲得すべきだという意見もあった。しかし、麦孟華、呉冠英らは政情が非常に不安定の中に、明確に旗揚げをしないで曖昧に出馬することは衆矢の的になる恐れがあるという理由にしてそれに反対し、当面は韜晦が得策だという。一方、羅癭公、藍公武らは袁世凱と連携するように梁に説得を仕掛けた。梁は約一年間ずっと待機状態になって、康有為と一緒に「虚君共和」を主張して、混迷な政局を打開することを狙った。

ところが、情勢は急変した。一九一二年一月一日孫文は率先して南京で臨時大総統に就任し、中華民国の成立を宣告したが、のちに袁世凱と妥協した。孫は、もし袁が清朝政府と一切関係を切り離せば、袁を総統に推戴するとの約束を守った。かくして南北講和を実現した。二月一二日に清朝皇帝が退位に追い込まれ、袁世凱が中華民国臨時大統領の座を獲得したのである。梁の「虚君共和」の主張はついに遂行できなくなってしまったのである。

ようやく臨時政府が北京に移り、孫文、黄興ら革命派首領の北上によって、袁世凱の地位が確立され、国内において暴力革命も沈静化された。同時に、国会の選挙を準備するために、国内各政治団体が分裂したり、整合したりして、合併に向かう趨勢が強まる。同盟会は統一共和党、国民共進会などいくつかの政治団体と合併して、国民党となった。一方、「共和建設討論会」（一九一二年四月一三日に上海で成立、湯化龍が主任幹事）も時勢の要求に応じて、「国民協会」などと合併して民主党に改組された。梁啓超は主力メンバー孫洪伊、湯化龍、張君勱らに党首と推戴された。そのとき、袁世凱と梁啓超との間で、互いに合作を模索しており、梁は財政問題及び政党政治に関して袁世凱に提言し(12)、袁も非常に梁の建言を重視したのである。これで、梁は時期が熟したと判断して帰国に船出した。

第一章　政党政治のジャーナリズム

一九一二年九月二八日に、梁は十四年間の亡命生活を終え、日本の神戸港から天津に向かって出発した。一〇月八日、天津に上陸。一〇月二〇日に北京に到着。翌日、北京新聞界の歓迎会において、演説を行なった。その歓迎振りについて、梁は娘に「此次歡迎、視孫（文）黄（興）來京時過之十倍、各界歡迎皆出於心悅誠服。」(13)と自慢話をしている。

「乙未夏秋間、諸先輩乃發起一政社名強學會者、今大總統袁公、即當時發起之一人也、……則欲辦圖書館與報館、袁公首捐金五百、……。」(14)とまず袁世凱の面子を立て胡麻を擂った。「鄙人此次歸來仍思重理舊業、人情於其所習慣之職業、固有所不能舍耶。若夫立言之宗旨、則仍在濬牖民智、薫陶民德、發揚民力、務使養成共和法治國國民之資格。」(15)（私は今回帰国して、新聞発行の本業に戻りたい。人間は習慣的にやってきた職業に感情があり、なかなか捨てられるものではないだろう。その立言の宗旨は、なお「民智」の疎通、「民徳」の薫陶、民力の発揚であり、国民に共和国の法治的国民の資格を涵養させることである。）

梁は「虚君共和論」に拘泥せず、現体制に擁護する姿勢を見せたが、それが「変節」ともいわれた。これに対して、梁は「夫破壞國體、惟革命黨始出此手段耳。若立憲黨則從未聞有以動搖國體爲主義者也。故在今日、擁護共和國體、實行立憲政體、此自論理上必然之結果。而何有節操問題之可言耶?」(16)と反問した。

梁は「変節」論に対して更に次のように反論し続けた。

「公平にいうと、現在の国勢及び政局は、この十年余りの間に激烈と温和両派の人士の心力で共同して築き上げたものである。有功といえば、両者とも有功であり、有罪というなら、両者とも有罪であろう。」(17)

「これまでの輿論に、所謂立憲派の人間は、共和の国体を成立した後、政治に係わることが許さない。だからといって、恐らく古今東西の共和国にこのような法律がないだろう。中国は中国人のための中国であると私たちが信ずるものであり、中国人全員がその義務と権利を持っているわけであり、決して一部の人間の私物ではない。清朝政府は国家を私有財産と考えたり、政治権利を私有の権利と思い込んだりして、我々の政治に介入することに極まりない迫害を加えたのである。しかし、我々はそれによって自信をなくして責任を放棄したことがなかった。しかも、今日のような共和国体の下に、何もこの不祥な言をいう理由はないではないだろうか。ということで、私はジャーナリズム活動を継続したいのが、常に自分の所信の言論を挙げて世に発表するのである。」(18)

と、梁は再び従前の仕事に就くと明言したのである。

第一節　『庸言』の言論活動

一二月一日、ついに『庸言』が創刊された。扉の頁に載せた「梁啓超啓事」から政界に飛び込む梁啓超の慎重さをうかがわせる。

一、啓超が書いた文章にすべて実名で署名し、文章に表す観念に関してはすべて責任を持つこと。

二、本誌に投稿する諸君の文章はすべて啓超の校閲を経て付帯的責任を持つこと。

三、各種問題に対して、投稿者諸君がそれぞれ自由に意見を発表したり、互いにあるいは啓超に異議を唱えたりしてかまわない。ゆえに、同誌に反対意見を述べたり、互いに弁論を展開したりする場合、著者各自が責任を負うこと。

四、啓超は本誌を除外にして、他の日報や叢報とは一切直接的な関係を持たない。ゆえに、他の新聞の主義や言論に対して、一切責任を負わない（国中に某新聞某雑誌が啓超の作ったものだとかという噂が流れているため特別に言明した）。
五、啓超は独立して意見を発表するので、たとえ最も敬愛する師友であっても、言論行為に関して、啓超は一切連帯責任を負わない。
六、啓超は現在のところ国中における各団体とはまだ深い関係を持っていないので、如何なる団体の言論行為に対して一切責任を負わない。
その後ろに「館員姓名録」がある。
主幹：梁啓超
撰述：林紓　林長民　夏曾佑　徐佛蘇　梁啓勲　麦孟華　湯覚頓　張嘉森　厳復　藍公武等二十三名であった。

「庸言」とは、まず「訓常」であり、奇妙なことを言わない。次に、「訓恒」であり、宗旨を変えないことである。第三に、「訓用」であり、社会の適応を重要視することである(19)。梁は輿論に対して非常に冷静かつ慎重に対応していることが、帰国する際のありようであった。

『庸言』社は天津日本租界旭街十七号に設ける。これまでの『国風報』と同様に、その表紙には、「中華民国郵政局特准掛號認爲新聞紙類」「日本大正元年十二月初五日第三郵便物認可」と表記している。また、英文タイトルを"The Justice"とし、アドレスを**17 Asahi Road, Tientsin.**にしている。

梁啓超はこれまでの言論界に高い声望を集めており、かつ袁世凱をはじめとする官僚らの支持を得たため、創刊した後、絶大な人気を博した。その創刊号の発行部数は一気に一万部を超えた。「印一万份、頃已罄、而續訂者尚数千、大約明年二、三月間、可望至二萬份、果爾則家計粗足自給矣」（若至二萬份、年亦僅余五、六萬金耳、一萬份則僅不虧本蓋開銷總在五六萬金内外也）(20)。発行してまだ半年も経たないうちに、一万五〇〇〇部に伸びた(21)。これまで梁啓超が発行した雑誌の中で最高の発行部数となった。しかし、『庸言』は『時務報』や『新民叢報』と比べて、好調な売れ行きになった理由がまったくちがうものであった。後者は言論を以って人心を刺激するのが特徴であったが、『庸言』のほうは、主宰者の人望や地位によって人を感銘させる力を持っていたからであった。加えて袁世凱の極意に籠絡することも一因であった。

『庸言』第一号に「国性篇」において、梁は初めて「国性」(Chinese Identity or Cultural Identity 著者注)という概念を提示して、国民性の発揚を唱える。

人は人間性によって成り立っている。国の場合も同然、国性によって成立している。人間性は人の顔のように、相似しているが、入れ替えたら、その本性が失ってしまう。国性のない国は、立国には不可能である。国性が未成熟なのに、立国しても、安定しない。立国後、国性が流転されて喪失してしまい、国は滅びる。「国語」、「国教」、「国俗」は国性の三要素である。梁は「猶治病者、雖用峻削之劑、而必不伐元気爲限也。」という伝統的な思惟方式を用いて治国の策を講じる。国性が衰微凋落の時、その国人は本国の典章、文物、紀綱、法度ないし歴史上伝来した成績に対して、懐疑しないものはなく、軽侮しないものもない。酷いことに、国民はすべてに対して厭棄する。

梁は次に「中國立國之大方針」(第一、二、四号)を発表する。文の冒頭に「周雖舊邦、其命維新」と、古典を引用しながら、これからの立国の大方針を次の因果関係で説明している。まず、「政党内閣」の構築である。政党内閣が出来れば、強力な政府が得られる。強力な政府が保育政策を実施すれば、必ず世界の国家として存続しうる。つまり、政党内閣→強力な政府→保育政策→世界的国家という構図になる。梁は特に、保育政策について、その重要性を認識した。「何謂保育政策？對放任政策而言之也」、「日本惟善用保育政策以有今日、而自今以往、猶著著向此方針以進行」として一言を補足して説明した。

第二節　宋教仁の暗殺

一九一二年八月、同盟会は統一共和党、国民共進会、国民公党、共和実進会などの政治団体と聯合して新たに一つの政党「国民党」に合併したのである。孫文は理事長に推挙されたが、本人は「決して政界に居ることを願わない。ただ自由な国民になればよい」(22)と理事長の座を宋教仁に代理してもらうことにした。そのとき、孫文の政治主張として、三民主義の「民族」と「民権」はすでに実現したので、残りの「民生主義」を実現するためには、中央集権を強化して、二〇万里（一〇万キロメートル）の鉄道を敷設して国民経済を向上させるというものであったが、民主の政治体制及び地方自治の確立を視野に入れなかった。

一方、宋教仁らは民主と自由がなお実現しておらず、その社会的基礎を築くためには、人道主義を以って君権の専制を排除すべき、科学知識を以って神権の迷信を排除しなければならぬ。そして、二党制と政党内閣を基本的政治主張として、民主、自由の政治制度の建設を推進すべきだと孫文らの政治理念との距離を置いたのである。「我々は国会において、過半数の議席を獲得する目標に目指すべきである。与党になる場合、一党の責任内閣を組織できるものであり、たとえ野党になっても、厳密に政府を監督できるからである。」(23)と総統を虚位にした責任内閣制の成立を主張していた。

一九一二年一二月中旬から一九一三年二月上旬にかけて、第一次国会選挙が行なわれた。衆議院の五九六議席のうち、国民党が二六九席を獲得し、**45・1**%を占めている。共和党、統一党、民主党が併せて一五四席しか取れず、**25・7**%を占めている。参議院二七四席のうち、国民党が一二三席を獲得し、**44・9**%を占めており、共和、統一、民主の方は併せて六九席で、**25・2**%を占めている。国民党の議員数は、議席の半数を超えなかったが、他の政党と比べて遥かに超えたのである。国民党は初の議員選挙戦で圧勝となった(24)。しかし、宋教仁らは政党内閣を実行するため、袁世凱らに、総統の権力が棚上げにされるではないかとの忌まわしさを与えた。

一九一三年三月二〇日夜一〇時四五分、宋教仁が滬寧綫上海駅ホームの改札口で射殺された。二日後の早朝四時四七分に息を引きとった。宋の秘書である北一輝（一八八三〜一九三七）はその場面を次のように記述している。「彼は瀧の如く滴たる血潮を抑へて于佑仁君の首を抱き遺言して曰く。南北統一は余の素志なり。諸友は必ず小故を以て相争ひ國家を誤ること勿れと。一宋の死は革黨の腦髓を碎きたる者なりき。黄（興）は棺を抱き腸を絞りて泣けり。譚（人鳳）は後れ来りて獅子吼したり。天下騒然」(25)。容疑者はのちほど上海租界で捕まった。

この突発事件に対して、国民党の内部において、法律で解決するのかそれとも武力で解決するのか、との二つの意見が分岐していた。証拠を握った国民党にとって、ある程度司法の独立が確保された当時では、法律で解決する可能性はないとはいえない。重要なのは、そのプロセスを進めることによって、国民の法治的観念及び国民党の声望の向上にとって計り知れないものであろう。しかし、歴史は往々に逆走してしまう。孫文らは武力の解決を選んだ。一方、章太炎は黎元洪の「反袁」を動員して「政治解決」で望んだが、黎が袁世凱に固く忠誠を示したため、失敗に終わった。

梁啓超も袁世凱と並んで第二番目の嫌疑をかけられた。それを晴らすために、梁は『庸言』（第一巻第九號一九一三年四月一日）に「暗殺之罪惡」を発表した。

その冒頭の「著者識」に、「旬日以來、最聲動天下耳目者、爲宋君教仁遇刺一事。吾與宋君、所持政見、時有異同。然固確信宋君爲我國現代第一流政治家、殲此良人、實貽國家以不可規復之損失。匪直爲宋君哀、實爲國家前途哀也。」として梁は悔やみを述べる。

「無論何國何時代、一國安危所繫不過在數人或十數人已耳。此數人或十數人者、既以一身任國家之重。其賈怨之多、招忌之深、必倍蓰什伯於恆人。國如有暗殺、則的之所射、必此儔也。然此儔者、大率國家積數百年之元氣、然後篤生之、其人又幾經學問、幾經閲・、然後能成就其才器譽望、以卓立於社會。失一人焉、而欲求一人繼起、以承其乏、非遲之又久不可得、或遲之又久、而終不可得。」として英才は何百年の国の元気によって生んだのであって、それを一旦失えば、なかなかその後継者が得られないのだ。

梁は更に、「暗殺之動機、出於義憤者最上已、然君子固已憐其愚；出於沽名者亦其次也、然斷國家之元氣以成

一己之名、居心既不可問矣。……而賄嗾人行之、則是合蛇蠍鬼蜮而爲一、不足復齒於人類。」として暗殺を仕掛けた首謀者を罵倒した。

長女に出した手紙には、「吾性質與現社會實不相容、愈入之愈覺其苦、處此地位可以不常居京、計良得也。刺宋之人、臚列多人、（真主使者、陳其美也。）我即其第二候補者、今將彼宣告文剪寄。應某謀北來刺我、二十日前蛻丈已電告矣。」(26)と述べたとおり、陳其美が首謀なのか、袁世凱が首謀なのか。いまだに謎のように思われる。北一輝は「支那革命外史」において、陳其美が首謀者であり、袁世凱と孫文が従犯であると断言した(27)。

梁漱溟は当時の政情について、「民國成立、宋鈍初（教仁）想實行政黨內閣、正與任公夙懷符合。當時曾約定以全力助宋、可惜宋氏被刺、兩派合作機會遂失。……國會既散、政黨根據全失、……這是他政治生活第一度失敗。」(28)という風に述べている。宋と梁との間には、まったく緊張感が無かった。梁はむしろ宋を支持する立場に居た。両者は党派が違うけれども、政見においては一致している。

宋教仁が暗殺されたことによって、中華民国は共和立憲への道が閉ざされた。その事件を発端として、南北勢力の対立が深まり、錯綜複雑な軍閥の乱闘が展開されるようになってしまったのである。その全容はいまだに開けず、首謀者を袁世凱に断定したものの、説得力のある証拠はまだ確定していない。国運に掛かる重大事件が断案されないままで、歴史が空虚に突入して、統治権の正当性が失ったのである。それは、民国政治の方向性を見失った民族の悲劇にのみならず、歴史的悲劇でもある。

第三節　共和立憲への選択の混迷

四月八日、中華民国第一回国会が新築された北京の衆議院会場で開幕典礼が行なわれた。二五日、国民党参議員張繼、王正廷が参議院正副議長に選出され、二六日、民主党議員湯化龍が衆議院議長に当選し、共和党の陳国祥が副議長として選ばれた。

梁は帰国後、民主党の総裁になったが、一九一三年二月二四日にまた共和党に加入した。『庸言』第十號（一九一三年四月一六日）に掲載した「共和黨之地位與其態度」は、四月一四日に行なわれた共和党理事長黎元洪が衆参両院共和党議員数百人を招待した宴会での梁の演説の一部である。梁は、「一年以來、國中有二大勢力、常爲政治改良之梗者。一曰官僚社會之腐敗的勢力；二曰莠民社會之亂暴的勢力。我共和黨既以改良政治爲惟一之職志、非將此兩種勢力排而去之、則目的終不可得達。」(29)という共和党の使命を述べた後、これまで、なぜ袁世凱政府を支持し革命党に反対する政策と立場を取った理由を説明した。また、袁世凱の指示を受け、「本黨之黨員、其兼有民主統一黨籍者、亦頗不少。此三黨之黨綱及其所懷抱之政策、本無甚異同。……自應有可以融合之機會。」(30)として党派の合併を呼びかけた。

五月に、民主、共和、統一の三つの党派が合併して進歩党となり、黎元洪は理事長に推挙され、梁は理事に選ばれた。進歩党は袁世凱の実力派、革命派からの分離派、元立憲派との三つの勢力によって成り立っているが、実権をにぎっているのは元立憲派の梁啓超、張謇、湯化龍、蒲殿俊らである。梁は「多數政治之試驗」、「進歩黨調査政費意見書」（第十二號一九一三年五月一六日）、「進歩黨之政務部特設憲法問題討論會通告書」（第十三號一九一三年六月一日）、「進歩黨擬中華民國憲法草案」（第十八號八月一六日）などを発表した。『庸言』は知らないうちに進歩党の機関誌となった。

梁は帰国して一年になって、領袖の口吻で感想を述べた。彼は国人の思想を概観して、三つのタイプがあると指摘する。「一年以来、只見有個人、不見有團體、不見有國家也」、国民には最高団体である国家の思想が見えてこない。国民一人一人に「個人思想」(31)が持て囃されている。その上、「人自爲政、地自爲域」の原始的な「部落思想」(32)が根強く遺されている。同時に、「於是國中淫樂之事日盛、而愁慘之象亦日深。人人皆知将来之局不堪設想也。則以不設想了之」(33)。希望と夢を捨て、まったく将来のことを考えない「現在思想」が流行している。

なぜ、革命は、また革命を呼ぶのか。かつて、孫文でさえ種族革命を成功させた後の暴力革命を防止するために、社会革命を同時に遂行すべきだと主張したのもそのためであった。梁は「革命相續之原理及其惡果」において、革命相続の原理を十点挙げ、「二次革命」が起こった現象の本質（因果関係）を説明し、その悪影響を訴えて、「革命只能産出革命、決不能産出改良政治」(34)（革命はただ革命を呼ぶだけであって、決して改良政治を呼ぶことはないだろう）との結論に導出した。しかしながら、梁は自分の立場を誤解されないようこういう風に付言した。「吾此文本泛論常理從歷史上歸納而得其共通之原則耳。即如此段、絶非爲現政府辯護、現政府更不得借吾言以解嘲。蓋現政府之成立本與前代君主力征經營而得之者有異、一年以來實有改良政治之餘地、而政府曾不自勉、吾不能一毫爲彼寛責備也。」(35)

六月九日から三〇日の間、袁世凱は孫文一派の反逆を恐れ、国民党出身の広東の胡漢民、江西の李烈鈞、安徽の柏文蔚三人の都督を相継いで免職した。二次革命が触発された。

党派の権力闘争で、国会の尊厳が冒涜された。梁は「凡群治所以維繋於不敝者、必其群中有一信仰之府焉。神權政治之有教會也、君主政治之有君主也、共和政治之有議會也。皆全國信仰中心之所攸集也。此信仰一破、則其政體遂不能以自存。」(36)と切言した。議会は共和政治の信仰のよりどころであり、いったん破壊したら、その政体の自存が維持できなくなるのである。今日になってすでに君主制復活の余地が無くなり、たとえ一度復活させても、その信仰中心の資格がもはや再生できないだろう(37)。

一九一三年七月一二日、李烈鈞が江西の湖口で独立を宣言することによって、「二次革命」が発生した。二二日、孫文は「令袁氏辭職、以息戰禍」と国民に意志の統一を呼びかけた。共和立憲の政局はもはや維持できなくなった。しかし、反旗を揚げた南方勢力が二ヵ月で北洋軍閥に敗れた。首領の孫文、黄興、李烈鈞らが日本に逃亡した。

梁はそれ以来、政局に翻弄されて、雑誌の編集にかかわる余裕がなかったため、廃刊号（第二巻第六号一九一四年六月五日）までの『庸言』の編集を呉貫因(38)に任せた。九月一一日に、熊希齢内閣が成立し、梁は司法部長に任命され、『庸言』第二十一号（一九一三年一〇月一日）に「政府立国大方針宣言書」を発表する。

　病根を取り除かなければ病人にいくら栄養を与えても、病気が治らない。「待諸病既去、營養乃得施也」。今日の中国にはまず「外侮」という病巣を摘出しなければならない。「欲確保中國在世界之地位、其樞機首在外交」。内政の根本としては、ほかならぬ財政である。「内治之根本、厥惟財政」。現政府の財政がまったく整えられておらず、その基本策として、まずは税制の改正である。次に、金融の整頓である。第三に、国庫の改良である(39)。梁はまた、軍事費が予算案の四分の一を占めており、もし公債を除けば、軍事費が一般行政費用の中の半分近くを占めている、と軍縮の必要を訴えた。その他、「實業交通二政、爲富國之本。我國産業幼稚、故宜采保護主義。我國資本缺乏、故又宜采開放主義。……抑立國大本、首在整飭紀綱、齊肅民俗。司法與教育、實俱最要之樞機也」として交通、実業、司法、教育の分野にもメスを入れた。

むすび

　十四年間の亡命生活を終えた梁は、堂々と政界の中枢に入ったが、希望に満ちた政策の実施はなかなか局面を打開できなかった。『庸言』は彼の政党政治の実現に用意された言論機関である。下記の図に示されているように、一年半の間、発表された梁文では殆ど憲政、財政、論説に集中している（図4参照）。

　一万部以上の発行部数を擁するにもかかわらず、梁啓超の言論の求心力或いは健全な輿論をリードする力はそ

図４『庸言』における梁文の分類統計

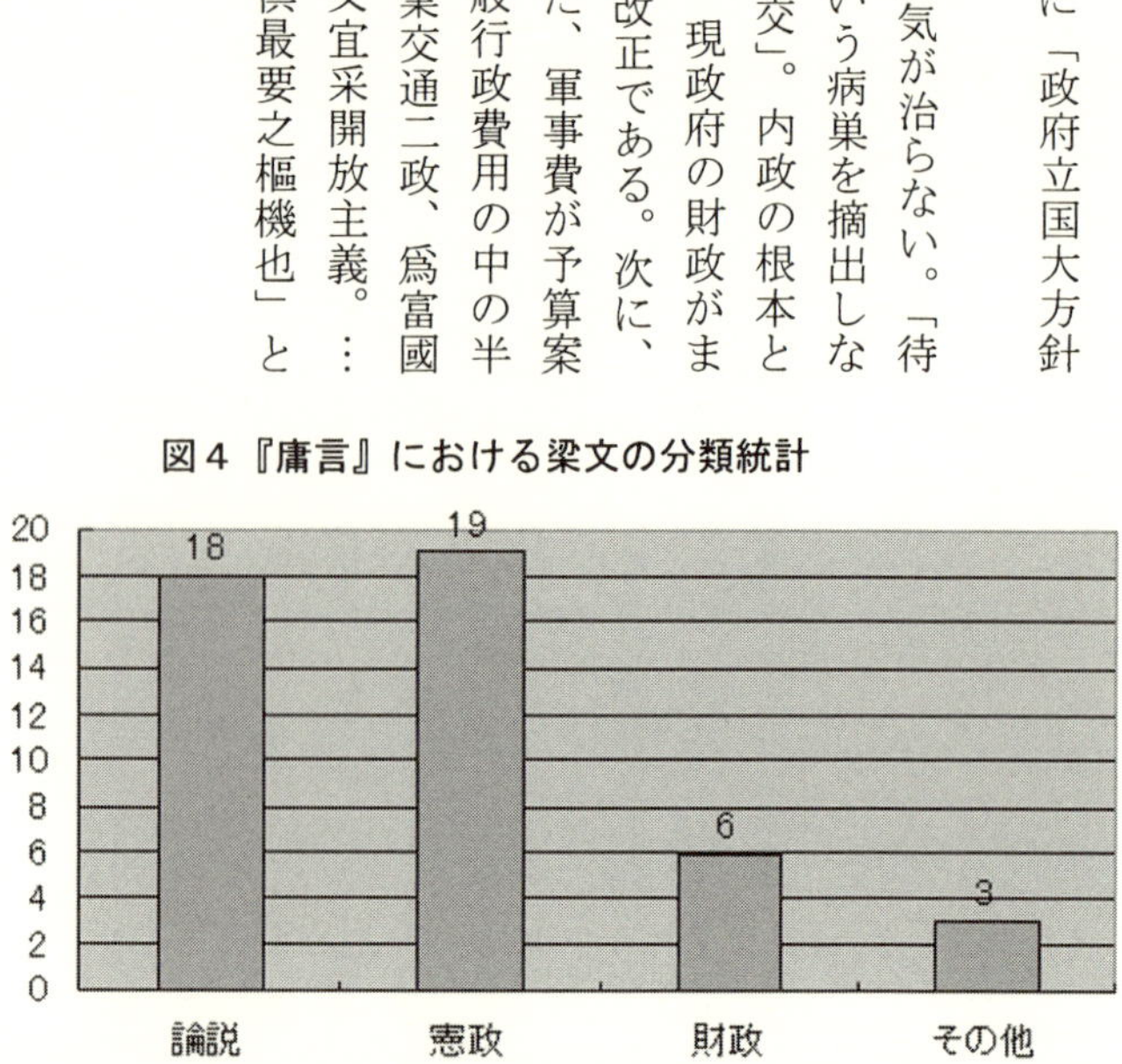

れほど大きくなかった。『庸言』は『時務報』や『新民叢報』と比べて、好調な売れ行きになった理由がまったくちがうものであった。後者は言論を以って人心を刺激するのが特徴であったが、『庸言』のほうは、主宰者の人望や地位によって人を感銘させる力を持っていたからであった。加えて袁世凱の極意に篭絡することも一因であった。

アジア初の共和立憲の制度試験がまたも外侮と内紛によって流産してしまった。政界に飛び込んだ梁啓超にとって、全く不運であった。梁は、政治家の意欲をすごすごと引き下げ、国情に対して失望感が満ちていた。彼が痛感しているのは、まず人材の不経済である。次に、試行錯誤を繰り返す制度試験である。第三に、社会事業の萎靡である。第四に、思潮の浅薄及び不調和である(40)。

『庸言』は予想した政党政治の目標には達成できなかったどころか、むしろ梁のかつて主唱した「開明専制」を遠ざけた袁世凱の独裁政治の独走に働いたのではないか。

註

(1) 全国規模は三回（一九一〇年一月一六日、一九一〇年六月一六日、一九一〇年一〇月九日）である。一九一〇年一二月に起きた奉天直隷両省の学生を中心とした国会請願運動が四回目となる。

(2) 王芸生編著『六十年来中国与日本』（第五巻）生活・讀書・新知三聯書店出版一九八〇年八月、三二二頁。

(3) 蒲殿俊（一八七五〜一九三四）、四川省広安県の人。字伯英、沚庵、号雪园、筆名止水。清朝光緒進士、刑部主事となる。一九〇五年、公費で日本留学、法政大学に入学。一九〇八年帰国、四川諮議局議長に就任、四川保路同志会を組織して会長を務める。辛亥革命後、大漢蜀軍政府都督、国会議員を歴任する。また、内務部次長を兼任して北京市政公所督辦（北京市長）に就任する。五四運動後、北京『晨報』編集長を務め、同時に『実話報』を創刊し、陳大悲と一緒に「新中華戯劇協社」を創設。また、出資して中国初の演劇学校を創立し、生徒に実践の場として「新民劇場」を開設した。

(4) 一九一一年一一月二日（九月十二日）『申報』『梁啓超年譜長編』五五二頁。

(5) 梁啓超「九月十三日『與勉兄書』」『梁啓超年譜長編』五五八頁。

(6) 一九一一年一一月一一日に奉天に到着した後、徐勤に今回の政治プランの全容を明かした。梁の書簡によれば、「中央においては、両三年来親密な関係にある載濤（軍諮府大臣）、載洵（海軍大臣）と結び禁衛軍と呉禄貞第六鎮とを味方にひき入れてクーデターを起こし、慶親王奕劻と載澤（度支大臣）を追放、同時に盛宣懐を処刑、一挙に載濤を首班とする新政権を樹立、併せて資政院、諮議局全員を議員とした国会を召集し、罪己の詔をくだして討伐軍の停戦を命じ、国会を通じて革命軍との和平交渉を行い、かつ八旗制度を廃止して皇帝以下の満人をことごとく漢姓に改める。他面、地方に対しては、革命軍への響応防止のために、各省督撫に『自立』を宣言させて革命軍の気勢をそぎ、督撫に清軍の軍餉は接済せずと声明させて革命軍に煽動の余地を与えぬというういわば、康梁派による第三勢力の確立と指導のもとに非常事態の収拾を計るという政治的構想をたて、最後に、同誌と倶に事成らば大業を建て、成らざれば同じく殉難せんとの決意を披瀝し、成否の鍵をにぎる禁衛軍と第六鎮将兵の買収資金数万の火急の調達を切望して擱筆している。」（永井算巳「梁啓超と辛亥革命」『近代アジア教育史研究下巻』二九三〜二九四頁）。

(7) 梁啓超一九一一年一一月九日（九月十九日）「與嫻兒書」『梁啓超年譜長編』五五九頁。

(8) 楊維新「辛亥の年の任公先生帰国の事を記す」島田虔次編訳『梁啓超年譜長編』第三巻、一八九頁。

(9) 楊天石「須磨村密札與改良派請殺袁世凱的謀劃」『尋求歴史的謎底―近代中国的政治與人物』首都師範大学出版社、一九九三年七月。董方奎「論『灤洲兵諌』和『士官三傑』」『歴史研究』一九八一年第一期、六五〜六八頁（三、梁啓超的政変密謀）。梁啓超「致雪公（徐勤）書」『梁啓超年譜長編』五五二〜五五七頁。

(10) 一九一二年一一月一八日（九月二十八日）の『申報』特電『梁啓超年譜長編』五六二頁。

(11) 梁は『申報』に載せた消息を得た後、即袁に打電して、辞職を懇願したが、袁世凱から「共定大計、同扶宗邦」との電報、「専布奉答、亟盼駕臨」との書簡をもらい、清朝政府からも二度就任催促の電報が届いたにもかかわらず、梁は応じなかった。

(12) 最も露骨な献言となるものは、「開明専制」と「輿論」とをどのように調和することである。「うまく政治を進めようとするなら、陰では輿論の主となりながらも、表向きは輿論の僕を自任することが肝心です。そうやってはじめて成果が上がるのです。今後の中国では、開明専制という考え方を取り入れてやっていかなければ、ビシッと整った政治を確立するには至らないでしょう。開明専制と輿論への服従は、まったく逆の方向のようですが、共和国にあっては、輿論への服従という名の下でなければ、開明専制の実を上げることはできません。」（民国元年二月二十三日「袁項城あての書簡」前掲、島田虔次

編訳『梁啓超年譜長編』第三巻、二六九頁）

⒀一九一二年一二月九日（十一月一日）「與嫻兒書」『梁啓超年譜長編』六五七頁。その調子のよさが娘に出した手紙に随所に見られる。「日来所受歓迎、視孫、黄過数倍、（彼等所受歓迎会不過五、六処、吾到後已十余処相迎矣。吾之演説、本非甚佳、而都人以為得未曽有。昨夕総統府開歓迎会、国務員全体作陪。）且其人皆出於誠意、（自趙秉鈞、陸征祥以下皆是先来謁見、吾除項城（袁世凱）外、唯先拜剛甫耳。各都督来電歓迎者已有十省。）聴演説後無不歓迎鼓舞。」一九一二年一二月七日（十月二十九日）「與嫻兒書」『梁啓超年譜長編』六五五頁。

⒁梁啓超「鄙人對於言論界之過去及將來」『庸言』第一号。『飲氷室文集之二十九』一頁。

⒂同上。『飲氷室文集之二十九』四頁。

⒃同上。『飲氷室文集之二十九』五頁。

⒄同上。『飲氷室文集之二十九』五頁。

⒅同上。『飲氷室文集之二十九』六頁。

⒆梁啓超「庸言」『庸言』第一号七頁。

⒇梁啓超「民国元年十二月十八日『與嫻兒書』」『梁啓超年譜長編』六六一頁。

(21)「吾党敗矣。…吾甚悔吾帰也。…吾心緒悪極、仍不能不作報中文字、（報却可作楽観、已銷萬五千份矣、個人生計良得也。）為苦乃不可状。執筆両小時乃不成一字（催稿急於星火）、頃天将曙、兀兀枯坐而已」。一九一三年四月一八日『與嫻兒書』『梁啓超年譜長編』六六八頁。

(22)陳錫祺主編『孫中山年譜長編』中華書局一九九一年、第七一八頁。

(23)宋教仁「国民党滬交通部歡迎會演説辭」『宋教仁集』中華書局一九八一年、第四五六頁。

(24)国民党が選挙に圧勝した一因となったのは、一九一二年九月二二日袁世凱が趙秉鈞を内閣総理に任命した直後、黄興は閣僚全員に国民党の入党希望を勧誘し、範源濂、周学熙をのぞいて、他の閣員みな国民党に入党した。結局、その所謂「内閣政党」が誕生したことによって、地方の旧官僚や保守派らは、袁世凱が親国民党路線を取ることにしたと誤認し、すると、国民党に同情し、敵視しなくなったのが、議院選挙に影響を与えたのである。劉景全・張静・汪向陽著『宋教仁与民国初年的議会政治』河北人民出版社、一九九八年八月、二二二頁。

(25) 北一輝「支那革命外史」『北一輝著作集（第二巻）』みすず書房、昭和三十四年七月、一三九頁。
(26) 梁啓超「一九一三年三月二七日『與嫻兒書』」『梁啓超年譜長編』六六五頁。
(27) 「遮莫、第二革命の因を爲せる故宋教仁の横死は誠に悼むべく憤るべきものなりき。―あゝ天人倶に許さゞるの此大惡業よ。亡靈の浮ぶべからざる怨として遺友三年胸奥に包みたる此大祕密よ。袁は主犯に非ず一個の從犯なり。暗殺計畫の主謀者は彼と共に轡を列べて革命に從ひし陳其美にして、更に一人の從犯は驚く勿れ世人の最も敬すべしとせる〇〇なるぞ。―あゝ人、權勢に眩する時、萬惡爲さゞるなき一に玆に至るか」（前掲『北一輝著作集（第二巻）』一三八頁）。それに対して、北一輝研究の専門家松本健一は「きわめて興味ぶかい視点であるが、歴史的に袁世凱主犯説は動かないようにおもわれる。」、「北の説はやや強引である。これはやはり、北の私的な情念つまり孫文嫌いに発する仮説というべきだろう。」（松本健一『評伝北一輝（Ⅲ中国ナショナリズムのただなかへ）』岩波書店二〇〇四年三月、一五八～一六一頁参照）と論述している。
(28) 梁漱溟「紀念梁啓超先生（一九四三年一月）」『梁漱溟自述』灕江出版社、一九九六年九月、四〇四頁。
(29) 梁啓超「共和黨之地位與其態度」『飲氷室文集之三十』一九頁。
(30) 梁啓超「共和黨之地位與其態度」『飲氷室文集之三十』二三頁。
(31) 梁啓超「二年來之政象與國民程度之映射」『庸言』第十號一九一三年四月一六日。『飲氷室文集之三十』一六頁。
(32) 同上。『飲氷室文集之三十』一七頁。
(33) 同上。『飲氷室文集之三十』一八頁。
(34) 梁啓超「革命相續之原理及其惡果」（第十四號一九一三年六月一六日）『飲氷室文集之三十』五七頁。
(35) 梁啓超「革命相續之原理及其惡果」『飲氷室文集之三十』五四頁。
(36) 梁啓超「國會之自殺」（『庸言』第十五號一九一三年七月一日）。
(37) 同上。「我國數千年信仰中心之機關、厥惟君主。而在今日、斷無君主復活之餘地（就令讓數歩、謂萬一復活、而其爲信仰中心之資格、亦已全失）……夫欲求承乏、則舍國會外、更何機關足以當之者？嗚呼、國會誠欲自殺、誰能禁之。而假手於國會而以四萬萬人殉、玆可哀矣。吾欲議員之稍一垂聽焉。雖然、吾固知吾言之無效也。」
(38) 呉貫因（一八七九～一九三六）は、本名呉冠英、号柳隅、年広東澄海県の人。清朝の挙人、一九〇七年、日本へ留学、早稲田大学歴史学部に入り、一九一二年帰国。その間、梁啓超と付き合い、親交となる。一九〇九年九月、諮議局事務調査会の機関誌『憲政新誌』（発行者、張君勱）の編集長となり、梁啓超の明治憲法を専制的憲法に決め付けた「中国国会制度私議」をこの雑誌に連載した。『庸言』の編集に携わり、一九一三年九月、梁が司法総長に任命されると、呉は衛生司司長となり、一九一六年袁世凱が帝政を復活させるため、梁啓超に追随して、袁世凱を討伐する旗を掲げる。一九一九年、北京政府内務部参事兼編訳処処長を務める。晩年は政治をやめ、教育に従事する。東北大学文学院院長、平民大学、燕京大学史学教授などを歴任する。代表作は、『史学概論』、『中国文字之原始及其変遷』、『中国語言学問題』などがある。

(39) 梁啓超「政府立国大方針宣言書」（『庸言』第二十一号、一九一三年一〇月一日）に「治本之策、一日改正税制、二日整頓金融、三日改良國庫」「金融爲財政及國民生計之樞紐」。

(40) 梁啓超「述歸國后一年來所感」（第二巻第一二號合刊一九一四年二月一五日毎月一冊）。

第二章　外交立国ジャーナリズム

一九一三年九月、孫文は二次革命の失敗で、再度日本に亡命した。孫は日本政府に出兵の要請を提議したが、日本政府はそれに同意しなかった。一九一四年七月二八日に、第一次世界大戦が欧州で勃発した。中国は直ちに二十四項目の声明を公布して、戦争に介入しないと表明した。その声明の要点として、交戦国は中国の領土或いは領海を占領したり、中国の領土或いは領海において交戦したりしてはいけない。そして、中国の領土を以って進攻を発動してはいけない。また、仮に交戦国の軍隊と武器が中国の領土を通過する場合、関連法に基づいて、拘留或いは没収する。

日本は日英同盟の協定に基づき、イギリスが対ドイツ宣戦をしてから三六時間後、一八九五年の三国干渉の侮辱を晴らす機会とみてドイツに宣戦を布告した。一九一四年一一月、日本はドイツの租界青島を占領した。袁世凱政府は、山東半島が長く日本に占領されれば、必ず孫文がそれを基地にして討伐にやってくるのではないかと恐れて、一九一四年一一月一八日と一九一五年一月七日に、二度にわたって再三に日本政府に中国からの撤兵を要求した。しかし、日本は撤兵することなく、逆に所謂「対華二十一ヵ条」を袁世凱に強要した(1)。梁は日本政府の対応に「日本此擧果爲誠耶？果爲禮耶？吾願日本識者一易地思之」と嘆願した(2)。袁世凱は日本政府に帝政復活の支持を得るために、密かに外交総長陸徵祥、次長曹汝霖を日本に派遣して、交渉を求めた。と同時に、外交官顧維鈞を通して米国公使 Paul S. Reinsch にその密約の内容を披露した。

一九一四年に入って、政界の混迷に失望感を抱えた梁啓超は司法総長を辞任したが、また幣制局総裁に任命された。しかし、なかなか計画通りに実現できなかったため、七月以降、意気消沈で何度も辞表を出した。年末になってようやく辞任を果たした。その間、梁は毎月十日間余りの休暇をとって、著述に励んだ(3)。『大中華』はその状況下で誕生したのである。

第一節『大中華』における政界離脱宣言

一九一五年一月二〇月に中華書局の助力で発行した月刊『大中華』(The Great Chung Hwa Magazine) の創刊号に、梁啓超は政治活動を中止して、全力でこの雑誌の撰述に注ぐ(4)という意向を読者に明言した。

創刊の目的は、「一曰養成世界智識、二曰増進國民人格、三曰研究事理眞相以爲朝野上下之南針。」(5)との三つである。そのキーワードとしては、やはり世界の智識と事理真相の研究である。明らかに、外交に傾ける姿勢を見せている。

その宗旨は、
一、社会教育を重視すること。読者に自ら立身出世の方法を習得させること並びに中国と世界との関係を理解させることによって、絶望や苦悶に陥ることを免れる。
二、世界の大勢、戦争の因果及び我国の将来の地位と国民の天職を論述し、それを以って国民の指導に当たるとする。
創刊号に掲載した「發刊辭　中國之前途、國民之自覺心、本報之天職」は、この雑誌における梁の所信表明に当たる文として注目を集める。

梁はまず国全体に覆う六つの典型的な国民の亡国心理状態を概観した。その中に、日本に逃亡した孫文一派が批判の的となる。「甚者不惜爲張邦昌爲呉三桂引吾敵以覆吾宗、此亡國心理之又一種也。」（第一巻第一期、四頁）として革命派の外侮勢力を正当化する亡国心理を摘発した。

梁はまた、かつて『庸言』に提起した重要な概念である「国性」を再度強調した。「国性」の持続こそ、国が成り立っているのである。「国性」が消失したらば、それは自滅である。他国の「国性」を剥奪することは、即ち他国を消滅することである、と亡国の定義を改めて強調した。

梁は「国性」の概念について、印度は国性のない国であり、羅馬はかつて精美の国性を持っていた。安南（ヴェトナム）と朝鮮の国性は未熟であった、という例を取り上げながらさらに具体的に説明した。その外延には、言語、文字、思想、宗教、習俗などが含まれる。我々は、「礼文法律」を以って国民の「徳慧術智」を疎通させるべきだと叫んだばかりであった。「若夫有深厚之國性及其國民對於國性能生自覺心者固無人焉得而亡之」（八頁）、「凡以證明國之不易亡、庶幾吾國民外覽而内省焉、毋自餒而自棄。嗚呼、吾國民乎、以吾儕祖宗所留貽根器之深厚、吾儕所憑藉基業之雄偉、吾儕誠不自亡誰得而我者」（九頁）として深厚な「国性」を維持すれば、たとえ「瓜分」の危機に晒されても、亡国にはならないと説いている。

「夫中國國民非輕易能同化於人之國民也。而其同化他人之力抑甚強。若以文化本出我之國、恃一時之武力以征服我乃欲自爲果贏而以我爲螟蛉(6)、結果將適得其反」（一三頁）これは、まったく日本の大陸経営を仄めかす。

文の最後に、梁は、「而以擧國聰明才智之士、悉輳集於政治、故社會事業一方面虛無人焉」（一五頁）として政治の悪影響を抑えるためには、社会事業を起こすことは明知であると締めくくった。

創刊号のもう一篇注目に値する文章は「吾今後所以報國者」であろう。梁は、この二十年間、「吾二十年來之生涯皆政治生涯也。」（二九頁）としてやってきたことはすべて政治に係わるものであると自認する。学問が浅薄で、系統的な思想もなくて、国民のために学術の道を切り開くことが出来なかったと悔やんでいる(7)。どうしても理想的な政治人物を目指して達成したかったが、政治の言論には常に自己の感情を抑えきれず、他人の感情に刺激を与えてしまった。その相互作用によって、持論はしばしば豹変し、反響を呼んだが、結果的にはすべて敗績である(8)、と自分の弱点を認めたようだ。それを克服するため、これから政治活動を中止して、学問に専念しようとする。

次に、梁は政治の基礎は社会にあるのか、それとも社会の基礎が政治に影響されるのか、との問い掛けに対して、社会評論家としての基準を定めた。彼は、先に言論の二大悪影響を指摘した。理想と現実との距離を置く言論は、人に厭世の人生観をもたらす。そして、現政権を覆すことと国体を変えることとに係わる内容の宣伝は、暴動化につながっていく。「吾敢斷言曰、雖國亡後、而社會教育猶不可以已、亡而存之、舍此無道也。」(9)として社会教育の重要性を訴え、社会評論家を自任する。今日の「政象小康」の機に乗じて、全国の英知を集めて、社会事業に尽力し、若干の基礎を築くべきだと呼びかける。他日、意外な変乱が起こっても、国が十分に社会的基礎に支えられる。梁は孔子の教化作用(10)の重要性を認めたが、ただし基督教会の形式を倣って孔子が神として崇められても明らかに徒労であろうと主張している。

第二節　排日言論

一九一五年五月七日午後三時、日本の駐華全権公使日置益が中国の外交部に五月九日午後六時までに返答を求める最後通牒を提出した。五月九日夜十一時、袁世凱は外交部で日本大使を照会し、第五号（七か条）に対して「容日後協商」（当分の間、棚上げに）を声明し、第四号までの十四ヵ条を承認した(11)。日本政府も帝国主義列強の干渉を引き起こすことに配慮して、第五号の七か条を堅持しなかった。五月二五日、日中両国は北京で十三ヵ条の照会を互換して、「中日条約」（通称「民四条約」）を調印した。梁はのちほど『大中華』（一九一五年七月二〇日）に「中日条約（政府公報公布正文）」を全文で掲載した。

梁啓超は当然袁世凱と同調して排日の姿勢を示した。排日の理由として、日本は彼等の政敵である孫文を支持したからである。しかし、政敵の孫文一派が国賊と決め付けられ、国民党籍の国会議員が全員除名(12)されたとき、国会はすでに袁世凱の勢力下にあったため、袁世凱の独裁政治を牽制する国会の機能が一夜に消えた。梁は袁世凱の帝政復活に対する警戒心をいっそう強めるようになった。

「二十一ヵ条」(『中日新約』は一九一五年六月九日に正式発表)の公開化によって、日中関係が急転直下し、中国国内では全国規模の反日のボイコットが発生した。一方、日本では数万人の中国人留学生のうち、半数以上が憤慨して帰国した。しかし、孫文はまだ日本に滞在したため、批判の的となった。苛酷な二十一ヵ条は袁世凱政府を倒すためのものであって、孫文がそれに協力したと嫌疑されたのである。

梁は最初に、日本に対して非難の発言をしたのは、所謂「対華二十一ヵ条」を袁世凱に強要した直後であった。彼は先に英字紙『京報』において対日観を述べたあと、『大中華』で論陣を張った。

「日本が中国を滅ぼそうとする話は最近よく耳にするが、私は敢えて言うが、日本人はそれほどおろかな者ではないと信じている」(13)。梁は、さらに「こう発言している私は、おそらくまた『支那人冥頑不靈也』と日本人に言われるかもしれない」として日本人の反応を見極めた。案の定、日本のマスコミは梁の発言に「恩義知らず」と厳しく糾弾した。梁はそれに対して、「因我在參政院嘗提出質問、當時日本報紙責我忘恩負義、謂我受人嗾使、議論紛紛百出、雖然、吾請日本人易地相處、爲良心上之判斷、吾儕立於國家之最高立法機關、當國家遇此大變、是否發言質問當局之權利及責任?若謂吾曾受日本保護十餘年、即當放棄其對於國家之責任耶?試問日本保護鄙人之初心、豈非以鄙人爲一愛國者、循國際法上保護國事犯之大義耶?使鄙人而非愛國者、則日本昔時保護之不當也。使鄙人而非愛國者、則日本今日之責備不當也。日本人得毋欲鄙人如亂黨首領某某輩日思外人以擾亂祖國而始爲報恩耶?果爾、則日本光明義俠以履行國際法上之天職者。……不認人有自由意志、是侮辱其人之人格也。侮辱他人之人格者、即無異侮辱自己之人格、日本人好爲此等言、吾甚爲日本人不取耳。……吾更欲赤裸裸的爲日本人一言。吾勸日本人切勿誤認題目、以第二之朝鮮視我中國。……疏逖之德國尚能造黨、而密切之日本反不能、

是日本無能力之表徴也。……夫吾此種論辯、本亦甚無謂也。無論日本人若何讒搆、毫不足爲吾儕輕重、吾何必辯者。雖然、吾爲東方平和大局計、謂必以中日兩國人勿傷感情爲第一要義。日本朝野頗多俊傑、何爲見不及此、而日日以挑撥惡感爲國？」(14)として弁解を加えた。

梁はさらに、「謂日本人決定呑滅中國之方針然後有此擧動耶？吾至今猶敢言其不然。日本蓋逆料中國之現状必可不戰而屈耳。夫以我國今日所処之地位、欲絲毫不屈於日本、吾儕誠不敢作此妄想。然而有可屈者、有不可屈者。若欲並其不可屈者而屈之、吾勸日本人亦勿作此妄想也。」(15)として、屈しない者を屈服させるという妄想をしないように日本人に勧めた。

日本側は交渉の過程を全部秘密にするように中国側に求めたが、中国側はその屈辱の条約を呑み込むわけにはいかなかった。政府公報で全体の一部十三か条及び交渉往来公文書を公表することになった。「其一造專提秘密二字爲一附帯條件、則吾固陋、尚未前聞、不寧唯是、始責我以秘密者、未幾而自宣布之矣。所宣布者又僅其一部分而仍隱其一部分、又責我如其意以宣布之」(16)。当然、それはかなり大胆な謀略だといえよう。袁世凱政府が無能であることを自認したというのは、却って民意から支持が得られ、愛国主義を煽り立て、民衆の大規模な対日ボイコットによって日本に反撃できるからだ。

梁は中国の国際地位について、日清戦争から日露戦争までが、「瓜分論占勝之時代」である。それ以来の十年間は「保全論占勝之時代」であると分析し、今回の中日密約の条件や要求は、一九〇〇年一一月五日の中露密約と酷似している(17)と指摘した。

日本の要求は明らかに、十年来、英米日露独仏など各国が守ってきた「保全論」に挑戦するものであり、中国を一九〇四年以前の国際地位に逆走させることである。若し軽率に許せば、中国は日本に追従して列強の十年来固執してきた重大な政策に宣戦することに等しい。また、他国から同等なものが要求された場合、何を以って拒むのか、を慎重に考えてほしい、と梁は外交当局に警告した。

欧州大戦が終われば、必ず「大会議」が付いてくる。この大会議において中国問題が必ず重要な議題の一つになるだろうと梁は予想している。そのとき、日本は最も有力な発言権が必ず得られる。とはいえ、今回日本の中国に対する要求は、来るべき「大会議」において決して通るものではないと確信している。ゆえに、日本は列強が中国問題を顧みる暇がないうちに、中国を脅かして屈服させるのである。国際大会議で通らない条件は、中国に大損失をもたらすのみならず、必ず列強にも大損失をもたらすであろう。中国は若し日本に屈服すれば、必ず日本と同等に列強に責められるだろう(18)。

日中双方交渉中、日本側が防備任務の交代を理由にして、満州（一九一五年三月一八日に、日本兵千三百人奉天に入城）、山東（一九一四年九月二日、日本軍一万人が龍口に上陸、また、一九一五年三月一八日に、日本兵千二百人に増配）、天津などにおいて兵力を増強して、袁世凱に圧力をかけた。

「且日本今茲之舉動、非徒乘我之危也、而實亦乘歐洲各國之危。故其示威也非徒示威於我、而實並示威於歐洲各國。……以日本號稱吸收西洋文化數十年、而今玆之舉動、一若全爲鎖國思想所蔽、退化之•、吾實驚之。」(19)として梁は日本の動きに対してかなり驚いたのである。

以上、述べた通り、梁啓超の露骨な排日と親米的傾向は確かなものである。段祺瑞あての書簡においてもその傾向がはっきりと読み取れる(20)。

しかし、梁は決して「忘恩負義（恩を忘れ義に背く）」のような人柄ではない。『大中華』においても、林公使家族写真(21)を披露したり、加藤弘之の遺影と記念文(22)を掲載したりして、尊敬に値する日本人には終始変わらぬ思いを持ち続けている。林公使は、回顧録において「梁は数年日本にをつて、何かの機会に北京に戻り、やはり国事のために最後まで尽力したよ。実際うれしい人物だつた。其後ロンドンにゐるとき、ある英人の著書を見たことがあつた。其の本には、梁の人物を推称して、林公使がこの人物を見て救つたことは、支那のために、どれ程いい事であつたか計り知れぬと、いろいろ例をあげて、梁を説き、この事件を重大に取り扱つてゐたよ。」

(23)と述懐する。梁はまた、犬養木堂(24)らの日本人政治家といつも連絡を取り合っている。後述の「護国戦争」中、日本との連携を図り、日本に訪ねようという動きもあった(25)。

第三節　袁世凱帝政に反対する護国戦争

反日感情を燃やし続けた中国では、内外に政権の安定を誇示するため、袁世凱の帝政を擁護する動きが現実化となった。しかし、袁世凱の君主制に賛成したのは米国だけであった。一九一三年三月に(26)中国政府政治顧問として招聘された米国コロンビア大学政治学教授古徳諾（Goodnow Frank Johnson、一八五九～一九三九）は、彼の「共和與君主論」において、「中国は数千年以来、君主の独裁統治に慣れてきた。その上、学校の教育制度が欠如しているため、大多数の人民が知識においてそれほど高尚ではなく、政府の動きに無関心である。ゆえに、民衆には、政治を研究する能力はないのである。四年前、専制から共和へ豹変したが、挙動があまりにも激しかったので、よい結果が望まれないだろう。……若し中国は君主制を採用すれば、共和制より宜しいだろう。これはもはや疑う余地はないではないか。」(27)との旨の見解を示した。

一九一五年八月一四日、楊度、孫毓筠、厳復、劉師培、李燮和、胡瑛らが「籌安會」を発起した。八月二三日、「籌安會」が古徳諾博士の見解を利用して正式に成立を宣告した。楊度が理事長となる。八月二六日、楊度が「君憲救国論」を発表する。共和制の下では立憲が不可能であり、君主制ならば立憲が可能であると主張する。

国体の変更が着々と進んでいる中、梁啓超は反旗を掲げた。梁は、一九一五年九月三日英字紙『京報』（PEKING GAZETTE）の中国語版の「社論」欄で脱党することを宣言し(28)、「異哉所謂國體問題者」（同文の英訳 MR. LIANG CHI-ChIAO ON THE MONARCHICAL MOVEMENT〔梁啓超の国体論〕もその日の The Life and Death Issue 欄に発表）を発表した。同文は九月四日、五日の『国民公報』に連載し、さらに『大中華』（第八期一九一五年八月二〇日実際の発行日は九月八日）にも掲載した。

九月四日の『申報』は、英字紙『京報』記者が「籌安會」と「憲法起草會」について、梁啓超にインタビューした内容を発表した(29)。

梁はなぜ現行国体に拘るのかを次のように述べた。「吾所為只論政体、不論國体者、常欲在現行國体之下、求政体之改革、故當前清末葉共和革命論极盛之時、吾獨堅持君憲説、与革命党筆戰、累十數万言、直至辛亥八月、武昌起事之后、吾猶著《新中國建設問題》一書、謂雖不得已而行共和、亦當虚存君位。近今某報所登古德諾博士論著商権共和利病、且引中美、南美亂事為證、此種議論、此種證据、吾無一不于十年前痛切言之、其言視古氏所説詳盡透辟更加十倍、《新民叢報》、《飲冰室文集》等書流布人間者、不下數十万本、可覆按也。」

次に、梁は憲政を骨抜きにした君主制あるいは共和制は成り立たないだろうという認識を示した。「吾以為國体与政体本絶不相蒙、能行憲政、則無論為君主為共和、皆可也；不能行憲政、則無論〈為〉君主為共和、皆不可也。兩者既無所擇、則毋宁因仍現在之基礎、而徐圖建設理想的政体于其上、此吾數十年來持論之一貫精神也。……吾昔在《新民叢報》与革命党論、謂以革命求共和、其究也必反于帝政；以革命求立憲、其究也必反于專制。吾當時論此焦唇敝舌、而國人莫余听、乃流傳浸淫、以成今日之局。今以同一之論調、易時而出諸外國博士之口、而臭腐忽為神奇、相率以研究之、既可怪詫、尤當知吾十年前所預言者、今外國博士所稱述只得其半耳、其余一半、則吾惟冀吾言之不中也。」

その記者は八月一七日に古德諾博士にインタビューした。籌安會の宣言に、中国は君主が必要だという古德諾の主張を引用したが、本人はそれを否定した。これに対して、梁は次のように証言している。「今回博士は再来したが、一度私を尋ねてきたが、あいにく私は天津に居たため、会えなかった。ただし、古德諾はかつて『憲法起草會』に一通の書簡を送ってくれたことがある。その内容は専ら国民憲法に基づいて立論したものであって、その他のことに何も言及しなかった。」(30)

一九一五年一二月三一日、梁啓超と蔡鍔らの策動によって、雲南が独立を宣告し、袁世凱帝政を討伐する「護国戦争」が始まる。一九一六年三月一日、梁は来訪した日本の在上海武官青木中将に協力を求めた。三月四日、梁は上海から日本郵船横浜丸に搭乗して廣西に向かった。「此行日人出全力相助、予我以種種便利、殊爲可感。」（この旅、日本人が全力を出して助けてくれた。いろいろな便利を与えてくれた。本当に感動してしまった）(31)。三月一六日に梁は無事にヴェトナム海防（ハイフォン）に到着した。翌日、日本の商人横山（在海防名誉領事）に接待してもらった。梁は病気に倒れたため、横山の牧場に十日間滞在、療病中『従軍日記』、『国民浅訓』などを書いた。四月四日、上海を離れてから一ヵ月後ようやく廣西の南寧に着いた。廣西はすでに三月一五日独立を宣言したのである。また、三月二二日、袁世凱はやむなく帝政を撤廃することにした。

「護国運動」の最中、一九一六年四月四日、康有為が『上海週報』に「爲國家籌安定策者」を発表した。梁啓超は五月五日に『時事新報』に「辟復辟論」を発表する。師弟対立が表面化してしまった。

一九一六年六月六日、袁世凱が急死した。六月七日、梁啓超は黎元洪、段祺瑞、馮国璋などに「黎元洪が大統領に就任して、約法を回復し、国会を再開すべき」旨の電報を打った。軍隊をコントロールしている段祺瑞が内閣の行政権を強化するため、大統領後継者黎元洪と国会との間で、絶えず衝突が発生する。段は、政治的影響力及び個人の権力を固めるため、政情が変動している日本との緊密な関係を結ぼうとした計画を練り始めたのである。一方、日本側が、一九一六年一〇月に、寺内正毅が大隈重信に取って代わって総理大臣に就任すると、寺内は朝鮮総督時代以来の親友である西原亀三を通して段内閣に接近する(32)。

一九一六年一二月二〇日、『大中華』が廃刊になった。以後、梁啓超は主に上海の『東方雑誌』及び『時事新報』副刊である『学灯』と北京の『晨鐘報』を拠点にして論陣を張った。

月刊『東方雑誌』は一九〇四年三月一一日に上海の商務印書館で発行し始めた。一九四八年一二月に停刊となる。この雑誌は政治方面において、暴力革命に反対し、漸進的改良主義の手段で国家富強の目的を達成する君主立憲制を擁護する。思想方面において、調和主義を主張し、新文化運動や社会主義及びマルクス主義に反対する。

編集方針に関しては、ブルジョアの自由主義思想に賛同し、唯心論も鼓吹すれば、唯物論も掲載する。科学知識を紹介したり、「霊魂学」も伝播したりするなど、多彩な紙面となる。一九一〇年の発行部数が一万五〇〇〇部を突破する。

北京の『晨鐘報』は、一九一六年八月一五日に創刊された進歩党の機関誌であった。日本から帰国したマルクス主義者李大釗（湯化龍の援助で日本留学）が創刊に携わり、「總編輯」（編集長）を務める。この雑誌はのち一九一六年九月一三日に元進歩党の梁啓超、湯化龍、王家襄、林長民らが組織した憲法研究会（所謂「研究系」）の機関誌となり、一九一八年九月に段政府の日本大借款の消息を披露したため、閉鎖された。同年一二月に『晨報』（THE MORNING POST）と改名して、リスタートした日刊紙である。一九一九年二月七日に、李大釗が『晨報』（第五十八号）七面の文芸欄を「自由論壇」、「訳叢」、「劇評」などに拡大して、新たに『晨報副刊』にした。一九一九年五月五日から、『晨報』（第百四十二号）が「マルクス研究」コラムを設け、一躍新思想、新文化を宣伝する陣地となる。一九二〇年七月、孫伏園が主編となる。一九二一年一〇月一二日、『副刊』を『晨報副鐫』と名づけた。一九二五年以降、この『副刊』が詩人徐志摩の「新月派」に操縦され、主に新文学を宣伝する。一九二八年六月五日に停刊になる。

上海の『時事新報』は、一九〇八年正月に創刊した『輿論日報』（君主立憲を宣伝する）が翌年に『時事報』と合併を果たし、『輿論時報』となり、一九一一年五月一八日に『時事新報』と改名する日刊紙である。経理は汪詒年（汪康年の実弟）で、主筆は汪剣秋であった。一九一五年一〇月に、袁世凱は帝政を果たすために、国民代表に民意を偽造するように指示したが、『時事新報』はその秘密電報を入手して発表したため、停止命令を受けた(33)。一九一八年三月四日、『時事新報』は張東蓀を編集長に任命し、副刊『学灯』を創刊した。一九一九年五月六日に上海の新聞は北京の五四運動を報道した後、『時事新報』も日本商人の広告の掲載を拒否することにした。一九二〇年九月、『時事新報』は北京の『晨報』と聯合して、瞿秋白（一八九九～一九三五）、兪頌華（一八九三～一九四七、『時事新報』副刊編集長）、李崇武ら三人を特派員として招聘し、一〇月にソビエトに派遣する。一九二八年『申報』と提携して「申時通信社」を設立する。一九四七年二月二四日に廃刊となる。『時事新報』の副刊『學燈』は、北京の『晨報副刊』と『京報』の副刊と上海の『民國日報』の副刊『覺悟』を「四大副刊」と称する。

第四節　梁啓超訪欧と五四運動

一九一七年八月ごろ、国会の再開を諦め、臨時参議院の召集に大いに賛同した梁啓超は康有為との対立が激烈となった。衆議院議員趙炳麟が康有為に代わって梁啓超に一通の書簡を送った。この書簡において、康有為は梁の民国以来の政治言論及び活動に対して猛烈に批判した(34)。結局、「新国会」の選挙が殆ど段祺瑞の「安福系」に操縦され、湯化龍・梁啓超らの「研究系」の勢力はまったく伸びなかった。梁は一九一七年一一月三〇日に段内閣の財政総長を辞職した後、政務関係の活動をすべて停止して、『中国通史』の著述に専念した。途中、過労のため肺病に罹り、暫く著述を止めた。一九一八年三月、「旧国会」の回復に強く反対した内務総長の湯化龍が梁と同期に辞職した後、欧米の議会政治を考察するため、日本を経由して北米に向かった。九月一日、湯は米国で二ヵ月間の遊歴を終え、再びカナダのビクトリアで帰国の途に着くところで、政敵の国民党によって暗殺された。

一九一八年一二月に入ると、政友を失った梁は、大戦が終息した欧州を遊歴することにした。事前に北京で大総統と会見し、各国駐京外交使節との会談を行なった。

一九一八年一二月二三日、梁啓超は北京から出発して、天津を経て、二六日に上海に到着した。二七日夜、「張東蓀、黄溯初らと夜明けまで語り合った。着実にこれまでの迷夢のような政治活動を懺悔し、今後はきっぱりとそれらを切り捨て、思想界において微力を注ぎたいとお互いに約束した。そのことは我々にとって新たな生命に生まれ変わったであろう」(35)。二八日朝、梁啓超は蒋百里（方震）、劉子楷（崇傑）、丁在君（文江）、張君勱（嘉森）、徐振飛（新六）、楊鼎甫（維新）ら七人一同、日本郵船会社の横浜丸に上船して、ヨーロッパに向かって出発した。

訪欧の目的として、「まずちょっとでも学問を求めたい。あの空前絶後の欧州大戦はどうやって事態を収拾するのかについて現地を視察して見聞を拓くことである。第二に、正義かつ人道的な外交環境を構築していきたいからである。今回の和平会議は全世界の不合理な国際関係を根本的に改造して、久遠の平和の基礎を築くことになるだろう、ということで、私は個人資格を以って我々の怨念を世界の輿論に訴えようと思う。微力ながら、一人の国民として責任を尽くしたい。」(36)

その前、梁は一度ある宴会で膠州問題について日本の代理公使芳澤謙吉と話し合ったことがある。そのとき、梁は「我々は対ドイツの宣戦を発動してから、中独条約はすでに廃止となりましたので、日本の山東におけるドイツの権利を継承する説は当然その根拠がなくなります。」との意見を述べたが、日本公使は「我々日本人の解釈はそうではありません。」と一言で言い返し、その続きの解釈はなかった。梁は沈黙を破って、「中日親善の決まり文句はすでに何年も言い続けましたが、親善を図ろうと思えば、今こそチャンスではないでしょうか。私は日本当局が中国国民の心理を理解してほしいです。そうでなければ、恐らく今後このような決まり文句さえ捨てられてしまいます。」と言い張った。それを聞いた日本公使はいささか表情を動かしたようであった(37)。

当時、中国国内では、参戦問題について、真二つに意見が分かれていた。日本も最初に中国の参戦に反対の意思を表明し、一九一七年一月に、英国がドイツの潜水艦活動を制圧するため、日本側に海軍の派遣を要請した。日本はついでに山東におけるドイツの権益の移譲について英国に支持を求める同時に、露、仏、伊にも同様の要求を提出した。この四カ国は密かに将来の和平会議において日本の要求を支持することにつき日本政府と約束した(38)。その年の三月一日に、九〇〇名中国人労働者を乗せたフランス戦艦「亜多斯」号が地中海でドイツ潜水艦に撃沈され、五〇〇人以上の犠牲者を出した事件があったため(39)、日本の要求に有利に働いたのである。その後、日本は中国を和平会議に参加させるために、中国の参戦を促すことに転じた。西原亀三は段祺瑞に中国が参戦すれば日本から十分な財政援助が得られると遊説した。所謂「西原借款」(40)がこのようにして生まれたのである。一九一七年三月一二日に、日本政府は中国が参戦する場合、「庚子賠款」(41)を大戦終止まで延納できると決めた。一九一七年八月一四日、段政府はついに開戦して三年間守ってきた中立路線を破り、ドイツと断交して対ドイツ宣戦を決定した。梁啓超は日本の策略を知らないまま和平会議に臨んだ。

パリの和平会議は一九一九年一月一八日に開幕した。梁啓超一同がパリに到着したのは、会議が始まってからちょうど一ヵ月後であった。和平会議といいながら、交戦国両側で講和するものではなく、実質的には戦勝国だけによる講和予備会であった。正式な和平会議は四月二九日にベルサイユ宮殿でドイツ全権大使と接見した後のことである。

一九一九年二月一六日、張謇、熊希齢らは「国民外交協会」を発起する。四月八日、国民外交協会の張謇、熊希齢、範源濂、林長民、王寵恵、荘蘊寛らはパリにいる梁啓超に「当会の代表として和平会議に七項目の請願を提出してほしい」(42)旨の書簡を送った。一方、その前の四月二日に、上海の商業公団聯合会は「和平会議に干渉しないこと、即パリから離れ、嫌疑を避けるべき」との内容を梁啓超に打電した(43)。梁啓超の出方に対して、南北の対立が浮き彫りになった。

四月二四日、梁啓超は青島が直接日本に譲渡されると聞き、パリから北京の国民外交協会に打電した。「汪(大燮)、林（長民）両總長轉外交協會：對德國事、聞將以青島直接交還、因日使力爭、結果英、法爲所動、吾若認此、不啻加繩自縛、請警告政府及國民嚴責各全權、萬勿書名、以示決心」。その電文は五月四日の『申報』にも掲げられた(44)。

一九一九年五月二日に、林長民が『晨報』に「外交警報警告國民」を発表する。「昨得梁任先生巴黎来電……

今果至此、則膠州亡矣！山東亡矣！國不國矣！」として呼号する。その消息が一気に広がり、挙国激憤、「五四運動」がこのようにして勃発したのである。結局、中国代表が対ドイツ和約の調印を拒否した。日本はその後中国に直接交渉を求めたが、中国側が応じず、その懸案が一九二二年二月四日にワシントン会議において『中日解決山東懸案条約及附約』の調印で解決されたのである。

パリ和平会議が閉幕した後、梁は国民に向かって「外交失敗之原因及今後國民之覺悟」という重大な発表をした。「我此次唯一之後援、則美國耳。……是故當知、國無所謂存亡、自甘於亡、斯眞亡耳。……敵而謀我者、占領可也、以條約承認其權利不可也。我力不敵、寧可聽敵人占領我全國、不能以條約承認尺寸土地、爲其所有權。國民若具此決心、乃可與語此次失敗之補救、乃可以求立國於今日之天下。而不然者、坐待爲虜而已。」(45)として切言した。傍線を引いた部分は、北京の学生運動のスローガンとまったく同一のものであることに留意すべきである。五四運動中、群衆に配ったビラに「今與全國同胞立兩個信條道：中國的土地可以征服而不可以斷送；中國的人民可以殺戮而不可以低頭。」(46)と書かれている。その精神が日中戦争まで貫かれたことからみれば、この文章は如何に重きを成しているかを認識すべきものである。

梁は帰国してから五年間に得た教訓を「**五年来之教訓**」(『大中華』第二巻第十期、一九一六年一〇月二〇日発行）にまとめた。

「第一之教訓。能使吾儕知世界潮流不可拂逆。凡一切頑迷復古之思想、根本上不容存在於今日。……欲藉復古以救敝、其診證之誤、全屬倒果爲因、其療治所施、必且緣藥增病。是故自今以往、吾不敢保國中混沌棼泯之狀態不賡續發生。……須知今日社會上種種病徵、半由世界文明進化之軌不相順應。半由承受前清及袁氏之遺毒而食其惡報。

第二之教訓。能使吾儕知凡百公私擧措皆萬不可馳於極端。……夫國中既有異性之勢力兩三種以上同時存在。欲以一勢自專於身而消滅其他勢力、此爲絕對不能之事。故所以因應者惟有二法。一則在軌道内自由競爭、使劣敗者自歸淘汰。一則以互相容納互相接觸之結果雙方之性質、各去其泰甚、漸變而漸趨於近。
第三之教訓。能使吾儕知凡身任一事、而以個人之利害或一黨派之利害爲本位者、其結果必失敗。能使吾儕知權數之爲物、決不足以馭人、而惟足以自斃。」

むすび

『大中華』の性格はその誌名どおり、主に対外的言論を発するものである。つまり、中国の外交を自任する言論機関である。

梁はかつて『国風報』に発表した「対外と対内」という一文において、現代を「国家主義全盛時代」と規定して、「内争」をやめて「外競」に従事することを以って人類の「自存の道」を探るべきと認識している。外侮には必ずそれなりの原因が主体側に内在するはずであり、対外の成功には必ず対内における成功の獲得が先決であることを力説した。この論理の実践はようやく発言力を持つようになった『大中華』において再現されたのである。図5で示したように、論説と詩文を除いて、中日外交が重点に置かれている。

日本の社会心理を熟知した梁にとって、日本人との政治的対話は手慣れたものではないか。彼は一方的に日本を非難するではなく、日本人の立場に立って、説得を仕掛ける。当然、日本を牽制するために、欧米列強との連携をも模索した。彼の持論としては、中国の「国性」を凌ぐ外部の勢力が、歴史上一度もあらわれてこなかった。したがって、もし日本がそれに挑戦しようと思え

図5『大中華』における梁論文の分類統計

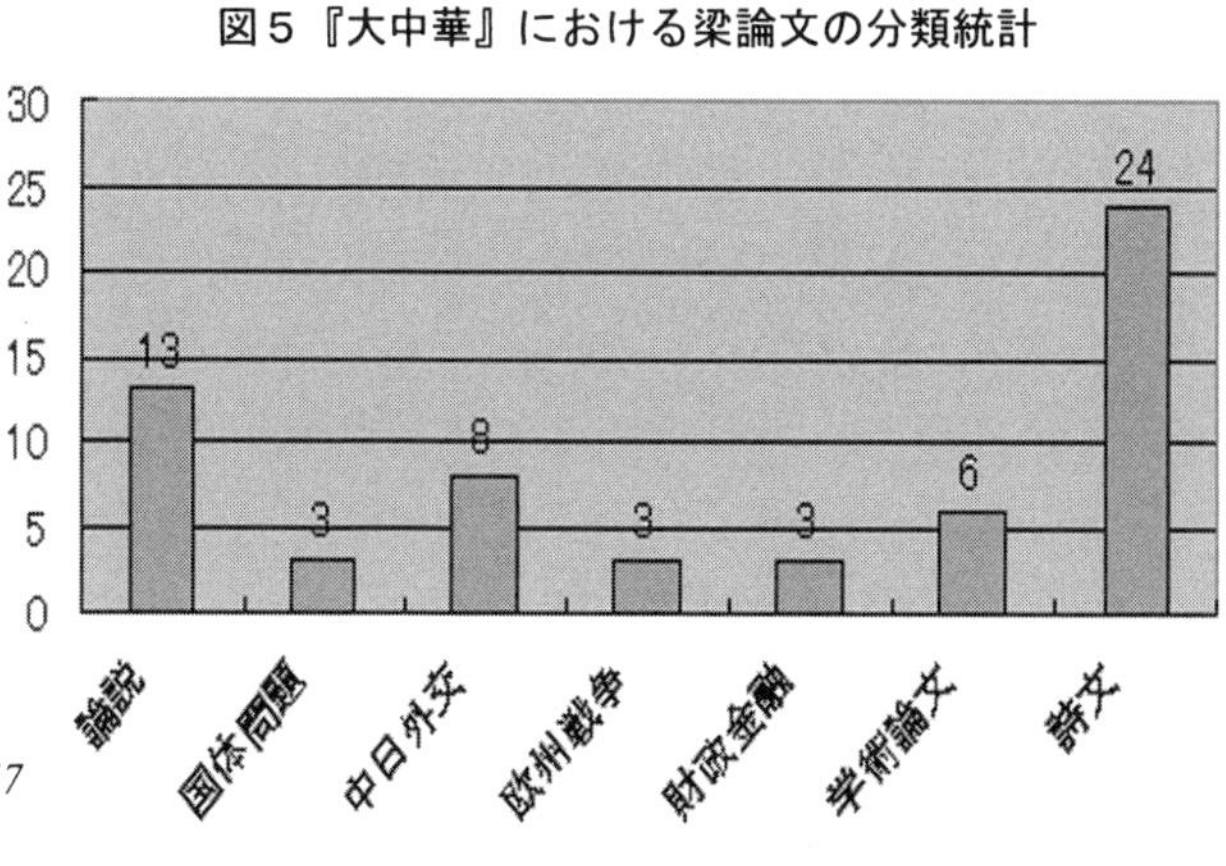

ば、必ず膨大な犠牲を払うだろう。しかも、結果的には日本の願望に叶わないだろう、という「中国不亡論」である。梁は、日本の主体的歴史の営みを懸命に否定し、「中国不亡論」が歴史の「法則性」を擁するものであるとみなして、それを日本に認めさせようとした。しかし、日本はのちの対中十五年戦争で「中国不亡論」(47)を無残に一蹴したのである。

梁は帰国して五年、政界から離れようとしたが、今度は「内治」ではなく、「外競」の対日外交に挺身した。「然則先生不能與近世政治絶縁者、實有不獲己之故。此則中國之不幸、非獨先生之不幸也。(けれど梁先生は近世の政治と絶縁できなかったことは、実に身の周りに従うだけで、本領を発揮できなかったためである。これは単なる先生の不幸ではなく、中国の不幸であろう)」(陳寅恪、一九四五年)。

註

(1) 一九一五年一月一八日、日置益公使は大隈政府が一九一四年一一月一一日に可決された対華二十一ヵ条を袁世凱に交付し、それを受け入れれば、日本政府は日本に滞在する中国革命党及び留学生の管理を強化すると袁世凱に約束した。郭廷以編著『中華民國史事日誌』(第一冊、民國元年至民國十四年)中央研究院近代史研究所、中華民國六十八年七月初版、一七二～一七三頁。

(2) 梁啓超「中日最近交渉評議」『大中華』第一巻第二期(一九一五年二月二〇日)。

(3)『大中華』第一巻第一期(一九一五年一月二〇日)二頁。「近来毎月乞假十餘日、居西山撰著文字、已成十餘萬言、寄到本社、以備陸續付刊。」

(4) 天民「梁啓超著述生涯」『大中華』第一巻第一期(一九一五年一月二〇日)二頁。「擬中止政治生涯、専従事於著述、精神全貫注於本雑誌」。

(5) 陸費逵「宣言書」『大中華』第一巻第一期、一頁。

(6) 螟蛉は一種緑色の小さい虫である。果羸(蜾蠃)は一種の寄生蜂である。蜾蠃は常に螟蛉を捕捉して自分の巣に置いておき、螟蛉の体内に産卵して、孵化した後に螟蛉を食べ物にする。古代の人は、蜾蠃が自分の子を産まず、螟蛉を飼って自分の子にすると誤認して、螟蛉を養子と比喩する。『詩経・小雅・小宛』曰く：「螟蛉有子、蜾蠃負之」。出自：『古漢語大詞典』上海辞書出版社、二〇〇〇年一月。

(7)『大中華』第一巻第一期、二九頁。「吾問學既譾薄、不能發爲有統系的理想、爲國民學術闢一蹊徑」。

(8)『大中華』第一巻第一期、二九～三二頁。「吾亦嘗欲藉言論以造成一種人物。然所欲造成者吾理想中之政治人物也。吾之作政治譚也、常爲自身感情作用所刺激、而還以刺激他人之感情。故持論亦屢變、而往往得相當之反響」、「吾歴年之政治譚、皆敗績失據也」。「故吾自今以往除學問上或二三朋輩結合討論外、一切政治團體之關係皆當中止、乃至生平最敬仰之師長、最親習之友生、亦惟以道義相切學藝、相商榷至其政治上之言論行動、吾決不願有所與聞、更不能負絲毫連帶責任」。

(9)梁啓超「政治之基礎與言論家之指針」(『大中華』第一巻第一期)。

(10)梁は孔子の言論を哲学類、政治学、社会学類　倫理学、道徳学、教育学類などに分類する。

(11)前掲書、郭廷以編著『中華民國史事日誌』(第一冊)、一八四頁。

(12)一九一三年一一月四、五日二回にわたって、国民党北京本部及び各地国民党機関を解散し、国民党党籍を持つ国会議員の議席を取り消し、議院証書と徽章を取り上げる。

(13)梁啓超「中日最近交渉評議」(『大中華』第二期、一九一五年二月二〇日)、「夫謂日本而欲翦滅中國耶、吾敢信日本人必不若是之愚。」

(14)梁啓超「中日時局與鄙人之言論(中日交・彙評之一)」(『大中華』第四期、一九一五年四月二〇日)。

(15)梁啓超「外交軌道外之外交(中日交・彙評之三)」(『大中華』第五期、一九一五年五月二〇日)。

(16)同上。梁啓超「交・乎命令乎(中日交・彙評之四)」。

(17)同上。梁啓超「中國地位之動搖與外交當局之責任(中日交・彙評之五)」

(18)同上。梁啓超「再警告外交當局(中日交・彙評之六)」

(19)同上。梁啓超「示威耶挑戰耶(一九一五年二月三日英字紙『京報』で発表)」

(20)梁啓超「致段祺瑞書」(上海図書館所蔵)『梁啓超年譜長編』七九六頁。「今日之局、能生我者新親也、能死我者近隣也、必近隣全釋其死我之心(暫不動手)……」とある。また、「民国六年『致芝老撲席書』」『梁啓超年譜長編』八〇九頁。「我國最信頼之良友終屬美國……今我與日本既對付得甚好、彼之醋意已少減、……」とある。

(21)「林権助公使及子女撮影」『大中華』第二巻第八期（一九一六年八月二〇日発行）。
(22)「加藤弘之之写真」、「加藤弘之之略歴」『大中華』第二巻第二期、一九一六年二月二〇日発行
(23) 林権助、前掲書、九八頁。
(24) 梁啓超「民国五年（一九一六年）一月二十八日『致犬養毅書』」『梁啓超年譜長編』七五二頁。
(25)『梁啓超年譜長編』七五一頁。
(26) 前掲書、郭廷以編著『中華民國史事日誌』（第一冊）八四頁。日本の憲政学者有賀長雄も法制局顧問として、一九一三年三月六日に北京に着任。
(27) 一九一五年八月三日『亜細亜報』。
(28)「社論」欄の冒頭に「梁啓超啓事」がある。「鄙人前歳組織進歩黨被推爲理事忽忽經時媿無貢效頃養痾津寓黨事久不與聞除致函本部辭去理事職任外並聲告脱黨此啓」。
(29)『梁啓超年譜長編』七二一～七二四頁。
(30) 記者問曰：「籌安會一派謂古德諾博士實倡此説、而本記者前訪博士、則謂并無此主張、先生与博士夙交好、嘗与論及否？」梁君答曰：「此次博士重來、曾一見訪、吾适在津、未獲相見。惟博士嘗有書致憲法起草會、所言皆就國民憲法立論、未嘗他及也。」
(31) 梁啓超「一九一六年三月八日香港横浜丸舟中『與嫻兒書』」『梁啓超年譜長編』七六三頁。
(32) 衛藤瀋吉「第二章一九一一～一九三一年中国的国際関係」梁琛編『劍橋中華民國史（下）』（中国社会科学出版社、一九九四年一月）一一八頁。
(33) 梁啓超「時事新報五千號紀念辭」『飲氷室文集之三十六』六八頁。
(34)『梁啓超年譜長編』八三三～八三四頁。
(35) 梁啓超「欧行途中」『飲氷室専集之二十三』三九頁。
(36) 梁啓超「欧行途中」『飲氷室専集之二十三』三八頁。
(37) 梁啓超「欧行途中」『飲氷室専集之二十三』三八～三九頁。林宗孟が同席で、劉子楷が通訳を担当する。郭廷以の『中華民国史事日誌』によれば、それは一九一七年二月一一日のことであろう。

(38) 前掲、衛藤瀋吉「第二章一九一一～一九三一年中国的国際関係」『劍橋中華民國史（下）』一一八頁。

(39) 前掲書、郭廷以編著『中華民國史事日誌』（第一冊）二八七頁。対ドイツ宣戦前、中国の北洋政府は一九一七年初英仏政府との間、年齢二〇から三五までの都市失業者と農民一四万人を欧州戦場の後方に送り、五年間の労働契約を調印した。九万六〇〇〇人が英国軍隊に配属され、三万七〇〇〇人がフランス軍隊に配置された。また、一万人が参戦したばかりの米軍に招集された。一九一七年八月中国政府は正式に対ドイツに宣戦した後、一部の中国人労働者がフランス軍に従軍して、直接戦闘に参加した。そのほか、同じく協約国であるロシアも華北地区で約九万人の労働者を召募した。

(40)「西原借款」は、一九一七年一月二〇日に、第一回目の五〇〇万元の借款合同から始まり、翌年九月二八日にかけて、前後十二回にわたって、総額一億四六五〇万円＋£五三万六二〇〇＋七六〇万元に上る。日本に返済できたのは僅か五〇〇万円であった。その使い道はほとんど孫文の南方軍政府を討伐するために軍事費に充当したのであった。郭廷以『中華民國史事日誌』中央研究院近代史研究所（臺北）参照。

(41)「庚子賠款」は義和団事件（一九〇〇年、庚子）で、西洋列強が清朝政府に強要した『辛丑条約』（一九〇一年）に規定された露、独、仏、英、日、米など十五ヵ国に対する賠償金延べ四億五〇〇〇万テールを三九年間で返済するものである。日本は中国に一九一七年から一九二二年にかけて五年間無利息延納を与えた後、一九二三年から一九三六年までの賠償金を中国の文化事業（在華日本人団体、在日中国人留学生、中国の学術研究機構の設立及び日中文化交流などを支援対象とする）に注ぎ、一九三七年から一九四五年までは戦争に投入した。買群「庚子賠款償付情況簡介」『歴史教学』（月刊）一九八六年第十一期参照。ロシアが一九一七年一一月にソビエト政権を樹立した後、中国政府はその法理的継続性がなくなったと判断して、ソビエト政権に賠償金の支払いを拒絶したことから見れば、楊度、厳復らが袁世凱の帝政を擁護する動機として、「庚子賠款」を継続的支払うのを断つ狙いがあったといえよう。袁世凱の帝政を支持したアメリカは、割り当てられた賠償金が日本より少なく、ロシアの四分の一に過ぎないため、袁世凱の帝政を支持しても、それほど損はしないと判断したからだ。実際、一九〇七年五月二五日に米国大統領が賠償金を返すことにした。また、袁世凱政府を最初（一九一三年五月二日）に承認したのは米国であった。日本は五ヶ月後の一〇月六日に袁世凱が正式に総統として選ばれた日に承認したのである。

(42)『梁啓超年譜長編』八七九頁。

(43) 前掲書、郭廷以編著『中華民國史事日誌』（第一冊）四三一頁。

(44)『梁啓超年譜長編』八八〇頁。
(45) 梁啓超『飲氷室文章之三十五』二六、二七頁。
(46) 李済琛・陳志英著『誰主沈浮：旧中国五十年政治風雲』改革出版社、一九九七年四月、二三四頁。
(47) 日中全面戦争直前、「中国不亡論」は新聞・雑誌で随所に見られる。例えば、潘公展「中国不亡論」復旦大学文摘社編『文摘』第一巻第二期、民国二十六年(一九三七年)二月、六五〜六六頁。胡適「中国不亡論」(特訳稿、剣嵐訳、アメリカ ***Forum*** 正月号)復旦大学文摘社編『文摘』(第一巻第三期、民国二十六年三月、七九〜八一頁などがある。これらは梁啓超の「中国不亡論」の延長と見てよいだろう。

第三章　『改造』における文化主義への回帰

梁啓超は渡欧の直前に、上海で張東蓀、黄溯初らと夜明けまで語り合っていた。その話の内容には、恐らく「新学会」の名義で一つの学会誌を発行する計画も含まれていた。その学会誌はついにこの年（一九一九年）の九月一日に上海で創刊された。編集責任者は張東蓀、兪頌華である。誌名は『解放與改造』（THE EMANCIPATION AND RECONSTRUCTION SEMI-MONTHLY）、半月刊であった。年末までに第一巻を八期、翌年八月一五日までに第二巻を一六期という出版形態であった。創刊号に発表された「新学会宣言書」において、これまでの西洋文化に対する態度が変わった(1)。

一九二〇年五月一五日に、張東蓀は梁啓超に宛てた書簡において『解放與改造』誌の改名に触れた。雑誌のことについて蒋百里と相談しておかなければならないという(2)。六月二八日、蒋百里は梁に出した手紙では、雑誌のことを次のように決めた。「似先生另作一縁起文、以爲開場鑼鼓。出版期前出書最好、惟第一期趕不及、初一擬改十五、則必能於第一期始實行也」(3)。九月一五日、『解放與改造』（第三巻第一号）は誌名を『改造』と改名し、欧州から帰国した梁啓超が編集長となった。月刊に変更した『改造』は停刊号（一九二二年六月一五日）までに二二期を発行していた。

梁が執筆した「縁起文」である「改造發刊詞」において、注目される第七条は、当時梁の主張する「廃兵運動」

に直結するものであった。最後の第十四条に、国家は人類の最高団体ではない、偏狭の愛国主義に賛同しないと明言し、かつて日本亡命期に腐心した国家主義を完全に見直したものであるといえよう。その他、「地方自治」、「生産力の増強」、「文化的輸入」、「中国文明の発揚」などは今日においてもなお現実的な意義がある。

「改造發刊詞」

本刊根本精神、曾讀《解放与改造》者、当能知之。今当刷新改刊伊始、更爲簡單之宣言：一、本刊所鼓吹、在文化運動与政治運動相輔並行。二、本刊持論、務向實際的条理的方面、力求進歩。

一、代議制は中国に適合しない。国民が法律上最後の自決権を獲得すること。

二、国家の組織はまったく地方を基礎にしていることを確信しており、中央の権限は対外的統一を維持するために最小限にするべき。

三、地方自治は自動的にやるべき、その根本法を制定して守るべき、国はそれを承認すべき。

四、国民の結合は、地方と職業との両者によって成り立つ。職業団体の改良と創設は、一刻も早くやるべき。

五、生計上の不平等が実に争乱衰弱の原因である。土地及び工商業の機会を平均的に分配すべき。

六、生産事業の発達が国の存続基盤である。分配を重視しながら、生産力を増強すべき。

七、**軍事上の消極的自衛主義は我が国民の特性であると確信している。**故に、国軍の設立は必要でない。ただし、軍と民を合一した制度を採るべき。

八、中国の財政を整理すれば、自給に足りるはず。外債を無条件で排斥すべき。

九、教育の普及は国民政治の根本である。地方政府は根本法を以って教育を強制的にやるべき。

十、労作は世界不滅の公理であると信じる。徴工制は徴兵制に取って代わるべき。

十一、**思想の統一は文明停頓の兆候であると確信する。**世界の有力の学説に対して、無制限に輸入すべき、国民に選択を任せる。

十二、浅薄かつ大雑把な文化的輸入は、国民の進歩に阻むものである。故に、重要な学説に対して、忠実かつ深刻に研究を行なうべき、学問に励んで、それをもって国民を励ます。
十三、中国文明は全人類にとって極めて貴重な遺産である。我々は先人に対してそれを整頓して発揚する責任があり、世界に対してそれを参画して貢献する責任がある。
十四、国家は人類の最高団体ではない。どの国の人間でありとしても、皆全人類の一分子であることを自覚してその責任を負うべきだ。故に、偏狭な愛国主義に対して、賛同しない。

第一節　講学社と新文化運動

一九二〇年四月、梁啓超は蒋百里らと共学社を組織した。その宗旨は、「培養新人材、宣伝新文化、開拓新政治」であった。主な業務としては、商務印書館と提携(4)して、各書を編集翻訳することである。他に事業費用の使い道としては、雑誌の出版、書籍の購入、同人留学費用の補助、名著懸賞費などである(5)。七月三〇日にイギリスの「新実在論」哲学者ラッセル（Bertrand Russell 一八七二～一九七〇、中国語で「羅素」と呼ぶ）を招聘することを目論んだ(6)。九月五日、梁は新たに永久の団体「講学社」の設立を構想した(7)。そのとき、すでにラッセルが一〇月一二日に上海に到着する予定の船便が確認された。

講学社とは、学術講演会の略称であって、北京大学、呉淞中国公学、共学社、新学社との四者によって組織した社会団体である。毎年一名の国際的著名な学者を中国に招く。ラッセルを招聘する前、北京大学、尚志学会と江蘇教育会が日本で講演中の米国の実用主義（プラグマティズム）哲学者デューイを招いた。デューイは一九一九年四月三〇日に上海に着き、五月二九日に入京(8)、一九二一年七月にラッセルと同時に中国を離れる。梁は最初にフランスの哲学者ベルグソン（Henri Louis Bergson 一八五九～一九四一、中国語では「柏格森」と呼ばれる）を招待するつもりだった。一度商務印書館の頭取張元済と協議したが、果たせなかった(9)。梁はパリに滞在したときに、楊新六の通訳で、ベルグソンと会見したことがある。ベルグソンは、彼の「生の哲学」(10)に深い理解を示した梁の研究を褒めた。梁は滞在中ベルグソンに哲学の講義をしてもらうつもりだった(11)。

一九二〇年一〇月一二日、ラッセルは仏国汽船ボルトス号にて上海に到着した。一三日、江蘇教育会外、各団体は同氏の歓迎会を開いた(12)。上海に居る間、「中國宜保存故有之國粋」、「社會改造原理」(一〇月一五日上海中国公学にて)、「教育之效能」(一〇月一六日江蘇省教育会場にて)をテーマにした講演を行なった。通訳はハーバード大学哲学博士号を取った趙元任(一八九二～一九八二、胡適と同期に米国へ留学)であった。その間、胡適は進歩党に利用されないように注意したほうがいいと趙にアドバイスしたことがある(13)。すでに党派から離れた梁啓超に対してそういう嫌疑を人に持たせる胡適の動機としては、不思議なところである。

一九二〇年一一月五日、梁啓超はラッセルと会見した。絶対平和主義者のラッセルはかつて第一次世界大戦に反対して監禁されたことがある。彼が熱心に唱えている社会改良主義(ギルド社会主義)は梁啓超らの温和主義と共通する面がある。梁啓超にとって、最も重要なのは、五月にトロツキーやレーニンなどとの会見を果たしたばかりのラッセルがソビエト政権の誕生に対して失望感を抱いたことであった。ラッセルは当然各方面に配慮して言葉を選んで巡回講演に臨んだ。

北京においてのラッセルの演説は五つの系列に分けられる。つまり、哲学問題、数学ロジック、物的分析、心的分析、社会構造論などであった。聴衆の中に毛沢東、周恩来の姿があった(14)。その後、北京大学では「羅素研究会」を組織し、講学社の蒋百里が『羅素月刊』(編集長：瞿世英、商務印書館出版)を創刊した。商務印書館の『共学社叢書』には「羅素叢書」五種類(15)が出版されている。『改造』誌も第三巻第二号(一九二〇年一五日)「羅素介紹」(程鑄新)、第三巻第七号(一九二一年三月一五日)「基爾特(ギルド)社會主義」(六幾)、第三巻第十号(一九二一年六月一五日)「羅素遊俄記書後」(徐志摩)などを掲載した。しかし、中国の知識層にとって、ラッセル哲学の中核である数学ロジックは非常に難解なものであった。それよりも、むしろ彼の社会政治思想が関心を呼んだようだ。

ラッセルは「永久性のものを期待することは誤りであり、暫時の存在こそ最も真に迫るものである」とこれまでの哲学が時間と場を軽視した欠如を指摘する。ラッセルはさらに哲学の方法論に立脚して、唯心論を主観唯心論、論理唯心論、神秘唯心論の三種類に分けた。また、それらの方法論の優劣を逐一批評した。ことに、神秘唯心論を代表するベルグソンの「直覚（Intuition）説」を批判した。とはいえ、ベルグソンの所謂「生の哲学」の方法としての直覚は、よい方法の一つであるとラッセルは指摘する。この種の方法は生活と密接に関係しているからだ。しかし、知識と比べ、直覚は本能であるといえよう。生存競争においては、本能が頼りになる場合が多いが、哲学は生活から遠ざかっているものであるゆえに、直覚は哲学にとって頼りになる方法ではない、と主張する。この観点は当然歴史唯物論のマルクス主義者及び科学主義者に歓迎されるが、東方文化主義論にとっては、相容れないものであった。新鋭儒学論哲学者梁漱溟は、直ちに「對於羅素的不満」を発表した。彼の『東西文化及其哲学』が依拠した哲学論理はベルグソンの直覚論であった。ベルグソンの直覚論を批判することは、梁漱溟本人を批判するのと同然である。

講学社はこれに続けて、ドイツの新生気論（Neo-vitalism）哲学者ドリーシュ（Hans Driesch 一八六七－一九四一、中国語で「杜裏舒」と呼ぶ）を招聘した。ドリーシュは張君勱と同伴して一九二二年一〇月に上海に着いた(16)。通訳担当は、瞿世英、張君勱であった。『改造』誌は第四巻第六号（一九二二年二月一五日）に張君勱の「德國哲學家杜裏舒氏東來之報告及其學説大略」を掲載した。

ドリーシュが主張した生気論は、機械論と対立した考え方で、無機物が物理法則に支配された存在であるのに対し、生物には「エンテレヒー（Entelechy）」が働いているという主張なのである。クローン（Clone）技術が応用段階に入った今日、当然それは科学の範疇に属するものであるが、当時では、DNAのメカニズムが謎であったため、それを不可知のエンテレヒーと呼んだ。ドリーシュは発生学から唯心論哲学に転向した理由はそこにあった。

梁啓超は「研究文化史的幾個重要問題―對於舊著『中國歴史研究法』（商務印書館、一九二二年一月）之修補及修正」(17)において、ドリーシュの「凡そ物の文明は、すべて累積的であって、進化的ではない。心的文明こそ、創造的かつ進化的である」、「進化的といえるのは、『知識線』だけである」という観点に対して、「ドリーシュの話は文化の内容についてあまりにも狭すぎた、それは完全に賛成できるものではない。確かに彼の話には幾多の真理が含まっているが、近年私が主張してきた歴史の進化説を撤回しない。当然、ドリーシュの説に参照して、その進化の範囲を再度修正したい。」と自分の意見を表明した。梁はその続き、歴史現象の中に進化するものが二つ確定できると主張した。即ち、(一)「人類の平等及び人類一体の観念」(二)「世界各地の人類の精神力によって開拓された『文化共業』」(18)である。

一九二三年一月~一〇月、商務印書館は『杜裏舒講演録』をシリーズで出版した。四月に、『東方雑誌』は「杜裏舒専号」(19)を刊行した。六月一日、南京の東南大学がドリーシュに名誉博士を授与した。

講学社は「人生観」論戦のさなか、印度詩人ノーベル文学受賞者タゴールを招聘した。一九二四年四月一二日、タゴールは上海の港で、文学研究会、上海青年会、江蘇省教育会、『時事新報』社などの団体の代表、日本の新聞社特派員、上海在住のインド人からの歓迎を受けた。通訳担当は青年詩人徐志摩(20)であった。

五〇日間の訪問日程で、タゴールは上海から、杭州にまわり、南京より北上して済南を経由して四月二三日に北京に到着、前門駅で梁啓超、蔡元培、胡適、蔣夢麟、梁漱溟、辜鴻銘、熊希齢、範源廉、林長民などの中国文化人名流に歓迎された。講学社は天壇において盛大なレセプションを行なった。

タゴールは各地において講演を数十回も行なった。その内容の要旨は、「中国とインドは長い文化交流を持つ偉大な国である。西方は物質文明であるに対して、東方は精神文明である。精神文明は遥かに物質文明の保守的理論を超えている。中国人民は決して物質文明に屈服しないだろう。科学が無限に発展していくことは、人類の精神を抑制する」というものである。梁啓超、張君勱らの「東方文化派」及び「新月派」詩人徐志摩、『小説月報』編集長鄭振鐸らは当然タゴールの演説に共感していた。しかし、陳独秀、瞿秋白らのマルクス主義者はタゴールの来訪に反対すると表明した。一方、かつてマルクス主義者と結成して新文化運動を推し進めた自由知識人代表としての周作人、胡適らは北京学界が設けたタゴール氏の歓迎レセプションと六四歳誕生日祝賀会に出席して、寛容な態度を示した。五月八日の誕生日祝賀会に、胡適は大会主席並び司会の身分でタゴールに中国名画などを贈呈した。梁啓超は、タゴールに「竺震旦」という中国語の名前を進呈した。

一次世界大戦後、平和主義及び社会主義思潮の台頭が欧州からアジアに寄せてきた。ラッセル、ベルグソン、ドリーシュ、タゴール、この四人には反機械主義、反戦主義、東洋文化の高揚という共通項があった。このことは、梁啓超が発案した「講学社」の標榜する宗旨とは裏腹に、新文化運動の方向性を正そうとした思惑に呼応したものであろう。講学社の活動は、後述の三つの論戦（本論は重点的に「社会主義論戦」と「玄学科学論戦」を取り上げ、「東西文化論戦」を割愛する）と噛みあった同時進行であった。それは、反帝国主義のナショナリズムの新文化運動の洗礼を受けた青年たちに対して、伝統の価値を再認識させ、社会主義を口実にした遊民暴動主義を食い止めようとしたイデオロギー闘争の一環でもあった。また、国際的に影響を与え、対外的な所有欲が膨張しつつある隣国日本に釘を刺すものであったろう。

第二節　梁啓超と社会主義論戦

一九一七年一一月ソビエト政権が成立して以来、陳独秀(21)が創刊した『新青年』は幅広くソビエト政府及びレーニン主義を紹介した。社会主義共和国のソビエト連邦は、帝国主義に蹂躙されている中国にとって魅力的であった。「ロシア革命は確かに大勢の中国人の心に強烈な共鳴を引き起こした」(22)。五四学生運動が発生して間もなく、ソビエト政府は一九一九年七月二五日に第一次対華宣言(23)を発布した。旧ロシア政府が中国に強要した不平等条約を撤廃し、中国で略奪し得た権利をすべて放棄するなどを宣言した。それは中国近代史において初めての出来事であった。しかし、列強がソビエト政権に対して封じ込め策をとったため、その宣言が正式に北京政府に公表されたのは、翌年三月以降であった。一九二〇年四月五日に上海の『民国日報』がそれを全文で掲載した途端に、中国各界の人たちが競合ってソビエト政府に打電して感謝の意を表す。一九二〇年九月二七日に、ソビエト政府は第二次対華宣言(24)を発布した。「これまでロシア歴代の政府が中国との間で調印した条約を一切無効に致す。これまで奪取した中国の領土及び中国国内におけるロシア租界を一切放棄して、無償で永久に中国政府に帰還致す。」今回の宣言は北京政府を動かした。北京政府は直ちに返事を送った。

この二大宣言は、中国におけるマルクス主義の思想の流布を加速させた。

『解放與改造』誌は当然その思潮を無視しなかったというよりも、むしろ積極的に社会各界に向かって議論を交わしたようである。第二号（一九一九年九月一五日）から、社会主義に関連する文章が相継いで掲載されるようになった。編集担当の兪頌華が「社会主義之批判」と「社会主義之定義」を第二号に発表した。彼は翌年一〇月ソビエト政府を訪問した最初の中国人ジャーナリストの一人である。編集長の張東蓀は「俄羅斯蘇維埃聯邦共和國憲法全文」を第六号(一九一九年一一月一五日)に紹介し、第七号(一九一九年一二月一日)に「我們爲什麼要講社會主義」という理解しやすい対話型の論文を発表した。彼は、中国の現状について、他人の「私有衝動的(Possessive Impulse)」(25)組織力の支配下にあると指摘し、この種の組織力は中国の物質方面を吸収し切ったにもかかわらず、中国の精神方面をも滅茶苦茶にしたのである。要するに、中国は物質と精神との両面において他人の私有衝動的組織力の影響を受け、すでに自立不可能な地位に追い込まれたのである、と鋭く分析した上で、社会主義は「渾朴的(完全素朴な)趨向」であり、包括的な新文明の総称でもあるゆえに、我々の講じる社会主義は、物質方面より現制度の破壊から着手するのではなく、精神方面においての一種の新思想、新道徳、新人生観、新生活に着手しなければならない。つまり、まず現在の社会における資本主義の習慣の打破から入手すべきである。ただ中国問題を単独に解決するだけでなく、全人類の問題として解決すべきである(26)と主張する。

この論文は、結党準備の段階に入った中国共産党の創始者の一人である論敵の李達(一八九〇~一九六六、哲学者)の注意を引いた(27)。李は『民国日報』副刊『覚悟』に「張東蓀現原形」(一九二〇年一一月七日)を発表し、張東蓀をたかが流行語に唾をつける空論者として批判した。その後、陳独秀も論戦に加わった。陳は、「關於社會主義的討論」(一九二〇年一二月一日『新青年』八巻四号)において、張東蓀と兪頌華との間での往来書簡を公開し、さらに張と自分との往来書簡をすべて公開したことによって、論戦が膠着状態になってしまった。梁啓超は当然それを座視しては居られなかった。

『解放與改造』誌は創刊してから梁啓超が帰国するまでの一年三ヵ月の間、社会主義に関連する文章を十篇以上掲載した。一九二一年二月一五日に発行した『改造』第三巻第六号には社会主義研究のコラムが設けられ、注目を集めた。これは、社会主義に共感を持つラッセルの訪問に併せたものだと見られる。このコラムの圧巻である梁啓超の「復張東蓀書論社會主義運動」が李達に刺激を与えたようだ(28)。李達が直ちに『新青年』第九巻一号（一九二一年五月四日発行）に「討論社會主義並質梁任公」を発表した。

梁の基本思想として、中国は現段階において直接に社会主義運動を起しては宜しくない。その理由とは、中国ではまだ資産階級が出来てない。資産階級が無ければ当然無産階級も無いだろう。しかも、外国資本の壟断によって、自国の財政金融における独自の決算が出来ていない状況下で、社会主義運動を起すのは適宜でない、ということである。梁は、「今日之中國言社會主義運動、有一公例當嚴守焉：在獎勵生産的範圍内爲分配平均而運動、若專注于分配而忘卻生産、則其運動毫無意義。」と警告した。

しかし、李達は、梁文の趣旨を（一）社会主義を誤解していること（二）資本主義を提唱し、社会主義に反対する（三）愛国主義を高唱しながら、外国の資本家を排斥する（四）温情主義を提唱し、社会政策を主張する（五）社会主義運動を誤解している、との五点にまとめて、逐一反駁した。

社会主義の論争は、若き毛沢東にも影響を及ぼした。一九二一年一月一日の「新民学会」長沙会員新年大会において、毛沢東は次のように発言している。「現在国内では社会問題の解決に対して、明らかに両派の主張がある。その一派が改造を主張することに対して、一派が改良を主張している。前者は陳独秀らのような諸氏であり、後者は梁啓超、張東蓀らのような諸氏である」(29)。ここに、毛は「改造」と「改良」を以って、この両者を二分対立で構築している。改良はただ補填修正で、根本から古いものを改変するのではない。ゆえに大規模な改造を主張すべきだ。毛沢東は更に、「東亜」を改造するというよりも、「中国と世界」を改造することが良いだろう。

というのは、中国問題は本来世界的な問題であるからだ。その改造の方法として、やはりロシア式の可能性が大きい、と主張したのである。翌日の発言において、毛は世界の社会問題を解決する方法を五つ(30)羅列して、消去法で激烈な方法である共産主義（レーニン主義）を最も有効な方法として選んだのである。レーニン主義とは、いわゆる労農主義であり、階級の専制を用いる方法である。その効果が予見できるので、最も採用すべきものであると毛は分析した。

第三節　梁啓超と「玄学科学論戦」

西洋の科学文化は、鴉片戦争以後、洋務運動や維新運動や辛亥革命を経て、中国の伝統文化に強力に浸透してきた。一九一五年から始まった新文化運動は、さらに「徳先生（民主）」、「賽先生（科学）」の旗を掲げ、中国の伝統文化を猛烈に批判するようになった。しかし、伝統文化の破滅は、国民性の喪失に等しい。第一次世界大戦は人々に東洋の伝統文化と西洋の科学文化との調和問題を再認識する契機となった。一九二〇年、梁啓超は『欧游心影録』において、西洋の科学に対して疑問を投げかけた。青年哲学者梁漱溟は梁啓超の観点を受け入れ、一九二一年に『東西文化及其哲学』を発表した。彼は、世界の文明を西洋文明、中国文明と印度文明に分けた。その三つの文明形態が循環していくだろうと予測し、中国文明の復興は必ず来ると主張している。「我々の東方文化を提唱することと古い考えで西洋文化を拒絶することとは違う」。梁漱溟の観点はベルグソンの生命哲学に深く影響されている。いうまでもなく、玄学と科学の論戦はこれまでの「東西文化論戦」の哲学分野における延長戦である。

一九二三年二月一四日に、渡米予備校の清華学校において、張君勱の「人生観」の演説が行なわれた。『清華週刊』（第二七二期）に掲載されたその演説原稿を読んだ地質学者である丁文江（一八八七～一九三六）が、怒りに燃えた。丁文江が「玄學與科學―評張君勱的人生觀」を『努力週報』（一九二三年四月、第四八、四九期）

に発表して、「玄学鬼」がとりついた張の論調を厳しく批判した。両者の個人関係は親密であるが、学術においては互いに譲らない。論戦はこの二人の対陣から始まった。

張君勱の「人生観」の主張として、第一に、科学は客観的であるに対して、人生観は主観的である。第二に、科学は論理学、方法に支配されるに対して、人生観は直覚によるものである。第三に、科学は分析の方法で着手できるが、人生観は総合的なものである。第四に、科学は因果律に支配されているが、人生観は自由意志によるものである。第五に、科学は対象における共通現象に由来するが、人生観は人格の単一性によるものである。

明らかに、これらの観点が梁啓超の『欧游心影録』(31)における「科学破産論」に影響されたのを否めないだろう。梁は「ヨーロッパ人は一つ科学万能の夢をみたが、今日になって逆に科学破産を叫んでいる」、「私は決して科学の破産を認めないが、科学万能を認めないのは確かだ。」といったものの、輿論はすでに梁啓超が科学破産を宣言したと梁の本意が曲解されたのである。

梁啓超は、一九二三年五月九日の『晨報副刊』に「關於玄學科學論戰之『戰時國際公法』」を公布し、自ら仲裁役を務める。「這個問題是宇宙間最大的問題」とその問題の重大さを認め、論戦を健全な方向にリードする。「この種の論戦はわが国において未曾有の論戦であり、学界において突然このような波瀾を起てることは、大変めでたい現象である。」、「今回の論戦が徹底的な討論になると希望しており、両派の意見を最大限に発揮してもらいたい。また、参加者が多ければ多いほど喜ばしい。」と真情を吐露した。つぎに、梁は二点の公約を守ってほしいと願った。

第一に、問題を一点に集中して、真っ向から論争してほしい。仮に一つの問題から別の問題を引き出した場合、別のコラムを設けて討論したほうがよいだろう。欧州の百年戦争のように、期間が長ければ長いほどよい、範囲も大きければ大きいほどよい。ただし、攻守両方が終始一つの要塞に集中してほしい。一つが終わったら、別個に移してもかまわない。同時進行の混戦は、観戦者にとって要領が得られなくなるからだ。

第二に、言葉遣いを懇切且つ厳格にしてほしい。絶対に嘲笑語或いは罵倒語を使ってはいけない。現段階において、すでに脱線した言葉が飛交っているので、互いに謝ってほしい。今後、ああいうことにならないよう注意してほしい。

ところが、梁の「局外中立」の態度は二週間しか続かなかった。思わず論戦に飛び込んだ。梁は「人生觀與科學」(民国十二年五月二十三日作、一九二三年五月二九日『晨報副刊』、一九二三年六月二日『時事新報・學燈』)を発表した。

梁は、張君勱の人生観が主観で、科学が客観であるという観点に大いに疑問を持ち、人生観は少なくとも主観と客観とに結合して成り立つものである、と主張する。また、丁文江の「我々には人生観の統一を求める義務がある」、「科学の方法を用いて、その是非と真偽を確かめ、将来は人生観を統一できるかもしれない」の意見に対して、まるで専制的宗教家の口吻であると厳しく批判した。人間の情感の中に、「愛」と「美」がある。それは非常に神秘性を帯びているものである。「科学的恋愛」なんてまったく噴飯ものだ。梁は、「理智に係わる事項を絶対に科学の方法で解決すべき、情感に係わる事項は、絶対に科学を超えるのではなかろう。」と結論した。

その後、多くの学者たちが論戦に加わり、概ね以下の四つの派閥に分けられる。

玄学派：張君勱、梁啓超、梁漱溟、林宰平、甘蟄仙等、『晨報副刊』を拠点。

科学派：丁文江、胡適、任叔永、章演存、陸志韋、朱経農、唐鉞、王星拱、呉稚暉等、『努力週報』、『太平洋』雑誌を拠点。

折衷派：孫伏園、張東蓀など『時事新報・学灯』を拠点。

唯物派：陳独秀、瞿秋白、李大釗など『新青年』を拠点。

歴史唯物論(32)に腐心した陳独秀は、突如現れた新勢力である。陳は、「心も物の一種の表現である」(33)と主張し、科学派も唯物主義に背いているではないかと疑問視して、玄学派とともに一線を画した。さらに、彼は科学万能論こそ玄学派を徹底的に排除できる論理であると信じ、歴史唯物論のイデオロギーをもって、論争を終結しようとした。しかし、この論争は今日まで続いているように思われる。当時、北京に滞在した清水安三(一八九一～一九八八、教育者・牧師、桜美林学園創立者）は、「社會の制度がどんなに變つても、形而上の問題は立消えるものではない。わたくしは大體に於て張君勱、梁漱溟に共鳴することが出來る」(34)と懇切に述べた。

当時の民国出版業界もこの論戦に呼応して、年末に「二十五万字」の論集を出版した(35)。実際、論集が出されたあと、論戦が少なくとも一年間続いた(36)。

今日まで響きわたるこの論戦は、物心二元論と唯物論の戦いであり、哲学上の問題の争いでもある。学者グループの理念と主義及び学者個人の趣味と理解力の相違によって、論戦は精彩に富んだ。これは、西洋の自由主義精神の波及効果でもあった。言論、思想、出版との三大自由を充分享有した一九二〇年代の中国の知識人は、近代化の進展中に大きな文化遺産を世に送り出した。それによって、「物心が能によって成り立つ。能の式が宇宙の法則である。」という柔軟性に富んだ中国現代哲学理論が生れたのである。

梁啓超は学界のリーダーとして、大きな役割を果たした。かつて、『新民叢報』の時代に、「学生日多、書局日多、報館日多」（「敬告我同業諸君」）との三者が中国の前途に大きな影響を及ぼすだろうと予測した。彼は紀元前の「戦国時代」を摸倣して、「諸子百家」のような自由奔放な学術思想の雰囲気を営造する。それは、彼の仏教の「因果応報」論に対する執着に無関係ではない。善因を播いておけば、いつか善果の収穫の時期がやってくるだろう。「確信思想統一爲文明停頓之徵兆」（『改造発刊詞』第十一項目）というのは、晩年を迎える梁啓超のジャーナリズム精神の結晶であるというべきではないか。

論戦以降の最後の五年間、梁は講壇に立って、Face to Face の伝授に傾倒した。彼は、ジャーナリズム活動の終焉に向かい、著述活動と闘病生活を兼ねて生涯を閉じた(37)。

むすび

梁啓超は長い亡命生活を終えて、立憲君主制に固執する康有為とはちがって、現存の共和の国体を維持しながら立憲制にこだわった。政界要人ポストにつき、独自の政治活動を展開することに至った。しかし、宋教仁の暗殺を仕掛けた袁世凱は、責任内閣制を許容しなかった。孫文は反旗を揚げ、第二次革命を発動した。国会の機能が失ったため、帝政がついに復活した。日本は欧州大戦の隙間を狙い、袁世凱の帝政復活を放棄させるために、二十一ヵ条を袁世凱政府に強要した。しかし、袁世凱は日本の外圧をうまく利用した。

梁啓超は袁世凱の帝政復活を許せなかった。「護国戦争」を策動した。袁世凱の急死によって、国体がまた共和に戻ったが、国会の再開には至らなかった。段祺瑞政府の日本接近及び孫文の南方軍政府のソビエト政権の接近(38)によって、中国国内では、南北の対立は一向に緩まなかった。ようやく第一次世界大戦が終止して、パリでは和平会議が開催されたが、中国国内では南北講和会議が開かれた。しかし、いずれも実りのないものに終わった。中国は日本と同調して対ドイツ宣戦をしたあげく、山東帰属問題を巡って、交渉が難航した。北京では「反帝愛国」の「五四学生運動」が勃発し、反日のボイコットが全国に広まった。その問題の帰結は、パリ和平会議の懸案問題をアメリカ主導のワシントン会議で解決されることになった。その結果、日本の譲歩によって、日中関係が改善した。一九二二年から一九二七年の国民党の北伐までの五年間、国内外の情勢が比較的に平穏(39)であったため、中国の思想界、教育界、経済界において非常に活気を見せた。

梁啓超のジャーナリズム活動は、この時期において、政党政治のジャーナリズムから文化立国ジャーナリズムに躍進したと特徴付けてもよさそうだが、実際のところ、非常に複雑な経緯を内包している。

梁は『大中華』の創刊にあたって、政界を離脱する意欲を表明したものの、対外では排日論を放言したり、対内では帝政に反対したりして、騎虎の勢でやめようにもやめられなく、なかなか政界から離れることができなかった。それがようやく個人趣味で欧州視察している最中、パリ和平会議の動きを掌握して国内に国民を刺激するような情報を送り込んだため、国民運動の起爆剤となった後、きっぱりと政界から身を引いたのである。

しかし、彼の対日姿勢は国民性に溶け込み、その精神が今日まで受け継がれている。換言すれば、中国の国民性を豆腐に喩えたら、日本からの刺激は恰もニガリの存在であろう。

日本人は、中国人を批判するときに、往々に中華思想（sinocentrism）という決まり文句を用いる。それは確かに、中華思想には傲慢の一面があるからだ。伊藤博文が康有為との初会見でも、「貴邦變法を浴せば、先ず自尊自大の陋習を除くべし、……自ら中華と称して他を夷狄と称するの理あらんや」(40)と述べた。中華思想が中国人を称える言葉ではなく、中国人の傲慢な態度に冷や水を浴びせるニュアンスを含んでいる。

梁啓超は言論において、排日的傾向が否めないものであったが、袁世凱帝政に反対すること及び対ドイツ宣戦を促すこととの二点から見れば、不本意ながら結果的に日本側の思うつぼになったと言わざるを得ない。そこが、彼を評価しがたいところであろう。当然、孫文の革命派にとって、梁が袁世凱死後、国会の回復を放棄したことも許しがたい政治行動であろう(41)。

一九一五年から始まった新文化運動は、青年達が「徳先生（民主）」と「賽先生（科学）」の旗を掲げ、中国の伝統文化を猛烈に批判するようになった。しかし、伝統文化の破滅は、国民性の喪失に等しい。第一次世界大戦は人々に東洋の伝統文化と西洋の科学文化との調和問題を再認識する契機となった。

梁啓超は学界のリーダーとして、「社会主義論戦」、「東西文化論戦」、「玄学科学論戦」などを通して、「文化立国」の使命を果たそうとした。彼は紀元前の「戦国時代」を摸倣して、「諸子百家」のような自由奔放な学術思想の雰囲気を営造する。それは、彼の仏教の「因果応報」論に対する執着に無関係ではない。善因を播いておけば、いつか善果の収穫の時期がやってくるだろう。「思想統一は文明停頓の兆候であると確信する」ということは、晩年を迎える梁啓超のジャーナリズム精神の結晶であるというべきではないか。

註

（1）張東蓀の社論「第三種文明」において、人類の文明を三つの時期に分けられ、それぞれの特徴に基づき、三種類の文明類型があると主張。第一種の文明は「習慣」と「迷信」の文明、即ち「宗教的文明」である。第二種の文明は「自由」と「競争」の文明、即ち「個人主義」と「国家主義」の文明である。第三種の文明は「互助」と「協同」の文明、即ち「社会主義」

と「世界主義」の文明である。欧州大戦は、第二種の文明が破綻をきたしている。もはや、国家主義と資本主義がこれ以上維持していけなくなるだろう。これからは、全世界において第三種の文明の原則に従って改造しなければならぬ、所謂「互助主義」と「労働生活」の時代に入ると宣言したのである。これに対して、梁啓超の所謂「第三種文明」は西洋の「物質文明」と東洋の「精神文明」と合体である。

(2) 民国九年五月十五日張東蓀「致任公先生書」『梁啓超年譜長編』九一〇頁。

(3) 民国九年六月二十八日蔣方震「致任師書」『梁啓超年譜長編』九一一頁。

(4)「自十年分（一九二一年）起、毎年・助講學社五千元、專爲聘員來華講演之用、三年爲限、以後再另作計議。演講稿既承交敝舘出版、仍照給講學社版・、此次羅素演講稿即照此辦法辦理、另由編譯所直接函商。」張菊生（元済）「一九二〇年一二月九日『致任公吾兄書』」『梁啓超年譜長編』九二六頁。

(5) 梁啓超「一九二〇年五月一二日『致伯強亮儕等諸兄書』」『梁啓超年譜長編』九〇九頁。

(6)『梁啓超年譜長編』九一三頁。

(7)『梁啓超年譜長編』九一九頁。

(8)『晨報』中華民國八年五月二十九日「第三版」。「美國最著名之哲學大家紐約科崙比亞大學哲學科總教習杜威氏偕夫人將於本日二十九日抵京師。」とある。

(9)『梁啓超年譜長編』九二六頁。「柏格森如可來華、亦統由講學社聘訂、敝舘不另擔承、以歸畫一」。また、日本の新聞もその計画を披露した。「目覚めたる支那の学界が世界の碩学を招聘する。今秋九月ラッセル氏来り一年間講義し順次ベルグソン、オイケン両博士も、若き北京大学の誇よ」（一九二〇年八月四日『読売新聞』朝刊五面）。

(10) 主な観点として、物の外に立って分析する「実証科学」とは別に、想像力によって、物の内部に入り込み、物の状態に同感をもち、精神状態を帰属させるという「直感」による「形而上学（不可知論）」を訴えている。ベルグソンの『形而上学叙説』（坂田徳男、みすず書房、一九五四年）参照。

(11) 梁啓超「一九一九年六月九日與仲弟（梁仲策）書」『梁啓超年譜長編』八八〇〜八八四頁。「所見人最得意者有二：其一爲新派哲學巨子柏格森、其二爲三國協商主動人大外交家笛爾加莎、二人皆爲十年來夢寐願見之人、一見皆成良友、最足快也。」、「振飛（楊新六）翻譯有天才、無論何時本皆縱橫自在、獨於訪柏氏之前、戰戰慄慄、唯恐不勝、及既見爲長時間之問難、乃大得柏氏之褒嘆、謂吾儕研究彼之哲學極深邃云、可愧也。」、「他日復返法、尚擬請柏格森專爲我講授哲學、不審彼有此時日否耳。」

(12) 一九二〇年一〇月一四日『読売新聞』朝刊五面。翌年三月、ラッセル氏は肺炎に罹り、病勢が深刻になり、医師は絶望した。米国のデューイ博士はラッセルの遺言を聴取したが、死後の事は一切ベロック嬢によって管理されることとなり、やがて氏は永眠した、といった日本のマスコミの誤報があった。その報道はアメリカを経由してロンドンに届いた。一九二一年三月二九日『読売新聞』朝刊五面において、氏の写真や手記入りの記事を掲載し、ラッセル氏の「客死」を大きく報道した。確かに、ラッセル訪中の直前、日本の新聞には「北京大学へ来るラッセル氏は日本では思想上歓迎せぬ」（一九二〇年九月三日『読売新聞』）「ラ氏の来朝には余り官私、大学は歓迎せぬ、帝大は遠慮の色が殊に濃厚、両学部の学生密かに歓迎の計画」といった報道もあったように、やや不機嫌が漂っていた。しかし、日本の改造社はラッセルの招聘を果たし、一九二一年七月一六日に社長の山本實彦に迎えられた。氏は日本に二週間滞在した。二八日午後六時慶應義塾大学講堂において、「文明の再建」と題した講演会が開かれ（一九二一年七月二八日『読売新聞』朝刊五面「改造社広告」）、氏は三〇日にバンクーバーに向かって離日。日本の改造社と同名誌を有する梁啓超の講学社とは何らか内密な関係を持っていたようである。

(13)『従家郷到美国—趙元任早年回憶』学林出版社、一九九七年一月、一五六頁。通訳担当は、趙元任のほかに、張廷謙、瞿世英（菊農、ハーバード大学留学）などがいる。

(14) Ronald W. Clark『羅素傳』天津編訳センター、北京：世界知識出版社、一九九八年一二月、四二〇頁。一一月七日、ラッセルが北京大学で第一回目の正式な講演を行なった。

(15)『哲学中的科学方法』（王星拱訳、一九二一年）、『算理哲学』（傅鐘孫等訳、一九二三年）、『政治理想』（程振基訳、一九二一年）、『戦時之正義』（鄭太朴訳、一九二一年）、『徳国社会民主党』（陳與漪訳、一九二二年）。

(16) 一方、著名な物理学者アアインシュタインが日本の改造社に招聘された。アインシュタインは一九二二年一一月一三日に上海に到着、一一月一七日に神戸に着き、滞在四二日間の日程を終えて、一二月二九日に上海に向かって日本を去った。一二月三一日午後三時、上海ユダヤ青年会及び学術研究会の招きで、福州路一七号公共租界工部局ホールで相対論について講演を行なった。梁啓超の『改造』誌第三巻第八号（一九二一年四月一五日）に「安斯坦相對論淺釋」（夏元瑮）、「安斯坦相對主義」（徐志摩）が発表される。この時期に併せて、そのほか、アメリカの教育家 P. Paul Monroe、進歩主義教育の泰斗 W. H. Kilpatrick、科学教育方法の創始者 E. L. Thorndike などの国際的著名な学者が中国に訪問した。

(17)『梁啓超文集之四十』一～七頁。一九二二年一二月頃「南京金陵大学第一中学にて講演」。

(18) 梁は「什麼是文化」(『学燈』一九二二年一二月七日。南京金陵大学第一中学ための講演)において、文化の概念を「文化者、人類心能所開積出来之有価値的共業也」と定義している。「共業」というのが仏教述語から由来する用語である。梁は「業」を「茶渋」に喩える。

①人類の活動方式及びその所属系統：

生理的——受動——無意識的——自然系
心理的——模倣
創造——有意識的——文化系

②文化の内容について次のように解釈している。

文化
- 物質的＝業種＝生存的要求心及活動力
  - 衣食住等成品
  - 開闢的土地
  - 修治的道路
  - 工具機器等
  - 其他
  - ——業果
- 精神的＝業種
  - 社会的要求心及活動力＝言語習慣倫理等
  - 組織的要求心及活動力＝関於政治経済等諸法律
  - 智識的要求心及活動力＝学術上之著作発明
  - 愛美的要求心及活動力＝文芸美術品
  - 超越的要求心及活動力＝宗教
  - ——業果

(19) 喬峰(周建人):『生機定義』、杜裏舒:『近代心理學中非自覺及不自覺問題』、費鴻年:『杜裏舒學説概觀』、瞿世英:『杜裏舒學説的研究』、張君勱:『關於杜裏舒與羅素兩家心理學之感想』、秉志:『杜裏舒生機哲學論』、菊農(瞿世英):『杜裏舒與現代精神』、杜裏舒（宏嚴譯）：『生機論概念』、費鴻年：『杜裏舒的著作』。
⒇ 一八九六〜一九三一、コロンビア大学政治学修士号取得、のちケンブリッジ大学院博士課程に進み、二八歳で北京大学教授になる英才。
(21) 陳独秀（Chen Duxiu　一八八〇〜一九四二）中国の思想家・政治家。字は仲甫。安徽懐寧の人。日本に留学、一九一五年雑誌「新青年」を創刊して伝統的儒教理論を否定。北京大学教授となり、新文化運動を指導。二一年中国共産党初代総書記、二九年トロツキストとして除名。著「独秀文存」。新村出編『広辞苑』第五版一七六一頁。
(22) ラッセル（羅素）「東西方文明比較・中国的文化問題」王正平訳『羅素文集』改革出版社、一九九六年九月、二〇頁。
(23) 即ち「俄羅斯蘇維埃共和國政府對中國人民和中國北方與南方政府宣言」である。北京政府は一九二〇年三月二六日に受理。李嘉谷『中蘇関係（一九一七〜一九二六）』社会科学文献出版社、一九九六年八月、四二〜四六頁。
(24) 即ち「俄羅斯蘇維埃聯邦社會主義共和國外交人民委員部致中國外交部照會」である。前掲『中蘇関係（一九一七〜一九二六）』九二〜九三頁。
(25) 張東蓀は「その私有衝動的組織力がもたらした制度として、謂わば、資本主義と国家主義である。西側がその組織力を用いて我々を圧迫している。つまり、政治方面における国家主義と経済方面における資本主義を併せて我々を征服するのである。」
(26) この観点は、後に毛沢東に活用される。272頁の傍点個所参照。
(27) 張東蓀の『時事新報』に発表した「由内地旅行而得之又一教訓」が批判の的となる。「我們爲什・要講社會主義」一文は比較的に厳密で、反論される余地が与えられなかったようである。
(28) 李達は「我爲忠實主義起見、認定梁任公這篇文字是最有力的論敵」と認める。
(29) 毛沢東「在新民學會長沙會員大會上的發言」『毛沢東著作選讀』（上冊）人民出版社、一九八六年八月、一頁。
(30) 一．社会政策；二．社会民主主義；三．激烈な方法である共産主義（レーニン主義）；四．温和の方法である共産主義（ラッセル主義）；五．無政府主義。
(31) 一九二〇年三月〜六月北京の『晨報』と上海『時事新報』同時に連載。李国俊編『梁啓超著述系年』一九一頁。
(32) 「我々は客観的物質の原因しか社会を変動できないと信じ、歴史を解釈できるし、人生観を支配できる。それこそ「唯物

的歴史観」である。」出自：陳独秀「科學與人生觀序」張君勱・丁文江等著『科學與人生觀』山東人民出版社、一九九七年三月、七頁。

(33) 陳独秀「科學與人生觀序」張君勱・丁文江等著『科學與人生觀』

(34) 清水安三著『支那新人と黎明運動』大阪屋號書店一九二四年九月、三四一頁。清水はいち早くこの論戦を自著の第十一章「支那思想界近状」として日本の読者に紹介したのである。清水は当時の中国思想界を哲学派（科学と哲学双方の範囲を認め、併せて支那古来の文明を敬重し西洋の科学文明に寄与貢献するところあらむと欲する）、科学派（科学万能論者であって、特に支那に在っては科学をもっと輸入宣伝せねばならぬと考える）、マルクス派（唯物史観を信仰し、社会革命が支那に来なければ改造も改善もあったものでないと考える）の三派鼎立の状として描いたのである。ただし、実験心理学者唐鉞（一八九一～一九八七）を張君勱の仲間とし、無政府主義者李石曾（一八八一～一九七三）をマルクス派に置くことはやや不適切である。清水は玄学の代表である張君勱が上海に「支那固有の書院制度と洋式の最新教育の長を取り短を棄てたる」文化書院を建設することに頗る関心を持ったようである。

(35) 胡適「科學與人生觀序」『科學與人生觀』一八頁。論集は、上海亜東図書館から刊行した『科學與人生觀』（汪孟鄒編、一九二三年一二月、陳独秀と胡適が序文を執筆、二九篇を収録）と同時に上海泰東図書局から『人生觀之論戦』（郭夢良編、一九二三年一二月、張君勱が序文を執筆、三〇篇を収録）が出版している。両者の内容がほとんど変わらないが、序文の執筆者によって、主張が違ってくる。

(36) 例えば、陳独秀が張君勱の「人生觀之論戦序」及び梁啓超の「非『唯』」の批判に対して、その反論としての「答張君勱及梁任公」が一九二四年八月一日『新青年』（季刊三期）に掲載した。張顔海の「人生觀論戦余評」が一九二四年一二月一八日の『時事新報』副刊『學燈』に掲載した。

(37) 梁啓超逝去のニュースは日本の各新聞に報道された。『朝日新聞』は、一九二九年一月二〇日付朝刊二面において、若き梁の写真つきで「梁啓超氏　逝く　北平特派員十九日発」というタイトルで報道した。「支那における近代文化輸入の先駆者で政治および教育上に多大の貢献をなした梁啓超氏は最近政界から身を絶つて以來天津に住んでゐたが神経衰弱のため極度の衰弱に陥り最近北平のロツタアエラー病院に入院加療中のところ十九日午後二時十五分つひに逝去した、午後六時宣武門外廣恩寺に移された、二十日納棺し二十一日接立式を行ふはずである行年五十六」と報じた。その続きの【備考】において

「梁啓超氏は廣東新會縣の人、故康有爲の門下生で光緒二十四年（明治三十一年）康氏と共に光緒幼帝を擁して變法自強の新政を行はんとし西太后のクーデターによつていはゆる戊戌政變の慘話を留めて日本に亡命し、東京で保皇黨を組織して君主立憲論を主張した、第一革命後歸國し熊希齡氏の下に司法總長、段祺瑞氏の下に財政總長等をやり研究會の首領として盛んに政界に活躍したが民國九年以來志を政界に絶ち、專心學窓に隠れあるひは清代の學術史を修めあるひは時事に感じて警世の文を草して今に至つた、氏の學識文章は當代随一と目せられたもので、書法はまた六朝を學んで後世に傳ふべき風格ありとされてゐる」と評した。

(38) 一九一八年夏頃、協約国がソビエト政権を封じ込めようとしたとき、孫文は中国南方国会を代表して米州の華僑を通して上海からソビエト政府に祝電を打った。「中國革命黨對貴國革命黨之艱苦卓的奮鬥、表示極大的敬意；而且更希望中俄兩國革命黨團結一致、共同奮鬥」。その電文を受け取ったレーニンが非常に感動して、一九一八年八月一日、孫文に返信した。

(39) しかし、日本国内の情勢が決して平穏でなかった。華盛頓条約で列強に呑み込ませた軍縮、一九二二年七月に日本共産党が秘密結社として結成、翌年九月の関東大震災、そして護憲運動の開始など、昭和に入って日本政局の分かれ目となる五・一五事件（満州事変直前）と二・二六事件（盧溝橋事件直前）を醸し出す前夜であるように思われる。

(40) 一八九八年一〇月二一日『読売新聞』朝刊二面。

(41) 一九一七年七月二一日、すでに段内閣財政部長になった梁啓超は『申報』記者に「国会の回復は宜しくない。臨時参議院を召集すべきだ」と主張する。前掲書、郭廷以編著『中華民国史事日誌』（第一冊）三一九〜三二〇頁。「但千不該、萬不該、不肯恢復國會、而另造新國會。以致破壞法統、引起“護法之役”、陷國家於内戰連年。這是他政治生涯第二度嚴重失敗。」（梁漱溟「紀念梁啓超先生（一九四三年一月）」『梁漱溟自述』灕江出版社一九九六年九月、四〇五頁）。

結　論

梁啓超は中国の近代社会から現代社会への過渡期におけるキー・パーソンである。彼は儒家の「経世致用」思想を継承するとともに、未来志向の人格と社会理想とを結合させた新民説を鼓吹する。彼は生涯、ジャーナリズム活動に従事して国民の啓蒙活動に奔走した。

梁啓超の思想的変化は、初期の民権主義から破壊主義へと変わり、更に国家主義から文化主義へと豹変する。彼の背後には、列強の干渉を除いて、三つ勢力が存在する。

一八九八年から一九一二年まで、一四年間の亡命生活を日本で送った。変法運動を中心としたジャーナリズム活動を初期とすれば、亡命期は彼のジャーナリズム活動の最盛期であるといえよう。彼が発行してきた十種類の雑誌の中で、最も優れたものとしては『新民叢報』である。これは、横浜での『清議報』を三年間発行した経験及び松本君平の『新聞学』に触発された健全な新聞経営の理念によったものである。『新民叢報』の成功は留学生、知識人の雑誌発行のブームをもたらした。

梁の新聞経営に関する思想体系の変化が次のようにまとめられる。

一、新聞社の二大天職：「一曰対於政府而為其監督者；二曰対於国民而為其向導者」（「敬告我同業諸君」、一九〇二年一〇月二日『新民叢報』第十七号）

二、新聞の質を判断する基準：四原則を提出する。「一曰宗旨定而高」、「二曰思想新而正」、「三曰材料富而当」、「四曰報事確而速」（「清議報第一百冊祝辞」、一九〇一年一二月二一日『清議報』第一〇〇冊）

三、全面的輿論観：「輿論之母与輿論之僕」（「自由書」一九〇二年二月八日『新民叢報』第一号）、「健全な輿

図６　梁啓超と中国政治勢力との関係

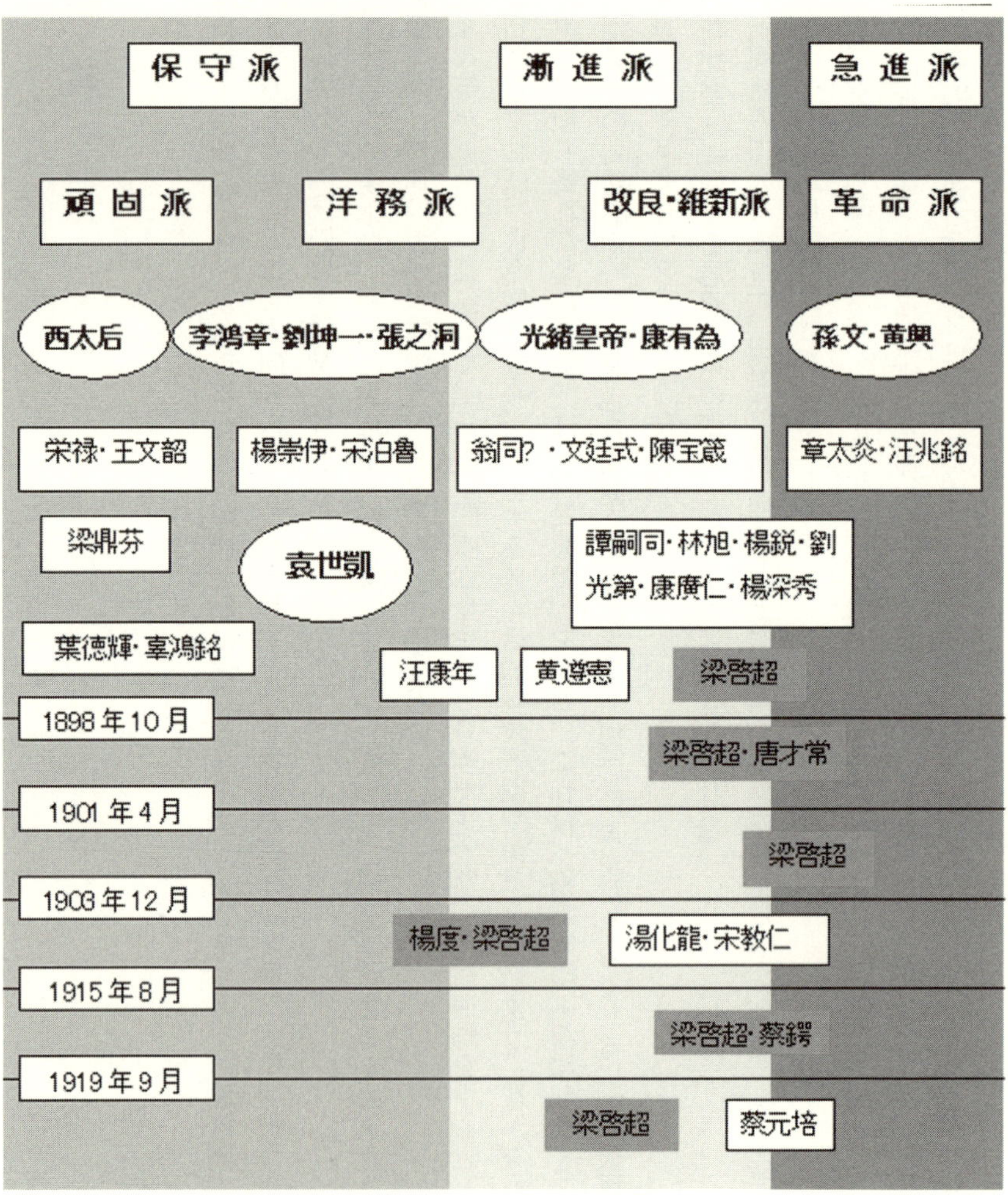

保守派
漸進派
急進派
頑固派
洋務派
改良・維新派
革命派
西太后
李鴻章・劉坤一・張之洞
光緒皇帝・康有為
孫文・黄興
栄禄・王文韶
楊崇伊・宋伯魯
翁同?・文廷式・陳宝箴
章太炎・汪兆銘
梁鼎芬
袁世凱
譚嗣同・林旭・楊鋭・劉
光第・康廣仁・楊深秀
葉徳輝・辜鴻銘
汪康年
黄遵憲
梁啓超
1898年10月
梁啓超・唐才常
1901年4月
梁啓超
1903年12月
楊度・梁啓超
湯化龍・宋教仁
1915年8月
梁啓超・蔡鍔
1919年9月
梁啓超
蔡元培

論（五本）：一曰常識、二曰真誠、三曰直道、四曰公心、五曰節制」、「輿論政治」（「叙例」、一九一〇年二月二〇日、『国風報』第一年第一号、「讀十月初三日上諭感言」、一九一〇年一一月一二日『国風報』第一年第二十八号）

四、新聞の宣伝方法：「八徳：一曰忠告、二曰向導、三曰浸潤、四曰強聒、五曰見大、六主一、七曰旁通、八曰下逮。」（「叙例」、一九一〇年二月二〇日、『国風報』第一年第一号）

五、経済の独立：「吾儕從事報業者、第一難關、則在經濟之不易獨立。報館恃廣告費以維持其生命、此爲天下通義。」（「時事新報五千號紀念辭」一九二一年）(1)

日本に亡命したことは彼の生涯において重要な転換点である。改良主義を遂行する機会と権力を失ったことは不幸に思われるが、逆に言えば、絶好のチャンスでもある。中国政界から離脱することが出来て、それまでに得られなかった余裕のある時間を得たおかげで、もっと深く思考することが出来た。自国での制限と不便を免れて、自由に思想を表現することも出来た。また、日本語の学習を通して、積極的に隣国の新しい思想を吸収して、自国では達成不可能なレベルまで到達したのである。『新民説』はまさに日本滞在中の思想的結晶であろう。政治小説というジャンルの啓蒙機能を生かした『新中国未来記』の発表は、彼の亡命期ジャーナリズム活動の一環として、重要な意味を持っているといえるだろう。

一九〇八年と一九〇九年の二年間は、梁啓超にとって、言論の冷え込みの時期であった。というのは、光緒帝の急逝によって、政治的突破口が見えてこなかったからだ。しかし、立憲派は国会の請願運動とともに壮大になり、所謂「紳権の伸張」が目に見える形で展開されるようになった。日本で培った憲政、財政の知識を活かし国情に合わせた『国風報』の発行は、その運動を助長して指導的役割を演じた。「辛亥革命の展開は、実に梁啓超のペンに負う力は多かった」(2)。梁啓超は新聞万能論さえ唱えた。欧州大戦以後、梁啓超は国権論者から文化立国主義を唱道する社会評論家に転身し、思想の多様化による文化の優位性を保たなければならないという理念を確立した。「思想統一は文明停頓の兆候であると確信する」ということは、晩年を迎える梁啓超のジャーナリズム精神の結晶であるというべきではないか。

梁啓超の雑誌発行の特徴の一つとして、時流にマッチした誌名の変化にあらわれている。上海の『時務報』は変法運動に、『清議報』は勤王運動に、『新民叢報』は国家主義の樹立に、『政論』は予備立憲に、『国風報』は国会請願運動に、『庸言』は政党政治に、『大中華』は外交立国に、『改造』は文化立国に、それぞれの目標を設定して、政府の監督と国民の指導役を自任する。終始鋭い現実批判の精神を失わず、健全な輿論作りを目指して、ジャーナリズム機能を十分発揮したといえよう。

梁のジャーナリズム精神に潜んでいた「中国不亡論」が、実に一貫した彼の対日論でもあることは大いに注目されてよいだろう。梁は、日本の主体的歴史の営みを懸命に否定し、「中国不亡論」が歴史の「法則性」を擁するものであるとみなして、それを日本に認めさせようとした。しかし、史実を直視すれば、「日本不亡中国、中国必亡；日本亡中国、中国必不亡。」ということが歴史的に証明されているのではなかろうか。

本論では、梁啓超のジャーナリズム活動がどのように歴史と連動したかという点に着眼して、論述を進めた。彼のジャーナリズム精神は、中国の近代化と共に、初期の「器物」中心主義から亡命期の「制度」中心主義へと躍進し、更に「文化」中心主義へ邁進した。

「歴史の動的発展は、理念と現実との間に（現れてくる）緊張関係をも原動力としていた」(3)。梁啓超が実践してきた調和主義の機能を持つジャーナリズムはまさにその上に成り立っているように思われる。彼のジャーナリズム精神には日中共通のコンテキスト（自然性と主体性の調和した規範〔Norm〕）があるではないか。この共通のコンテキストが日中間の政治対話（国家間マクロ・コミュニケーション）のプラットホームになる可能性は十分ありうる。それ故、筆者は日本が梁啓超の活躍する舞台を提供したことについて、両国間の近現代交流史において重要な意味を持っていると確信する。

註

（1）『飲氷室文集之三十六』六七頁。

（2）Lin Yutang, *A History of The Press Public Opinion in China* (The University of Chicago Press Chicago. Illinois. Printed in China by Kelly and Walsh, Limited, Shanghai/ First edition 1936), pp97. "We come now to Liang Ch'ich'ao, the greatest personality in the history of Chinese journalism. The 1911 Revolution was very largely the result of his powerful pen."

（3）ユルゲン・ハーバーマス著、細谷貞雄・山田正行訳『公共性の構造転換』未来社、一九九四年五月、第二版「一九九〇年新版への序言」xxv頁。

【補遺1】梁啓超の評価問題について

はじめに

梁啓超の評価問題は、梁啓超研究をするために必ず触れる問題である。これもまた広範囲にわたって、時代変化と共にさまざまな立場や方法論によって議論されており、かなり煩雑化とされてきた。

しかし、彼の著作全集の出版の流れから見れば、梁啓超の業績そのものは、量的に徐々に拡充していることも事実である。その出版の流れは、彼に対する評価の高さをしめすとも言える。一九〇二年に彼の教え子何擎一は上海の廣智書局で初の『飲氷室文集』(1)を出版して以来、梁の生前において既に二四種類の著作集が繰り返して出版されていた(2)。それが死後七五年の今日になってもまだ続いている(3)。当然、大陸側において、新中国が成立してから一九七九年までの間、梁啓超の著作或いは梁啓超研究に関連する出版が途切れた時期であったが、文革の十年間を除いて、梁に関する評価研究がずっと続いてきた。その評価問題に関する研究の変遷もまた、大陸側の歴史の一側面として反映されている。一方、海外においては、独自の展開もあれば、大陸側と呼応する傾向も見られる。

本稿では、これまでの梁啓超に対する評価の歴史を辿り、代表的な論者の観点を整理しながら、その評価基準の欠落を検討したい。

一、文革以前

新中国が誕生した後、梁啓超の評価問題をいち早く扱ったのは、胡濱の「戊戌政変至辛亥革命期間的梁啓超」(4)という一文であった。この中で胡氏は、梁の戊戌政変までの啓蒙活動の功績に関しては、認めるべきだが、それ以降、梁の堅持してきた改良主義路線がついに民主主義革命に反対する凶悪な敵になってしまったのであると指摘する。最後の結論に、梁が立憲運動に参与し、鉄道利権保護運動をリードしたことに対して、積極的役割を果たしたと肯定する。

ほぼ同期に、王介平の「論改良主義者梁啓超―梁啓超政治思想的批判」(5)が『中国近代思想家研究論文選』に発表される。王氏は、中国近代社会歴史の発展及び梁啓超の政治思想の変遷の特徴に基づいて、四つの段階に分けて梁の政治思想を徹底的に批判する。

第一段階　康有為に師事~戊戌政変(一八九〇~一八九八)

第二段階　日本亡命~革命派との論戦失敗(一八九八~一九〇五)

第三段階　論戦失敗~辛亥革命(一九〇六~一九一一)

第四段階　辛亥革命~死去(一九一二~一九二九)

明らかに、王氏の分け方は革命史観に基づいたものである。

一九五八年七月に、馮友蘭の「梁啓超底思想」(6)が発表される。馮氏は、一九〇五年以降に梁が企てた第二次改良主義運動に対しては、革命運動に抵抗する反動だと批判した。しかし個々の面では数多くの反論をしながらも、総体的には、梁の新民説の中にある、公徳、国家思想、進取冒険の精神、権利思想、生利と分利といったものに、進歩的な意義を認めざるを得なかったようだ。李澤厚の『康有為譚嗣同思想研究』(7)の中にも梁啓超についてやや評価する立場があった。しかし、この二人の観点に対しては反対意見が続々と発表された。

一九六〇年に胡縄武・金沖及の「関於梁啓超的評価問題」(8)と題された一文が発表された。これは「弁証唯物主義、歴史唯物主義、階級闘争」の観点に立って、馮氏と李氏の結論に反撃を加えたもので、梁啓超を全般的に否定する姿勢を示したのである。

ここで論争の焦点となったのは、一八九八年の政変失敗後にした、孫文の革命派との合作についての真偽という問題、及び「新民説」が進歩的な意義を持っているか否かということについてであった。また、「五四運動」前後において梁が「新文化運動の一員」であったか否かについても、議論がなされている。結論としては、梁啓超は巧妙に革命民主主義と社会主義の理論に賛同しながら、最終的には保守的改良主義の陣営に戻り、社会主義思想の伝播を阻止した反動文人であると断言するものであった。

陳匡時もまた「梁啓超の評価問題に関する簡単な紹介」(9)との一文がそれに付随する。その冒頭に、「戊戌変法維新の失敗によって、改良主義の破産が宣告される。中国社会も革命機運が高まるに伴い、急激に推進される一方である。しかし、地主と資産階級の利益を代表する梁啓超は改良主義の堡塁に固守しつづけ、堕落と反動に転向し、長期的かつ猛烈に資産階級がリードした『旧民主主義革命(反清排満)』と工人階級(無産階級)及びその政党中国共産党がリードした『新民主主義革命(反帝反封建)』に反対する。」とあげる。陳匡時はさらに、新中国の成立するまで、数多くの梁の言論著作が出版され、彼の思想が社会の各方面において一定の影響を認めながら、梁の改良主義思想体系がこのような言論著作に絶えず広く流布していることは、当時の革命闘争において民族解放運動を阻害すると指摘し、「目前の政治及び思想の領域において社会主義革命が更に深く展開すると同時に、梁啓超の政治思想を分析して批判することは、まだ現実的意義がある」と提言する。

陳匡時は新中国成立以前の梁啓超研究の論調を以下のようにまとめる。

第一に、梁の後期おける反動的改良主義政治活動(事実上北洋軍閥の爪牙)を無罪にするどころか、逆に功績(護国戦争)として謳うものである。

第二に、一点（新文体）を誇張して、その他を論及しなく、梁の政治面目を暈すものである。

第三に、梁啓超の学術分野における活動ばかりに言及し、彼の政治活動と政治思想については回避した。学術と政治を分断して論及することは、梁を正確に評価することが出来ないだろう。

第四に、梁の政治思想の啓蒙活動一点だけを片方に強調することは、当時の時代背景と政治的実践から離れて彼の啓蒙活動を評価するに等しい。

陳匡時は、この整理にあたって、建国してから十年、史学界おいて梁啓超という人物及び彼の政治思想に対する評価と批判は、既によいスタートを切り開いた。まだ全面的かつ深く掘り下げていないけれども、梁啓超という歴史人物に対する研究は漸次に展開していくだろう、という見解を示している。

とはいえ、史学界の重鎮である上海の歴史学者陳旭麓が梁の改良主義に対してやや評価的である。彼は、一九六一年七月に『光明日報』と『文匯報』に「論梁啓超的思想」と題して連載する。当時の「戊戌政変後の梁啓超には、既に改良主義思想の痕跡さえ見当らない。あるのはまったく反動的な考えばかりである」という流行的認識に対して、陳旭麓氏は異議を唱え、梁の思想変化の表象が多いけれども、変わらないのは彼の改良主義思想体系だと主張する。しかし、当時の思潮と認識に制限され、思い込みの言葉が多く、弁証的思惟様式もあまり運用されなく、梁啓超の文化思想における貢献に対してもあるべき評価を与えなかったわけであるとの反省が彼の文集に書かれている(10)。

文革以前の歴史人物に対する評価の基準は、革命史観論と階級闘争決定論に基づいたものであった。馮友蘭、李澤厚、陳旭麓らは、梁の改良主義思想においての進歩的な意義を持っている部分を見出して肯定の姿勢を示したが、主流派の胡縄武、金沖及、陳匡時らはこれらを余りにも認めようとしなかった。したがって、この時期において、梁啓超はほぼ反動的人物として評価されてきたのである。

二、文革以降

文革が終息してから、歴史人物に対する再評価の機運が徐々に高まる。かつて一九六〇年代に胡縄武・金沖及両氏に厳しく糾弾された李澤厚は、彼の『中国近代思想史論』に収録した「梁啓超王国維簡論」(11)において、これまで歴史人物の評価する基準に関して異議を唱える。

「新中国が成立して以来、梁啓超に対する評議が多く、その中で基本的な論調はほぼ一致しており、みなが口を揃えて梁を否定的な歴史人物として扱われている点である。その理由は明白かつ簡単すぎる。梁啓超は辛亥革命時期における著名な『保皇党』の頭目の一人であり、辛亥以降もまたずっと反動的な立場にいたからだ。しかし、唯心主義を批判することと歴史人物を科学的に評価することとは、同じ次元ではない。したがって、歴史人物を評価する場合、当事者の唯心主義或いは政治思想に対して批判するばかりに留まらず、その人の歴史における貢献が引き起こした客観的な作用と影響に基づいて考量すべきであり、史実と符合した的確な地位を与えるべきではないだろうか。このような角度と基準に着眼すれば、梁啓超は肯定的な人物であるべきだろう。」(12)

李澤厚は更に、梁の中国近代史における作用と地位に関して、一八九八年から一九〇三年にかけての五年間に基づいて判定すればよい、と主張する。日本の庇護を受けたこの五年間において、梁はある程度康有為の思想から遊離して、相対的かつ全面的に、当時として前衛的なブルジョアのイデオロギーを宣伝したわけである(13)。

一九〇三年から一九一一年辛亥革命にかけて、梁啓超は一筋立憲運動に身を投じ、革命派と対立した時期であったが、革命史観から見れば、この時期において評価すべきものはまったくないのである。しかし、李華興・姜義華は「梁啓超与清末民権運動」(14)において、民権運動の視点から見れば、梁啓超の立憲運動が革命派の政治革命と一致しているものであり、ただ違う手段をとっただけではないかと指摘し、清朝末期における民権運動は実質的に革命派と立憲派との二大勢力に分けられる。清朝政府と封建君主専制がこの二大勢力によって覆されたのである。暴力革命が決定的な作用を果たしたが、立憲運動は群衆の教育と組織において、同盟的作用を果たしたことは抹殺できないだろう、と主張している。

胡嘯の「梁啓超後期思想的評価問題」(15)一文がこれまでの梁は新文化運動の敵であるという定説を真っ向から否定した。また、胡氏は、梁の社会主義は実質的に改良主義にあり、彼はマルクス主義と徹底抗戦したが、学術における貢献を認めるべきだ、と主張する。

一九八〇年代以降、梁啓超の教え子であった蔡尚思の梁に対する評価がもっとも注目される。蔡氏は「対梁啓超的評価」(16)において、梁の積極面と消極面に分けて、簡潔かつ全面的に自分の先生についての評価を下した。一九八〇年六月二〇日付の『人民日報』に載せた歴史学者湯志鈞の「関於戊戌変法的評価問題」との一文において、「維新派は民族の独立と中国資本主義の発展に巡る問題の解決を試みた時、最も実行に移す可能性のある改良主義の道を選択せざるを得なかった。」と改良主義を再評価する基調が定められた。同年一一月に出版された孟祥才の『梁啓超伝』は、新中国成立して以来梁に対する研究の集大成だといえる。また、これは初めての梁に対する全面的な評価になるものである。しかし、戊戌時期、日本亡命初期、護国戦争及び晩年の学術研究を肯定的に評価した以外、彼は反動文人だという基調は一向に変わりがない(17)。残念ながら、孟祥才は「一錘子定更」で音を決めようとしたが、かえって「千錘子打鑼」の局面に迎えた。鄧小平の改革開放の路線を実行するに連れて、梁啓超の改良主義に対して徐々にプラス評価に転じてきたのである。孟氏の『梁啓超伝』が出された後、梁に対する評価が、勢い当たるべからず、一つの風潮となった。『梁啓超』、『梁啓超伝』或いは『梁啓超伝記』などの似たような書物が一四点以上にも数えられる。

一九九〇年代に入ってからは、プラス評価が一極集中に現れる。その中で董方奎が代表的な論者として注目される。梁が中国近代における精神的指導者という未曾有な表現を使われている故に、梁に対する評価が一段と高まる(18)。董氏は、梁の「過渡時代理論」が非常に優れた理論であると高く評価して、時代にマッチしたものであるという結論を導出した。

文革以降において、まずその階級闘争決定論は、国策が改革開放路線に転じることによって、その理論的基盤がほぼ崩れた。次に、革命史観論はまだ支配的地位にあったが、それがようやく市場経済の導入によって徐々に弱体化しつつ、代わりに梁の改良主義の価値観が蘇られたのである。特に、天安門事件と法輪功事件が国家安全を脅かすものであると判定され、梁の過渡期における「開明専制」論が認められたのである。

三、海外での梁啓超に対する評価

大陸側に対して、海外では上述の大陸の流れとは違う様相を呈している。アメリカの梁啓超研究を扱う理由は、主に新中国の成り行きの究明に重点を置いて、毛沢東思想の形成と梁啓超の啓蒙との内在的なつながりを解明するためであった。それが判明されたことによって、梁の中国近代史における人物像が再構築され、学界に関心を呼んだ。本誌前号(19)に述べたレベンソンの研究は画期的なものであった。しかし一九六四年、台湾の張朋園の『梁啓超與清季革命』が出版されるきっかけに、蕭公権(一八九七~一九八一)は「梁啓超と中国近代思想の関係について、海外においてある者(レベンソンを指す)がすでに一冊の専門的著作を出しているが、著者が任公の立言の意図と精神を会得することができなかった。博引傍証して気ままに放言したけれども、雲を掴むような話で、気が利きすぎて間が抜けるような感じが免れない。」(20)とレベンソンの研究成果に対してあまり認めようとしなかった。

一九七一年に出版された『梁啓超と中国思想の転換(一八九〇~一九〇七)』(Liang Ch'i-ch'ao and Intellectual Transition in China1890-1907)は、張灝の一九六〇年代中期に完成したハーバード大学の博士学位論文である。一般に西側の衝撃(Western Impact)の思考方法とは逆に、張氏は「想像的参与」(Imaginative Participation)との研究方法を駆使して、一九〇〇年前後近代中国思想の転換におけるキー・パーソン梁啓超の果たした役割を信仰とした儒家思想の内部動力から出発して考察したのである。一九世紀一九九〇年代の改良運動は実に真の思想運動であると指摘する。また、梁の思想変化を社会理想（Societal ideals）と人格理想（Personality ideal）との両方において考察を行った。社会理想において、まず、大同思想と決別して、国家をターミナル・コミュニティと承認すること。次に、国家の道徳目標を集団的な達成と原動力の増強との政治目標に転換すること。そして、人格理想においては、「経世致用」思想から国民思想に転換することに集約される。梁の新民説に描かれた国民の理想像が毛沢東時代の模範共産党員とは実質的に集団主義と進取の精神との合体である。梁の国民思想が中国共産主義価値観体系に重要な要素として受け継がれているのを意味している(21)。

一九七二年に、黄崇智（Philip C. Huang）の『梁啓超と近代中国の自由主義』（ワシントン大学の学位論文、Liang Ch'i-ch'ao and Modern Chinese Liberalism）は、梁啓超の研究を一段アップした。彼は、東京大学の市古宙三教授が提供した日本外交公文書を活用して、これまで梁啓超の思想発展段階において軽視された部分を精力的に取り組んだ。一八九八年から一九〇三年にかけて、ことに梁のエッセイには革命の情熱が満ち溢れていた。これもまた梁の絶大な人気と影響力と重なった時期であった。二十世紀の中国人の思想において多くの重要な課題が梁によって提示されていた。また、これらはのちの自由主義者とマルクス主義者との区分を超越した仮説でもあった。彼の名文を読んで鼓舞された青年たちのなかで、胡適（一八九一～一九六二）、顧頡剛（一八九三～一九八〇）、陳独秀（一八八〇～一九四二）、毛沢東（一八九三～一九七六）などの姿があり、彼の思想が辛亥革命、五四運動に広く及んだ。欧文を読めない梁にとって、日本語は彼の読める唯一の外国語であった。日本に亡命して、彼の思想が一変した背後には、やはり土着の日本人の考えから影響を受けたからだ(22)。

一九九〇年代に入って、一人の在米中国人学者 Xiaobing Tang（唐小兵）の梁啓超研究が注目される。彼の著作「グローバル・スペースと国家主義者論説の現代性―梁啓超の歴史思想」(23)において主な観点として、次に要約される。

世界地図が出現された瞬間に、人間の征服欲の内実が変わり、歴史や文化の解釈もそれに伴って一変したのだ。

かくして近代主義（Modernism）の産声をようやく上げたのだ。梁の日本亡命後に生まれた国家主義歴史観が当時日本で流行した人種論や地政学に強い影響を受けた。彼の政治小説『新中国未来記』には、フランスの共和主義とドイツの自由主義との間に議論を展開する一方、革命後の政治及び文化の再建問題をも紹介される。しかし、欧州大戦後、梁は再び文化主義を主唱したのは何故だろう。それは、人類学、文化史における中国文明の位置付けをより高い次元に再認識されたからだ。中国文明に賦与された新たな現代性或いは現代主義が時代の進化とともに要請されているという意味であろう。いわばポスト・モダニズムである。梁は「文化的政治」を再定義したうえ、さらにその空間性を広げ、「文化的歴史」と融合させた大同世界に回帰した。そういう意味で、梁は現代と歴史との対話に悩まされている現代主義者にモダンとポスト・モダンとの調和の必要性及び可能性を提示したのである。

台湾での梁啓超研究は絶え間なくずっと行なわれてきた。それは国民党の政権にとって、必ずしも好都合ではないが、当時梁の二週間台湾訪問(24)中、台湾での日本植民地政策の優位性を実感して、「日本臣民として不服唱えることなく誠心誠意国家のために忠実にならんことを望む」といった内容の談話が広く台湾住民に知られているため、台湾の学界はこれからも梁の思想に関心を払い続けるだろう。

前述した張朋園の著書には、主に革命史観を機軸にして五つの結論に至る。①梁啓超はかつて康有為からかなり影響を受けていたが、彼の思想は康有為の範囲に留まらない。②清朝が滅亡するまで、梁啓超は君主立憲運動に力を注いだとはいえ、民権革命の情けを捨てられない。③梁は革命運動とはしばらくの間、合作を構えたが、最終的には決別となった。しかし、彼の言論が直接的或いは間接的に革命思想の発展に役立っている。④彼は『新民叢報』に発表した『民報』の論調を覆す文章が、革命派の主張の更なる明晰さと緻密さに役立っている。⑤彼は辛亥革命とは直接的な関係はないが、彼の革命を助長した役割から考えれば、一人の「革命先覚者」であるともいえよう。これらの主張は、梁啓超の汚点とみなした従来の評価を一変して、積極的に肯定的な評価を下したのである。

一九九〇年代に入って、台湾でもこれまでの革命史観を見直す動きが出てきた。台湾中央研究院の若手研究者黄克武の『一個被放棄的選擇：梁啓超調適思想之研究』（台北中央研究院近代史研究所専刊「70」一九九四年）は、広く大陸側の学界に紹介されている。黄氏は梁啓超思想の脈絡に着目し、中国近代史において、知識人や政治家が常に「転化」（革新、革命）と「調適」（調和、改良）との選択肢に惑わされると指摘し、最後にやはり調和主義が国を救う暴力主義に圧倒され（救亡圧倒調適）、梁の主唱した調和主義の選択肢がついに歴史に埋没されたのだが、いま、ようやくその価値を見直す時期が到来したではないかという風に判断されている。

一方、梁の亡命先である日本では、彼に対する評価に関して、戦前にさかのぼる。実藤恵秀は、梁の「文化的影響力は孫文の上に出るとも、これより下るものではない。『中学為体西学為用』は、いつのまにか『不中不西即中即西』に置き換えられていたのである。厳復の西洋思想書翻訳、林紓の西洋文学翻訳は、この線に沿うものと見るべきである」と評価している(25)。戦後に入って、まず「清末における在日康梁派の政治動静」と題した永井算巳氏の研究を特筆しなければならない。永井氏は一九五九年七月に「梁啓超：中国近代史研究の手引」（『大安』第五巻第七号）を発表して以来、梁啓超研究に関する論文は十篇以上数える(26)。その中に、「梁啓超と辛亥革命」との一文が『近代アジア教育史研究』（岩崎学術出版社、一九七五年三月）に収録されているのは、いささか奇妙な感じがする。これまで、辛亥革命の主役は孫文などの革命派とされてきたが、梁啓超はずっと対象外であった。しかし、当時の日本外交公文書を見れば、梁啓超はしばしば革命家として扱われていたことは、その実情を物語っている。

次に、一九六三年七月に出版された『中国の思想家』において、梁啓超も思想家として評価されている。執筆担当の佐藤震二は、梁が「人間や社会に対して如何なる意欲と期待をもち、如何なる視覚から自己の思想を設定していたかという点に問題を限定し」、若干の考察を行った。佐藤氏は上述した馮友蘭と陳旭麓の論文を参考して、「最近の中共学界において、梁啓超の思想を如何に評価しているかというに、戊戌新政までの彼の思想を、資産階級的改良主義の立場をとる進歩的思想とし、一八九八年以後の彼の思想を、資産階級革命を妨げる反動的思想とする基本的傾向が極めて強く出ている」と概括し、「このような傾向は、中共の学界が思想を階級闘争的革命運動史の視点からのみ見ることに由来するのである」と指摘する。また、佐藤氏は、そのような見解の反面において、「思想史的評価を一定の政治集団の側からする革命史的評価のなかに埋没してしまう弊害、個々の思想家たちを類型化・公式化した基本性格において考えようとする弊害などを齎したことも見落とせない」(27)と言う点に着眼して、梁啓超の思想を五つの時期に分けている。前記の王介平の四段階にほぼ沿うものであるが、その第四段階を欧州大戦終結までとして、残りは第五期と規定する。しかし、この文において、佐藤氏の第三・四・五期に関する論評が見られない。

日本での梁啓超研究をようやく精力的に行ったのは、京都大学狭間直樹教授の率いた研究班が、一九九三年四月から一九九七年三月までの四年間をかけての共同研究であった(28)。それまで、中国側と同様に革命人物を中心に大々的に研究されてきたが、この共同研究を行ったきっかけに、その流れを転向させたのである。そういう意味で、この共同研究は破天荒なことであろう。しかし、この共同研究は基本的に梁啓超の明治日本からの摂取という議題設定の下で重点的に行われたものであって、梁啓超はたかが伝搬作業をやっただけだというような印象が読者に与えている。したがって、これは梁啓超に対する全面的に評価を下すものではないといえよう。日本での梁に対する全面評価はまだ時間を要するものだろう(29)。日本の戦後の中国「近代思想研究は、主に中国革命の源流としての、つまりアヘン戦争以来、植民地化に抵抗した近代中国の、その抵抗—変革—革命の道すじを追うことを課題とした」(30)。明らかに、これは中国学界とほぼ同調した形でやってきたのである。

梁啓超の西洋近代思想の受容が康有為の萬木草堂での受講より始まり、『中外紀聞』の編集に携わったときに、洋書との接触の機会が増え、その蓄積がのちの『西学書目表』(一八九六年一〇月、上海時務報館石印、二九八種の洋書を収録)の出版につながった。ただし、そのとき梁の西洋学に対する認識がまだ「中体西用」との枠組みの中で器物重視に留まっていた。日本に亡命してから四年目、『新民叢報』第九、十一号に発表した『東籍月旦』(一九〇二年六月、日本語書籍七二種一六七冊を収録)は『西学書目表』の姉妹篇と見てよかろう。やがて

『西学書目表』に取り入れなかった「教」の部分を『東籍月旦』で充当できたのである。西洋の哲学、学術思想の内実を日本語書籍の大量渉猟によって理解できたといえよう。梁の西洋の「体」に対する認識を深めたのは、日本に亡命してからである。とはいえ、梁の日本亡命の経験が中国の西洋化実行の緊迫性を彼自身に提示したと同時に、よかれあしかれ伝統文化を完全に排除してはいけないと気付かせた(31)。

むすび

梁啓超の思想について、次の三つの特徴に集約できるというようなステレオタイプがすでに中国学界で定着している。第一に、新事物に対して素早く受け入れること。学問において、八股から考拠学、それから今文経学へと二転三転する。第二に、上手に鼓動すること。文章の表現に魔力が付き纏う。筆鋒に常に情感を帯びる。第三に、理論の基礎が比較的に浅いこと。

第一点によって、彼は湖南に行ったあと、黄遵憲、譚嗣同の観点を吸収し、民権思想を鼓吹する。同時に、反満の情緒を流露し、地方自治に傾く。これらはすべて康有為の思想範囲を超えたものであろう。日本に亡命してから、大同思想をやめ、革命や破壊主義を唱道し、さらに国家主義に転向する。第二点によって、彼はどこへ行っても言論界に波濤が湧き上がって、渦巻きが激動し、新しい思潮となる。変法運動、勤王運動、立憲運動、文化運動など次から次へと常に輿論をリードする。第三点によって、彼の思想に「流質多変」の特徴が現れる。果たして、これで梁啓超の思想遍歴を片付けられるのかといまだに疑問を感じ、さらに深く掘り下げて検討する余地があると思う。つまり、人格論と人物の歴史作用と切り離して議論する必要がある。

梁の「多変」気質に形成に関しては、永井算巳の指摘にあるように、終始「対外をてことして対内へ」(32)という発想が底流にあったからだ。その対外をてこととしたものの中に、日本は重要な位置を占めている。梁の中国近代史における作用と地位に関して、一八九八年から一九〇三年にかけての五年間に基づいて判定すればよいという李澤厚の論点に注目に値しよう。日本は梁啓超のジャーナリズム活動の舞台を提供することによって、中国の近代化の方向性を示した。それゆえ、梁のジャーナリストとしての評価も検討する余地があるのではないだろうか。

もう一つ、『清議報』第二十五冊（一八九九年七月二一日発行）より『飲氷室自由書』（署名任公）を連載し始め、「飲氷」という二文字が梁の終生に付き纏うことに注目しよう。それが『新民叢報』（創刊号、一九〇二年旧暦正月初日）を発行する際にあたって、「中国之新民」（『新民説』の署名）と「飲氷子」（『飲氷室自由書』の署名）のペンネームを並行して使い始めたが、一九〇六年に入って、梁は単独で『民報』と応戦した文章は、すべて「飲氷」というペンネームを使っていた。一九二四年、晩年に入った梁は天津イタリア租界に造った二階建ての書斎を「飲氷室」と命名した。では、何故梁は「飲氷」を好んで使っていたのか。また自分の文集もこの二文字を題にしたのは一体どういうわけであるのか。

「飲氷」の語源は『荘子・人間世』にある一節「今吾朝受命而夕飲氷、我其内熱與？吾未至乎事之情、而既有陰陽之患矣；事若不成、必有人道之患者。」から来ている。中国の衰退の原因が「陰虚陽旺」にある。その処方箋を「積陰復陽」にしなければならない。「飲氷」はまさに「積陰復陽」を意味している。つまり、この二文字は中国を救う処方箋である。その「氷」が時には「明治日本の気風や欧米の近代文明」の形で吸収され、時には康有為の大同思想や中国の伝統文化として表れてくる。梁の文章には東洋医学の弁証理論によるものは枚挙にいとまがない。これについてまた別の機会で論述したい。本誌前号にも言及したように、梁啓超は道家の陰陽五行説を断固として排斥したが、実際では、彼の言論に老荘文化が充満していると言ってよい。それが無ければ、彼の言葉の魔力が発生し得ないだろう。彼自身さえ気付かなく、無意識に吐露したのである(33)。したがって、「飲氷」についての理解を抜きにして梁啓超の評価を下すことは彼の人間像を歪んでしまう恐れがある。

註

（1）同書は二年後の一九〇四年（明治三七年）五月に日本帝国印刷会社がその翻刻版『飲氷室文集類編』上下二巻（下河邊五郎編、国会図書館収蔵）を出版した。
（2）李国俊編『梁啓超著述系年』復旦大学出版社、一九八六年一月、一五～一六頁。
（3）一九三七年（死後八年）まで、一六種類が出版されている。それ以来、香港では一九七四年に『飲氷室全集』を出版し、台湾では一七種類にも及ぶ。大陸側もすでに『飲氷室合集（一－一二）』（一九八九年）、『梁啓超全集』（一九九九年）、『飲氷室文集点校』（二〇〇一年）を出版している。天津古籍出版社も『梁啓超全集』を出版する予定（二年後）。いずれも一千万字を超えるものである。
（4）『新建設』（光明日報社）一九五七年四月号（総第一〇三期）三六～四一頁。この論文は同氏の一九五六年三月一日付の『光明日報』に発表した「戊戌変法時期梁啓超的思想」の拡張版である。
（5）中国人民大学中国歴史教研室『中国近代思想家研究論文選』北京、三聯書店、一九五七年四月、六三～九八頁。
（6）馮友蘭著『中国近代思想史論文集』上海人民出版社、一九五八年七月、一二八～一四一頁。
（7）李澤厚著『康有為譚嗣同思想研究』上海人民出版社、一九五八年八月。
（8）『学術月刊』一九六〇年第二期（総第三八期）四〇～五二頁。
（9）陳匡時「関於対梁啓超的評価問題簡介」同上、五一～五五頁。
（10）陳旭麓『陳旭麓学術文存』上海人民出版社、一九九〇年一二月、八四九頁。
（11）李澤厚『中国近代思想史論』人民出版社、一九七九年七月、四二一～四三八頁。
（12）李澤厚、前掲書、四二二頁。
（13）李澤厚、前掲書、四二三～四二四頁。
（14）復旦学報（社会科学版）一九七九年第五期、五〇～五六頁。
（15）復旦学報（社会科学版）一九七九年第五期、五七～六三頁。
（16）『中国近代史』中国人民大学書報資料社、復印報刊資料、一九八三年第一〇期、一一三頁。一九八三年一〇月一二日付『羊城晩報』第二面より転載。
（17）孟祥才『梁啓超伝』北京出版社、一九八〇年一一月。

(18) 董方奎「梁啓超：近代中国的精神之父」『華中師範大学学報（人文社会科学版）一九九八年九月、第三七巻第五期、一四〜二〇頁。董氏は梁啓超研究においていくつか重大な発表を世に送った。『梁啓超与護国戦争—記念護国戦争七十周年—』董方奎著、重慶出版社、一九八六年八月。『梁啓超与立憲政治—清末政体変革与国情之論争—』董方奎著、華中師範大学出版社（武昌）、一九九一年七月。『昿世奇才梁啓超』董方奎著、武漢出版社、一九九七年一〇月。彼の観点はどっちかというと張朋園氏に近い。

(19) 田村紀雄・陳立新、研究ノート「梁啓超と在日期の文筆活動」『コミュニケーション科学』第二〇号、東京経済大学、一四三〜一五六頁。

(20) 張朋園『梁啓超與清季革命』中央研究院近代史研究所、一九六四年五月、「蕭公權先生序」。

(21) Hao Chang（張灝）, *Liang Ch'i-ch'ao and Intellectual Transition in China* (Harvard University Press Cambridge, Massachusetts, 1971), pp1~6, 296~307.

(22) Philip C. Huang（黃宗智）, *Liang Ch'i-ch'ao and Modern Chinese Liberalism*（宗青図書出版公司、中華民国六八年一月初版）, pp. 3-10.

(23) Xiaobing Tang, *Global Space and the Nationalist Discourse of Modernity / The Historical Thinking of Liang Qichao* (Stanford University Press Stanford, California 1996).

(24) 梁啓超、湯覚頓、梁令嫺（梁の長女）、ヨタ福（下女）一行は一九一一年三月二八日に台湾に到着し、四月一一日に台湾から離れる。日本外交文書（整理番号450268）。

(25) 実藤恵秀編『近代支那思想』光風館、一九四二年六月、一六九頁参照。

(26) 時間順に追っていくと、「清末における在日康梁派の政治動静（その一）」（一九六六年一二月）、「清末における在日康梁派の政治動静（その二）」（一九六七年一二月）、「光緒帝西太后の死去と在日康梁派」（一九六八年一二月）、「梁啓超と辛亥革命」（一九七五年三月）、「丁巳復辟事件と梁啓超（その一）」一九七九年三月、「丁巳復辟事件と梁啓超（その二）」（一九八一年三月）、「丁巳復辟事件と梁啓超（その三）」（一九八二年三月）などがある。

(27) 佐藤震二「梁啓超（一八七三〜一九二九）」東京大学中国哲学研究室『中国の思想家』（下巻）勁草書房、一九六三年七月、七九二〜七九三頁。

(28)狭間直樹編『共同研究　梁啓超　西洋近代思想受容と明治日本』みすず書房、一九九九年一一月。序文ⅷ頁。
(29)二〇〇四年一月にようやく岩波書店から日本語版の『梁啓超年譜長編』(丁文江・趙豊田編、島田虔次編訳)第一巻(全部で五巻)が出版される。原書の出版時点より二〇年の歳月が掛かったとはいえ、日本の学界においても梁啓超研究の重みをついに本格的受け入れ始めた意義が大きい。『申報』民国十八年二月十九日に掲載した上海での梁啓超追悼場景の記事によれば、黄任之の弔詞には、彼が朝鮮に滞在したときに梁の書籍は入国禁止とされたことに言及し、日本政府は梁の文章が民族主義を煽るものであり、帝国主義には有害のものであると配慮したようだ。丁文江、趙豊田編『梁啓超年譜長編』上海人民出版社、一九八三年八月、一二〇八～一二〇九頁。
(30)溝口雄三『方法としての中国』東京大学出版会、一九八九年六月、一六五頁。
(31)拙稿「梁啓超の目録思想について—分類における虚実関係の変遷に関する考察」『日本情報ディレクトリ学会誌』Volume 2, 二〇〇四年。また、二〇〇三年一〇月に中国天津で開催された『梁啓超与中国近代社会文化国際研討会』において筆者の口頭発表参照。
(32)永井算巳「梁啓超と辛亥革命」『近代アジア教育史研究』(下巻)岩崎学術出版社、一九七五年三月、一二三四頁。永井氏の「梁啓超と辛亥革命」研究が教育史に収録されるのはいささか不自然なものであるとも思われる。
(33)田村紀雄・陳立新　研究ノート「梁啓超と在日期の文筆活動」『コミュニケーション科学』第二〇号、東京経済大学、一五〇頁。

【補遺二】梁啓超の目録学思想について

――分類における虚実関係の変遷に関する考察

はじめに

梁啓超（一八七三〜一九二九）は、字卓如、号任公、別号飲氷室主人、広東新会人である。中国近代において著名な改良主義運動のリーダーであり、「優れた学者、ジャーナリストおよび政治要人」（J．レベンソン　一九五三）でもある。学術分野において、膨大な著述を世に残した。自国の復興のために終生たゆまずに奮闘した彼に対する評価が様々である。特に政治思想分野において賛否両論が分かれている。それに学術分野においても彼に対する評価が定かではない。しかしながら、彼の目録学思想に関しては、比較的にプラス評価が集中している。

農家出身の梁氏は少年時代に張之洞の『書目答問』との出会いが彼の人生を変えた。弱冠一七歳で広東郷試八位の「挙人」になる。のち康有為に追随して、目録学の研究法で中国を震撼させた学説を作り、一躍維新変法運動の政治スターになる。『時務報』の主筆を務め、画期的な目録著作『西学書目表』（一八九六）を出版する。日本亡命時期（一八九八〜一九一二）においては、大量の日本語書籍を渉猟し、『新民叢報』に『東籍月旦』（一九〇二年六月、未完成）を発表する。帰国後、力作『佛家経録在中国目録學之位置』（一九二五年一二月）、『漢書藝文志諸子略考釈』（一九二六年一月）など続々と発表する。梁氏の晩年において、政界から完全に離脱し、中国の文化事業の近代化に力を入れた。一九二五年一二月に北京図書館（当時は京師図書館と称する）館長（一六代目、一九二七年六月まで）に就任する。目録学研究の延長線に、彼は「中国図書館学」という学科の建設を提唱した。その功績はアメリカのエール大学に名誉博士学位を授与されるまで評価されている。
本稿は、先行研究を踏まえて、梁氏の学問の出発から目録学思想の形成に至るまで、分類における虚実関係の変遷についての解明を目的とする。

一、中国目録学における分類の変遷

紀元一世紀前漢末の劉向《りゅうこう》・劉歆《りゅうきん》父子は皇室蔵書の整理にあたって、『別録』、『七略』を編纂した。班固の『漢書』藝文志は、劉父子の説に基づいて書かれた。輯略を巻頭に、六藝略、諸子略、詩賦略、兵書略、数術略、方技略という六分類にしたのである。南朝の宋の時、王倹（四五二〜四八九）は、『七略』にならって、『七志』という目録を作った。それは、経典志、諸子志、文翰志、軍書志、陰陽志、術藝志、図譜志、の七分類にした。梁の時、阮孝緒《げんこうしょ》（四七九〜五三六）が、『七録』を作成した。それは、経典録、紀伝録、子兵録、文集録、技術録の五録に佛法、仙道の二録で分類した。隋の許善心（五五八〜六一八）が『五代史志』すなわち『隋志』からは初めて甲部（六藝経緯）、乙部（史之所記）、丙部（諸子）、丁部（集）の四分類を採用したことによって、次第に経、史、子、集と呼ばれるようになった。

十一世紀北宋の蘇象先は『蘇魏公譚訓』において初めて「目録之學」という専門用語を提起した。宋の鄭樵《ていしょう》（一一〇三〜一一六二）の『通志・校讎略《こうしゅうりゃく》』は中国目録学史において初めて実践と論理との結合によって書かれた目録学著作である。彼は、古代からの紀伝体の歴史に『通志』を著わし、それに書物に関する特殊文化史として藝文略を収めた。それは、古代からの書物を、実際に存在するかどうかには関係なしに分類したもので、経類、礼類、樂類、小学類、史類、諸子類、天文類、五行類、藝術類、医方類、類書類、文類の十二分類にした。鄭は礼、樂、小学を経類から独立し、天文、五行、藝術、医方を諸子類から独立した。これは、鄭の実学を重んじる思想が反映されている。これに対して、清朝の乾嘉時期には孫星衍《そんせいえん》（一七五三〜一八一八）の十二分法も有名である。孫は自分の個人蔵書を『孫氏祠堂書目』（一八〇〇年）に編集した。全部で二三九二種、四万六四六〇巻の書物を経学、小学、諸子、天文、地理、医律、史学、金石、類書、詞賦、書画、小説の十二分類とした。清の章学誠（一七八三〜一八〇一）の『校讎《こうしゅう》通議《つうぎ》』巻一にいう、「凡そ一切の古無くして今有り、古有って今無き書は、其の勢の判ること霄壌の如し。又安んぞ七略の成法を執って、以して近日の文章を部次するを得んや」と。学問のちがいから、書物の性質が変化し、それにつれ分類も変化すべきものなのである(1)。清の官修『四庫全書総目』の主旨の一つが「藉此消除漢人反抗清朝統治的民族思想」(2)〔此れを借りて漢族の清朝の統治に反抗する民族主義思想を取り除く〕としているように、目録学は政治闘争の道具として使用されていたことがあきらかだ。

一九世紀一九七〇年代から清朝崩壊までの間、「中体西用」の指導下の洋務運動に伴い、西洋の書籍とりわけ近隣の日本からの書籍が中国に大量翻訳されて流入されてきた。従来の蔵書楼がやむなく近代的な図書館システムに転換され、目録学においても分類法の再構築が要請された。梁啓超の『西學書目表』はこのような過渡期における産物であった。一九一〇年孫毓修《そんいくしゅう》が『教育雑誌』で初めてデューイ十進法を紹介した。一九一七年、ようやく沈祖栄と胡慶生が編著した『仿杜威（デューイの漢訳）書目十類法』が出版された。一九七五年、『中国図書館図書分類法』が頒布され、哲学、社会科学、自然科学の三大分類を基軸にして二二分類に定着し、表記はＬ、Ｍ、Ｗ、Ｙを除いて二二のローマ字を用いたものである。

虚実関係は中国文化の原点にある。医学にしても、兵法にしても、虚実を抜きにして語れない。中国伝統の蔵書分類における虚実関係は最初に漢書芸文志の『七略』の中にある程度体現されている。文科系を先にして、理科系を後にする。虚から実への傾向が現れている。しかし、許善心の『隋志』以来の一三〇〇年間、ほとんど「経・史・子・集」という四部分類法から脱していない状態にある。実のところ、その四部分類には虚実関係がすでに曖昧になっている。中国文明の歴史から見ても解るように、所謂早熟によって早くも停滞期に入り、その虚実関係を曖昧にしたことが非常に重要なひとつの原因だと考えられる。近代に入って、維新派は目録学が社会変革を推進する中で重要な役割を果たしていることを認識した。その中で、梁の目録学における業績は最も注目されている。彼の目録学実践の中に、伝統的虚実理論が最大限に体現されている。したがって、われわれは虚実関係の変遷及び体と用についての認識の変化を手がかりにして彼の目録学思想を解読することができる。

二、学問は目録学から始まる―『書目答問』に啓発された目録学意識

一九世紀末、中国の学界では、人心を震撼する学説が康有為によって提示され、センセーションを巻き起こした。この論述とは《新學偽経考》（一八九一年）と《孔子改制考》（一八九七年）との二大著作で、論考という目録学の研究法で書かれたものである。ところが、これは中国近代最後の「経学家」廖平《りょうへい》（一八五二～一九三二）の《辟劉篇》（古文経は劉歆等の改竄だと主張、正式の出版は一八九七年に）と《知聖篇》（今文経学こそ孔子学説の本道だと主張、正式の出版は一九〇四年に）から剽窃したものだと後で分かった。実は、廖平と康有為との間にかつて面識（一八九〇年春）があり、廖は自分の初稿を直接康有為に手渡されたという経緯があった。しかし、出版時点から見れば、康有為のほうが勝ちだ。それゆえ、学術史上一大公案になった。康有為の弟子である梁啓超は『論中国学術思想変遷之大勢』（一九〇四年）という論文に、「康先生之治公羊今文也、其淵源頗出自井研（廖平を指す、井研は彼の出身地）、不可誣也」(3)（康有為先生は公羊学や今文学において成果を修めたが、その源流はいずれも廖平の学問によるものだ。これは抹殺できないものだ。）という風に述べている。また、彼の著作《清代學術概論》（一九二一年）においても同じくこういう風に弁明した。「今文学運動の中心は、南海の康有為であった。しかし、この学問を集大成したのであって、その創作者ではなかった。康有為は、若くして『周礼』をすこぶる愛好し、深く研究して『政学通議』を著したことがあった。のち廖平の著作を見て、旧説をことごとく廃棄した。（中略）しかし、康有為の思想がその影響をうけたことは、否定すべくもない事実である。」(4)

廖平は張之洞が一八七五年に四川で開校した「尊経書院」（四川大学の前身）の一期生で、のちに張之洞の五

大弟子のひとりとなった学者である。四川学政（教育総長に相当）に就いた張は科挙による流弊がかなり深刻であることを認識し、直ちに学問の入門書としての『輶軒語《ゆうけんご》』、『書目答問』（一八七六年）を出版した。『輶軒語』の中では、四庫全書の四分類にしたがって、経、史、子、集のそれぞれの読書法を具体的に示した。『書目答問』は『四庫全書総目』と違って、収録された二二〇〇種の書目は重要な書籍ばかりで、三割以上のものが四庫全書にないものであり、なるべく最新版を取り込んだ学問を指導する目録の書物である。その本は広く流布されていた。当時のインテリ層に大きな反響を及ぼした。廖平らはこの書物から恩恵を受けた最初の文人であった。一八八三年、『書目答問』はようやく梁啓超の手に入った。これは、その本を世に問う以来八年目の年だ。「啓超本郷人、瞢不知學。年十一遊坊間、得張南皮之『輶軒語』、『書目答問』、帰而読之、始知天地間有所謂學問者」(5)。〔梁啓超はもともと開けていない田舎人間で、学問のことを知らなかった。十一歳の時、街の本屋から張之洞（南皮は張の出身地、河北省にある）の『輶軒語』、『書目答問』を購入した。家に帰ってそれを読んで初めて、世の中いわゆる学問のことを知ったわけである。〕

張之洞の『書目答問』によって、引き出された文人の学問、それに維新運動の理論的な支えになった康有為の学説、梁氏の身にしてみれば、目録学が持っている力は計り知れないものであると確信したに違いない。

三、中国近代目録学の先駆

中虚西実―初期の目録学実践《読書分月課程》（一八九三）

一八九三年冬、梁啓超は初めて東莞で講義を開いた。彼は康有為の《長興學記》に基づいて、《読書分月課程》に改編した(6)。読書法や必読書及び順番をきめ細かく示したほか、梁は、経学書（春秋学、弁偽経、礼学等一四種）、史学書（一〇種）、子学書（一三種）、理学書（二四種）、西学書（七種）という五分類にした。従来の四分類の経、史、子、集から脱出し、「集」を理学（宋明期理学研究個別案）に変えた。その理由はやはり文人の思考力を高めるためである。注目されるのは、やはり《新學偽経考》を経学書に取り入れたことだ。それに、積極的に西洋の書物を取り入れた。彼は「今日中国積弱、見侮小夷、皆由風気不開、学人故見自封。是以及叱。然則言経世有用者、不可不知所務也。」(7)〔今日の中国は弱さを積み重ね、つい外国にいじめられてしまった。それは社会の風習が変わらないままで、知識人は古い見識で自分を縛っているのだ。常にこれを以って叱るべきだ。社会管理の才能をもつことをいう以上、時代の情勢を知らなければいけない。〕と勧告する。「學者毎日不必専読一書、康先生之教、特標専精渉猟二条、無専精則不能成、無渉猟則不能通也」(8)〔学習者は毎日一冊の本を精読する必要はないが、康有為先生の教えに従い、精読と渉猟を分けて特別に標記したのだ。精読なくして学問にはならん、渉猟なくして通達にならん。〕このことは、梁にとって、康有為の学説を貫く初めての目録学実践であった。西洋書籍の分量は五分の一に過ぎないとはいえ、当時の文人にとっては短期間で収穫が得られる非常に実用的なものだったかもしれない。

中虚西実――初期の目録学実践《読書分月課程》(一八九三)

一八九五年七月、康有為、梁啓超を中心とした改良派がようやく維新運動の機関「強学会」を創設した。その一〇月に「強学書局」を設け、翌年の七月に上海で『時務報』を創刊した。梁は『時務報』主筆としてつとめる。『西學書目表』(一八九六年一〇月上海時務報館石印)は梁氏の『時務報』時期に書かれたものである。この本に二九八種の西洋の書籍が収録された。四巻(上、中、下、附巻)に分かれている。上巻には「西学」を算学、重学、電学、化学、声学、光学、汽学、天学、地学、全体学、動植物学、医学、図学など一三項目にする。中巻には「西政」を史志、官制、学制、法律、農政、鉱政、工政、商政、兵政、船政等一〇項目にする。下巻には、雑類を游記、報章、格致、西人議論之書、無可帰類之書など五項目にする。附巻に三種類の書目が収録されている。一は、明、清時期の外国人宣教師の天文、暦法、算学などの著作百種余;二は製造局、益智書会などでの翻訳された刊行物百種余;三は通商以来、中国人の書いた外国事情の書籍数十種。四巻以外に、読書メモ数十項目が付録されている。収録された書籍の全てを書名、撰訳年号、撰訳人、刻印処、冊数、価格、提要など七項目で提示する。

この本を発行した後に、梁は『時務報』（第八冊）に「西学書目表序例」と「西学書目表後序」との説明文を掲載した。

その本を発行する理由として、梁氏は「兵志曰：知彼知己、百戦百勝，人方日日営伺吾側、繊細曲折、虚実畢見。而我猶愒然自大、偃然高臥、非直不能知敵。亦且昧於自知、坐見侵陵、固其宜也。故国家欲自強、以多譯西書為本；學者欲自立、以多読西書為功。此三百種者、擇其精要而読之、於世界蕃變之迹、国土遷異之原、可以粗有所聞矣。」(9)〔兵書によれば、彼を知り己を知れば百戦百勝なり。敵のほうは日々我が国を探察している。ありとあらゆる情報が入手され、虚実の全てがばれてしまう。しかし、我々はなお空虚に自ら尊大に構えるし、枕を高く敷いて仰向けに自惚れる。やられて初めて敵の事を知る。またも自分の愚見に執着し、敵の侵略を座視してばかりいる。それでも宜しいのか。故に国家を自ら強くさせようと思えば、西洋の本を大いに訳すのが肝要である。学者が自立しようとすれば、西洋の書籍を大量に読むことこそ成功に導くことだ。この三百種の本の中で、要所を選んで読めば、世界中の政権の興亡に関する歴史や国土の変遷における原因などについて、大筋で辿ることが出来よう。〕という風に学者に警鐘を鳴らしながら、愛国主義精神を込めて西洋の本を薦めた。

では、何故西洋の書目を単独で整理したのか。梁は「西學書目表後序」の中で明快に答えた。「今日非西學不興之為患、而中學之将亡之為患。」(10)〔今日では、憂慮しているのが西洋の学問の不振ではなく、中国の学問が衰亡していくことだ。〕、「要之舎西学而言中学者、其中学必為無用；舎中学而言西学者、其西学必為無本。無用無本、皆不足以治天下。」(11)〔総じて言えば、西洋の実学を切り離して中学を言う者は、その中学は必ず無用であること；中学を捨てて西の学問を言う者は、その西学は必ず無根である。無用無根、両方とも天下を治めることには不充分である。〕つまり、「西学の用」を以って「中学の体」をたたきつけるためであった。日本の明治期にいう「和魂洋才」に酷似している。かなり矛盾する考えを示す一方、彼は西洋学問の移植について「当知今之西學、周秦諸子多能道之」(12)〔いまの西洋の学理について、周秦時期の諸子の多くが語れることを知るべきだ〕というふうに自信を表した。それについて梁は後に反省した。

　書目の分類方法については、「譯出各書都為三類。一曰學、一曰政、一曰教。今除教類之書不録外、自餘諸書分為三巻。」(13)〔訳された各書は皆次の三分類に属す。一は「学」(自然科学系)、二は「政」(社会科学系)、三は「教」(宗教或いは哲学)。ここでは「教」に関する書目は収録していない。その以外の書目を三つの巻に分けて収録する。〕と述べている。結局、前述のように「教」の部分を「雑類」(総合類)にした。「西學各書、分類最難。凡一切政皆出於學、則政與學不能分。非通群學不能成一學、非合数政不能挙一政、則某學某政之各門不能分、今取便学者、強為区別。」(14)〔西洋の自然科学系の書類を分類するのは最も困難だった。というのは、社会系そのもの皆自然系から出たものだとしたら、社会系と自然系を分けることが不可能だ。諸学(自然科学)に精通しない限りは一つの「学」が成り立たない。また、いくつかの政(社会科学)を合わせて考えないと一つの「政」を挙げることが出来ない。したがって、某「学」某「政」の各門も分けることも出来なくなる。いまは、学問を求める皆の便宜を図るため、強引に区別をしたわけだ。〕梁は、自然、社会、宗教という順に三分類したのはかなり苦労したようだった。ここに現れた彼の考えとして、西洋の書籍を従来の四分類で強引にしなかったこと、それに合理主義を積極的に吸収したことは評価すべきものの、洋務派のような西洋の科学技術のみには価値を認めたこととはさほど差は無い。

　しかし、梁は初めて伝統文化における虚実理論に依拠して、違う文化体系を持つ西洋書籍を三大類にして二十八分類にしたことは、創造性に富んだ目録学の実践であろう。

「門類之先後、西學之屬、先虚而後實。蓋有形有質之學、皆從無形無質而生也。故算學重學爲首、電化聲光汽等次之、天地人(謂全體學)物(謂動植物學)等次之、醫學圖學全屬人事、故居末焉。西政之屬、以通知四國爲第一義。故史志居首、官制學校政所自出、故次之、法律所以治天下、故次之、能富而後能強、故農礦工商次之、而兵居末焉。農者、地面之産。礦者、地中之産。工以作之、作此二者也。商以行之、行此三者也。此四端之先後

也。船政與海軍相關、故附其後。」(15)

〔西学に属する分類の前後関係については、虚を先にして実を後にする。形や質のある学科は皆形や質の無いものから生れる。故に算学、重学を前にし、その後は電化声光汽等という順番になる。その次は、天、地、人(所謂全体学)、物(所謂動植物学)等になる。医学や図学は全部人事に属しているから、最後にするわけだ。西政の分類に関しては、外国に知らせることを一義にする分け方である。故に史志を頭にし、官制、学校は行政より出るものだから、その次にする。法律は国を治める機能を持っているから、次にする。国は豊にした後に強くなるので、農鉱工商の順にし、兵を最後にするわけだ。農は地上の産業で、鉱は地中の産業である。工は作ることで、この二者の製造業である。商は売買をすることで、この三者の商売を行う。これはこの四つの前後関係である。船政は海軍と相関しているから、その後にするのである。〕

上記に示されているように、小分類は虚から実へとしているが、仮に梁のいわゆる「教」が宗教或いは哲学を指す場合、その学、政、教の大分類は丁度逆にしている。それは何故だろう。その原因は一概に言えないが、一つ言えるのは、当時の知識人は西洋の宗教に関心が無かったため、思想界には「中体西用」が支配的であり、外国人宣教師たちも洋務運動の要請に合わせて主に科学技術方面の翻訳に携わる。それ故、梁も例外ではなく、宗教とりわけ哲学分野に関する学術思想を持っていなかった。西洋学の「体」に関しては無視するというよりもむしろ抵抗が強かったかもしれない。後に日本に亡命して、思想が一変した理由もここにあったと疑う余地がない。日本文を通して西洋学の「体」を理解できた。彼は急いで『東籍月旦』(後述)を編集する原動力もそこにあったと思われる。

この時期において、総体的に西洋の文化を「実」から「虚」へと構築した彼の西洋文化に対する認識はやはり器物重視に留まっているといえよう。このような考え方は、二年後に彼の書いた「萬木草堂書蔵征捐図書啓」(一八九八年三月一三日『知新報』)にさらにましたように感じられる。「書目以七略分類」(書目は七略を以って分類する)というのだ。とはいえ、蔵書楼の機能を西洋の「大書楼」(図書館)のように広く庶民に利用させるべきだと学校の教育及び目録とともに初めて言及したことは興味深い。これは後に梁の目録学思想における重要な特徴になった発端でもある。

『西学書目表』はかなり影響力があったという。一九〇四年に刊行された『古越蔵書楼書目』は梁の分類法からヒントを得て、中国の図書を「学」と「政」の二大分類にし、その上でそれぞれを二四小分類にし、さらに三三二項目を設ける。そして、その刺激を受けて西洋学を研究する学者が続々と増えつつ、目録学の研究も盛んになった。梁の門下に姚名達、劉紀澤などの目録学専門家が輩出している。

西虚西（実）——亡命時期の目録学代表作『東籍月旦』（一九〇二）

「戊戌九月至日本、十月與横浜商界諸同志謀設清議報。自此居日本東京者一年、稍能讀東文、思想為之一變。」(16)〔戊戌九月（新暦十月）、日本に到着。十月（実は十二月）横浜商会の諸同志とはかり『清議報』をもうける。これより東京に住んで一年、やや日本語を読めるようになり、思想はそのため一変した。〕梁は日本人との接触が多く、筆談の不便さを感じ、一年早く日本にきた同僚麦孟華の妹婿羅孝高（羅普、梁の萬木草堂の同窓でもある）を師に日本語を習得しはじめた。わずか数ヶ月で、梁は大体日本文を読めるようになった。その心得を『和文漢読法』（一九〇〇年出版）に収めた。旬刊の雑誌『清議報』の第十冊目に、梁は「論學日本文之益」（一八九九年四月一日）の一文を発表した。その冒頭に「哀時客（梁のペンネーム）既旅日本数月、肄日本之文、讀日本之書。疇昔所未見之籍、紛觸於目；疇昔所未窮之理、騰躍於腦。如幽室見日、枯腹得酒、沾沾自喜、而不敢自私。乃大聲疾呼、以告同志曰：我國人之有志新學者、盍亦學日本文哉。」(17)〔私は既に日本に数ヶ月滞在し、日本文を学び、日本の書籍を読んでおる。以前見たことのない書籍が目に紛らわしく映り、今まで考えたことのない理論が脳裏に躍動する。牢屋から日を見た如し、枯れたお腹に酒を得た如し、ひとりで得意になり、が、それを独占する勇気がない。同志に告げるためには、声を大にして呼びかけよう。新しい学問に有志の国人たちよ、どうして日本文を学ばないもの。〕と述べている。

この二、三年間、彼は日本の書籍を大量に渉猟したり、重要文献を精読して翻訳したりしていた。一九〇二年二月八日に、梁は火事で廃刊になった『清議報』を引き続き、面目一新の『新民叢報』を創刊した。彼はその半月刊雑誌に二回（一九〇二年六月六日、七月五日）にわたって『東籍月旦』（『新民叢報』第九、一一冊）を発表する。その叙論に、「新習得一外国語言文字、如新尋得一植民地。」(18)〔新たに一つの外国語を習得するのは、新たに一つの植民地を拓いた如き〕と興奮を抑えきれない。

梁は近代思想の摂取に不可欠な日本文書籍を整理しようとした。しかし、どういう方法で整理すればいいのか、梁自身もきっと戸惑いがあったはずだ。

「今我國士大夫學東文能讀書者既漸多矣。顧恨不得其塗徑。如某科當先、某科當後。欲學某科必不可不先治某科。一科之中、某書當先、某書當後：某書為良、某書為劣。能有識抉擇者蓋寡焉。同學諸子、慫恿草一書以餉来者。自念淺學、如余未嘗能通其語、入其校。……」(19)〔いま我が国における日本文を読める知識人がもう徐々に多くなってきた。しかし、その要領が得られなくて悔しい。例えばどの科目を先にするのか、どの科目を後にするのか。ある科目を学ぼうとしたら必ず先にどの科目を修めなければならないのか。一つの科目の中でも、どの本を先に読めばいいのか、どの本を後に読めばいいのか：どの本がよいのか、どの本が劣るのか。そういった順序を有識に選別できる者はまだ少ないだろう。とりあえず後輩のためにざっと一冊をまとめて置きたい。同学諸子、私は学問においてまだ浅いと思っている。例えば、私はまだ日本の言葉に通じないし、日本の学校に入ったことがない。……〕と日本語に対する自信のなさを隠さない。しかし、啓蒙を以って自任する梁は「今我不述、則恐更閲数年。而此種書尚不能出現於我學界、斯寧非一恨事歟」(20)〔いま私が整理しないとさらに数年かかるかもしれない。このような本がなお我が学界に現れないことは、まこと遺憾なことではないか〕と放任しない。

梁の日本語について、樽本照雄(Tarumoto Teruo)は「こまかな日本語の表現を取り違え誤訳することはあっても、大筋の把握はできている、というものである。」（『清末小説』第五〇号、一九九八・七・一）明治期における日本語文体は中国人にとってかなり読みやすかった。それに日本語の表現の正確さに惹かれたに違いない。白川静の話によれば、中国人は自国の文字を習得するのはあまり苦労しないから、逆に漢字の正確の意味が薄らいでしまった。日本人は中国人より苦労をかけてきたお陰で、漢字の意味を正確に捉え、西洋の言葉を上手く訳したわけだ。

梁は来日以前『時務報』に発表した「変法通議」の中で、「學校総論」一節がある。そこから、既に学校教育は国策を反映するものであり、国の未来の決め手であるという立論が見られる。日本に亡命してから、梁は物心両面で日本が強国なった秘訣をとことん追求し、得た知識をいち早く新聞を通して国人に紹介しつづけた。『東籍月旦』からみれば、梁はよく日本の学校教育を観察した。そこからヒントを得て、この目録を作ったわけだ。

「凡求學者必須先治普通學。入學校受教育者固當如是。即獨學自修者亦何莫不然。吾中國人疇昔既未一受普通教育。於彼中常児所通有之學識猶未能具。而欲驟求政治經済法律哲學等専門之業。未有不勞而無功者也。(中略)今将日本現行中學校普通科目列示之。一倫理、二國語及漢文、三外國語、四歴史、五地理、六數學、七博物、八物理及化學、九法制、十經濟。尚有習字圖畫唱歌體操等科、以不關於讀書故省之。其法制經済両科、乃近年新増者、前此無之。」(21)

〔およそ学問を探求する者として先に普通学を修めなければならない。入学して教育を受けるものはいっそう当然のことである。たとえ独学の自修するものとしても例外ではない。我々中国人は未だに一つの普通教育さえ受けたことがない。一般の学生が持っている通有な学識をまだ備えてないのに、急いで政治、経済、法律、哲学などの専門知識を求める何て、失敗しない者はいないだろう。(中略) ここで日本現行の中等学校の普通科目を例示する。一倫理、二国語と漢文、三外国語、四歴史、五地理、六数学、七博物、八物理と化学、九法制、十経済。なお習字、図画、唱歌、体操などの科目があり、読書とは関わらないので省略しておく。その法制、経済両科目は、つい近年新たに増やしたもので、それまでには無かったものである。〕

結果として、『東籍月旦』にはそれまでに全く違う分類法が採用された。取り上げられた日本文書籍は七二種一六七冊(漢文の『支那通史』五冊、漢訳の『支那文明史論』一冊を含む)がある。内容は次のように分類されている。

　叙論

　第一編　普通學

　第一章　倫理學（二〇種四四冊）

　第二章　歴史學

　（甲）世界史（西洋史）（三一種八一冊）

　（乙）東洋史（中国史）（一三種二六冊）

　（丙）日本史（八種一六冊）

『東籍月旦』は第一編の普通学において、第一章の倫理学と第二章の歴史を整理しただけで、残念ながら、その続きは見られなかった。敢えて推測するならば、梁はきっと政治、経済、法律、哲学の順に展開するだろう。その理由として、それらの項目は『西學書目表』にないものであり、歴史学を除いて伝統的な目録学項目にもないからだと考えられる。

　倫理学について梁は、

「中国自詡為禮義之邦。宜若倫理之學無所求於外。其實不然。中國之所謂倫理者。其範圍甚狹。未足以盡此學之蘊也。今請就日本文部省最近所發之訓令。關於中學所教倫理道德之要領。列其目如下。（此専属中學第四第五年級者）」

（中国は礼儀の国と自ら誇る。倫理学についてはおそらく外国より求める道理はないと思われるが、実はそうではない。中国のいわゆる倫理は範囲が非常に狭く、この学問の蓄積に到底及ばない。ここでは日本文部省から中等学校倫理道徳の要領に関する最近の訓令に就いて、その概要を次のように示す。（これは中等学校の四年、五年に専属するものである）」

　一、自分に対する倫理

健康、生命、知、情、意、職業、財産。
二、家族に対する倫理
父母、兄弟、姉妹、子女、夫婦、親族、祖先、使用人
三、社会に対する倫理
他人の人格、他人の身体、財産、名誉、秘密、約束等。恩義、朋友、長幼貴賎、主従等。女性、協同、社会の秩序、社会の進歩。
四、国家に対する倫理
五、人類に対する倫理
国憲、国法、愛国、兵役、租税、教育、公務、公権、国際。
六、萬有に対する倫理
動物、天然物、真善美。


と述べている。

中国において、最初の倫理に関する専門書は一九〇六年に劉師培が編著した『倫理教科書』である。日本と比べて雲泥の差がある。

歴史学について、梁は、

「総日本歴史之書、可分為八類論之。一日世界史（西洋史附焉）、二日東洋史（中國史附焉）、三日日本史、四日泰西國別史、五日雑史、六日史論、七日史學、八日傳記。」

〔全体的に日本の歴史書を八分類にして論じられる。一は世界史（西洋史付帯）、二は東洋史（中国史付帯）、三は日本史、四は西洋各国史、五は雑史、六は史論、七は史学、八は伝記。〕

と分類する。しかし、三以降のものは論じなかった。また、

「我中国英文英語之見重、既数十年。而學通之者不下數千輩、而除厳又陵外、曾無一人能以其學術思想輸入於

中國。（中略）通商數十年後之今日、而此事尚不得不有待於讀東籍之人。是中國之不幸也。然猶有東籍以為之前驅。使今之治東學者得以幹前此治西學者之蠱。是又不幸中之幸也。」

〔中国で英文や英語を重視してから既に数十年経った。英語に精通する学者は数千人を下らないが、しかし、厳又陵（厳復）を除外にして、西洋の学術思想を中国に輸入した学者は一人もいない。（中略）通商になってから数十年後の今日になっても、このことはなおやむなく日本の書籍を読む人に待たなければならない。これは中国の不幸だ。しかし、それを達成するために、日本文書籍を前駆にしている日本学の学者達が西洋学の学者の蠱惑を取り除くことが実現できることは、またも不幸の中の幸である。〕

日本学が西洋学に及ばないことは衆知のとおりである。というのは日本学が皆西洋学からきたからである。しかし、西洋学を研究した効果は日本学を研究した効果に及ばないのも事実である、と梁氏が断定する。確かに和製漢語の語彙が中国人の「観念形態や思惟方法や文化環境」(22)における変化を引き起こした。

ここで言う学術思想というものは、まさに梁のこの時期における西洋の学に対する認識を深まったキーワードだと考えられる。

『東籍月旦』において梁は初めて西洋学の精華である学術思想を言及し、『西学書目表』に取り上げられなかった「教」の部分に充当しようとしたかもしれない。『東籍月旦』は未完の作であり、その続きがどういう風に展開するのかは謎であるが、恐らく人文科学系（既に倫理学、歴史学からスタート）から社会科学系、自然科学系へと整理していくだろう。明らかに、虚実関係からいえば、虚から実へとすることになるのではなかろうか。

中西一体・先虚後実――民国時期の「中国図書館学」の提唱（一九二五）

日本亡命時期に、アメリカを訪問した際、梁はその見聞を『新大陸游記』（一九〇四年二月）にまとめた。その時、彼はアメリカの図書館事業を絶賛した。「ワシントンの図書館は、世界中第一美麗な図書館だよ。蔵書の量は、驚きほど膨大である」、「入館したら、数千年以来世界中最も著名な学者の像が飾られて、まるで厳しい先師に出会う如し」、「閲覧室には常に千数百人がいるが、とっても静かで、まるで人気のない谷間に居るようだ」、「硬い石で造られた閲覧室の壁には万国の文字が刻まれている。全部で百以上もある。我が中国の文もあるね。書かれたものは『子夏曰、日知其所亡、月無忘其所能、可謂好学也已矣』の二十一字だ。顔真卿の書体で、筆致が雄健である。祖国の名誉を汚すことはない。」

一九一八年末、梁はパリ和平会議において中国外交顧問の任務を終え、イギリス、フランス、ベルギー、オランダ、スイス、イタリア、ドイツ等の欧州諸国二〇以上の都市を訪問する。第一次大戦の廃墟から立ち直らぬ欧州諸国の姿を見て、あまりにも衝撃を受け、『欧游心影録』（一九二〇年三月）を著し、政界から離脱することを決意し、社会批評家、教育家として、新民の理念を再燃する。

一九二〇年三月に帰国し、中国を改造する新綱領を発表する。文化自由政策を実行するとともに中国の古典を整理し国光を発揚すると主張し、文化教育事業に全力を注ぐ。

護国戦争の主役である蔡鍔将軍を記念するために、かつて上海で図書館の機能を持つ「松社」（一九一六年）を設ける。「共学社」（一九二〇年四月）が成立後、欧州から持ち帰った六千余冊の図書を楊守敬の「観海堂」蔵書一万余冊の本と併合し、「松社」とともに北京に移り、一九二二年に私立「松坡図書館」を創設した。梁は館長を務める。

欧州訪問によって梁の西洋文化に対する認識が変わると同時に、梁は東洋文化の真価を再認識しようとする姿勢を見せてくれている。『国学入門書要目及其讀法』（一九二三年四月）の目次には、（甲）修養応用及思想史関係書類（乙）政治史及其他文献学書類（丙）韻文書類（丁）小学書及文法書類（戊）随時渉覧書類、との五つの項目を設ける。そして、附録一　最低限度之必読書目、附録二　治国学雑話、附録三　評胡適之一個最低限度的国学書目、とする。その時期において象徴的な出来事は、やはりノーベル文学賞を受賞したインド詩人ラビンドラナト・タゴル（**Sir Rabindranath** 一八六一－一九四一）を招待することである[23]。

一九二五年六月二日、梁は中華図書館協会成立儀式において、演説を行った。その演説の中、「中国の図書館学の建設」「図書館管理人材の養成」というスローガンを正式に打ち出した。「学問は国境が無い以上、中国の、図書館学はありうるのか。そう、図書館学の原則としては、世界中に共通しているから、中国も当然異を唱えるにはいかない。しかし、中国書籍の歴史が長く、その性質もかなり複雑で、近世の欧米書籍に比べ違う所が多々ある。……整理に携わる人にとって、中国の目録学（広義的）及び現代の図書館学に対して十分な知識を持つべきだ。また巧妙に変えたりして、ひょっとしたら何らかの目標が達成できるかもしれない。このような学問は、どうしても多くの専門家による継続的な研究をしなければならない。その研究の結果は、必ず図書館学において一独立学科になると信じている。したがって、我々はこれを『中国の図書館学』と呼ぶものである。」(24)

「中国は従前 図書館学，という固有名詞がないが、しかしこのような学問は遥かに昔から発達してきた。劉向《りゅうこう》、劉歆《りゅうきn》、荀勗《じゅんきょく》、王儉《おうけん》、阮孝緒《げんこうしょ》、鄭樵《ていしょう》から近代の章学誠まで、彼らは皆各自の蓄積や周到な見解を持っている。後世に残した業績を言えば、各史書の芸文経籍志、陳振孫晁公武一流の提要学および近代の四庫総目、仏教の何十種の経録、明清以来の各私家蔵書目録、その他の目録学専門家の題辞（前書き）・跋（後書き）及び読書メモ等である。これらは皆豊富な資料と複雑な方法を提供してくれている。わたくしは、中国の現代青年が外国の図書館学に対して基礎的な研究をしたあと、もう一度中国の独特な目録学（或いは章学誠の名付けた校讎《こうしゅう》学）を深く研究して新たに改造すれば、必ず一種の『中国の図書館学』を建設することができる、と固く信じている。」(25)

中国目録学の変遷に対して、梁は家宝を数え上げるように詳しい。中国典籍の分類方法に関しては、端的にデューイ十進法或いは四部法を用いて分類するのは窮屈になるに違いない。それ故、多数の学者の継続的な研究を通して、科学的かつ古今の書籍が包容できる分類法を創出することが当面の課題である。そして、図書編目に関しては、中国古典は文史哲が通じ合っているから、章学誠の「互見（前後照らし合う）」、「裁編別出（相関するものを取り出して編目）」のような研究方法をいかに吸収すれば妥当であるのか、こつこつ努力しなければならない。したがって、「分類」と「編目」との二つの専門グループを編成して、研究を進める。

また、梁はその場で「新式類書の編纂」という重大な提案をした。中国は古来大型類書を編纂する伝統があり、文献を保持するにも、研究者に利便を提供するにもかなり役に立っている。現代の条件下に、如何に伝統を継承して新式類書を編纂するのか、これも研究課題の一つである。

一九二五年一二月、教育部は梁啓超を招聘して正式に「京師図書館」一六代目館長を任命する。そのとき、梁は比類なき力作『佛家経録在中国目録學之位置』を発表する。

館長任期中、梁は『中国図書大辞典』の編纂に携わる。「簿録之部、官録與史志」と「金石門叢帖類初稿」との二文を残して世を去った。これは梁の「中国図書館学」の自我実践でもある。

一九二六年の三月と四月に、アメリカのエール大学は梁啓超の業績と貢献に鑑みて、図書館学の専門家韋棣華女史の斡旋によって、二回にわたって梁に打電した。彼に名誉博士学位を授与することを決定し、正式に渡米を招請する。これは彼の国際地位における学術成果を肯定することである。残念ながら、重病のため行かれなかった(26)。

まとめ

中国近代目録学は維新運動の要請によって展開される一面もありながら、梁啓超は中国近代過渡期における旧式の知識人の代表として、中国の目録学の発展に対する貢献は大きい。その一つは、書目を学問の入門の鍵として提示すること。もう一つは、中国図書館学を提唱するとともに、仏教経録の研究及び中国図書大辞典の編纂を通して、中国の図書分類法の改良を模索すること。梁の政治理念を貫徹した目録学思想の特徴として、いくつかのものが同時進行していることである。とりわけ目録学と図書館学との関係が終始織り成し絡み合っている。民国時期に入ってからは全面的に開花したといえよう。彼の目録学の実践は、文献考証、史学、教育、図書館建設、国故整理、仏教経典の研究活動を通して多岐に亘る。

本稿は彼の分類方法における虚実関係を焦点に絞ることによって、意外にその虚実関係の変遷から、梁の目録学思想を明瞭に読み取ることができた。

清朝末期の洋務運動は「中体西用」のモデルを基礎理論にして行われていた。いわゆる西洋の「機械文明」と東洋の「精神文明」を分けて考えるものである。しかし、このモデルはつい日清戦争の完敗により崩壊してしまった。機械そのものも精神文明の反映であることをやっとのことで認めざるを得なかった。中華思想のプライドが高かったせいなのか、それまでに要する時間があまりにも長かった。梁啓超のような過渡期の知識人たちは欧化に成功した日本に学び、中国の近代化を加速させたのである。前述のように、その軌跡は梁の目録学思想の変遷にも現れている。結論として、梁の西洋の「体」に対する認識を深めたのは、日本に亡命してからである。

註

(1) 清水茂『中国目録学』筑摩書房、一九九一年九月、三二頁。
(2) 葉樹声「論維新派対目録学的貢献」(『四川図書館学報』一九八八年、第六期、六四頁)。
(3) 梁啓超『飲氷室合集』北京中華書局、一九八九年三月（上海中華書局、一九三六年版影印）文集之七、九九頁。
(4) 梁啓超著、小野和子訳注『清代学術概論—中国のルネッサンス』平凡社、一九七四年一月、二五一頁。
(5) 梁啓超『飲氷室合集』文集之一、五五頁。
(6) 丁文江・趙豊田編『梁啓超年譜長編』上海人民出版社、一九八三年、三〇頁。一説は、一八九四年冬、康有為の『桂学答問』に応じて作られたものである（李国俊編『梁啓超著述系年』復旦大学出版社、一九八六年、二七頁）。
(7) 梁啓超「読書分月課程—学要十五則」『飲氷室合集』専集之六十九、四頁。
(8) 梁啓超「読書分月課程—読書次第表」『飲氷室合集』専集之六十九、一一頁。
(9) 梁啓超「西学書目表序例」『飲氷室合集』文集之一、一二二頁。
(10) 梁啓超「西学書目表後序」『飲氷室合集』文集之一、一二六頁。
(11) 同前、一二九頁。
(12) 同前、一二八頁。

(13) 梁啓超「西学書目表序例」『飲氷室合集』文集之一、一二三頁。
(14) 同前、一二三頁。
(15) 同前、一二四頁。
(16) 梁啓超「三十自述」『飲氷室合集』文集之十一、一八頁。一八九八年（明治三一年）九月二一日、光緒帝・康有為・梁啓超ら主導の「戊戌変法」がつい失敗に終わった。梁はやむなく日本に亡命を求めた。伊藤博文、大隈重信らの庇護を得て、一〇月一六日、東京に到着し、一四年間の亡命生涯が始まった。二ヵ月後の一二月二三日、梁は同郷の出版業を携わる在日華僑馮鏡如の援助によって、横浜で『清議報』を創刊した。
(17) 梁啓超「論學日本文之益」『飲氷室合集』文集之四、八〇頁。
(18) 梁啓超「東籍月旦」『飲氷室合集』文集之四、八二頁。
(19) 同前、八三頁。
(20) 同上。
(21) 同前、八四、八五頁。
(22) 熊月之『西学東漸与晩清社会』上海人民出版社、一九九四年八月、六七七、六七八頁。「新名詞、新術語、裏着新思想、新観念、新学問」、「語言的変化、連帯着観念形態的変化、思惟習慣的変化、文化環境的変化。」
(23) 一九二四年、Tagore西欧歴訪を終え、中国を訪問した。西欧訪問中、タゴルは国家主義や実利哲学を強く非難する。しかし、中国を訪問する間、彼は梁を中心とした「研究系」による盛大な歓迎を受けながら、急進的な中国知識人たちに批判を受けた。というのは、中国の伝統文化と中国人の生活態度を絶賛したからだ。梁は「インドと中国文化との親族関係」の歓迎スピーチと「タゴルの中国名—竺震旦」の一文を発表する。
(24) 梁啓超「中華図書館協会成立会演説辞」『飲氷室合集』文集之四十二、四四頁。
(25) 同上、四五頁。
(26) 丁文江・趙豊田前掲書、一〇七六頁。一九二六年三月、梁は北京協和医院に入院し、右腎が摘出されたが、病因が確定できず、後になって医療ミスを犯したことがわかった。病原のある左腎を右腎と間違って採ったという。

梁啓超研究文献リスト（出版年月順）

一、中国語文献

◎伝記・専門書

『梁啓超』呉其昌著、重慶勝利出版社、一九四四年七月。

『歴史人物再批判之一　康有為与梁啓超』呉澤、華夏書店（上海）一九四八年。

『康有為与梁啓超』呉澤、華夏書店（上海）、一九四九年。

『梁啓超』毛以亨、亜洲出版社（香港）、一九五七年。

『梁啓超』牛仰山著、中華書局、一九六二年。

『梁啓超与清季革命』張朋園著、中央研究院近代史研究所（台北）、民国五三年五月。

『梁啓超的民権与君憲思想』孫会文著、国立台湾大学文学院（台北）、民国五五年（一九六六）。

『梁啓超的政治思想』楊日青著、嘉新水泥公司文化基金会（台湾）、一九六七年。

『梁啓超与近代報業』頼光臨著、台湾商務印書館（台北）、一九六八年。

『梁啓超興胡適』陳晋、作者自刊（台湾）、一九六八年。

『中国文学研究　梁啓超』陳垣等著、中文出版社（京都）、一九七一年、民国刊影印版。

『梁啓超的思想』宋文明著、水牛出版社（台北）、一九七三年。

『梁任公（啓超）先生知交手札』影印版、文海出版社（台北）、一九七四年。

『梁蔡師生与護国之役』胡平生著、国立台湾大学文学院（台北）、民国六五年（一九七六）。

『梁啓超与民国政治』張朋園著、食貨出版社（台北）、一九七八年。

『梁啓超史学論著三種』林毅校点、生活・読書・新知三聯書店（香港）、一九八〇年。

『梁啓超的教育思想』鄭世興、幼獅文化公司（台北）、一九八〇年。

『梁啓超伝』孟祥才編著、北京出版社、一九八〇年。

『梁啓超的生評及其政治思想』鄧明炎著、台北天山出版社、一九八一年。

『梁啓超』孟祥才、楊希珍著、江蘇人民出版社、一九八二年。

『梁啓超与戊戌変法』呉八駿著、文史哲出版社（台北）、一九八四年。

『論戊戌維新運動及康有為梁啓超』広東人民出版社編、広東人民出版社（広州）、一九八五年。

『梁啓超著述系年』李国俊編、復旦大学出版社（上海）、一九八六年。

『梁啓超思想研究』鐘珍維、万発雲著、海南人民出版社（海口）、一九八六年。

『梁啓超与護国戦争—記念護国戦争七十周年』董方奎著、重慶出版社、一九八六年八月。

『梁啓超与中国近代思想』〔美〕約瑟夫・勒文森著、劉偉等訳、四川人民出版社、一九八六年六月。

『飲氷室主人梁啓超』杜英穆編著、名望出版社（台北）、一九八八年。

『中国近代人物研究信息・梁啓超』林言椒、李喜所主編、天津教育出版社、一九八八年四月。
『中国近代史争鳴録・梁啓超』中国人民解放軍南京政治学院歴史学系編、江蘇教育出版社、一九八八年六月。
『梁啓超　辜鴻銘　章炳麟』杜英穆編著、名望出版社(台北)、一九八八年三月。
『民国梁任公先生啓超年譜』影印版第一—四冊、呉天任編著、台湾商務印書館(台北)、民国七七年(一九八八)。
『梁啓超的治国之道：人材主義的理想与実践』雷慧児著、台北東大図書公司、一九八九年。
『梁啓超政治法律思想研究』宋仁主編、学苑出版社(北京)、一九九〇年。
『人生的啓示：梁啓超随想録』馬勇著、山西高校聯合出版社、一九九四年七月。
『梁啓超与晩清文学革命』連燕堂著、漓江出版社(桂林)、一九九一年。
『覚世与伝世—梁啓超的文学道路』夏暁虹著、上海人民出版社、一九九一年。
『梁啓超青少年時代』呉家鳴、王行鑒著、文津出版社(北京)、一九九一年。
『梁啓超与立憲政治—清末政体変革与国情之論争—』董方奎著、華中師範大学出版社(武昌)、一九九一年七月。
『梁啓超和中国学術思想史』易新鼎著、中州古籍出版社(鄭州)、一九九二年。
『梁啓超文選』夏暁虹編、中国広播電視出版社(北京)、一九九二年。
『梁啓超』孫洪智、張春雷著、大連海運学院出版社、一九九三年一月。
『梁啓超』連燕堂著、新蕾出版社(天津)、一九九三年五月。
『梁啓超与中国思想的過渡：(一八九〇-一九〇七)』張灝著、崔志海、葛夫平訳、江蘇人民出版社(南京)、一九九三年八月。
『梁啓超伝』李喜所、元青著、人民出版社(北京)、一九九三年一〇月。
『梁啓超教育思想研究』宋仁、遼寧教育出版社、一九九三年一二月。
『一個被放棄的選択：梁啓超調適思想之研究』黄克武著、中央研究院近代史研究所(台北)、一九九四年。
『梁啓超』耿雲志、崔志海著、広東人民出版社(広州)、一九九四年。
『一代宗師梁啓超伝奇』陳錫宗、陳占標著、新潮社(台北)、一九九四年。
『梁啓超哲学思想新論』劉邦富著、湖北人民出版社(武漢)、一九九四年一月。
『新民之夢：梁啓超伝』楊天宏著、四川人民出版社(成都)、一九九五年七月。
『梁啓超：公車上書』寒波著、湖南文芸出版社(長沙)、一九九六年。
『晩清巨人伝：梁啓超』董四礼、哈尔濱出版社、一九九六年三月。
『梁啓超』徐剛著、広東旅游出版社(広州)、一九九六年。
『梁啓超』徐立亭主編、黒龍江哈尔濱出版社、一九九六年。
『康有為梁啓超思想研究』申松欣著、河南美術出版社(鄭州)、一九九六年。
『中国現代学術経典　梁啓超巻』劉夢渓主編、梁啓超著、夏暁虹編校、河北教育出版社(石家庄)、一九九六年。

『梁啓超』崔志海編著、中国国際広播出版社(北京)、一九九六年
『梁啓超：改良人生』鮑風著、長江文芸出版社(武漢)、一九九六年。
『梁啓超評伝：筆底波瀾　石破天惊』陳其泰著、広西教育出版社(南寧)、一九九六年。
『梁啓超評伝』沈大徳、呉廷嘉著、百花洲文芸出版社(南昌)、一九九六年一二月。
『睚世奇才梁啓超』董方奎著、武漢出版社、一九九七年一〇月。
『追憶梁啓超』夏暁虹著、中国広播電視出版社(北京)、一九九七年。
『梁啓超伝』李平、楊柏嶺著、安徽人民出版社(合肥)、一九九七年。
『梁啓超』陳引馳編、上海三聯書店、一九九七年。
『康有為梁啓超与維新運動』広東省博物館等編、嶺南美術出版社(広州)、一九九八年。
『梁啓超的故事』伍仕健編著、汕頭大学出版社(汕頭)、一九九八年。
『梁啓超伝』王勛敏、申一辛著、団結出版社(北京)、一九九八年。
『梁啓超的治学方法』王心裁著、新視野図書出版公司(台北)、一九九八年。
『梁啓超読書生涯』王心裁著、長江文芸出版社(武漢)、一九九八年。
『梁啓超和中国古代学術的終結』蒋広学著、江蘇教育出版社(南京)、一九九八年。
『章炳麟・欧陽竟無・梁啓超・馬一浮』張玉法等著、台湾商務印書館(台北)、一九九九年。
『黄遵憲・梁啓超』張永芳著、春風文芸出版社(沈陽)、一九九九年。
『風塵孤剣在：梁啓超』張啓華著、万巻楼図書公司(台北)、一九九九年。
『梁啓超張東蓀』王昌煥編撰、人民日報出版社(北京)、一九九九年。
『中国知識分子第一人：梁啓超』黄敏蘭著、湖北教育出版社(武漢)、一九九九年。
『爛漫天才：梁啓超別伝』範明強著、華夏出版社(北京)、一九九九年。
『梁啓超学術思想評伝』　陳鵬鳴　著　北京図書館出版社一九九九年
『被歴史『遺忘的角落』：梁啓超的新民学説与経済思想』潘強恩等著、新華出版社(北京)、一九九九年。
『博学多変的人生：梁啓超的読書生活』易新鼎著、中原農民出版社(鄭州)、一九九九年。
『梁啓超和他的児女們』呉荔明著、上海人民出版社、一九九九年。
『梁任公治学系年』周維亮著、新文豊出版公司(台北)、一九九九年。
『新会梁氏—梁啓超家族的文化史』羅検秋著、中国人民大学出版社(北京)、一九九九年。
『新民論理与新民国家：梁啓超倫理思想研究』呂濱著、江西教育出版社(南昌)、二〇〇一年。
『梁啓超研究叢稿』呉銘能著、台湾学生書局(台北)、二〇〇一年。
『梁啓超・明治日本・西方：日本京都大学人文科学研究所共

同研究報告』(日)狭間直樹編、社会科学文献出版社(北京)、二〇〇一年。
『嶺南維新思想述論：以康有為、梁啓超為中心』宋徳華著、中華書局(北京)、二〇〇二年。
『梁啓超文論的現代性闡釈』楊暁明著、四川民族出版社(成都)、二〇〇二年。
『梁啓超教子満門俊秀』丁宇、劉景雲編著、中華工商聯合出版社、二〇〇二年。
『梁啓超与飲氷室』郭長久等主編、天津古籍出版社、二〇〇二年。
『梁啓超伝』張瓊著、京華出版社(北京)、二〇〇二年。
『梁啓超章太炎解読中華文化経典』慶善、于唐編、遼海出版社(沈陽)、二〇〇三年。
『梁啓超：梁思成、梁从誠』李喜所、胡志剛著、河北教育出版社(石家庄)、二〇〇三年。

◎年譜・文献資料

『大東合邦新義』(石印本)森本藤吉著、陳高第校定、上海大同訳書局、梁啓超序(光緒二四年＝一八九八年)。
『国家学綱領』伯倫知理著、梁啓超訳、清光緒二八年(一九〇二年)。
『讀支那梁啓超演説中外時事問答』(石印本)、平堀納次郎重訂、日本東西改良会、明治三五年(一九〇二年)。
『飲氷室壬寅文集』(石印一〇冊)、梁啓超著、日本東京新智学社出版、一九〇二年。
「覺迷要録敍」『覺迷要録』葉徳輝著、沈雲龍主編・近代中国史料叢刊三編(三三〇)、台湾文海出版社、一九八七年一一月(一九〇五年夏初版)。
『三十自述』梁啓超著、商務印書館、一九一六年鉛印本。
『梁任公胡適之先生審定研究国学書目』梁啓超著、啓智書局(上海)民国二三年(一九三四)。
『四十自述』胡適(沈雲龍主編、中国史料叢刊続編第九十六輯)、文海出版社。
『康梁年譜稿(三冊)』楊複礼編、一九三八年油印版。
『康南海(有為)先生年譜續編』康文佩編、文海出版社。
『梁任公先生年譜』楊複礼編、河南日報鉛印本、一九四一年九月。
『戊戌変法』(中国近代史料叢刊)中国史学会主編、『神州国光社』、一九五三年。
『飲氷室詩話』梁啓超著、舒蕪校点、人民文学出版社、一九五九年四月。
『梁啓超研究資料匯編』韓安荊、上海社会科学院、一九六二年三月。
『新民叢報』(影印版一七冊)、馮紫珊編輯、芸文印書館(台北)、一九六六年一〇月。
『飲氷室全集』梁啓超著、香港天行出版社、一九七四年。
『国風報』(二一冊)、漢声出版社(台北)、一九七五年一月。
『大中華雑誌』(二冊)、梁啓超主編、文海出版社(台北)、一九七八年七月。
『梁啓超伝記資料』朱伝誉主編、天一出版社(台北)、一九七九年。
『新大陸游記』梁啓超著、何守真校点、湖南人民出版社(長沙)、一九八一年。
『革命逸史』馮自由著、中華書局、一九八一年。
『民国康長素先生有為梁任公啓超師生合譜』楊克己編、台湾商務印書館(台北)、一九八二年。

『梁啓超詩文選』方志欽、劉斯奮編注、広東人民出版社(広州)、一九八三年。
『梁啓超年譜長編』丁文江、趙豊田編、上海人民出版社、一九八三年八月。
『梁啓超哲学思想論文選』梁啓超著、葛懋春、蔣俊編、北京大学出版社、一九八四年。
『梁啓超選集』梁啓超著、李華興、呉嘉勛編、上海人民出版社、一九八四年一一月。
『汪康年師友書札』上海図書館編、上海古籍出版社、一九八六年二月。
『戊戌変法前後康有為遺稿』上海市文物保管委員会編、上海人民出版社、一九八六年八月。
『梁啓超詩文選注』王蘧常選注、人民文学出版社(北京)、一九八七年。
『梁任公先生年譜長編初稿』丁文江撰、世界書局(台北)、一九八八年第三版。
『飲氷室合集(一―一二)』梁啓超著、林志鈞編、北京中華書局、一九八九年、上海中華書局、九三六年版影印版(一―五、文集一―四五、六―一二、専集一―一二四)。
『強学報・時務報』中華書局編輯部編、中華書局(北京)、一九九一年九月。
『清議報』(影印版六冊)、中華書局編輯部編、中華書局(北京)、一九九一年九月。
『梁啓超語萃』梁啓超著、馬勇篇、華夏出版社(北京)、一九九三年九月。
『梁啓超未刊書信手迹』梁啓超著、中華書局(北京)、一九九四年。
『梁啓超政論選』梁啓超著、遼寧人民出版社(沈陽)、一九九四年。
『新民説』梁啓超著、宋志明選注、遼寧人民出版社(沈陽)、一九九四年。
『梁啓超知交手札』国立中央図書館特蔵組編、台北市国立中央図書館、一九九五年。
『国性与民徳:梁啓超文選』梁啓超著、王徳峰編、上海遠東出版社、一九九五年。
『梁啓超学術文化随筆』梁啓超著、夏暁虹編、中国青年出版社、一九九六年七月。
『新中国未来記』梁啓超著、百花洲文芸出版社(南昌)、一九九六年。
『中国近三百年学術史』梁啓超著、東方出版社(北京)、一九九六年。
『先秦政治思想史』梁啓超著、東方出版社(北京)、一九九六年。
『梁漱溟自述』「紀念梁啓超先生(一九四三年一月)」灕江出版社、一九九六年九月。
『梁啓超国学講録二種』梁啓超著、陳引馳編校、中国社会科学出版社(北京)、一九九七年。
『梁啓超詩文選訳』梁啓超著、馬金科訳注、巴蜀書社(成都)、一九九七年。
『中国歴史研究法』梁啓超著、湯志鈞導読、上海古籍出版社一九九八年。
『少年中国説』梁啓超著、新世紀出版社(広州)、一九九八年。
『梁啓超詩詞全注』汪松涛編注、広東高等教育出版社(広州)、一九九八年。
『清代学術概論』梁啓超著、朱維錚導読、上海古籍出版社、一九九八年。

『梁啓超史学論四種』梁啓超、岳麓書社(長沙)、一九九八年八月。
『梁啓超学術論著集・文学巻』陳引馳編、華東師範大学出版社、一九九八年一一月。
『梁啓超学術論著集・伝記巻』陳引馳編、華東師範大学出版社、一九九八年一一月。
『佛教研究十八篇』梁啓超著、陳引馳整理、遼寧教育出版社(沈陽)、一九九八年。
『理想与力気』梁啓超著、内蒙古人民出版社(呼和浩特)、一九九九年。
『梁啓超心語』梁啓超著、羅検秋編、岳麓書社(長沙)、一九九九年。
『北京図書館蔵珍本年譜叢刊　第一九四冊』周和平主編、北京図書館編、北京図書館出版社、一九九九年。
『梁啓超全集』梁啓超著、沈鵬等主編、北京出版社、一九九九年。
『清代学者整理旧学之総成績』梁啓超著、商務印書館(北京)、一九九九年。
『飲氷室主人自説』梁啓超著、程華平編、江蘇人民出版社(南京)、一九九九年。
『二十世紀中国文化史：著名学者光盤資料庫、梁啓超専集CD-ROM』北京大学出版社：北京大学未名文化発展公司、一九九九年。
『梁啓超法学文集』梁啓超著、中国法政大学出版社、二〇〇〇年一月。
『梁啓超家書』梁啓超著、張品興編、中国文聯出版公司(北京)、二〇〇〇年。
『中国歴史研究法』梁啓超著、河北教育出版社(石家庄)、二〇〇〇年。
『李鴻章伝』梁啓超著、百花文芸出版社(天津)、二〇〇〇年。
『新民時代：梁啓超文選』侯宜傑選注、百花文芸出版社(天津)、二〇〇二年。
『飲氷室文集点校』梁啓超著、呉松等点校、雲南教育出版社(昆明)、二〇〇一年。
『維新巨擘：中国近代資産階級革命領袖梁啓超自述』張明林主編、黒龍江人民出版社(哈尔濱)、二〇〇三年。

◎関連専門書

『中華民國開國前革命史』(上編)馮自由著、上海革命史編輯社、一九二八年。
『汪穰卿先生傳記』汪詒年編、台湾文海出版社復刻版、一九三八年一〇月。
『戊戌変法—中国近代資料叢刊二』中国史学会主編、神州国光社、一九五三年。
『戊戌変法史論叢』湯志鈞著、湖北人民出版社、一九五七年一一月。
『中国報学史』戈公振著、太平書局(香港)、一九六四年三月。
『中国近代思想家研究論文選』中国人民大学中国歴史教研室編、三聯書店(北京)、一九五七年。
『立憲派與辛亥革命』張朋園著、中国学術著作奨助委員会叢書之四十、中華民国五十八年十月初版。
『戊戌變法史研究』(台湾中央研究院歴史語言研究所専刊之五十四)、黄彰健著、中華民国五十九年六月。
『清季的立憲団体』張玉法著、中央研究院近代史研究所専刊(二八)、中華民国六十年四月。
『中国近代思想史論』李澤厚著、人民出版社、一九七九年。

『中華民國史事日誌』(第一冊、民國元年至民國十四年)、中央研究院近代史研究所、郭廷以編著、中華民國六十八年七月初版。
『六十年来中国与日本』(第五巻)、王芸生編著、生活・讀書・新知三聯書店出版、一九八〇年八月。
『宋教仁集』中華書局、一九八一年。
『中国近代報刊史』方漢奇著、山西人民出版社、一九八一年六月。
『中日文化交流史論文集』北京市中日文化交流史研究会編、人民出版社、一九八二年一〇月。
『中国人留学日本史』実藤恵秀、三聯書店、一九八三年。
『中国新聞業史(古代至一九四九年)』梁家禄、鐘紫、趙玉明韓松編、広西人民出版社、一九八四年八月。
『中国新聞事業史稿』李龍牧著、上海人民出版社、一九八五年一月。
『一九〇七年以前中国的社会主義思潮』伯納爾(美)著、丘権政、符致興訳、福建人民出版社、一九八五年四月。
『中国報紙文体発展概要』李良栄著、福建人民出版社、一九八五年六月初版、二〇〇二年再版。
『毛沢東著作選讀』(上冊)、人民出版社、一九八六年八月。
『中国新聞事業史』谷長嶺、兪家慶編、中央広播電視大学出版、一九八七年二月。
『従保皇派到秘密党員—回憶我的父親楊度』楊雲慧著、上海文化出版社、一九八七年四月。
『中国近代新聞思想史』胡太春著、山西人民出版社、一九八七年七月。
『黄遵憲与近代中国』鄭海麟著、生活・讀書・新知三聯書店、一九八八年六月。
『中国新聞史(古近代部分)』王洪祥主編、中央民族学院出版社、一九八八年一二月。
『中国的報刊』王鳳超編著、人民出版社、一九八八年一二月。
『現代中国的思想衝突：民主主義与権威主義』(美)紀文勛著、程農、許剣波訳、山西人民出版社(太原)、一九八九年四月。
『新聞事業概論』趙徳全著、北京広播学院出版社、一九八九年五月。
『近代伝統与思想文化』李侃、文化藝術出版社、一九九〇年。
『孫中山年譜長編』陳錫祺主編、中華書局、一九九一年。
『中国新聞事業通史(第一巻)』方漢奇主編、中国人民大学出版社、一九九二年九月。
『尋求歴史的謎底—近代中国的政治与人物』楊天石著、首都師範大学出版社、一九九三年七月。
『劍橋中華民國史(下)』梁琛編、中国社会科学出版社、一九九四年一月。
『中国新聞通史(上冊)』劉家林編著、武漢大学出版社、一九九五年一二月。
『中国新聞事業史教程』袁軍、哈艶秋著、中国広播電視出版社、一九九六年四月初版、二〇〇一年増補版。
『中日文化交流史大系I歴史巻』王暁秋著、浙江人民出版社、一九九六年。
『中日文化交流史大系I思想巻』厳紹著、浙江人民出版社、一九九六年。
『羅素文集』王正平訳、改革出版社、一九九六年九月。
『誰主沈浮：旧中国五十年政治風雲』李済琛・陳志英著、改革出版社、一九九七年四月。
『日中両国現代化比較研究』依田憙家著、北京大学出版社、一九九七年九月。

『東方巨人孫中山』広宇主編、内蒙古人民出版社、一九九八年五月。
『晩清佚聞叢攷—戊戌變法為中心』孔祥吉著、巴蜀書社、一九九八年七月。
『外人與戊戌變法』王樹槐著、上海書店出版社、一九九八年八月。
『張之洞与近代中国』黎仁凱、種康模著、河北大学出版社、一九九九年八月。
『新民与復興：近代中国思想論』周佳栄著、教育図書公司(香港)、一九九九年。
『儒教中国及其現代命運』(美)約瑟夫・R・列文森(Joseph R.Levenson)著、鄭大華、任菁訳、中国社会科学出版社(北京)、二〇〇〇年。
『晩清社会与文化』夏暁虹著、湖北教育出版社(武漢)、二〇〇一年。
『二〇世紀中国新聞学与傳播学』戴元光、童兵、金冠軍主編 復旦大学出版社、二〇〇一年一〇月。
『自由的歴険——中国自由主義新聞思想史』張育仁著、雲南人民出版社、二〇〇二年一一月。
『中国報学史』(挿図整理本)、戈公振著、上海古籍出版社、二〇〇三年八月。

◎雑誌論文

「梁任公先生(附：梁任公先生年表)」鄭振鐸『中国文学研究』第五巻、一九二九年二月。
「近代中国学術上之梁任公先生」素痴『大公報文学副刊』一九二九年二月一一日。
「梁任公先生遺事」謝国禎『国風』五巻五期。
「維新人物—梁啓超」趙豊田『大公報史地週刊』一九三六年一〇月二三日。
「梁任公先生評伝」王森然『中国公論』一九巻三-五期。
「梁任公政治思想之概観」劉熊祥『治史雑誌』第二期(一九三九・二)。
「梁任公別録」張其昀『思想与時代』第四期(一九四一・一一)。
「梁任公先生別録拾遺」呉其昌『思想与時代』第一三期(一九四二・八)。
「梁啓超之思想学術」楊栄国『読書与出版』一巻六期(一九四六・一〇)。
「梁啓超底思想」馮友蘭『中国近代思想史論文集』(上海人民出版社)、一九五八年七月。
「梁啓超之時評」王芸生『新聞戦線』一九六〇年第一期。
「辛亥革命後梁啓超的思想」陳旭麓『光明日報』一九六一年七月五日与一九日。
「論梁啓超的旧伝統思想体系」蔡尚思『光明日報』一九六一年九月一五日。
「梁啓超史学思想試論」李侃『新建設』一九六三年第七期。
「回憶梁啓超先生」楊鴻烈『広東文史資料』一九六三年第八期。
「梁啓超的小説理論与小説界革命」王立興『南京大学学報』一九六三年第三、四期。
「梁啓超与清末民権運動」李華興『復旦大学学報』(社会科学版)一九七九年第五期。
「梁啓超後期思想的評価問題」胡嘯『復旦大学学報』(社会科学版)一九七九年第五期。
「梁啓超王国維簡論」李澤厚『歴史研究』一九七九年七月。

「梁啓超的経済思想」葉世昌『貴陽師院学報』一九八〇年第三期。
「史学大師梁啓超与王国維」周伝儒『社会科学戦線』一九八一年第一期。
「試論梁啓超反封建的社会政治思想」王左峰『中山大学研究生学刊』一九八一年第二期。
「評梁啓超的佛教救世思想」杜継文『世界宗教研究』一九八一年第四期。
「梁啓超与辛亥革命」李国俊『史学月刊』一九八一年第五期。
「戊戌至辛亥期間梁啓超的民主政治思想」王好立『歴史研究』一九八二年第一期。
「論梁啓超的教育思想」周徳昌『学術研究』一九八二年第二期。
「評梁啓超日本亡命早期的革命傾向」陳明利『貴陽師範学院学報』一九八二年第三期。
「関于梁啓超思想研究資料的評価」王左峰『中山大学学報』一九八三年第三期。
「評梁啓超関于教育思想和人材学観点的重要遺稿」李錦全『学術研究』一九八三年六月。
「戊戌維新運動和康有為、梁啓超学術討論会論点総述」李鴻生『学術研究』一九八三年六月。
「関于建国以後梁啓超研究若干問題的概述」何永伝『中山大学学報』一九八四年第一期。
「日本康梁遺跡訪問」湯志鈞『文物』一九八五年第一〇期。
「在第一次世界大戦期間的梁啓超与日本」劉福祥『東北師範大学学報』一九八五年第一期。
「梁啓超史学理論体系的新探求」胡逢祥『学術月刊』一九八六年第一二期。
「梁啓超与日本明治小説」夏暁虹『北京大学学報』一九八七年第五期。
「論人的近代化与梁啓超的新民理論」陳中凡『学術研究』一九八八年五月。
「再論梁啓超的新民説」崔志海『近代史研究』一九八九年四月。
「梁啓超新民説的再認識」崔志海『近代史研究』一九八九年四月。
「論梁啓超的〈国民観〉」沙磊『学習与探索』一九八九年四月。
「梁啓超―中国現代啓蒙運動的先駆者」範岱華『自然辨証法通訊』一九九〇年四月。
「梁啓超社会思想研究」周武『学術季刊』一九九〇年四月。
「孫中山与梁啓超関于中国現代化的選択」耿雲志『歴史研究』一九九〇年五月。
「梁啓超与中国近代化」李華興『歴史研究』一九九一年三月。
「清末〈中体西用〉思想新議」季雲飛『求索』一九九一年三月。
「日本明治維新与中国戊戌変法之比較」劉世明『理論導刊』一九九一年一一月。
「福沢諭吉与梁啓超的近代化思想之比較」高力克『歴史研究』一九九二年二月。
「梁啓超与中国近代化」李華興『歴史研究』一九九二年三月。
「福沢諭吉与梁啓超的政治革新観念之比較」徐剣梅『北京大学学報』一九九三年二月。
「梁啓超対我国目録学的開創性貢献」李万健『中国図書館学報(季刊)』一九九三年第二期。
「梁啓超与日本」謝俊美『上海師範大学学報』一九九四年二

月。
「戊戌維新時期梁啓超対日本的認識」周佳栄『香港中国近代史学会会刊』（紀念王徳昭教授専号）第七期、一九九五年一月。
「覚世以始伝世以終的梁啓超」夏暁虹『読書』一九九五年第五期。
「中国国民性的更生——梁啓超《新民説》析論」周佳栄『香港中国近代史学会会刊』第八期、一九九六年一二月。
「梁啓超与東京大同高等学校」彭澤周『大陸雑誌』（台湾）第四三巻第二期。
「梁啓超的政治学術思想与日本」郭寿華『民国』（台湾）六一年八月。
「梁啓超与康徳」黄克武『中央研究院近代史研究所集刊』第三〇期、一九九八年一二月。
「梁啓超著述在韓国的伝播及其対韓国近代文学的影響」牛林傑『中韓関係』山東大学出版社、一九九九年、九〇-一〇七頁。
「梁啓超目録学思想与実践研究総述」艾露『北京図書館刊』一九九九年第一期。
「和文漢読法」夏暁虹『清末小説』五三号、一九九九年四月。
「梁啓超的家庭像」夏暁虹『中華読書報』一九九九年六月。
「日本在中国接受近代西方思想中的作用—梁啓超個案国際研討会述評」桑兵『歴史研究』一九九九年第一期一六三期。
「略論梁啓超謀救光緒皇帝的活動（一八九八年九月～一九〇〇年九月）」耿云志『歴史研究』一九九九年第四期、一二九頁。
「梁啓超的戯曲創作与近代戯曲変革」左鵬軍『中州学刊』一九九九年第四期。
「梁啓超的小説理論与批評」曾揚華『中山大学学報（社会科学版）』第三九巻第五期、一九九九年九月。
「梁啓超的経済論述：総述、回顧、省思」頼建成『新史学』（台湾）一二（一）、二〇〇一年。
「両岸学者対梁啓超的歴史評価」楊中立『行政管理学報』六期（台湾）、二〇〇一年。
「東亜的民本思想與近代化—以梁啓超的国会観為中心」張啓雄『中央研究院東北亜区域研究演講系列五、二〇〇一年一一月。
「梁啓超新民思想再論」沈松平『寧波大学学報（人文科学版）』二〇〇二年Vol. 15, No. 2.
「梁啓超佚函中的綁架劉学詢方案」郭世佑『歴史研究』二〇〇二年第二期。
「書評：梁啓超的東学、西学与新学—評狭間直樹《梁啓超・明治日本・西方》」桑兵『歴史研究』二〇〇二年第六期。
「論近代知識的転型—梁啓超的知識観及其目録学思想」（学会発表＝二十一世紀的世界与中国：当代中国発展熱点問題学術研討会）劉龍心『東呉大学歴史研究所』第二一巻第三期、二〇〇二年八月。
「中国需要什麼様的新史学」（記念梁啓超《新史学》発表一〇〇周年学術研討会総述）劉煥性『歴史研究』二〇〇三年第一期。

二、日本語文献

◎専門書

『飲氷室文集類編』下河辺半五郎（注：梁啓超）、東京、一九〇四年五月。

「第二七話　快男児梁啓超を救ふ話」林権助述、岩井尊人編著『わが七十年を語る』東京、第一書房、一九三五年三月。

「学問の趣味（梁啓超）」『西湖の夜：白話文学二十編』土井彦一郎訳注、白水社（東京）、昭和一四年。

「学問之趣味（梁啓超）」『中国現代文読本』山室三良編、白水社（東京）、昭和一九年。

「梁啓超文三篇」島田虔次『中国革命の先駆者たち』筑摩書房、一九六五年一〇月。

「梁啓超について」増田渉『中国文学史研究』岩波書店、一九六七年七月。

「梁啓超氏の「中国歴史研究法」を読む」『桑原隲蔵全集　第二巻』岩波書店（東京）、一九六八年。

『清末政治思想研究』小野川秀美著、みすず書房、一九六九年一月。

「梁啓超の明治維新観と中国変革論（彭沢周）」『世界史のなかの明治維新：外国人の視角から』坂田吉雄・吉田光邦編京都大学人文科学研究所、一九七三年。

「梁啓超と辛亥革命」永井数巳『近代アジア教育史研究　下巻』岩崎学術出版社、一九七五年三月。

「福沢諭吉・朴泳孝・梁啓超の新民論—東アジア近代思想の相互関連性（青木功二）」『福沢諭吉年鑑三（一九七六）』福沢諭吉協会（東京）、一九七六年。

「梁啓超の明治維新観と中国変革論」「附録　康有為梁啓超合訂年譜」「図版　梁啓超の大隈重信あて書信」『中国の近代化と明治維新』彭澤周、同朋舎（京都）、一九七六年八月。

「君主政治より民主政治への推移の道理について（梁啓超）中国積弱の根源について（抄）（梁啓超）」『原典中国近代思想史　第二冊』西順蔵編、岩波書店（東京）、一九七七年四月。

「梁啓超の変法運動」『近代中国の政治と社会』（増補版）市古宙三、東京大学出版会、一九七七年三月（一九七一年一〇月初版）。

「梁啓超における湖南—とくに蔡鍔との関係をめぐって」佐藤一郎著『近代中国人物研究』山田辰雄編、慶応通信（東京）一九八九年二月。

『中国近代化過程の指導者たち』曽田三郎編、東方書店、一九九七年二月。

『近代中国の思索者たち』佐藤慎一編、大修館書店、一九九八年一二月。

『共同研究　梁啓超　西洋近代思想受容と明治日本』狭間直樹編、みすず書房、一九九九年一一月。

『愛国主義の創成—ナショナリズムから近代中国をみる』吉沢誠一郎著、岩波書店、二〇〇三年三月。

◎雑誌論文

「内藤湖南と梁啓超」沢村幸夫『支那』二七巻二号、一九三六年二月。

「留東外史と其の日本観」実藤恵秀『中国文学月報』第一二号、一九三六年三月。

「新聞、雑誌に於ける日華関係」実藤恵秀『中国文学月報』二一号、一九三七年一二月。

「梁啓超の文体」中村忠行『中国語学』一五号、一九四八年五月。

「『新中国未来記』攷説——中国文芸に及ぼせる日本文芸の影響の一例」中村忠行『天理大学学報』一巻一号、一九四九年五月。

「天野為之と梁啓超」中村忠行『中国資料旬刊』二〇・二一号、一九五一年四月。

「梁啓超の大同思想」板野長八『東京史論叢：和田博士還暦記念』和田博士還暦記念東洋史論叢編集委員会編、大日本雄弁会講談社（東京）、一九五一年。

「梁啓超について—文学史的に見て—」増田渉『人文研究』六巻六号、一九五五年七月。

「民報の停刊について」野原四郎『思想』四〇八、一九五八年六月。

「梁啓超—中国近代史研究の手引一五」永井算巳『大安』五巻七号、一九五九年七月。

「梁啓超とその文学—とくに文章について—」佐藤一郎『北斗』第四巻第三号（通巻一九号）、一九五九年七月。

「梁啓超（中国基本資料解題一五）」中国文化研究会『大安』五巻八号、一九五九年八月。

「啓蒙家・宣伝家としての梁啓超とその文学—とくに「新民説」の文章について」佐藤一郎『現代中国』三五、一九六〇年六月。

「梁啓超の新民説について」木原勝治『立命館文学』一八〇号、一九六〇年六月。

「飲冰室詩話について」倉田貞美『香川大学学芸学部研究報告』第一部一三、一九六〇年八月。

「小説界革命と梁啓超—思想史的考察」中野美代子『外国語・外国文学研究』（北海道大）九、一九六二年三月。〈清末小説研究　その五〉

「二八梁啓超（民国）」『中国の思想家：宇野哲人博士米寿記念論集　下巻』東京大学文学部中国哲学研究室編、勁草書房（東京）、一九六三年。

「飲冰室詩話に見える晩清「詩界革命」の主張」許常安『日本中国学会報』一七集、一九六五年一〇月。

「梁啓超」鐘ヶ江信光、中国語学研究会関西支部編『中国語と中国文化』光生館、一九六五年五月、一九七〇年四月訂正再版。

「梁啓超の国家構想」楠瀬正明『史学研究』（広島史学研究会）第一二一・一二二合併号。

「清末における在日康梁派の政治動静（その一）—康有為梁啓超の日本亡命とその後の動静—」永井算巳『信州大学人文学部紀要』第一号別冊、昭和四一年一二月。

「梁啓超の日本亡命について」増田渉『東京支那学報』一三、一九六七年六月。

「梁啓超の『西学書目表』」増田渉『中国文学史研究』岩波書店、一九六七年七月。

「張明園著『梁啓超与清季革命』（書評）」菊池貴晴『東洋学報』五〇巻三号、一九六七年一二月。

「清末における在日康梁派の政治動静（その二）—新民叢報と民報の争論—」永井算巳『人文科学論集』（信州大学人文学部）第二号別冊、昭和四二年一二月。

「社会主義講習会と政聞社」永井算巳『人文科学論集』（信州大学人文学部）、九六八年。

『民報』と『新民叢報』の論争の一側面—革命は瓜分を招くか」堀川哲男『田村博士頌寿東洋史論叢』一九六八年。

「光緒帝西太后死去と在日康梁—清末における在日康梁派の政治動静（その四）—」永井算巳『人文科学論集』（信州大学人文学部）第三号別冊、昭和四三年一二月。

「梁啓超における「文学」」佐藤一郎『芸文研究』（慶大芸文学会）二七号、一九六九年三月。

「梁啓超の小説への道程」橋本高勝『野草』二号、一九七一年一月。

『清議報』登載の「佳人奇遇」について─特にその訳者」許常安『漢文学会会報』（東京教育大学）三〇号、一九七一年六月。

『清議報』登載の「佳人奇遇」について 一─特にその名訳と誤植訂正」許常安『斯文』六六号、一九七一年八月。

『清議報』登載の「佳人奇遇」について 二─特にその誤訳一」許常安『斯文』六七号、一九七一年一〇月。

「脱出への苦悩─梁啓超とその時代」横山英『広島大学文学部紀要』三一巻二号、一九七二年二月。共同研究・社会と人間─近代における知識人の苦悩

『清議報』登載の「佳人奇遇」について─特にその西洋的外来語一」許常安『斯文』六八号、一九七二年二月。

『清議報』登載の「佳人奇遇」について─特にその改刪」許常安『大正大学研究紀要』（文学部、仏教学部）五七号、一九七二年三月。

「清議報第四冊訳載の「佳人奇遇」について」許常安『日本中国学会報』二四集、一九七二年一〇月。

「梁啓超の政治思想──日本亡命から革命派との論戦まで」坂出祥伸『関西大学文学論集』二三巻一号、一九七三年一月。

「梁啓超および『佳人之奇遇』」大村益夫、（早大法学会）『人文論集』一一号、一九七四年二月。

『清議報』登載の「佳人奇遇」について 三─特にその誤訳二」許常安『斯文』七五・七六号、一九七四年四月。

「梁啓超の政治思想─日本亡命から革命派との論戦まで─承前完─」坂出祥伸『関西大学文学論集』（関西大学人文科学研究所）二四（一）、一九七四年一二月。

「梁啓超の詩論と『詩界革命』─杜甫と黄遵憲評を中心に」麦生登美江『中国文学論集』（竜渓書舎）、目加田誠博士古稀記念（東京）、一九七四年。

「再び新民叢報と民報の論争をめぐって」有田和夫『宇野哲人先生白寿祝賀記念東洋学論叢』一九七四年。

『清議報』登載の「佳人奇遇」について─四─特にその誤訳 三」許常安『斯文』七八号、一九七五年三月。

「民生主義をめぐる民報と新民叢報の論争─上─」堀川哲男『東洋史研究』（東洋史研究会）三三（一）。一九七四年。

「民生主義をめぐる民報と新民叢報の論争─下─」堀川哲男『東洋史研究』（東洋史研究会）三四（一）、一九七五年六月。

『清議報』登載の「佳人奇遇」について─特にその西洋的外来語二」許常安『大正大学研究紀要』六一号、一九七五年一一月。

「梁啓超之思想（昭和四十九年度学内学術研究発表要旨）」黄智寛『大正大学学報』一九七五年一二月。

『清議報』登載の「佳人奇遇」について─五─特にその誤訳 四」許常安『斯文』七九号、一九七五年一二月。

「中国近代史ノート─七：追い越されるジャーナリスト＝梁啓超」陳舜臣『朝日アジアレビュー』（朝日新聞社）六（一）、一九七五年三月。

「梁啓超の立憲政策論」横山英『広島大学文学部紀要』三五、一九七六年一月。

『清議報』登載の「佳人奇遇」について─特にその西洋的外来語 第三篇」許常安、『人文論集』（専修大）一六号、一九七六年三月。

「梁啓超の国家論の特質─群概念の分析を通して」楠瀬正明

『史学研究』（広島史学研究会）一三二、一九七六年七月。

「梁啓超と史界革命―〈新史学〉の背景をめぐって」竹内弘行『日本中国学会報』二八、一九七六年一〇月。

「上海中国書局印行「佳人之奇遇」について―特に『清議報』登載の「佳人奇遇」比較して　第一篇」許勢常安『国士館大学漢学紀要』創刊号、一九七七年一〇月。

「上海中国書局印行と『清議報』訳載の「佳人奇遇」を比較して―特にその誤訳」許勢常安『国士館大学教養論集』六、一九七七年一二月。

「梁啓超の《文学評論》について―一九二〇年代を中心に」宮内保『語学文学』（北海道教育大学語学文学会）一五、一九七七年。

「上海中国書局印行と『清議報』訳載の「佳人奇遇」を比較して―特にその名訳と誤植訂正―二―」許勢常安『国士館大学人文学会紀要』一〇、一九七八年一月。

「進化思想と歴史意識―続・梁啓超と史界革命」竹内弘行『高野山大学論叢』第一三巻、一九七八年二月。

「梁啓超著述編年初稿―一―」坂出祥伸『関西大学文学論集』（関西大学人文科学研究所）二七(四)、一九七八年三月。

「変法運動と時務報」深沢秀男『四国学院大学論集』四〇、一九七八年三月。

「丁巳復辟事件と梁啓超」永井算巳『人文科学論集』（信州大学人文学部）一三、一九七九年三月。

「梁啓超著述編年初稿―二―」坂出祥伸『関西大学文学論集』（関西大学人文科学研究所）二八(四)、一九七九年三月。

「清末における立憲構想―梁啓超を中心として」楠瀬正明『史学研究』（広島史学研究会）一四三、一九七九年六月。

「梁啓超と反袁運動について」川上哲正『学習院史学』（学習院大学史学会）第一五号、一九七九年一月。

「上海中国書局印行と『清議報』訳載の「佳人奇遇」を比較して―特にその誤訳(二)―第四篇」許勢常安『中国文史哲学論集』（講談社）、加賀博士退官記念、一九七九年三月。

「梁啓超における〈開明専制論〉の成立」木原勝治『芦屋女子短期大学開学二十周年記念論文集』（文雅堂銀行研究社）一九七九年七月。

「張朋園著『梁啓超与民国政治』（書評）」楠瀬正明『広島大学東洋史研究室報告』創刊号、一九八〇年三月。

「玄奘の長安出発の年次について―梁啓超氏の論考への批判を中心として」松崎光久『早稲田大学大学院文学研究科紀要　別冊　六集』一九八〇年三月。

「清末における梁啓超の近代国家論」木原勝治『立命館文学』（立命館大学人文学会）四一八-四二一、一九八〇年七月。

「清末における梁啓超の近代国家論」木原勝治『東洋史論叢』（立命館大学人文学会）、三田村博士古稀記念、一九八〇年八月。

「丁巳復辟事件と梁啓超」永井算巳『人文科学論集』（信州大学人文学部）一五、一九八一年三月。

「梁啓超のアジア観―とくに日本観を中心として」楠瀬正明『広島大学東洋史研究室報告』第三号、一九八一年一〇月。

「『新民叢報』の欧文訳語」芝田稔『関西大学東西学術研究所創立三十周年記念論文集』（関西大学出版部）一九八一年一二月。

「清末の〈新名詞〉論議」澤田瑞穂『宋明清小説叢考』研文出版、一九八二年二月。

「『新小説』の発行年月と印刷地」樽本照雄『中国文芸研究会会報』三二号、一九八二年二月。

「漢訳『佳人奇遇』の周辺―中国政治小説研究札記―」山田敬三『神戸大学文学部紀要』九号、一九八二年三月。

「丁巳復辟事件と梁啓超―三―」永井算巳『人文科学論集』（信州大学人文学部）一六、一九八二年三月。

「資料　新小説総目録」樽本照雄『大阪経大論集』第一四八号、一九八二年七月。

「梁啓超について―新文体論と〈東籍月旦〉」荘光茂樹『経済集志』（日本大学経済学研究会）五三（別号二）、一九八三年、四月。

「『新小説』目録」早田健文『広大アジア研究』第三号、一九八三年四月。

「『清議報』誌上の漢訳「経国美談」―中国政治小説研究札記―」山田敬三『文化年報』（神戸大）三号、一九八四年二月。

「梁啓超における西洋と伝統」別府淳夫『倫理学』（筑波大学倫理学原論研究会）第二号、一九八四年三月。

「『新小説』としての「歴史小説」上―中国政治小説研究札記―」山田敬三『神戸大学文学部紀要』一一号、一九八四年三月。

「蒋智由の諷刺―〈奴才好〉から政聞社まで」池沢実芳『文化』（東北大学文学会）四八（一・二）、一九八四年九月。

「梁啓超の文体についての一考察」張美慧『大東文化大学創立六十周年記念　中国学論集』（大東文化学園）一九八四年一二月。

「『新小説』としての「歴史小説」下―中国政治小説研究札記―」山田敬三『神戸大学文学部紀要』一二号、一九八五年二月。

「梁啓超における啓蒙思想の理念―その形成と問題」佐藤一樹『中国文化』（大塚漢文学会　筑波大学文芸言語学系横山研究室内）四三、一九八五年。

「魯迅と梁啓超―〈国民性〉〈病根〉問題と小説観について」片山智行『中国学論集』（汲古書院）伊藤漱平教授退官記念一九八六年三月。

「梁啓超における桐城派」佐藤一郎『史学』（三田史学会）五六（三）、一九八六年一一月。

「梁啓超の啓蒙活動の一端について」阿部賢一『中国史における乱の構図』（筑波大学創立十周年記念東洋史論集）、雄山閣出版、一九八六年一二月。

「劉鉄雲は梁啓超の原稿を読んだか」樽本照雄『節令』（早稲田大）七期、一九八六年一二月。

「劉鉄雲は梁啓超の原稿を読んだか二―劉徳隆・劉徳平両氏に答える」樽本照雄『清末小説から』六号、一九八七年七月。

「劉鶚与梁啓超及戊戌変法」劉徳隆・劉徳平『清末小説から』六号、一九八七年七月。

「晩清の文学改良運動―梁啓超と〈小説革命〉」許勢常安『中国の文学論』（汲古書院）、一九八七年九月。

「劉鉄雲の汪康年・梁啓超あて手紙」樽本照雄『清末小説から』七号、一九八七年一〇月。

「前号、劉鉄雲書簡に関しての訂正」樽本照雄『清末小説から』八号、一九八八年一月。

「『時務報』と清末のジャーナリズム観」佐藤一樹『駒沢大学外国語部論叢』二八、一九八八年九月。

「亡命中の梁啓超に影響を及ぼした人物（論稿）」張美慧『アジア文化』（アジア文化総合研究所）、第一三号、一九八八年一二月。

「梁啓超の現存する詩歌について」許勢常安『専修商学論集』（専修大学学会）四九、一九九〇年三月。

「梁啓超に於ける伝統と近代化（第二部論文―伝統と近代化）」戴禾『アジア文化研究別冊』（国際基督教大学アジア文化研究所）二、一九九〇年一一月。

「厳復と梁啓超―その啓蒙観の比較」佐藤一樹『二松学舎大学論集』三四、一九九一年。

「梁啓超の西洋思想家論」宮村治雄『中国―社会と文化』（東大中国学会）第五号、一九九〇年。

「梁啓超の新文体と徳富蘇峰―（一）―」大原信一『東洋研究』（大東文化大学東洋研究所）九七、一九九一年一月。

「梁啓超の盗用」樽本照雄『清末小説から』二〇号、一九九一年一月。

「也説梁啓超的盗用」夏暁虹『清末小説から』二二号、一九九一年七月。

「中国近代史資料叢刊『戊戌変法』掲載の梁啓超執筆新史料について」河村一夫『政治経済史学』（政治経済史学会）三一五、一九九二年九月。

「辛亥革命後の梁啓超の思想―士人主導の運動から〈国民運動〉へ」有田和夫『東京外国語大学論集』四七、一九九三年。

「福沢諭吉と中国の啓蒙思想―梁啓超との思想的関連を中心に」肖朗『名古屋大学教育学部紀要　教育学科』四〇（一）、一九九三年。

「也談劉鶚致汪康年、梁啓超的信」劉徳隆『清末小説から』第二九号、一九九三年四月。

「〈過渡時代論〉に見る梁啓超の〈過渡〉観」若杉邦子『中国文学論集』（九州大学中国文学会）二二、一九九三年一二月。

「清末中国における社会主義思想の受容と批判―梁啓超と同盟会革命派の大論争について（政治学編）」張作人『大東法政論集』（大東文化大学大学院法学研究科）創刊号、一九九三年。

「中華民国初期の梁啓超と第一国会」楠瀬正明『史学研究』（広島史学研究会）二〇六、一九九四年一〇月。

「梁啓超と日本語」大原信一『東洋研究』（大東文化大学東洋研究所）一一四、一九九四年一二月。

「梁啓超〈自由書〉と〈新民説〉」斉藤泰治『教養諸学研究』（早稲田大学政治経済学部教養諸学研究会）九七・九八、一九九五年。

「『時務報』と情報管制体制」増田武一郎『中国文学研究』（早稲田大学中国文学会）二一、一九九五年一二月。

「梁啓超と社会進化論」佐藤慎一『法学』（東北大学法学会）五九（六）、一九九六年一月。

「梁啓超『戊戌政変記』成書考」狭間直樹『近代史研究』一九九六年第四期。

「福沢諭吉と梁啓超―近代日本と中国の思想・文化交流史の一側面」肖朗『日本歴史』（日本歴史学会）五七六、一九九六年五月。

「近代中国の思索者たち―四―梁啓超―〈史界革命〉と明治の歴史学」手代木有児『月刊しにか』（大修館書店）七（七）、一九九六年七月。

「梁啓超にとってのルネッサンス」末岡宏『中国思想史研究』（京都大学文学部中国哲学史研究室）一九、一九九六年一二月。

「梁啓超在中国小説近代化的貢献―梁啓超与晩清〈小説界革

命〉」鍾賢培『清末小説』第一九号、一九九六年一二月。

「梁啓超〈群治〉の読まれ方―附：中日英用例比較、関連論文一覧」樽本照雄『大阪経大論集』四八(三)、一九九七年九月。

「梁啓超研究と日本」狭間直樹『近代中国史研究通信』第二四期、一九九七年九月。

「梁啓超の陽明学説―一九二〇年代を中心に―」竹内弘行『名古屋学院大学外国語学論集』九-一、一九九七年。

「梁啓超と呉錦堂を結ぶもの」中村哲夫『人文学部紀要』(神戸学院大学人文学部)一五、一九九七年一〇月。

「梁啓超と彼の文学作品覚え書」森川登美江『大分大学経済論集』(大分大学経済研究所)四九(三・四)、一九九七年一一月。

「梁啓超における〈自由〉と〈国家〉―加藤弘之との比較において」小松原伴子『学習院大学文学部研究年報』四四、一九九七年。

「梁啓超の〈群治〉について」樽本照雄『清末小説から』第二〇号、一九九七年一二月。

「梁啓超の文学作品―劇本『班定遠平西域』を中心に」森川(麦生)登美江『清末小説』第二〇号、一九九七年一二月。

「梁啓超におけるナショナル・アイデンティティ形成とジェンダーの関係」(口頭発表)坂本ひろ子、国際会議 **"The Role of Japan in the Reception of Modern Western Civilization in China"** カリフォルニア大学サンタバーバラ校、一九九八年。

「梁啓超与宗教問題」巴斯蒂『東方学報』(京都大学人文科学研究所)七〇、一九九八年三月。

「〈異邦〉のなかの文学者たち(一)梁啓超―日本亡命と新中国の構想」清水賢一郎『月刊しにか』(大修館書店)九(四)、一九九八年四月。

「梁啓超と功利主義―加藤弘之『道徳法律進化の理』に関連して」佐藤豊『中国』(東大中国学会)一三、一九九八年六月。

「梁啓超の種本」樽本照雄『清末小説から』第五〇号、一九九八年七月。

「梁啓超の維新思想に見える福沢諭吉の〈文明論〉」劉恩慈『京都大学教育、社会、文化』第五号、一九九八年八月。

「文明に至るための権道―梁啓超における宗教と専制」李恵京『中国思想史研究』(京都大学文学部中国哲学史研究室)二一、一九九八年一二月。

「梁啓超の対日認識―日本亡命から日露戦争まで」三浦滋子『史論』(東京女子大学学会史学研究室)五一、一九九八年。

「天下観の崩壊による人間観の動揺―梁啓超の『変法通議』から『徳育鑑』まで」李恵京『日本中国学会報』(日本中国学会)五〇、一九九八年。

「マスメディアとしての『清議報』」増田武一郎『中国文学研究』(早稲田大学中国文学会)二四、一九九八年一二月。

「《和文漢読法》」夏暁虹『清末小説』第五三号、一九九九年四月。

「梁啓超と政聞社―日本における清末立憲派と立憲団体の一つ」趙英蘭『アジア文化研究』(国際アジア文化学会)六、一九九九年六月。

「梁啓超の変法論と三世説」藤井隆『広島修大論集　人文編』四〇(一)、一九九九年九月。

「清末における〈権利〉観念の受容―梁啓超の権利論を中心に」班偉『山陽論叢』(山陽学園大学)六、一九九九年一二月。

「梁啓超の絵画論」平野和彦『中国近現代文化研究』（中国近現代文化研究会）二、一九九九年一二月。

「中国の近代用語事始め—フライヤーと梁啓超の訳書論」大原信一『東洋研究』（大東文化大学東洋研究所）一三四、一九九九年一二月。

「梁啓超におけるジャーナリズム」山口るみ子『東洋大学大学院紀要』三六、二〇〇〇年。

「梁啓超の《新史学》への過程—浅探」馬場将三『東洋大学大学院紀要』三六、二〇〇〇年。

「梁啓超と〈帝国漢文〉—〈新文体〉の誕生と明治東京のメディア文化」（特集：中国人作家の〈帝都〉東京体験）清水賢一郎『アジア遊学』（勉誠出版）一三、二〇〇〇年二月。

「梁啓超のアジア認識—地理学から植民地構想へ（慶谷寿信先生記念論集）」吉川次郎『人文学報』（東京都立大学人文学部）三一一、二〇〇〇年三月。

「狭間直樹編『梁啓超—西洋近代思想受容と明治日本』」川尻文彦『現代中国研究』（中国現代史研究会）六、二〇〇〇年三月。

「梁啓超に関する研究の現状と問題点」石雲艶『東瀛求索』（中国社会科学研究会）一一、二〇〇〇年四月。

「座談会　東アジアの近代と梁啓超（上）」狭間直樹、佐藤慎一、宮村治雄『みすず』（みすず書房）四二（五）、二〇〇〇年五月。

「〈期待〉を裏切らぬ本格的論集—『共同研究　梁啓超』狭間直樹編」高柳信夫『東方』（東方書店）二三一、二〇〇〇年五月。

「座談会　東アジアの近代と梁啓超（下）」狭間直樹、佐藤慎一、宮村治雄『みすず』（みすず書房）四二（六）、二〇〇〇年六月。

「梁啓超における科学精神の発見—『清代学術概論』を論じる」石井剛『東アジア地域研究』（東アジア地域研究学会）七、二〇〇〇年七月。

「日本における梁啓超」石雲艶『国学院雑誌』一〇一（九）、二〇〇〇年九月。

「民権論の転換—戊戌前後の梁啓超」藤井隆『広島修大論集人文編』四一（一・二）、二〇〇〇年九月。

「清末におけるジュール・ヴェルヌの受容—梁啓超訳『十五小豪傑』を中心に」苑茶『大阪大学言語文化学』（大阪大学言語文化学会）九、二〇〇〇年。

「『新史学』について—梁啓超の旧史に対する考え—」馬場将三『東洋大学中国学会会報』二〇〇〇年一〇月。

「梁啓超における変法論の一考察」遠藤賢『東洋大学中国学会会報』二〇〇〇年一〇月。

「中国の教育近代化における〈発達〉概念の初期展開—梁啓超の教育思想に着目して」原聡介、日暮トモ子『目白大学人間社会学部紀要』（目白大学人間社会学部）一、二〇〇一年二月。

「近代中国に移入された日本漢字語彙—梁啓超の場合」李運博『国語国文研究』（北海道大学国語国文学会）一一八、二〇〇一年三月。

「梁啓超の民権・人権・女権—一九二二年〈人権と女権〉講演を中心に」須藤瑞代『中国研究月報』（中国研究所）五五（五）、二〇〇一年五月。

「清末の啓蒙家梁啓超と〈四聖画像〉」森紀子『Satya（東洋大学井上円了記念学術センター）』四三、二〇〇一年七月。

「概念の革新―梁啓超，十種徳性相反相成義，を読む」藤井隆『広島修大論集　人文編』（広島修道大学人文学会）四二（二）、二〇〇一年九月。

「『新民叢報』におけるニーチェ―明治日本との関わり」修斌『現代社会文化研究』（新潟大学大学院現代社会文化研究科）二一、二〇〇一年一一月。

「制度としての民本思想―梁啓超の立憲政治観を中心に」李暁東『思想』（岩波書店）九三二、二〇〇一年一二月。

「梁啓超の変法論と張之洞の『勧学篇』」遠藤賢『東洋大学大学院紀要（文学・哲学・仏学）』三八、二〇〇一年。

「近代中国に移入された日本語借用語―梁啓超の場合」李運博『北海道大学大学院文学研究科研究論集』（北海道大学大学院文学研究科）一、二〇〇一年。

「資料　梁啓超の連邦主義思想について」劉迪『比較法学』（早稲田大学比較法研究所）三四（二）、二〇〇一年。

「梁啓超の所謂〈転身〉について―《新民説》《論私徳》とその周辺」高柳信夫『東洋文化研究』（学習院大学東洋文化研究所）四、二〇〇二年三月。

「梁啓超と義和団運動二題」郭世佑『中国二一』（愛知大学現代中国学会、風媒社）一三、二〇〇二年四月。

「『新小説』の発行年月と印刷地二」樽本照雄『大阪経大論集』第二六八号、二〇〇二年七月。

「韓末における強権的社会進化論の展開―梁啓超と朝鮮愛国啓蒙運動」佐々充昭『朝鮮史研究会論文集』（四〇）、二〇〇二年一〇月。

「変法期の梁啓超の言論ノート」遠藤賢『東洋大学中国学会会報』二〇〇二年一〇月。

「従森田思軒訳《十五少年》到梁啓超訳《十五小豪傑》」李慶国『追手門学院大学文学部紀要』（三八）、二〇〇二年。

「梁啓超と日本借用語との関わり―梁啓超に対する評価及び日本借用語の出現箇所」李運博『北海道大学大学院文学研究科研究論集』（二）、二〇〇二年。

「梁啓超と吉田松陰」郭連友『季刊日本思想史』（六〇）、二〇〇二年。

「梁啓超のアメリカ大陸紀行―その『人種』観とナショナリズム宣揚―」（研究発表）吉澤誠一郎、アメリカ史研究会東京大学駒場キャンパス、二〇〇二年七月一三日。

「奴隷、国民、革命―『清議報』から『革命軍』へ」藤井隆『広島修大論集　人文編』四三（一）、二〇〇二年九月。

「中国における連邦論の実例研究―「分治」思想の起源と梁啓超の「地方自治」―」周俊『立命館東洋史学』第二五号、二〇〇二年。

◎資料・訳書・関連研究

『梁啓超書簡』梁啓超、宛先：大隈重信宛、明治三二年一月三〇日、早稲田大学図書館。

『梁啓超書簡』梁啓超、宛先：徳富蘇峰宛、明治三六年二月五日、同志社大学図書館。

「支那革命の特色（梁啓超著　中村久四郎訳）」『史論叢録』大類伸編、興亡史論刊行会（東京）、一九一八年九月。

『清代学術概論』梁啓超著、渡辺秀方訳、読画書院（東京）、一九二二年九月。

『先秦の政治思想』梁啓超著、大沢龍二郎訳評、支那文化叢書刊行会（大連）、一九二四年七月。

「対露問題（梁啓超）」『聯露か排露か』南満州鉄道株式会社北京公所研究室編訳、南満州鉄道北京公所研究室（北京）、一九二六年。

『支那歴史研究法』梁啓超著、小長谷達吉訳、改造社(東京)、一九三八年七月。

『先秦政治思想史』梁啓超著、重澤俊郎訳、創元社(大阪)、一九四一年一月。

『支那近世学術史』梁啓超著、岩田貞雄訳、人文閣(東京)、一九四二年。

「章炳麟について――中国伝統学術と革命(上)」島田虔次『思想』(岩波書店)四〇七、一九五八年五月。

「章炳麟について――中国伝統学術と革命(下)」島田虔次『思想』(岩波書店)四〇八、一九五八年六月。

「梁啓超文三篇」島田虔次訳注『東洋史研究』一七巻三号、一九五八年一二月。

『北一輝著作集(第二巻)』みすず書房、昭和三四年七月。

『中国人日本留学史』実藤恵秀著、くろしお出版、一九六〇年三月。

「小説と政治との関係」梁啓超著、増田渉訳、『中国現代文学選集第一　清末・五四前夜集』平凡社(東京)、一九六三年。

『ヴェトナム亡国史他』潘佩珠述、梁啓超撰、今西凱夫訳、長岡新次郎、川本邦衛編、平凡社(東京)、一九六六年八月。

明治文学全集六『明治政治小説集』(二)、筑摩書房、一九六七年八月。

『陸羯南全集　第六巻』西田長寿、植手通有編、みすず書房、一九七一年七月。

『伊藤博文関係文書』(八)、伊藤博文関係文書研究会編、塙書房、一九八〇年二月。

『清末政治思想研究』小野川秀美著、みすず書房、一九八四年九月第三刷(一九六九年一月初版)。

「譚嗣同伝」梁啓超著、小野和子訳、「新中国未来記」梁啓超著、島田啓次訳、「開明専制論(抄)」梁啓超著、藤田敬一訳『中国古典文学大系　五八』平凡社(東京)、一九七一年。

「新中国未来記」島田虔次(翻訳)解説『中国古典文学大系五八　清末民国初政治評論集』平凡社、一九七一年八月。

『清代学術概論』梁啓超著、山田勝美訳注、大東文化大学東洋研究所(東京)、一九七三年一月。

『ドキュメンタリー中国近代史』横山英、亜紀書房、一九七三年四月。

『續對支回顧録』東亜同文会編、原書房、一九七三年八月(復刻原本=昭和十六年刊)。

『清代学術概論　中国のルネッサンス』梁啓超著、小野和子訳注』平凡社(東京)、一九七四年一月。

『近代日本における対外硬運動の研究』酒田正敏著、東京大学出版会、一九七八年三月。

『近代日本の中国認識』野村浩一著、研文出版、一九八一年四月。

『近代日中交渉史の研究』佐藤三郎著、吉川弘文館、一九八四年三月。

『李鴻章：清末政治家悲劇の生涯』梁啓超著、張美慧訳、久保書店(東京)、一九八七年一一月。

『方法としての中国』溝口雄三、東京大学出版会、一九八九年六月。

『新聞にみる日中関係史―中国の日本人経営紙』中下正治著、研文出版、一九九六年一〇月。

『公私』溝口雄三、三省堂、一九九六年一二月。

『近代中国の知識人と文明』佐藤慎一、東京大学出版会、一九九六年一二月。

「日本人徳富蘇峰と梁啓超」馮自由著、藪田謙一郎訳『新島研究』(同志社新島研究会)、一九九七年二月。

「十九、〈詩界革命〉と梁啓超、黄遵憲」楊義著、森川（麦生）登美江訳、森川登美江・星野幸代・中井政喜訳「『二十世紀中国文学図志』七(選訳)」『名古屋大学言語文化部・国際言語文化研究科言語文化論集』第二〇巻第一号、一九九八年。

『先秦政治思想史』梁啓超著、重澤俊郎訳(創元支那叢書の複製)大空社(東京)、一九九八年二月「附録：梁啓超著述編年表稿、坂出祥伸編、巻末p一-六〇」。

『漢学者はいかに生きたか—近代日本と漢学』村山吉廣著、大修館書店、一九九九年一二月。

『東亜同文会と中国—近代日本における対外理念とその実践』翟新著、慶応義塾大学出版会、二〇〇一年一月。

『西洋近代文明と中華世界』狭間直樹編、京都大学学術出版会、二〇〇一年二月。

『思想課題としてのアジア』山室信一著、岩波書店、二〇〇一年一二月。

『近衛篤麿と清末要人—近衛篤麿宛来簡集成』衛藤瀋吉監修、李廷江編著、原書房、二〇〇四年三月。

『評伝　北一輝(Ⅲ中国ナショナリズムのただなかへ)』松本健一著、岩波書店、二〇〇四年三月。

三、英語文献

◎専門書

Global connections, Liang Qichao and the "second world" at the turn of the twentieth century / Rebecca Karl. Durhan, N.C.: Published under the sponsorship of the Asian/Pacific Studies Institute, Duke University, 199?.

A History of the Press Public Opinion in China/ by Lin Yutang the University of Chicago Press Chicago/Illinois

Liang Ch'i-ch'ao and the mind of modern China. / by Levenson. Joseph R. Berkeley, Calif.: Univ. of California Pr., 1959.

Liang Ch'i-ch'ao and intellectual transition in China, 1890-1907. / by Hao Chang(張灝). Cambridge, Mass.: Havard University Press, 一九七一.

Liang Ch'i-ch'ao and modern Chinese liberalism. / by Philip C. Huang(黄宗智). Seattle: University of Washington Press, 1972.

Transition and permanence, Chinese history and culture: a festschrift in honor of Dr. Hsiao Kung-chuan / edited by David C. Buxbaum and Frederick W. Mote. Hong kong, Cathay Press, 1972.

Chinese approaches to literature from Confucious to Liang ch'i-ch'ao . / edited, with an introd., by Adele Austin Rickett: with contributions by Chia-ying Yeh Chao ... [et al.]. Princeton, N.J.: Princeton University Press, 1978.

Moral behavior in Chinese society / edited by Richard W. Wilson, Sidney L. Greenblatt, Amy Auerbacher Wilson; foreword by Thomas A. Metzger. New York, N.Y.: Praeger, 1981.

A confucian liberal: Liang Chi-chao in action and thought

/ by Philip Chung-chih Huang. Ann Arbor, Mich. University Microfilms international, 1985.
Two self-portraits: Liang Ch'i-Ch'ao and Hu Shih / edited by Li Yu-Ning. Bronxville, N.Y.: Outer Sky Pr., 1992.
Mountain of fame: portraits in Chinese history / by John E. Wills, Jr. Princeton, N.J.: Princeton University Press, 1994.
Global space and the nationalist discourse of modernity: the historical thinking of Liang Qichao/by Xiaobing Tang (唐小兵). Stanford, Calif. : Stanford University Press, 1996.

◎訳書

The so-called people's will: a comment on the secret telegrams of the Yuan Government / by Liang Ch'i-Ch'ao. Shanghai: 1916.
History of Chinese politial thought: during the early Tsin period / by Liang Chi-Chao . London: K. Paul, Trench, Trubner & Co., Ltd., 1930.
The great Chinese philosopher, K'ang yu-wei / by Liang, Qichao. San Franciso, Calif.: Chinese World, 1953.
Intellectual trends in the Ch'ing period / by Liang Ch'i-ch'ao; translate with introduction and notes by Immanuel C.Y. Hsu. Cambridge, Mass: Harvard University Press, 1959.
Land without ghosts: Chinese impressions of America from the mid-nineteenth century to the present / translated and edited by R. David Arkush and leo O. Lee. Berkeley: University of California Press, 1989.

◎雑誌論文

Bai, Limin:[Children and the Survival of China: Liang Qichao on Education before the 1898 Reform] *Late Imperial China*, Vol. 22, No. 2
Davies, Gloria: [Liang Qichao in Australia: A Sojourn of No Significance] *East Asian History*, No. 21

四、博士学位論文

◎中国語

『梁啓超与福沢諭吉啓蒙思想比較研究』焦潤明著、北京師範大学、一九九三年。
『憲政理想的執着追求者：論梁啓超的憲政生涯和憲政思想』趙雅君著、北京大学、一九九三年。
『梁啓超与朴殷植的教育思想比較研究』具滋億著、北京師範大学、一九九五年。
『梁啓超与中国伝統学術文化』田海林著、湖南師範大学、一九九五年。
『跨世紀的沉思：孫中山、梁啓超、張謇社会経済改造観研究』楊宏雨著、華東師範大学、一九九六年。
『梁啓超〈尊皇〉思想的変動区間与庚子勤王運動』郭世佑著、杭州大学、一九九七年。
『梁任公的古文献思想研究初稿：以目録学、辨偽学、清代学術史及諸子学為中心的考察』呉銘能著、北京大学、一九九七年。
『戊戌変法時期梁啓超政治思想研究』龔国慶著、南京大学、一九九九年。

『梁啓超倫理思想研究』呂濱著、湖南師範大学、一九九九年。

『論梁啓超的科学方法』劉暁華著、中国人民大学、二〇〇〇年。

『研究系知識分子群体的国家建設構想及其実践』呉炳守著、復旦大学、二〇〇一年。

『西学与梁啓超史学』武軍著、北京師範大学、二〇〇一年。

『梁啓超与中国文学的転変』李開軍著、山東大学、二〇〇一年。

『梁啓超文論的現代性闡釈』楊暁明著、四川大学、二〇〇一年。

『梁啓超与胡適：両代知識分子学思歴程的比較研究』董徳福著、南京大学、二〇〇二年。

『康有為興梁啓超的君主立憲思想一八九八－一九一一』潘台雄、政治大学(台湾)、一九六九年。

『梁啓超興儒家伝統』劉紀曜、台湾師範大学、一九八五年。

『梁啓超興晩清文学運動』林明徳、政治大学(台湾)、一九八九年。

『孫中山与梁啓超民族主義之比較研究』樊中原著、政治大学(台湾)、一九九二年。

『梁啓超(一八七三－一九二九)教育思想興其転変因素之剖析』崔香順、政治大学(台湾)、一九九五年。

『梁啓超興中国近代政治思想―民権興君憲為探討的中心』李哲浩、中国文化大学(台湾)、一九九六年。

『文化危機与詮釈伝統：論梁啓超、胡適対清代学術思想的詮釈与意義』張錫輝著、台湾師範大学、二〇〇一年。

◎日本語

『福沢諭吉と梁啓超の比較研究―政治思想における価値観をめぐって』戴禾著、国際基督教大学、昭和六三年三月。

『梁啓超研究』鄭匡民著、大東文化大学、平成八年三月。

『梁啓超の立憲思想―その形成過程と特質』劉栄著、広島大学、平成一一年三月。

『近代中日女子教育論についての比較研究―福沢諭吉と梁啓超をめぐって』張静敏著、神戸大学、平成一一年三月。

『梁啓超の基礎的研究：文明史的構造把握にむけての試み』狭間直樹著、京都大学、平成一三年三月。

◎英語

Politics in the Early Republic: Liang Ch'iCh'ao and the Yuan Shih-K'ai Presidency / by Ernest P. Young, Ph.D. Dissertation, Harvard University (Cambidge, MA.), 1964.
Liang Ch'iCh'ao and the Conflict of Confucian and Constitutional Politics / by Frank Fe. Wong, Ph.D. Dissertation, University of Wisconsin-Madison, 1965.
Liang Ch'i-ch'ao and intellectual transition in China, 1890-1907. / by Hao Chang. Cambridge, Mass.: Havard University Press, 1971.
China Encounters Western Ideas(1895-1905): A Rhetorical Analysis of Yan Fu, Tan Sitong, and Liang Ch'iCh'ao, Ph.D. Disseratation, Ohio State University-Columbus, 1992.

梁啓超年譜

※本年譜は「康有為　梁啓超　合訂年譜」（彭澤周著『中国の近代化と明治維新』同朋舎、昭和五一年八月、附録）及び「梁啓超主要活動年表」（鐘珍維、萬発雲著『梁啓超思想研究』海南人民出版社、一九八六年一二月）に基づき、一部改正して作成。

	梁啓超	関連事項	
同治12年 1873年 （癸酉） 明治6年	一歳。 1月26日（2月23日）、広東新会県能子郷茶坑村に生まれる。字は卓如（任甫）、号は任公、別号は滄江、または飲氷室主人とも称する。 ◎祖父は維清、字鏡泉、嘉慶朝の郡生員。祖母は黎氏。父は宝瑛、字蓮澗。母は超氏。 康有為十六歳、孫文八歳。	中国	1月、雲南回教徒の反乱を平定。汽船会社「招商局」設立。2月、同治皇帝親政。6月、日本特命全権大臣副島種臣、外国使臣として初めて中国皇帝に謁見。
		日本	1月、太陽暦実施。徴兵令発布。7月、地租改正条例布告。10月、征韓論破れ、西郷・板垣ら各参議下野。11月、片岡健吉ら、土佐に海南義社設立。
		世界	2月、スペイン第一共和制成立。11月、仏軍、ハノイを占領。
同治13年 1874年 （甲戌） 明治7年	二歳。	中国	5月、日本征台軍、台湾上陸。6月、船政大臣沈葆楨ら、福州から台湾へ赴く。9月、「教会新聞」を「萬国公報」に改名。
		日本	1月、「民選議員建白書」提出。2月、佐賀の乱起こる。4月、板垣退助、土佐に立志社創立。10月、台湾問題につき日清両国間互換条款調印。
		世界	3月、安南・仏・第二サイゴン条約締結。

年	梁啓超		事項
光緒1年 1875年 (乙亥) 明治8年	三歳。		この年、ドイツに経済恐慌。
		中国	1月、同治皇帝死去、享年十九。光緒皇帝即位。両宮太后第二回垂簾政治はじまる。2月、英人A.R.Margary（馬嘉理）、雲南で殺害。
		日本	2月、大阪会議。4月、立憲政体樹立の詔勅。5月、日露間に千島・樺太交換条約調印。6月、第一回地方官会議を開く。
		世界	5月、ドイツ社会主義労働党結成、ゴータ綱領宣言。9月、日本の軍艦「雲揚号」、朝鮮の江華島を砲撃。
光緒2年 1876年 (丙子) 明治9年	四歳。 ◎弟啓勲（字は仲策）生まれる。	中国	1月、侍郎内閣学士翁同龢、光緒皇帝の師となる。森有禮、保定で李鴻章に会見。9月、清英煙台（芝罘）条約調印、馬嘉理事件解決。12月、福建巡撫丁日昌、台湾視察。
		日本	2月、日鮮条好条規調印。8月、秩禄廃止。10月、熊本神風連の乱おこる。12月、三重・愛知・岐阜・堺の各地に地租改正反対の大一揆。
		世界	4月、英議会、ヴィクトリア女王にインド皇帝の称号を呈す。7月、第一インターナショナル解散。
光緒3年 1877年 (丁丑) 明治10年	五歳。 ◎初めて四書五経を学ぶ。	中国	1月、米商旗昌洋行（Russell and Co.）のShanghai Steam Navigation Co.を招商局に合併。侍講何如璋を駐日公使に任命。4月、福州船政局第一回留学生三十名、英仏留学。5月、李鴻章、弾薬を日本に援助。

		中国	日本	世界
			1月、地租軽減。2月、西南戦争はじまる。5月、木戸孝允死去、四十三歳。8月、第一回内国勧業博覧会、上野公園で開催。	1月、インド帝國成立。4月、露土戦争起こる。
光緒4年 1878年 (戊寅) 明治11年	六歳。 ◎父宝瑛および張乙星について学ぶ。『五経』を読み終わる。	7月、開平鉱務局設立。9月、何如璋公使、琉球案で日本政府に抗議。10月、清政府、左宗棠の対新疆策の意見を求める。12月、全権大臣崇厚、ロシアのセント・ペテルブルグに着く。	5月、大久保利通暗殺される。享年四十九。9月、大阪で愛国社再興第一回大会開催。11月、東京湾汽船会社設立。12月、参謀本部設置。	3月、サンニステファノ条約、露土戦争おわる。10月、ドイツで社会主義鎮圧法成立。
光緒5年 1879年 (己卯) 明治12年	七歳。 ◎父宝瑛は科挙試験に落第し、郷里で塾を開く。	5月、グラント将軍（Grant 格蘭忒）、天津で李鴻章に会見。6月、孫文、ハワイへ留学。10月、清露 Livadia 条約調印。12月、劉坤一、両江総督となる。	4月、琉球藩廃止、沖縄県設置。8月、グラント将軍、琉球案につき日清親善の利を天皇に上陳。9月、工部卿井上馨を外務卿に転任。教育令制定（学制廃止）。	8月、パナマ運河会社設立。10月、独墺同盟。
光緒6年 1880年	八歳。 八股文を習い始める。	1月、張之洞の清露 Livadia 条約批准不可論。崇厚免職。ロシア、清政府に抗議。7月、曾紀澤、セン		

（庚辰）明治13年

トニペテルブルグに着く。11月、清米移民条約調印。

日本　2月、横浜正金銀行開業。4月、集会条例公布。7月、刑法・治罪法制定、斬首を廃止。10月、清国に琉球分割提議、清国受託せず。

世界　5月、アイルランド地主ボイコット。この年、フランスにてジュール・フェリ内閣成立。

光緒7年　1881年（辛巳）明治14年

九歳。千字文が綴られる。

中国　2月、清露セントペテルブルグ条約（伊犂条約）締結。6月、左宗棠、アヘン禁止意見書を提出。9月、魯迅（周樹人）、浙江省紹興県に生まれる。12月、上海天津間電報開通。

日本　3月、大隈重信、憲法に関する意見書を提出。7月、岩倉具視、憲法に関する意見書（井上毅草案）を提出、欽定憲法制定の根本方針決定。10月、明治十四年の政変。東京で自由党を結成。

世界　6月、独、露、墺三帝国同盟更新（三年延長）。8月、アイルランド土地法成立。

光緒8年　1882年（壬午）明治15年

十歳。◎童子試を受験する。

中国　4月、丁日昌死去。張樹聲、直隷総督となる。8月、壬午軍乱を鎮圧するため、朝鮮へ軍隊を派遣。大院君を逮捕、天津に送る。11月、劉永福の黒旗軍、安南で、仏軍に抵抗。

日本　3月、立憲改進党結成。立憲帝政党結成。5月、大阪紡績会社設立。8月、朝鮮と済物浦条約を調印する。11月、福島事件（県令三島通庸と自由党河野広中との対立）。

年次	事項	区分	関連事項
		世界	5月、独墺伊三国同盟成立。7月、朝鮮、壬午軍乱起こる。
光緒9年 1883年 （癸未） 明治16年	十一歳。 ◎張之洞（南皮）の『輶軒語』『書目答問』を読む。	中国	3月、清仏の安南問題交渉決裂。10月、朝鮮駐在辦理商務委員陳樹棠着任。11月、安南で清仏軍交戦。12月、張佩綸、総理衙門行走となる。
		日本	7月、右大臣岩倉具視死去、五十九歳。8月、参議伊藤博文、欧州から帰国。9月、大井憲太郎ら、人力車夫で車界党を組織。11月、鹿鳴館開館式。
		世界	1月、英、エジプトを保護国化。3月、仏軍、安南のナムディン占領。
光緒10年 1884年 （甲申） 明治17年	十二歳。 ◎学院の試験を受け、補博士弟子員となる。 ◎『唐詩』、『史記』などを祖父や父母に教わる。	中国	2月、曾国荃、両江総督兼南洋通商大臣となる。8月、仏海軍 A.A.P.Courbet（孤抜）艦隊、台湾基隆に砲撃。フランスに宣戦。12月、呉大徴を朝鮮に派遣。
		日本	5月、群馬事件、自由党員、群馬県下で蜂起。7月、華族令制定（公侯伯子男の五等を定める）。10月、自由党解党。秩父事件、埼玉県秩父郡の貧民二千人蜂起。
		世界	4月、独、西南アフリカ占領開始。12月、朝鮮、甲申の変起こる。
光緒11年 1885年 （乙酉） 明治18年	十三歳。 ◎段玉裁・王念孫の訓詁学を修める。この年、広州で呂抜湖に学ぶ。	中国	1月、張佩綸免職。3月、馮子材、鎮南関で仏軍を破る。4月、日清天津条約調印。6月、清仏講和条約成立、仏の安南保護国化承認。

		日本　1月、漢城条約（甲申の変に関する日韓善後協定）調印。5月、府県制公布。11月、自由党大阪事件。12月、第一次伊藤博文内閣成立。 世界　4月、英海軍、巨文島占領。5月、コンゴ自由国成立。
光緒12年 1886年 （丙戌） 明治19年	十四歳。 ◎仏山で陳海坪に学ぶ。	中国　1月、翁同龢、戸部尚書となる。7月、清英間にビルマに関する条約成立。8月、長崎事件起こる。11月、「天津時報」創刊。 日本　2月、宮内省官制制定。3月、帝国大学令公布。4月、小学校令・中学校令・師範学校令公布。5月、外相井上馨、各国公使と第一回条約改正会議を開く。 世界　1月、英、上部ビルマをインド帝国に併合。12月、アメリカ労働総同盟（A.F.L.）結成。
光緒13年 1887年 （丁亥） 明治20年	十五歳。 ◎母趙氏難産で死亡。 ◎広州の学海堂で勉強する。同時に石星巣に学ぶ。	中国　6月、張之洞、広雅書院を創設。9月、黎庶昌を日本駐在公使に任命。袁世凱、朝鮮の欧米各国使節派遣を阻止。12月、清葡修好通商条約調印（マカオ割譲）。 日本　6月、伊藤博文ら、夏島で憲法草案の起草続行。10月、後藤象二郎、丁亥倶楽部を組織し、大同団結運動開始。片岡健吉ら、「三大事件建白」を提出。12月、保安条例公布。 世界　4月、英、第一回植民地会議を開く。6月、独露再保障条約調印。
光緒14年 1888年	十六歳。 ◎広州の学海堂の正式塾生となる。同時に菊坡精舎、	中国　10月、天津唐山間鉄道開通。薛福成、湖南按察使となる。12月、北洋海軍艦隊成立。丁汝昌を提督に、

（戊子）明治21年	粤秀書院、粤華書院の院外生となる。麦孟華と知り合う。 ◎10月、康有為は初めて皇帝に請願書を提出し、変法を求める。	林泰曾を左翼総兵に、劉歩蟾を右翼総兵に任命。	日本 4月、市制・町村制公布。同月、枢密院設立、伊藤博文を枢密院議長に任命。6月、憲法草案審議の枢密院本会議開催。11月、メキシコとの通商条約に調印（最初の対等条約）。	世界 6月、独皇帝ヴィルヘルム二世即位。10月、スエズ運河自由航行に関するコンスタンティノープル条約締結。
光緒15年 1889年（戊子）明治22年	十七歳。 ◎広州で郷試を受験し、八番目の成績で合格して挙人となる。 ◎郷試主審李端棻（尚書、貴州人、字芯園）の従妹李蕙仙と婚約。	中国 1月、「萬国公報」復刊（週刊雑誌を月刊雑誌に改める）。3月、光緒皇帝親政（西太后垂簾政治やむ）。5月、薛福成を英仏伊白四国駐在公使に任命。8月、張之洞、湖広総督となる。	日本 2月、大日本帝国憲法発布。議院法・貴族院令・衆議院議員選挙法公布。皇室典範を制定。7月、東京神戸間の東海道線全通。12月、内閣官制公布。	世界 7月、パリで第二インターナショナル結成。10月、第一回汎アメリカ会議を開く。
光緒16年 1890年（庚寅）明治23年	十八歳。 春、上京して会試を受験する。 ◎上海で『瀛環志略』や上海製造局から漢訳された西洋の各種書物を購入する。 8月、康有為に会う。 秋、学海堂で陳千秋（通甫・禮吉）と交遊する。 この年、『四庫提要』を批正する。また、汪康年（穰卿）との交遊始まる。	中国 3月、清英西藏条約締結（シッキム、英の保護国となる）。9月、許景澄をロシア駐在公使、李経方を日本駐在公使に任命。11月、曾国荃死去、享年六十七。劉坤一、両江総督となる。12月、張之洞、漢陽鉄廠を創設。	日本 7月、第一回衆議院議員選挙。9月、立憲自由党結成。10月、第一回帝国議会召集。教育勅語発布。	

		世界　5月、世界最初のメーデー。7月、アフリカ分割する英独協定。
光緒17年 1891年 (辛卯) 明治24年	十九歳。 ◎広州長興里の萬木草堂に入学し康有為に学ぶ。康有為編著の『新学偽経考』を校訂する。また、康有為に『孔子改制考』の分担執筆を依頼される。同時に『宋元明儒学案』、『二十四史』、『文献通考』などを学習。 ◎10月、上京して結婚する。夫人は尚書李端棻の従妹、年齢二十三歳。 ◎康広仁、曹泰、夏曽佑と知り合いになる。	中国　6月、湖北江蘇四川諸省、哥老会の仇教運動起こる。11月、熱河で金丹教反乱。12月、胡適、上海に生まれる。唐景崧、福建・台湾布政使となる。 日本　3月、立憲自由党、自由党と改称。5月、ロシア皇太子、大津で津田三蔵に襲われる。9月、東京青森間の鉄道全通。10月、濃尾地方大地震。 世界　5月、シベリア鉄道起工。8月、露仏同盟成立。
光緒18年 1892年 (壬辰) 明治25年	二十歳。 ◎1月、祖父維清死亡。 ◎2月、北京へ行き会試を受験する。 ◎夏、夫人と共に広東に帰る。江南製造局の訳書を購読、英国人傅蘭雅編集の『格致匯編』を学習。 ◎この年、汪康年にあて書信（一通は旧暦閏6月1日、一通は12月に投郵）を送り、著述や鉄道建設に関することを話す。	中国　3月、楊衢雲、香港で輔仁文社を創立。7月、孫文、香港西医書院卒業。9月、湖南江西各地で哥老会反乱。11月、武昌織布局設立。 日本　2月、第二回衆議院議員総選挙。6月、国民協会（政府支持団体）結成。8月、大井憲太郎、東洋自由党を組織。11月、第四回帝国議会召集。 世界　6月、ホセ・リサールのフィリピン連盟創立。7月、アメリカ、人民党成立。
光緒19年 1893年 (癸巳) 明治26年	二十一歳 ◎2月、長女思順生まれる。 ◎冬、広東の東莞で教鞭を執る。 ◎この年、萬木草堂の「学長」（先生）となる。 ◎康有為は秋の郷試で八位、挙人となる。	中国　10月、上海機器織布局火災。11月、漢陽製鉄所建設完成。12月、李鴻章、天津西医学堂を設立。毛沢東、湖南省湘潭県に生まれる。 日本　3月、法典調査会規則公布。5月、戦時大本営条例公布。7月、三菱合資会社設立。11月、大倉組設立。

		世界　1月、イギリス、独立労働党結成。12月、佛、ラオスを保護国とする。
光緒20年 1894年 （甲午） 明治27年	二十二歳 ◎2月、夫人李氏と一緒に北京へ赴く。粉坊瑠璃街新会邑館に住む。汪康年と密に交際する。 ◎10月、広東に帰る。 ◎この年、曽広鈞（重伯）張謇（季直）を知る。 ◎よく夏穂卿と交遊する。	中国　6月、天津条約により日中両国朝鮮出兵。9月、北洋艦隊、黄海海戦に敗北。11月、孫文、ハワイで興中会を創立。12月、恭親王奕訢、軍機大臣となる。 日本　6月、閣議、朝鮮に一混成旅団派兵決定。7月、日英改正通商航海条約調印。8月、清国に宣戦布告。11月、旅順口を占領。 世界　5月、朝鮮で東学党の乱起る。6月、佛、カルノー大総統暗殺される。
光緒21年 1895年 （乙未） 明治28年	二十三歳 ◎2月、北京へ赴き会試を受験する。これより萬木草堂を出、学生生活を終わる。この会試には、梁の答案を康有為のものとみなされて、落第。 ◎春、汪康年への書簡に初めて孫文を言及。 ◎4月、日清講和条約が調印される。受験生ら憤慨して康有為、梁啓超とともに連名して上書する。 ◎5月、麦孟華らとともに都察院に上書する。台湾割譲不可と力説する。 ◎7月、北京強学会成立、康有為に協力し「中外公報」を刊行する。 ◎この年、譚嗣同、楊鋭などを知る。	中国　1月、匯豊銀行との壱千萬銀両・三百万ポンドの借款契約成立。2月、北洋艦隊提督丁汝昌自殺。4月、三国干渉始まる。10月、興中会、広州で反清運動失敗。 日本　2月、清国講和使節と広島で第一回会談。3月、下関で講和会議を開く。4月、日清講和条約調印。5月、台湾反乱、台湾共和国を宣言。 世界　3月、イタリア、エチオピア侵入開始。12月、露国労働者階級解放闘争同盟結成。
光緒22年 1896年 （丙申）	二十四歳 ◎3月、北京より上海へ赴き、黄遵憲（公度）と交遊し始める。	中国　3月、匯豊銀行・華徳銀行との借款契約成立。6月、清露密約調印。7月、日清通商航海条約調印。10月、孫文、ロンドンで清公使館に監禁される。

明治29年	◎7月、『時務報』の編集長となり、「変法通議」・「西学書目表」を著す。 ◎秋、馬相伯（良）・馬眉叔（建忠）と交遊し、ラテン語を学ぶ。 ◎この年、容閎（純甫）・章太炎（炳麟）を知る。 ◎この年、革命派と維新派との初の連携が合意に至らず、失敗に終わる。	日本	1月、混成第七旅団、台湾討伐に出発される。3月、進歩党結成、党首大隈重信。4月、板垣退助、内務大臣に就任。6月、朝鮮問題に関して、山県・ロバノフ協定調印。
		世界	2月、米上院、キューバ反乱軍承認。3月、英、スーダン攻撃を決定。
光緒23年 1897年 （丁酉） 明治30年	二十五歳 ◎春、帰省の途中、武昌にて湖広総督張之洞を訪ね、両湖書院の改革を建言する。 ◎3月、章太炎は梁と意見が合わず、『時務報』の仕事をやめ、杭州へ帰郷する。 ◎5月、『西政叢書』刊行。 ◎6月、汪康年・麦孟華（孺博）らと共に上海で不纏足会を設立する。 ◎秋、上海に大同訳書局を創設する。 ◎10月、湖南巡撫陳寶箴、督学江標、按察使黄遵憲の招きを受け、湖南長沙時務学堂の総教習（教頭）に就任する。 ◎冬、唐才常との交遊を始める。 ◎この年、康広仁、徐勤は澳門に『知新報』を創刊する。黄遵憲、唐才常は長沙に『湘学報』を創刊、厳復は天津に『国聞報』を創刊する。	中国	2月、商務印書館、上海に創設。4月、南洋公学、上海に設立。5月、中国通商銀行設立。8月、孫文、日本に到着し、犬養毅らと会見。
		日本	3月、金本位制確立。7月、労働組合期成会結成。8月、日本勧業銀行開業。12月、中江篤介ら、新たに国民党を結成。
		世界	3月、フィリピン革命政府成立。6月、アメリカ、ハワイ併合条約調印。
光緒24年 1898年 （戊戌） 明治31年	二十六歳 ◎春、長沙で病気になり、上海に戻って治療し、2、3月の間に上京する。文章が汪康年に改竄され、ついに『時務報』の職を辞任。3月、康有為に協力し、北京に保国会を創設する。	中国	2月、総理衙門、揚子江沿岸諸省不割譲を英に通告。6月、獨膠州湾租借。露旅順・大連租借。英九龍半島租借。9月、禮部六堂官免職。11月、山東直隷諸省で仇教運動始まる。

	◎閏3月2日（4月22日）、保国会の大会で講演を行う。 ◎4月、政府に八股文の廃止を要求する。 ◎5月15日（7月3日）、光緒皇帝に謁見し、六品銜として訳書局の仕事を下命される。 ◎8月、政変が勃発し、日本公使館に避難して、同公使の庇護下日本に亡命する。 ◎9月6日（10月20日）、東京に着く。康有為は10月22日、神戸に着く。 ◎11月11日（12月23日）、横浜で『清議報』を創刊する。	日本　1月、元帥府設置、教育総監部新設。4月、福建省不割譲に関し、日清交渉成立。6月、最初の政党内閣、いわゆる隈板内閣成立。10月、幸徳秋水、「社会主義研究会」を結成。 世界　3月、ロシアで社会民主労働党結成。4月、米西戦争始まる。
光緒25年 1899年 （己亥） 明治32年	二十七歳 ◎1月、康有為・王照・羅孝高と東京の明夷閣に集まる。 ◎2月11日（3月22日）康有為はカナダに向けて横浜を離れる。 ◎羅孝高と箱根で日本文を学習し、『和文漢讀法』を編纂する。吉田松陰を尊敬し、署名に吉田晋を使う。 ◎4月28日（6月6日）、興中会の代表楊衢雲と、康有為・孫文両派の合作問題を協議するが決裂。 ◎7月、東京に高等大同学校を創立する。 ◎8月、神戸に同文学校を設ける。 ◎11月17日（12月19日）、日本よりハワイへ行く。12月31日にハワイに到着。 ◎この年、唐才常らは日本に亡命する。横浜で保皇会結成。	中国　9月、義和拳の仇教運動、山東各地に展開。10月、袁世凱、山東の義和拳運動を鎮圧。11月、佛との広州湾租借条約調印。興中・三合・哥老三会により孫文を会長とする興漢会を創立。 日本　3月、商法（修正の件）制定公布。4月、八幡製鉄、大冶鉄鉱輸入契約成立。7月、改正条約実施（法権・税権を回復）9月、台湾銀行開業。 世界　5月、第一回ハーグ国際平和会議開会。9月、ジョン・ヘイ米国務長官、中国の門戸開放を提議。
光緒26年 1900年 （庚子） 明治33年	二十八歳 ◎春、ハワイに滞在。 ◎7月、唐才常との勤王運動を計画するため、上海に帰る。	中国　1月、張謇、南通紡績工場設立。4月、義和拳、北京に入る。6月、清政府、列強に宣戦。義和拳を義和団と改称し、載勛・剛毅らの指揮に帰する。7月、唐才常の自立軍、反西太后運動起る。

年	事項	中国	日本	世界
	◎勤王運動失敗後、上海からシンガポールへ行き、康有為と会う。 ◎8月、インドよりオーストラリアへ行く。 ◎この年、宮崎寅蔵、香港よりシンガポールへ行き康有為と会して再び革命党と保皇党の合作を図るが失敗する。		3月、治安警察法公布。6月、臨時閣議で清国への出兵を決定。9月、立憲政友会結党、総裁伊藤博文。近衛篤麿、頭山満ら国民同盟会を創立。	2月、英に労働代表委員会結成。12月、モロッコ・トリポリに関する佛伊秘密協定。
光緒27年 1901年 （辛丑） 明治34年	二十九歳 ◎3月2日、次男思成誕生。 ◎4月、オーストラリアより日本に帰る。 ◎10月4日（11月14日）、『清議報』百号まで出版して停刊。李鴻章伝記を書き始まる。 ◎この年、飲氷子と号し、上海に廣智書局を創設する。「南海康先生伝」、「中国史叙論」、「過渡時代論」などを発表する。	5月、列強に義和団賠償金額四億五千万両決定。9月、北清事変講和議定書（辛丑条約）調印。11月、李鴻章死去、七十九歳。袁世凱、直隷総督となる。12月、北京で工芸局設立。	1月、内田良平ら、黒龍会を創立。3月、愛国婦人会創立。5月、片山潜ら、社会民主党結成（即日禁止）。11月、八幡製鉄所作業開始式。	1月、英領オーストラリア連邦成立。11月、アメリカ、パナマ運河独占。この年、ノーベル賞創設。
光緒28年 1902年 （壬寅） 明治35年	三十歳 ◎1月1日（2月8日）、『新民叢報』半月刊出版される。「保教非所以尊孔論」を発表し、康有為との対立が深まる。 ◎2月、箱根へ行く。 ◎この頃、黄遵憲と通信し、中国の将来の政治問題を論ずる。 ◎9月、湯覚頓らと箱根で遊覧する。 ◎10月、『飲氷室文集』何擎一により完成される。 ◎同月、『新小説』出版。小説「新中国未来記」と論文「論小説与群治之関係」を発表する。	1月、北京同文館を京師大学堂に合併する。2月、劉坤一・張之洞、南京に江楚編訳局創設。6月、天津「大公報」創刊。12月、京師大学堂開校。	1月、日英同盟協約調印。3月、日本興業銀行設立。4月、宮崎民蔵、土地復権同志会創設。12月、政友会・憲政本党の提携成立。	1月、ロシア、シベリア鉄道完成。5月、ボーア戦争終結。キューバ共和国成立。

年	事項	区分	一般事項
	◎この年、横浜に訳書局を創立する。また、『中国通史』を著述すると同時に、「論中国学術思想之大勢」と「新史学」と題する論文を発表する。		
光緒29年 1903年 （癸卯） 明治36年	三十一歳 ◎1月、保皇会の招きに応じてアメリカへ行く。 ◎2月6日（3月4日）、カナダのバンクーバーに着く。 ◎4月3日（4月29日）、バンクーバーを離れ、ニューヨークに行く。 ◎4月16日（5月12日）、ニューヨークに到着。月末、容閎に合う。 ◎5月中旬、ワシントンで米国務長官ジョン・ヘイ（6月11日）、翌日（12日）大統領ルーズヴェルトを訪ねる。 ◎8月5日（9月25日）、保皇会の中心地であるサンフランシスコに行く。 ◎10月、日本に帰る。 ◎同月23日（12月11日）、横浜に着き、翌日、大同学校で保皇党同志主催の歓迎大会に出席。	中国	4月、栄禄死去、六十七歳。慶親王奕劻、軍機大臣となる。6月（閏五月五日）、『蘇報』事件、章炳麟・鄒容拘禁。11月、孫文、ハワイで「致公堂」に入会。12月、黄興・宋教仁ら、長沙で華興会を創立。
		日本	6月、御前会議、対露交渉開始を決定。7月、西園寺公望、政友会総裁に就任。11月、幸徳・堺ら平民社設立、週刊『平民新聞』創刊。12月、閣議で、日露戦争勃発の際の対清・韓方針決定。
		世界	4月、ロシア、第二次満州撤兵不履行。11月、アメリカ、パナマ独立承認。
光緒30年 1904年 （甲辰） 明治37年	三十二歳 ◎1月、保皇党大会に出席するため、香港に行く。2月末、上海で数日過ごし、『時報』創刊の準備。 ◎3月、日本に帰る。 ◎4月、『時報』出版される。 ◎この頃、新民叢報社内に泊り、夜は大同学校で中国歴史を講義し、留学生の廖仲愷、楊度（晳子）、鄧孝可等皆出席する。10月7日、三子生まれる。 ◎この年、「中国之武士道」、「中国国債史」「朝鮮亡国史略」を著す。また、「中国通史」を「国史稿」と	中国	3月、戸部銀行設立。『東方雑誌』上海で創刊。7月、宋教仁、劉静庵、曹亜伯ら、武昌で科学補習所創設。8月、英軍、ラサを占領。10月、華興会首領黄興、湖南で蜂起未遂。冬、光復会が上海で成立、蔡元培が会長に就任。
		日本	2月、ロシアに宣戦布告。8月、日韓新協約調印（韓国財政・外交権掌握）。9月、遼陽大会戦。10月、沙河会戦で大勝利。

	改称する。「新大陸遊記」を『新民叢報』に付する。	世界	4月、英佛協商成立。10月、モロッコに関する佛西協定。
光緒31年 1905年 （乙巳） 明治38年	三十三歳 ◎2月、黄遵憲、広東嘉応州で病死する。 ◎6月、『飲氷室文集』の増補版が出版される。 ◎年末、『新小説』停刊。 ◎この年、『徳育鑑』、『節本明儒学案』などを著述し、「俄羅斯革命之影響」、「自由死自由不死」、「記越南亡人之言」、「讀『今後之満州』書後」、「評政府対於日俄和議之挙動」、「日俄和議記事始末」、「記東京学界公憤事並述余之意見」などの論文を発表する。	中国	2月、『国粋学報』上海で創刊。8月20日、孫文、黄興ら東京で中国同盟会結成。9月、革命党員呉樾、北京で載澤ら五大臣暗殺未遂。科挙試験制廃止。11月26日、同盟会機関誌『民報』東京で創刊。
		日本	3月、奉天会戦。8月、第二回日英同盟協約調印。9月、日露講和条約（ポーツマス条約）調印。12月、韓国統監府を設置。
		世界	1月、ロシア「血の日曜日」、第一次ロシア革命の発端。7月、露獨皇帝間にビヨルケ条約成立。
光緒32年 1906年 （丙午） 明治39年	三十四歳 ◎2月、父寶瑛（蓮澗）来日。 ◎閏4月、継母呉氏死亡。 ◎10月、神戸須磨の怡和山荘に転居する。 ◎この頃、楊度、蒋観雲、徐佛蘇、熊秉三らと結党問題を話すが失敗。 ◎後に蒋・徐と「政聞社」創立を計画する。 ◎12月、楊度の『中国新報』、何天柱の『学報』を批判する。 ◎この年、主な論文、「開明専制論」、「論中国成文法編制之沿革得失」、「申論種族革命与政治革命之得失」、「雑答某報」、「中国不亡論」、「再駁某報之土地国有論」、などを発表する。	中国	1月、憲法調査大臣載澤・尚其亨・李盛鐸ら、日本に着く。4月、蘆漢鉄道開通。9月、予備立憲計画公布。12月、萍醴・瀏陽の役、会党中心に炭鉱労働者蜂起。
		日本	1月、堺利彦ら、日本社会党結成。3月、鉄道国有法公布。11月、南満州鉄道株式会社設立。12月、第二十三回帝国議会召集。
		世界	4月、サンフランシスコに大震災。11月、露ストルイピン土地改革。
光緒33年 1907年	三十五歳 ◎2月、「国文語原解」完成。	中国	3月、江蘇浙江安徽諸省で米騒動起る。7月、徐錫麟事件。秋瑾処刑。9月、資政院設立、溥倫・孫家

年	事項	区分	参考事項
（丁未） 明治40年	◎3月、『新民叢報』・『時報』の上海支社火災。 ◎5、6月、上海へ行く。 ◎6月、四子思忠生まれる。 ◎7月、『新民叢報』停刊、九十六期まで出版する。 ◎9月11日（10月17日）、政聞社が東京神田区錦輝館で正式に成立する。 ◎10月12日（11月17日）、妻の兄李端棻死去。 ◎この年、主な論文、「駁革命論的有現政府与革命党」、「再駁某報之土地国有論」などを発表する。		鼐、総裁に就任。12月、同盟会鎮南関で蜂起、失敗。
		日本	4月、改正刑法公布。6月、別子銅山坑夫六千人スト、軍隊出動。7月、第三次日韓協約調印。第一回日露協約調印。
		世界	3月、米大統領令で、日本人移民制限法案可決。9月、ニュージーランド自治制を宣言。
光緒34年 1908年 （戊申） 明治41年	三十六歳 ◎1月、政聞社本部、上海へ移転し、馬相伯、徐佛蘇らにより経営される。 ◎3月、政聞社、憲政編査館に三年以内に国会を開設することを要求する。 ◎また麦孟華、上海で『時報』を経営し、『大江日報』を停刊することに反対する。 ◎7月、政府は政聞社の活動を禁止する。この年、神戸の須磨に居住する。冬、『南海先生詩集』、『王荊公』など完成。主な論文に「中国国会制度私議」、「中国古代幣材考」などがある。	中国	7月、東京で革命団体「共進会」成立。8月、各省代表北京に集まり、国会開設を要請。10月、張継・呉敬恒らの「新世紀」発行禁止。11月、光緒皇帝死去、三十八歳。西太后死去、七十三歳。
		日本	6月、赤旗事件。7月、第二次桂太郎内閣成立。11月、高平・ルート協定（太平洋方面に関する日米交換公文成立）。12月、東洋拓殖株式会社、京城に設立。
		世界	10月、ブルガリア独立宣言。12月、ロンドンで国際海軍会議開催。
宣統1年 1909年 （己酉） 明治42年	三十七歳 ◎3月、『管子伝』完成。 ◎4月、『財政原論』を著す ◎6月、東京で政聞社社員張嘉森らと諮議局事務調査会を創設する。 ◎8月、「憲政新誌」第一号出版される。 ◎9月、振華公司案で疑惑を受ける。 ◎この年、生活が苦しく、読書、著述に専念する。主な論文に「論各国干渉中国財政之動機」、「張恰鉄	中国	1月、軍機大臣外務部尚書袁世凱免職。2月、錫良、東三省の総督兼欽差大臣となる。6月、張之洞と英佛獨三国との湖広鉄路借款契約成立。10月、各省の諮議局成立。
		日本	8月、間島で日清両軍衝突。10月、三井財閥再編成に着手、三井合名会社創立。伊藤博文、ハルビン駅頭で暗殺される。享年六十九。韓国銀行創立。

年	事跡	中国	日本	世界
	路問題」、「城鎮郷自治章質疑」などがある。			4月、米国探検家ペアリー北極探検に成功。7月、イラン革命軍、テヘランを占領。
宣統2年 1910年（庚戌）明治43年	三十八歳 ◎1月、旬刊「国風報」上海で出版される。◎2月、正金銀行の借款を返済するため、徐佛蘇にあて書信を送り、金を調達する。◎7月、国会請願同志会成立する。徐佛蘇経営の「国民公報」出版される。◎10月、徐佛蘇にあて書信を送る。◎11月、国民常識学界の創設を唱える。◎12月、康有為より来信、帝国統一党に関することを話す。◎この年、「憲政浅説」、「国家運命論」などを著述する。	4月、汪兆銘・黄復生、摂政王載灃暗殺未遂。6月、各省諮議局代表、国会早期開設第二回請願。11月、対清政府四国（英米佛獨）借款団成立。12月、廕昌、陸軍大臣となる。呉禄貞、陸軍第六鎮統制官となる。	1月、日露両国、満州鉄道中立化案を拒否するとアメリカに回答。3月、立憲国民党結成。5月、大逆事件の検挙始める。8月、日韓併合に関する条約調印。朝鮮総督府設置。	1月、アメリカ、アジア艦隊創設。5月、英皇帝ジョージ五世即位。
宣統3年 1911年（辛亥）明治44年	三十九歳 ◎2月、長女令嫻を連れて台湾へ行く。◎3月3日（四月一日）、台湾の遺老百余人と台北で歓宴する。また、霧峰の莱園で林献堂（1881～1956号灌園）と歓宴する。◎4月、台湾から日本に帰る。同月、康有為が日本に着く。◎5月、憲友会成立。◎9月16日（11月6日）、日本より帰国。19日、大連着、20日旅順経由奉天へ行き、熊秉三と会う。◎この時、呉禄貞死亡のニュースを得、再び日本に戻る。冬、神戸、下山手の麦氏の留春別荘に居住。	8月、四川鉄道国有化反対運動展開。10月、辛亥革命起る（武昌の新軍蜂起）。11月、袁世凱内閣成立。12月、上海で南北和平会議開く。	2月、日米通商航海条約調印（税権を回復）。7月、第三回日英同盟協約調印。11月、政府閣議、辛亥革命に対し、清政援助の方針を決定。12月、東京市電スト、片山潜ら指導。	9月、伊土戦争（イタリアのトルコ侵略）。11月、外モンゴル独立宣言。
民国1年 1912年	四十歳 ◎4月、「中国立国大方針商権」完成。この頃、康有	1月、孫文、南京臨時政府大総統に就任、中華民国成立。2月、宣統皇帝退位、清朝終わる。孫文、大		

（壬子） 明治45年 大正1年	為に隠退を勧めるが、麦孟華が反対したため、実現せず、その後、政治上において康と分れる。 ◎6月、「財政問題商権」完成。 ◎9月28日に、神戸より帰国。 ◎10月8日、天津に、20日北京に着く。 ◎11月1日、北京より天津に戻る。 ◎12月1日、半月刊『庸言報』を出版する。 ◎同月、張君勱編『梁任公先生演説集』第一集出版。 ◎子思達生まれる。	総統辞任。3月、袁世凱、北京で中華民国臨時大総統に就任。孫文、「中華民国臨時約法」を公布。 日本　1月、漢冶萍公司日華合辦の仮契約締結。7月、明治天皇死去、享年六十一。8月、友愛会創立。12月、第一次護憲運動始まる。 世界　10月、第一次バルカン戦争。11月、露・外モンゴル修好条約。
民国2年 1913年 （癸丑） 大正2年	四十一歳 ◎2月24日、共和党に加入する。 ◎4月9日、四十数人の名士を北京の萬牲園で一堂に集めて政局を論ずる。同月14日、共和党参衆両院議員大会で講演を行う。 ◎5月29日、進歩党が北京で成立し、同党の理事になる。 ◎9月11日、熊希齢内閣の司法総長に就任する。 ◎10月、「内閣政府大政方針宣言」を草する。 ◎この年、主な論文に「敬告政党及政党員」、「軍事費問題答客難」、「革命相続之原理及其悪果」などを発表する。	中国　3月、宋教仁、上海で刺殺される（20日）。7月、反袁運動（第二革命）はじまる。8月、孫文・黄興ら日本に亡命。10月、袁世凱、正式大総統に就任。 日本　2月、立憲同士会結成。大正政変、第三次桂内閣総辞職。10月、中華民国を承認。12月、立憲同士会結党式、総裁加藤高明。 世界　5月、バルカン同盟とトルコ間に平和条約なる。6月、第二次バルカン戦争起る。
民国3年 1914年 （甲寅） 大正3年	四十二歳 ◎2月20日、幣制局総裁に任命され、司法総長を辞める。 ◎5月1日、新約法公布、26日参政院成立する。 ◎6月20日、参政員に選ばれる。同月26日、孔教会で講演を行う。 ◎8月、『康・梁文集合刻』出版。 ◎11月6日、北京青年会で「欧戦後思想之変遷」と	中国　5月、袁世凱、旧臨時約法廃棄、新臨時約法公布。7月、孫文、東京で中華革命党を創立、第二次革命続行。9月、革命党、青天白日国旗を制定。12月、約法会議、総統選挙法修正案を可決。 日本　1月、海軍収賄シーメンス事件暴露。8月、対獨宣戦布告。11月、青島占領。12月、衆議院、二個師団増設を否決。

年	事項	区分	関連事項
	題して、講演を行う。 ◎12月27日、幣制局総裁を辞める。 ◎冬、清華学校で、『欧州戦役史論』を著す。この年、『庸言報』が停刊。	世界	7月、第一次世界大戦開始。8月、パナマ運河開通。
民国4年 1915年 （乙卯） 大正4年	四十三歳 ◎1月20日、『大中華雑誌』の主筆となる。 ◎2月、麦孟華死去。袁世凱の政治顧問となる。 ◎3月、袁総統の命令を受け、揚子江流域の各省の司法・教育を視察するが、拒否する。 ◎4月、広東の新会県に帰り、父の誕生日を祝う。 ◎6月、広東より北京へ向う途中、南京で馮国璋を訪ね、帝政問題を相談し、馮と共に上京して袁に忠告する。 ◎7月3日、参政院に推薦され、憲法起草委員になる。 ◎8月中旬、「異哉所謂国体問題者」と題する論文を草し、楊度らの籌案会を非難する。 ◎12月16日、北京より上海へ赴き、反袁運動を鼓吹する。 ◎この年、上海広智書局閉鎖。『大中華』停刊。	中国	2月、東京中国人留学生、二十一ヵ条反対運動始まる。3月、中国各地で日貨排斥激化、北京政府、禁止の令を下す。5月、日本の対華二十一ヵ条要求を受諾。9月、雑誌『新青年』創刊。
		日本	1月、対華二十一ヵ条要求提出。5月、日華新条約（二十一ヵ条要求）調印。8月、大隈内閣改造。11月、単独不講和の日英佛露伊五ヵ国宣言に調印。
		世界	4月、英佛露伊、ロンドン条約調印。10月、英、アラブ地域の独立支持宣言。
民国5年 1916年 （丙辰） 大正5年	四十四歳 ◎3月4日、日本郵船「横浜丸」に乗り、上海より香港、ベトナムを経由して広西省に入る。陸栄廷を説得して広西を独立させる。 ◎5月1日、広東・広西の都司令部が成立し、都参謀になる。6日、軍務院が成立し、唐継堯・岑春煊より政務委員長兼撫軍に任命される。南京で行われる十七省代表大会に出席するため、広西より香港へ赴き、20日、上海に着く。同月、父寶瑛死去。 ◎9月13日、湯化龍らと「憲法研究会」を創立する。	中国	2月、袁世凱、帝政延期を通告（翌月22日、帝政取消し）。6月、袁世凱死去、黎元洪大総統となる。9月、孫文、胡漢民・廖仲愷を北京に派遣。10月、胡適、文学革命を唱える。
		日本	4月、大蔵省に銀行局設置。7月、第四次日露協約調印。10月、寺内正毅内閣成立（超然官僚内閣）、同志・中正・公友三派合同して憲政会を結成。
		世界	1月、獨スパルタクス団結成（戦争から内乱革命へ）

年	事項	区分	関連事項
	同月、南京へ行き、馮国璋に会った後、上海に帰る。 ◎10月、上海より香港へ赴く。 ◎11月8日、蔡松坡（鍔）、日本の福岡で病死。 ◎12月、上海で松坡図書館を創立する。		11月、ポーランド独立宣言。
民国6年 1917年 （丁巳） 大正6年	四十五歳 ◎1月6日、上京する。 ◎7月1日、張勲の復辟運動に反対するため、馮国璋・段祺瑞と連合する。 ◎7月19日、段祺瑞内閣が成立し、財政総長となる。 ◎8月14日、段内閣はドイツに宣戦を布告する。 ◎9月1日、広東の非常国会は孫文を軍政府大元帥に選ぶ。 ◎10月、孫文は梁を打倒する旨を宣言する。 ◎11月30日、財政総長を辞任する。	中国	7月、張勲の清朝復辟クーデター失敗。8月、北京政府、獨・墺に宣戦。9月、孫文、広州で中華民国軍政府大元帥に就任、中国南北政府、対峙。10月、孫文、段祺瑞らに討伐宣言を公布。
		日本	1月、西原借款開始。5月、在京社会主義者集会、ロシア革命支持を決議。8月、暴利取締りのため物価調節令公布。11月、石井・ランシング協定調印。
		世界	4月、アメリカ、ドイツに宣戦布告。11月、ロシア十月革命ソビエト政府誕生。
民国7年 1918年 （戊午） 大正7年	四十六歳 ◎春、金石学・史学などの研究に専念する。 ◎9月、肺病にかかる。 ◎10月、南北の平和統一のため、平和促進会を組織する。 ◎11月、徐振飛に胡適を紹介される。 ◎12月28日、丁文江、張君勱、徐振飛、蒋百里、劉子楷らと上海からヨーロッパへ旅立つ。	中国	6月、孫文、大元帥を辞任し、日本を経由して上海へ。10月、徐世昌、北京で大総統に就任。12月、李大釗、北京で雑誌『毎週評論』を創刊。同月、孫文、『孫文学説』脱稿。
		日本	5月、日華陸軍共同防敵軍事協定調印。8月、シベリア出兵宣言。同月、米騒動（米屋襲撃、全国各地で参加者七十万以上の大騒動）。9月、原敬内閣成立。
		世界	1月、米大統領ウィルソン平和綱領十四ヵ条発表。11月、ドイツ十一月革命、休戦条約調印。
民国8年 1919年	四十七歳 ◎2月11日、ロンドンに着き、18日、パリに着く。	中国	5月、五・四運動（山東問題により北京で反日運動起る。以後全国各地に波及。7月、毛沢東、湖南長

（己未） 大正８年	◎３月、フランス各地を視察する。 ◎４月末、和約に絶対調印してはいけないといった内容を汪伯棠、林宗孟に打電し、国民外交協会に知らせる。 ◎６月６日、パリを離れ、イギリスへ行く。翌日、ロンドンに到着、16日にケンブリッジ、24日にオックスフォードに見学。７月18日、ベルギーに遊ぶ。 ◎８月、オランダ、スイスへ行く。 ◎９月、雑誌『解放與改造』創刊。 ◎10月11日、イタリアからフランスに入り、二ヶ月滞在。 ◎12月10日、フランスからドイツへ行く。	沙で『湘江評論』を創刊。10月、孫文、中華革命党を中国国民党と改称。12月、北京政府内閣改造。 日本　３月、万歳事件、朝鮮独立運動起る。９月、大日本労働総同盟友愛会成立。10月、大日本国粋会創立。12月、澁澤栄一ら、財団法人協調会設立。 世界　３月、コミンテルン（第三インター）創立。６月、ベルサイユ講和条約調印。北京政府、同条約の調印拒否。
民国９年 １９２０年 （庚申） 大正９年	四十八歳 ◎１月９日、ドイツからパリに帰り、同月23日、マルセイユより帰国する。 ◎３月５日、上海に着き、呉淞の中国公学で講演する。十九日、北京に着き、徐大総統に会い、山東問題に関する意見を提出すると同時に、政府に五四で逮捕された学生を釈放するよう要請する。 ◎３月24日、北京から天津に帰る。 ◎この年、共学社、講学社および中比公司などを創設し、雑誌『改造』（原名は『解放與改造』であるが、第三巻第一期で『改造』と改名）を整える。冬、清華学校で「国学小史」の講義を開く。 ◎また、主な著述は『清代学術概論』、『墨経校釈』等がある。	中国　７月、直皖戦争勃発。８月、陳獨秀ら、上海で中国社会主義青年団を創立。９月、第三インター代表Voitinsky（呉廷康）、上海で孫文に会見。11月、月刊雑誌『共産党』、上海創刊。 日本　３月、戦後経済恐慌起る。５月、日本最初のメーデー上野公園で挙行。10月、第一回国勢調査、内地人口五、五九六万人。11月、尾崎行雄・犬養毅・島田三郎ら普通選挙同盟会を結成。 世界　１月、国際連盟第一回理事会、パリに開く。11月、ガンジー、インド国民運動を指導する。
民国10年 １９２１年 （辛酉）	四十九歳 ◎１月19日に、張東蓀と社会主義運動について討論する。	中国　５月、広州で国民政府成立、孫文、非常大総統となる。７月、上海で中国共産党結成、委員長陳独秀。10月、張継、中国国民党北方執行部部長となる。12

大正10年	◎秋、天津南開大学の招聘に応じて同大学で中国文化史を講義する。 ◎10月、北京・天津の各大学で七回にわたって学術講演を行う。 ◎11月、中国公学の学園紛争の解決をはかる。 ◎同月、『墨子学案』が商務印書館より出版される。 ◎この年、『中国歴史研究法』も完成される。翌年1月に、同書が商務印書館より出版される。主な論文に「自由講座制之教育」、「従発音上研究中国文字之源」、「陰陽五行説之来歴」などがある。	月、張作霖、北京に着く。 日本 7月、川崎・三菱両造船所スト、軍隊出動。10月、友愛会を日本労働総同盟と改称。11月、首相原敬、東京駅で刺殺される。六十六歳。皇太子裕仁、摂政に就任。 世界 11月、ワシントン軍縮会議。12月、英、アイルランド自治領成立。
民国11年 1922年 (壬戌) 大正11年	五十歳 ◎2月、楊維新輯『梁任公先生最近演講集』を出版する。 ◎3月、夫人李氏はフィリピンへ、娘令嫻をたずねる。 ◎4月、北京女子高等師範学校、北京美術学校、詩学研究会で講演する。 ◎5月、北京法政専門学校で講演する。 ◎6月、心理学会で「佛教心理学」と題する講演を行う。 ◎7月、済南に行き、中華教育改進社」で講演する。 ◎8月、南京・上海各地に行き、各大学で講演する。9月、武昌・長沙各地で講演し、河南を経由して天津に帰る。 ◎10月、再び南京へ赴き、東南大学で講義する。11月、心臓病になり、しばらく南京に滞在する。 ◎この年、『大乗起信論考証』完成。	中国 2月、非常大総統孫文、北伐命令を下す。5月、張作霖、東三省の独立を宣言。7月、中共第二次全国代表大会、上海で開催、国民党との統一戦線決議。同月、陳炯明反乱、翌月孫文、上海に着く。 日本 2月、ワシントン海軍軍備制限条約・九ヵ国条約調印。3月、全国水平社創立大会、京都で開催。7月、日本共産党、秘密結社として結成。8月、日本経済連盟会創立。 世界 10月、伊、ファシスト党ローマ進軍、ムッソリーニ首相となる。12月、ソビエト社会主義共和国連邦成立宣言。
民国12年 1923年 (癸亥) 大正12年	五十一歳 ◎1月、東南大学の講義を終え、南京から天津に帰る(15日)。天津で文化学院を創設する。院長を自任。 ◎2月、国際ペンクラブの名誉会員に選ばれる。	中国 1月、ソ連代表 Adolph A. Joffe(越飛)上海で孫文に会見。2月、二・七京漢鉄道労働者スト。孫文広州に帰り、陸海軍大元帥大本営設立。9月、蒋介石、モスクワに着く。

年	事項	関連事項
	◎3月、『陶淵明』完成する。 ◎4月、北京西郊の翠微山で療養する。 ◎5月、天津で康有為と会う。 ◎7月中旬、天津の南開大学で夏季講座を開く。 ◎8月、北戴河へ避暑。 ◎9月、清華学校で講義する。 ◎10月、戴東原誕生二百年記念会を作る。 ◎11月4日、松坡図書館、北京北海快雪堂に移転される。 ◎この年、『朱舜水年譜』完成。	日本：1月、婦人参政権獲得同盟成立。6月、第一次日本共産党大検挙。9月、関東大震災。12月、虎ノ門事件（難波大助、摂政裕仁親王に発砲）。 世界：8月、獨、マルク紙幣大暴落。10月、トルコ共和制正式宣言。
民国13年 1924年 （甲子） 大正13年	五十二歳 ◎1月、康有為二回目の復辟運動を失敗する。 ◎春、天津南開大学で講義する。 ◎3月、インド詩人タゴールの中国訪問を迎える準備。 ◎4月26日、北海静心斎にて胡適ら四十余人と一堂にタゴールを歓迎する。 ◎4月、親友夏穗卿（曾佑）死去。 ◎6月、子思成、アメリカに留学する。 ◎9月13日、夫人李氏病死。 ◎この年、主な論文に「泰戈爾的中国名」、「印度與中国文化之親属関係」、「明清之交中国思想界及其代表人物」、「玄奘年譜之研究」などがある。	中国：1月、中国国民党第一回全国代表大会広州で開く、第一次国共合作成立。9月、孫文、北伐宣言発表。10月、広州商団軍、国民政府に叛く。11月、孫文、広東より北上、国民会議提唱（北上途中、神戸に立寄り、「大アジア主義」を講演）。 日本：1月、政友・憲政・革新の三派、第二次護憲運動開始。床次竹二郎ら、一四九名で政友本党を結成。6月、加藤高明護憲三派内閣成立。7月、小作調停法成立。 世界：1月、レーニン死去、五十五歳。5月、米大統領クーリッジ、排日移民法案に署名。
民国14年 1925年 （乙丑） 大正14年	五十三歳 ◎3月、段祺瑞の憲法起草会に参加することを断る。 ◎4月、女令嫻らはカナダへ赴く。 ◎夏、北戴河へ避暑。 ◎9月、清華学校の研究院院長となる。 ◎10月、夫人を北京西山の臥佛寺に葬る。	中国：3月、孫文、北京で死去（12日）、六十歳。5月、上海で中華全国総工会結成。6月、上海全市商工スト、反帝運動全国に波及。7月、広東国民政府成立。 日本：1月、日ソ基本条約、北京で調印。2月、普選案を衆議院に提出。3月、貴族院改革案を貴族院に提出。

	◎12月、『要籍解題及其讀法』が清華週刊社より出版される。 ◎この年、12月上旬京師図書館の館長となる。また、主な論文に「致段執政書」、「復餘姚評論社論邵二雲学術」、「如何才能完成国慶的意義」、「復劉勉己書論対俄問題」などがある。	12月、農民労働党結成、書記長・浅沼稲次郎。 世界　1月、ソ連トロツキー軍事人民委員辞任。4月、朝鮮共産党結成。
民国15年 1926年 （丙寅） 大正15年 昭和1年	五十四歳 ◎1月、血尿になる。 ◎3月16日、協和（ロックフェラー）病院に入院。右腎が摘出。 ◎4月上旬、北京図書館の館長に就任する。この頃、エール大学の名誉博士号を送られる。 ◎夏、北戴河で避暑する。 ◎7月、子思忠、アメリカに留学。 ◎8月20日、北戴河から天津に。 ◎9月7日、清華学校で講義を始める。同月中旬、司法儲才館の館長となる。 ◎この年、「荀子評諸子語彙釈」、「荘子天下篇釈義」、「中国考古学之過去及将来」などの多くの学術論文を発表する。	中国　3月、段祺瑞、反帝・反封デモを弾圧（三・一八事件）。蒋介石、共産党員を逮捕（中山艦事件）。7月、蒋介石、国民革命軍総司令に就任、北伐開始。10月、国民革命軍、武漢占領。 日本　3月、労働農民党結成、委員長杉山元治郎。7月、全国に青年訓練所開設。12月、社会民衆党（委員長安部磯雄）・日本労農党（書記長三輪寿壮）結成。大正天皇死去、四十八歳。 世界　4月、獨ソ中立条約調印。5月、イギリス炭鉱ゼネストはじまる。
民国16年 1927年 （丙寅） 昭和2年	五十五歳 ◎1月、司法儲才館開校。 ◎3月8日、上海に康有為の七十歳祝賀会に参加。同月31日に、康有為急逝。 ◎4月17日、北京で康有為の追悼会を開く。 ◎6月、王国維（静安）、北京の昆明湖に投身自殺。 ◎7月、子思永はアメリカから帰国する。 ◎8月、『中国図書大辞典』の編纂を始める。	中国　2月、武漢国民政府成立。4月、上海で蒋介石の反共クーデター起こる。南京に国民政府成立。8月、中共、南昌で武装蜂起。翌月、毛沢東ら井岡山に革命根拠地を築く。12月、中国共産党の広東コミューン成立。 日本　3月、11月3日を明治節と定める。4月、田中義一政友会内閣成立。5月、第一次山東出兵決定。6月、

	◎10月、健康を回復する。 ◎11月、清華学校の学生代表が教職を辞めるよう要求する。 ◎この年、主な著述に『中国文化史』、『儒家哲学』、『古書真偽及其年代』などがある。		東方会議（大陸進出政策確立のために召集、田中上奏文問題となる）。	世界 7月、ジュネーブ三国軍縮会議遂に決裂。10月、ジュネーブで国際貿易会議開催。
民国17年 1928年 （戊辰） 昭和3年	五十六歳 ◎1月、協和病院で検査をする。 ◎3月、子思成はカナダで結婚する。 ◎6月、清華研究院の教職を辞める。 ◎8月、子思成が帰国し、子思永がアメリカに留学する。 ◎9月、『辛稼軒年譜』の編纂を始める。 ◎10月、大病発作。 ◎11月27日、協和病院に入院し、治療を受ける。 ◎12月1日、清華研究院院生徐中舒ら手紙で慰める。	中国 5月、済南事件（日本軍、済南で北伐の国民革命軍と衝突、済南占領）。6月、国民革命軍、北京入城（北伐完了）。10月、蒋介石、南京国民政府主席に就任。12月、張学良、国民政府に合流。	日本 2月、第一回普通選挙。3月、三・一五事件、日共全国的大検挙。6月、関東軍河本参謀ら、京奉線の列車爆破により、張作霖を謀殺。12月、日本大衆党・労働農民党結成。	世界 8月、パリ不戦条約調印。10月、ソ連第一次五ヵ年計画発表。
民国18年 1929年 （己巳） 昭和4年	五十七歳 ◎1月19日午後2時15分、協和病院で病死する。女令嫻・子思荘・思永・思忠らは、まだアメリカに留学中。 ◎2月17日、北京の広恵寺と上海の静安寺で同時に梁の追悼会を開く。	中国 1月、中日関税条約成立。3月、国民党第三回全国代表大会、南京で開催。7月、中ソ交渉決裂。11月、中共中央政治局、陳独秀らを除名。	日本 4月、四・一六事件（日本共産党大検挙）。6月、拓務省設置、田中首相兼拓相。10月、犬養毅、政友会総裁となる。12月、日本大衆党分裂、反対同盟の堺利彦ら、東京無産党結成。	世界 10月、世界経済恐慌はじまる。同月、英ソ国交回復。

あとがき

僕は、文化大革命の勃発した年に生まれた。小学校の先生である祖父の弟が「立新」(毛沢東の語録「破四旧、立四新」より)という名前を付けてくれた。それは、彼が紅衛兵に肥溜めに蹴っ飛ばされ、辛うじて一命を拾ってまもなくのことだった。祖父の兄はもっと酷い目にあった。紅衛兵に暴行を受け、その場で死んだ。しかし、紅衛兵らは彼が「無産階級専政(プロレタリアート専制政治)」の裁きを恐れて自殺したと家族に告げた。幼い時から、記憶には謎めいた事件ばかりだった。なぜ、自分の祖父は無事で、僕が日本から博士号を取得するまでずっと待ってくれて、九五歳になって世を去ったのか。叔父から聞いた話によれば、蒋介石に追随した祖父の従兄(上海警備区空軍司令官)がうちの家族に影を落としているからだ。彼は、海峡両岸が分断されてから祖父たちと再会することはあの世に託するほかない。

小学校に入って、僕も紅小兵になった。しかし、教科書に書かれたものはひとつも謎解きに役に立たなかった。音楽に没頭して、時を過ごした。ようやく、指導者鄧小平の登場によって、平等に留学のチャンスが与えられ、よその世界と接触することができるようになったのだ。上海音楽学院で付き合った日本人留学生のおかげで、念願の日本留学を実現した。

上海にいる恋人との約束で二年か三年後に、上海に戻り結婚するが、思うにもよらず、音楽を捨てて、コミュニケーション学やジャーナリズム理論の研究に転向し、梁啓超研究に腐心した。今にして思えば、その原動力は自分の潜在意識にあり、幼少から求めてきた謎解きではないだろうか。東京経済大学に入って九年間、やっと自分の本性に迫ってきたような気がする。現代人は、二〇〇年単位で過去を見つめなければ自分の存在理由さえ分からないと時に慨嘆に耐えない。

史学に対して、僕は、まったくの門外漢だと言ってもいいほどだ。先入観に縛られず、どれも新鮮で、自由に対話できることは確かによいところだが、しっかりした訓練を受けた経験をなしにして、険しい学問の道を歩んでいくことは、不安もあり、時には焦燥もある。

が、田村紀雄先生との出会いに恵まれ、その不安も、焦燥も一掃され、意気揚々と梁啓超のジャーナリズム精神の奥底に辿り着いた。

中国では、「天道酬勤」（努力をすれば、必ず結果がついてくる）という言葉がある。僕は、大学院の研究室に閉じこもり、毎晩必ず終電で宿舎に帰り、東京経済大学図書館をはじめ、立教大学図書館、北京大学図書館、上海図書館、中国国家図書館などの資料を最大限に利用した。特に、外交史料館に外交文書の原資料を見たとき、感無量だった。また、インターネットの発達によって、短期間で膨大な史料を検索して活用できるようになった。前人の研究成果をベースにして、立体的且つ時間軸に歴史を還元し、よい発想が芽生えてきた。

天津にて、梁啓超研究国際学術会議に出席した梁思礼（梁啓超の末子、中国科学院アカデミー会員、ロケット専門家）ご夫妻と隣席でお話しし、一緒に朝食を食べたこと、孫文記念館館長である京都大学名誉教授狭間直樹先生に励まされたこと、そして日本マスコミ学会及び日本情報ディレクトリ学会で論文を発表したことなど、堅実に歩んできた。

本論は、ジャーナリズム精神史という視角から近代中国と日本との間で求め合う時空のプロセスを明らかにしていくことに狙いがある。ともかく、梁啓超研究を通してこれから先の中国を読めるのである。天安門事件以来の市場経済の導入、ＷＴＯへの加盟、北京オリンピック及び上海万博の開催など、中国はようやく孤立していた苦境から脱して、国際社会と融合しつつあるようになった。これは、鄧小平路線だとか、趙紫陽不在の趙紫陽路線だとかよく耳にするが、筆者の見方では、まったくといっていいほどの梁啓超路線である。「中国問題は世界的問題である」、「生産を第一に、平均分配を第二」、「資本家奨励」、「紳権の拡大」、「開明専制」、「憲政改革」、

「法治国家」、「思想の多様化による文化の優位性」、「東洋の精神文明の発揚」など、中国はその方向を辿っていくではないかと思う。しかし、中国は今なお開明専制の段階にある。これから、日本はどうやってこの目まぐるしい速さで変貌する隣の巨人と付き合うのか、見識が問われている。

学者は往々にその国或いは集団の立場に立って他者との対話によって自己を確認するのである。しかし、どうも国或いは集団の利益を忘れずに語っていく一方通行がしばしば見受ける。そして往々に現時点の価値観を持ち出して過去の歴史を論評していく。いずれにしても、第三者あるいは歴史の場の感覚に立脚していないことから見れば、公平に欠けているといわざるを得ない。それによって、相互認識の食い違い或いは誤解がさらに増幅される恐れがある。

本論は、極力上述した二つのパターンを避けて論述したつもりであったが、どれほど「共通の記憶」に接近しているかは、今後の検証が待たれる。とはいえ、梁啓超のパーソナル・ジャーナリズム活動は、中国近現代史の「全豹」の一斑に過ぎないが、この一斑を克明に刻印しておけば、全豹が見えてくるはずではないか、ということを意識して論述してきた。

明治三〇年代から大正期にわたるジャーナリズムを語る場合、例えば、副産物としての和製漢語の流布、政論家或いは政治家とジャーナリストとの性格がまだ分離されていないこと、新聞用語並びに文体を横柄にやっていたことなど、そういう特徴が現代ジャーナリズムとはかなり違うものであることを前提にしなければならない。当然、書簡を最も大事にした社会全体の雰囲気は、現在のような民主的で、誰もが意見を自由に述べるものではなかった。そして、個人の親密圏の広さとレベルによって、情報量掌握の格差（Info-rich & info-poor）も生まれてくるわけである。パーソナル・ジャーナリズムはまさにその上に成り立っている。当時の中国知識人の中に、辜鴻銘（一八五七～一九二八）を除いて、おそらく梁啓超の右に出る情報を持つ者（the information haves）は居なかっただろう。

ジャーナリズム精神とは何か、近年この言葉がやや定着してきたようであるが、その概念の曖昧さがまだ拭いきれない。「定期的に有料で発行・頒布される活字媒体によって、報道され、議論され、批評されるといった情報・ニュース活動をジャーナリズムと呼んだ」というならば、報道・議論・批評の担い手とした主宰者の定めた媒体の宗旨と格調を考慮しなければならない。その宗旨と格調の底流にはジャーナリズム精神が存在するではなかろうか。敢えて言えば、梁啓超時代のジャーナリズム精神と現代ジャーナリズム精神との区別は、恐らく理想主義と商業主義との二極に収斂できるだろう。

本論は、その枠組みで近代から現代への過渡期における梁啓超のパーソナル・ジャーナリズムの変容を史的に捉えたのである。その過程に現れていた精神的な火花はきっと前途へ投射していくだろうと信じてやまない。

不才であるため、十分論議し尽くせなかった皮相的な見解が多々あると思う。例えば「梁啓超の亡命期の雑誌発行と日清版権問題」、『新民叢報』における日露戦争の報道」、「梁啓超の紳権論」、『国風報』と京都島津製作所」、「梁啓超と明治の自然法学説」、「梁啓超の言説とアジアの独立運動」、「梁啓超の『中国不亡論』と歴史の法則性」、「東洋文化救世論と文化民族主義」、「中国近代のサイド文化と日本の近代化」などである。これらを今後の課題として、更に研究を進めていきたい。

日頃、研究の環境を提供してくださった恩師である田村紀雄先生には熱心なご指導をしていただいた。また、論文の審査をしてくださった有山輝雄先生には貴重なご指摘とご教示をいただき、衷心より厚く御礼を申し上げたい。誠に遺憾なことに、論文の審査をしてくれた香内三郎先生は三年前に逝去された。この場を借りて、故人のご冥福を祈る。早稲田大学の二〇世紀メデイア研究所で開かれた香内先生の大著の出版記念祝賀会がまだ鮮烈に脳裏に焼きついており、それが最後のお別れとは信じられない。百人をこえる香内先生の友人や教え子が集まった会であった。先生たちが与えてくれた知的な刺激は、わたくしの向上心を生み出す。これによって、学問をさらに深く追求できることは、一生忘れることはないと思う。

本論執筆中、大学院生博士課程同期の伊藤良久さんに原稿を校正していただいた。ここに記して心より謝意を表したい。また、芙蓉書房出版の平澤公裕社長に御礼を申し上げたい。最後に出版にあたり経済的助成をされた拙著が日中両国のパートナーシップを強めていくことの一助となれば幸甚である。田村元雄記念基金にも感謝したい。これらのご協力や援助がなければ、本書の上梓は叶わなかっただろう。

二〇〇九年三月

上海にて　陳　立　新

著者略歴

陳《ちん》立《りっ》新《しん》（Chen Lixin）

1966年9月上海崇明島生まれ。上海音楽学院卒業後、1994年3月より日本留学。2005年3月東京経済大学大学院コミュニケーション学研究科博士課程満期修了、博士号を取得。同年4月帰国。現在は、上海杉達大学人文学院副院長、助教授、中国致公党浦東新区張江支部メンバー、中国人民政治協商会議上海市浦東新区委員会委員。

研究業績に、「梁啓超と在日期の文筆活動」（共著）『コミュニケーション科学』第20号、東京経済大学（2004年3月）、「梁啓超の目録学思想について―分類における虚実関係の変遷に関する考察―」『日本情報ディレクトリ学会誌』Volume 2（2004年3月）、「梁啓超の評価問題について」『コミュニケーション科学』第21号、東京経済大学（2004年12月）、「梁啓超の日本亡命直後の『受け皿』」（共著）『人文自然科学論集』No.118（2004年12月）、「中日近代語彙伝播之辺縁中心化」『時代文学』（2009年2月）などがある。

梁啓超《りょうけいちょう》とジャーナリズム

2009年6月1日　第1刷発行

編著者
陳《ちん》立《りっ》新《しん》

発行所
㈱芙蓉書房出版
（代表　平澤公裕）
〒113-0033東京都文京区本郷3-3-13
TEL 03-3813-4466　FAX 03-3813-4615
http://www.fuyoshobo.co.jp

印刷・製本／モリモト印刷

ISBN978-4-8295-0452-9